KB135641

경제안보란 무엇인가

-한러 경제안보 협력의 현 주소-

경제안보란 무엇인가

-한러 경제안보 협력의 현 주소-

저자 안세현

청미디어 CHEONG MEDIA

머리말

이 책은 2020년 저자가 폴그레이브 맥밀런 출판사에 출판한 본인의 책, Policing Northeast Asia: The Politics of Security in Russia and Korea^{동북아시아 경비유지: 한국과 러시아 안보 관계} 영문본을 직접 번역하고 최근 이슈들을 업데이트하고 내용을 더욱 더 추가 보완하여 만든 책이다. 본 책의 목적은 수교 30주년을 맞고 있는 한국과 러시아 관계를 경제안보와 종합안보라는 이론적 프레임 안에서 5가지의 서로 다른 경제협력 프로젝트의 현황과 문제점들을 살펴보면서 한러 관계의 현주소를 고찰하는 것이다.

좀 더 구체적으로 1990년 한국-러시아 수교 이후 현재까지 양국 관계의 행보와 두 국가 간 종합 안보와 경제안보 협력체 구축에 있어서 장애요인들을 여러 관점에서 분석하는 것이다. 러시아와 한국 간의 국가 관계는 지역 경제안보 협력을 중심으로, 다각도의 안보 관점에서 중요하게 논의된다.

이 책은 한러 간 협력의 6가지 사례연구, 즉, 석유와 천연가스 사업

위주의 에너지 협력, 한반도종단철도(TKR)와 시베리아횡단철도(TSR) 연결사업, 나홋카 경제자유구역(FEZ)의 산업발전, 어업협력, 무기 교역, 그리고 북한 요인을 중점적으로 다룬다. 러시아와 한국의 양국 관계는 경제안보의 세 가지 중요한 측면을 보여주는데, 이는 첫째, 안보에 대한 국가들의 인식, 둘째, 국가 간의 안보화 작업과 협력 프로세스, 마지막으로 안보 협력 강화의 위협 요소이다.

구체적으로, 이 책은 한국과 러시아 양국이 수교 이후 지역 안보 협력 구축 과정의 발전과정을 탐구한다. 필자는 양국이 전통적 안보 협력과 비전통적 안보 협력 모두를 동등하게 강조해왔다고 주장한다. 다만, 협력의 초점은 전통적인 차원에서 비전통적인 차원으로 점차 바뀌어왔다. 최근 몇 년간 양국 모두 각각 러시아 극동과 한반도 지역에서 에너지 안보, 어업, 수송망 구축, FEZ 조성, 핵확산 문제 등의 사안을 중점으로 지역 내 경제안보 강화에 힘써왔다.

특히, 양국 간 무기거래에 관한 장에서는 이 부문에서조차 비전통적 안보, 즉 국가의 경제안보이익 증대가 무엇보다 중요해졌음을 보여준다. 또한, 양국 간 안보 관계에서 북한의 역할은 종합 안보의 개념적 틀에서 또 다른 흥미로운 관점을 시사하는데, 이는 북한이 전통적인 안보 위협뿐만 아니라 장기적으로는 경제안보 강화 요소로도 간주되기 때문이다.

이 책의 주요 논지는 바람직한 지역 내 안보 환경을 구축하기 위해서는 지역 내 경제안보 협력이 국가 간 신뢰를 쌓는 발판이 되기 때문에, 국가 간 양자 및 다자간 협력이 필수적이라는 것을 보여준다. 반면, 필자는 한러 관계는 양국 모두 지역 내 경제안보의 중요성을 과소평가했기 때문에 상당히 더디게 발전했다고 주장한다. 그 결과, 양국은 상호에 대한 완전한 신뢰를 구축하지 못했으며, 양국 모두 극동 러시아 지역의 고질적이고 내재적 경제난과 한국 정부와 민간 부문의 대 러시아 장기적인 투자 기피 현상과 같은 내부적인 걸림돌을 해결하고자 노력하지 않았다는 점이다.

필자는 또 북핵 문제와 미국이 동북아 지역에서 해 온 주도적 역할과 특별한 한미 동맹의 지속성 등 대외적 요인들 또한 양국 간 안보 협력의 속도를 직-간접적으로 영향을 미치고 있다고 주장한다. 특히 미러 관계가 좋을 시 한러 관계도 시너지 효과를 누릴 수 있다는 것은 흥미로운 대목이다.

한러 관계에 관한 사례 연구는 비교 정치와 국제 관계, 특히 안보 분야에서 의미가 있다. 지리적 근접성과 지리상 상호 간 전략적 중요성에도 불구하고, 지난 수십 년 동안 러시아-중국, 러시아-일본, 한국-미국, 한국-일본 또는 한국-중국과 같은 상대적으로 더 중요한 관계들의 존재로 인해 한국과 러시아의 관계에 관한 연구는 등한시되어온 것이 사실이다. 그러나 동북아 지역공동체의 일원이 되고자 하는 러시아의 열망과 동북아 주요국 간 관계들의 복잡성과 특수성을 고려할 때, 한러 양국 관계를 과소평가해서는 안 된다.

본 책은 한러 관계 이외에도 경제안보와 종합안보에 대해서 집중적으로 다룬다. 저자의 전공이 경제안보와 에너지 안보인 관계로 한러 간 여러 경제협력 프로젝트들을 안보화 작업^{Securitization}을 통해서 경제안보 이슈로 만들면서 경제안보의 현황과 안보위협요인들을 하나하나 짚어본다.

특히 요즘 미중 경쟁이 심화되고, 러시아의 우크라이나 침공사태로 말미암아 경제안보에 대한 관심과 연구, 정책 이야기가 많이 논이 되는 시점에서 본 책은 경제안보의 개념을 정의하고 구체적으로 경제안보 요소들에는 어떤 것이 있는지도 탐구해 본다. 그러나 요즘 경제안보가 미중 경쟁 속에서 반도체와 배터리 공급망 관리에만 치우쳐지는 것과는 달리 본 책은 경제안보의 이론적 정의의 재정립과 에너지, 초국경 교통 인프라 연결, 해양 자원 이슈, 심지어 무기 거래까지 다양한 요소들을 안보화 작업을 통해서 상세하게 분석을 한다.

저자는 22년에 경제안보를 주제로 런던 정경대^{The London School of Economics and Political Science}에서 박사논문을 쓴 적이 있는데 이 책은 바로 거기에 기반을 두어 내용을 대폭 보완해서 만든 것이다. 특히 본 저서는 지은이가 한국, 미국, 영국, 러시아, 유럽, 중앙아시아, 등 여러 지역을 돌아다니면서 수집한 자료와 인터뷰들을 근거로 해서 비교분석을 하면서 작성을 하였다. 그리고 같은 런던 정경대의 안보 전공하는 교수, 세계 안보학의 대가인 베리 부잔이 국제정치경제학과 국제정치학에서 "경제안보가 향후 대세를 이룰 것이다"라고 언급을 했는데 아직도 기억에 생생하다. 22년이 지난 다소 혼란스러운 작금의 국제정치의 현실 속 에서 경제안보가 새로 주목을 받게 되니 개인적으로 만감이 교차 하는 것 같다.

아무쪼록 이 책이 경제안보에 대해 궁금해 하는 일반인, 학계나 정책 입안자들에게 경제안보의 개념 정의 차원에서 일조를 했으면 하는 바람이다. 또한 한러 관계의 현황과 문제점, 구체적인 5가지의 경제안보 프로젝트들, 에너지 안보, 교통연계 안보, 경제자유특구, 어업안보, 무기거래의 본질과 문제점에 대해 관심 있어 하는 분들에게 하나의 길잡이 역할을 해 줄 수 있게 하는 것이 저자의 의도이기도 하다. 특히 5개의 경제안보 사업들은 런던정경대의 마곳 라이트 교수와 오랜 대화와 런던 정경대에서 수많은 워크샵과 세미나를 통해서 최종 결정을 하였는데 20년이 지난 지금 한글판을 출판하면서 감회가 새롭기도 하다.

또한 본 책은 동북아시아 지역에서 항상 걱정거리로 남고 있는 북한 문제에 대해서도 면밀히 분석하며 러시아의 대 한반도 정책은 무엇이고 대한민국과 북한을 바라보는 시각과 정책의 차이는 무엇인지도 살펴본다. 특히 러시아의 북한 핵문제에 관한 입장은 무엇이며 시대별로 정책은 어떻게 진화되어 왔는지도 짚어본다.

본책은 한국과 러시아와의 관계를 주로 초점이 맞추어져 있지만 동북아시아 지역 안보 차원에서 특히 미국, 일본, 중국, 북한 변수가 이슈별로 어떻게 작용하는지 여부를 구체적으로 살펴본다. 따라서 본책은 동북아시아 지역에서 양자 관계를 뛰어넘는 다자관계의 복잡한 역동을 보여주기 때문에 영문책의 제목 설정에서 볼 수 있듯이 동북아시아 안보 현황과 현실을 적나라하게 파헤쳐 주는 것이다.

또한 이 영문판이 폴그래이브 맥밀런에 출판되고 나서 국제정세가 매우 긴박하게 돌아가고 있어 아직 미처 반영을 하지 못한 부분이 많아 다소 아쉬운 면이 많았다. 추후 영문재판에서 보완 예정이지만 한글판에서는 먼저 2022년 러시아의 우크라이나 침공 사태 이후 한러관계에 미치는 여파를 포함해서 영문 버전에서 커버하지 못한 새로운 내용들을 대폭 보완했다는 점을 강조하고 싶다.

이 책을 마무리하면서 다소 아쉬운 점은 2022년 2월 예기치 않은 러시아의 우크라이나 침공사태로 인해 현재의 한러 관계가 혹여 여러 오해와 외부적인 요건에 의해 부정적으로 흘러가지 않을까 걱정이다. 그럼에도 불구하고, 한국은 대러시아 제재 정책 관련해서는 더욱더 신중할 필요가 있다는 점을 강조하고 싶다.

한국의 외교안보 책임자들도 한러 관계의 민감성과 특수성을 꼭 명심해야하며 일본이 러시아를 바라보는 시각과 한국이 러시아를 바라보는 시각에는 엄연히 차이가 있다는 점을 인지해야 한다. 따라서 일본과 비슷한 수준의 대러시아 제재를 하는 것은 절대적으로 바람직하지 못하다는 사실을 알아야 한다. 이번 특수한 돌발전쟁 상황으로 말미암아 한러 관계가 한번 틀어지게 되면 복구하는 데는 몇 배의 시간과 노력이 필요하기 때문이다.

마지막으로 한러관계는 최근 긴박하게 돌아가고 급변하는 동아시아 국제정세 속에서 한국의 대중·대일 레버리지 차원에서도 분명 유용하게 작용할 수 있는 중요한 외교 카드이다. 한국 국내에서도 한러관계는 러중관계나 러일관계보다는 그래도 현재보다는 미래의 발전 가능성이 더 많고 상대적인 비교이지만 아시아지역에서는 서로에 대한 적대감도 비교적 다른 양자 관계보다는 거의 없다는 점 또한 꼭 인지해야 할 필요가 있다.

이 책을 마무리하는 데는 특히 많은 분들의 협조가 컸다. 먼저 본 책의 오리지널 버전인 영문판이 나오기까지 거의 5년 이상의 아낌없는 지도를 해주신 런던 정경대 국제관계학과에 마곳 라이트 지도 교수님께 감사드린다. 현재 영문판 버전은 페이퍼백 버전도 최근 추가로 출판되어 전 세계에서 많이 읽히고 있다. 또한 폴그레이브 맥밀런의 선임편집부장인 제콥 드레이어와 원고를 읽어주신 키맵 대학교 박정원 교수님께도 감사의 말씀을 드린다.

또한 이 책이 존재하기까지 물심양면으로 지원을 해주시고 인생의 버팀목이 되준 저자의 부모님, 이화여대 안광식 교수, 임숙자 교수와 끝까지 이 책을 완성하는데 도움을 준 아내, 가천대 이지원 교수와 3살짜리 안신후에게도 고맙다는 말을 꼭 전하고 싶다. 그들의 도움이 없었다면 이 책은 도저히 불가능했을 것이다. 또한 매번 힘들 때마다 고비를 슬기롭게 넘겨주도록 항상 위에서 도와주신 하느님께 항상 감사하다는 말씀을 꼭 드리고 싶다. 저자는 가족에게 이 책을 바친다.

마지막으로 특히 이 책의 한글본 출판을 맡아준 청미디어의 신동설 대표님과 편집에 애쓴 고명석 팀장님 외 편집부 여러분들께 감사를 드린다. 신동설 대표님의 관심과 노고, 인내심이 아니었다면 본 책의 한글판 출판은 힘들었을 것이다.

목차

들어가는 말

이 책의 목적은 1990년 한국–러시아 수교 이후 현재까지 양국 관계의 행보와 두 국가 간 종합 안보 혹은 경제안보 협력체 구축의 장애요인들을 분석하는 것이다. 러시아와 한국 간의 국가 관계는 지역 경제안보 협력을 중심으로 다각도의 안보 관점에서 중요하게 논의된다. 이 책에서는 한러 간 협력의 6가지 사례 연구, 즉, 석유와 천연가스 사업 위주의 에너지 협력, 한반도종단철도^{TKR}와 시베리아횡단철도^{TSR}연결 사업, 나홋카 경제자유구역^{FEZ}의 산업 발전, 어업 협력, 무기 교역, 그리고 북한 요인을 중점적으로 다룬다.

러시아와 한국의 양국 관계는 경제안보의 세 가지 중요한 측면을 보여주는데, 이는 첫째, 안보에 대한 국가들의 인식, 둘째, 국가 간 안보화 작업과 협력 프로세스, 마지막으로 안보 협력 강화의 위협 요소이다.

이 책에서는 지역 내 경제안보와 종합 안보라는 용어를 주요 개념의 프레임으로 삼아 모스크바와 서울 간 안보 협력 양상을 면밀히 살펴본다. 종합 안보는 전통적인 정치·군사적 차원의 안보와 비전통적 지역 경제 차원의 안보 이슈 모두를 포함한다. 또한, 종합 안보의 개념을 적용하여 6개의 사례 연구를 진행하는 동시에, 각 사례에서의 안보 위협 요소를 상세하게 파악하고 분석한다.

구체적으로, 한국과 러시아 양국이 수교한 이후의 지역 안보 협력 구축의 발전 과정을 탐구한다. 필자는 양국이 전통적 안보 협력과 비전통적 안보 협력 모두를 동등하게 강조해왔다고 주장한다. 다만, 협력의 초점은 전통적인 차원에서 비전통적인 차원으로 점차 바뀌어왔다. 최근 몇 년간 양국 모두 각각 러시아 극동과 한반도 지역에서 에너지 안보, 어업, 수송망 구축, FEZ 조성, 핵확산 문제 등의 사안을 중점으로 지역 내 경제안보 강화에 힘써왔다. 특히, 양국 간 무기 거래에 관한 장에서는 이 부문에서조차 비전통적 안보, 즉 국가의 경제안보 이익 증대가 무엇보다 중요해졌음을 보여준다.

또한, 양국 간 안보 관계에서 북한의 역할은 종합 안보의 개념적 틀에서 또 다른 흥미로운 관점을 보여주는데, 이는 북한이 전통적인 안보 위협뿐만 아니라 장기적으로는 경제안보 강화 요소로도 간주되기 때문이다.

이 책의 주요 논지는 바람직한 지역 내 안보 환경을 구축하기 위해서는 지역 내 경제안보 협력이 국가 간 신뢰를 쌓는 발판이 되기 때문에, 국가 간 양자 및 다자간 협력이 필수적이라는 것을 보여준다. 반면, 필자는 한러 관계는 양국 모두 지역 내 경제안보의 중요성을 과소평가했기 때문에 상당히 더디게 발전했다고 주장한다. 그 결과, 양국은 서로에 대해 완전한 신뢰를 구축하지 못했으며, 양국 모두 극동 러시아 지역의 고질적이고 내재적인 경제난과 한국 정부와 민간 부문의 대 러시아 장기적인 투자 기피 현상과 같은 내부적인 걸림돌을 해결하고자 노력하지 않았다는 점이다. 필자는 또 북핵 문제와 미국이 동북아 지역에서 해 온 주도적 역할과 특별한 한미 동맹의 지속성 등 대외적 요인들 또한 양국 간 안보 협력의 속도를 직간접적으로 늦추고 있다고 주장한다.

한러 관계에 관한 사례 연구는 비교 정치와 국제 관계, 특히 안보 분야에서 의미가 있다. 지리적 근접성과 지리상 상호간 전략적 중요성에도 불구하고, 지난 수십 년 동안 러시아–중국, 러시아–일본, 한국–미국, 한국–일본 또는 한국–중국과 같은 상대적으로 더 중요한 관계들의 존재로 인해 한국과 러시아의 관계에 관한 연구가 등한시되어온 것이 사실이다. 그러나 동북아 지역공동체의 일원이 되고자 하는 러시아의 열망과 동북아 주요국 간 관계들의 복잡성과 특수성을 고려할 때, 한러 양국 관계를 과소평가해서는 안 된다.

또한, 한러 관계에 관한 연구는 러시아와 한국이 안보 정책 목표를 어떻게 재정립해 왔으며, 서로를 대하는 관점이 어떻게 변화해 왔고 진화되어 왔는지 잘 보여준다. 1980년대 후반 고르바초프가 한국과의 관계를 정상화한 것은 분명 기존의 소련 외교 정책에서 크게 벗어난 일이었다. 그때까지 북한은 사회주의권 국가의 일원으로서 당연히 소련의 동맹국으로 간주되었었다. 더구나 소련 지도부의 한국 정부에 대한 인식은 일련의 프로파간다 형식이긴 하지만, 다분히 한국이 워싱턴의 꼭두각시 정권에 불과하다는 것이었다. 그러나 고르바초프의 한반도와 관련한 '새로운 생각'은 소련의 외교 정책이 더 이상 이념에 바탕을 두지 않고, 경제적인 관점에 근거할 것임을 보여주었다.

양국 관계는 러시아가 외교 정책의 우선순위를 어떻게 재정립하고 있는지 또한 보여준다. 두 나라 간의 무역 회담 및 수 개의 중장기 경제 프로젝트들은 이 지역의 경제안보에 대한 우려가 러시아 외교 정책의 우선순위가 되었음을 시사한다. 모스크바와 서울의 관계 개선은 국제 관계에서는 더 많은 시사점을 보인다. 한러 관계에 관한 연구는 아시아 태평양 지역의 다른 강대국들에 대한 러시아의 외교 정책이 어떻게 전개되고 있는지, 또한 그 변수들이 무엇인지 알 수 있는 모티브와 식견을 제공한다. 역사적으로 크렘린궁은 일본과 중국, 또는 미국에 압박을 가하기 위해 '한국 카드'를 사용해 왔고, 동아시아에서 더 큰 정치적 역할에 관심을 명백히 비추어왔다. 한편, 한국은 러시아와의 관계를 미국, 중국, 일본의 한반도 내 영향력 행사에 대비하여 균형을 맞추기 위한 지렛대이자, 북한을 억제하는 수단으로 여겨왔다. 이런 의미에서, 한러 관계는 단순히 양자 관계를 뛰어넘어 지역 안보 프레임워크라는 큰 맥락 안에서 살펴보아야 한다.

이 장에서는 한러 다차원 안보 협력의 방향에 대한 단서가 되는 러시아와 한국의 관계에 대한 간략한 역사적 개요를 서술한다. 또한, 이번 장에서는 한러 관계에 관한 기존 문헌의 장단점을 살펴보고, 필자의 분석은 이러한 기존 문헌에 어떤 추가적 공헌을 하고, 어떤 새로운 해석을 제시하는지 살펴본다. 장의 마지막 부분에서는 이 책의 목차와 구성에 대해 설명한다.

1
역사적 개요

1990년 9월 한국과 소련의 수교는 20세기 말 동아시아 국제 관계사에 전환점이 되었다. 45년간 지속되었던 두 국가 간 적대감은 삽시간에 사라졌다. 비록 한 요소만을 분리하여 생각할 수는 없지만, 1980년대 후반 한국과 소련의 관계 회복에 있어 고르바초프라는 인물이 소련과 중국, 소련과 미국 간의 화해와 같은 구조적 요인과 함께 중요한 요소가 되었다. 이 부분에서는 고르바초프, 옐친, 푸틴의 한반도 접근법의 서사를 간략히 소개하고자 한다.

1.1. 고르바초프의 한국 정책

고르바초프는 한국 정책에 특별한 관심을 기울이며 양국 관계에 급

진적 변화의 가능성을 매우 키웠다. 알렉스 프라브다에 따르면, "페레
스트로이카 시기에는 국제 안보 전반의 강화를 위한 지역적·세계적 문
제에 대한 협력과, 나아가 파트너십의 태동까지 향한 움직임이 시작되
었다." 고르바초프는 외교 정책 재활성화 노력의 일환으로, 스스로 '신
사고New Political Thinking'라고 부른 일련의 원칙들을 채택했다. 마곳 라이트
가 언급한 바와 같이 이 신사고는 "주로 강대국 간의 관계에 관한 것이
지만, 외교 정책의 상호 의존성과 유연한 외교 정책의 필요성에 대해
새로이 강조하고 있다. 소련 지도부는 특히 소련이 소련—미국 관계의
프리즘을 통해서만 비추어지지 않도록 외교 관계를 다각화해야 한다고
선언하기도 했다."

  이를 위해 고르바초프는 특히 한국에 관심을 기울였다. 그의 한반도
에 대한 신사고는 한반도 남쪽에 아·태 지역 내 상당한 정치적 영향력을
행사하는 강대국이 있다는 현실을 받아들이고, 급격히 고조되는 한반도
내 긴장감 완화의 필요성을 인식하며, 한반도 국민 전체의 국가적 문제
의 해결책을 모색하기 위한 의지를 갖는 것으로 구성되어 있었다.
  고르바초프 이전의 소련에서 한국은 대부분 억압적 독재국가이자 미
국의 꼭두각시 정권으로 폄하 묘사되었었다. 한국과의 접촉은 금지되
었고, 사실이라 할지라도 한국에 대한 호의적인 시각을 불러일으킬 수
있는 정보조차 검열되었다. 고르바초프는 한국의 지역 내 주요국으로
의 성장이 급속한 경제 성장에 의해 뒷받침된 것임을 인정한 최초의 소
련 지도자였다.

고르바초프는 1990년 6월 4일 샌프란시스코에서 한국의 노태우 대통령을 만난 후 이렇게 말했다. "우리는 구시대적인 이념을 이유로 예외적인 성장의 역동성을 보여주었고, 아시아 태평양 지역을 넘어 이제는 전 세계적인 국제 세력이 된 그의 나라와의 정상적인 외교 관계 수립에 계속 반대할 수는 없었다."

고르바초프가 한국과의 관계를 개선하기로 결정한 것은 소련 국내의 경제적 이유 때문이라고 설명할 수 있다. 그의 서구 정책에서와 마찬가지로, 소련의 경제 위기가 한국과의 관계 개선의 주된 동기였다. 당시 소비에트 연방은 소비재와 경영 능력이 절실히 필요했으며, 소련의 극동 및 시베리아 지역을 아시아 태평양 경제에 통합시키고자 신흥 공업국들을 수교의 대상으로 삼은 것이다. 한국의 경제 역동성은 고르바초프의 관심을 끌었고, 소련이 외교 정책 우선순위에서 한국을 재조정하게 된 가장 결정적인 요인이었다.

고르바초프의 한반도에 대한 '신사고' 역시 전통적인 안보 우려의 영향을 받았다. 모스크바로서는 소련의 한반도에 대한 정책을 변화시키는 것이 한반도 내 긴장 완화를 통해 아·태 지역에서 소련의 국가 안보를 강화하고, 위기 상황 발생 시 미국과의 직접적 충돌 가능성을 낮추는 길이었기 때문이다. 한국전쟁 이후 한반도는 강대국들을 직접 대결로 끌어들일 수 있는 잠재적 분쟁지대로 여겨져 왔다.

한국의 '북방 정책' 역시 고르바초프의 한국 정책 변화에 속도를 붙인 전환점이었다. 1987년에서 1988년 사이에 국내 정치 양상이 바뀌면서, 한국 사회에는 일련의 새로운 기회들이 생겨났다. 새로 취임한 노태우 대통령의 외교 정책인 '북방 정책'이 소련의 관심을 끌었다. 북방 정책의 주안점은 공산주의 국가들과의 경제적 및 기타 관계를 개선하고, 동시에 북한을 고립에서 벗어나게 하는 것이었다. 이 정책의 목적은 한국의 안보를 강화하는 동시에 잠재적으로 북한을 약화시키는 것이었으며, 북한의 간섭 없이 1988년 서울 올림픽을 성공적으로 치르겠다는 노 대통령의 단기 목표에서 비롯되었다. 모스크바는 노 대통령의 이와 같은 북방 정책 선언을 크게 환영했다. 1988년 9월 크라스노야르스크 연설에서 고르바초프는 한국과의 경제 관계 체결 의지를 표명했다. 더불어, 구소련, 중국, 일본, 그리고 남북한의 인접 해안 지역에서 군사 대립 위협을 줄이기 위한 다자 협의를 제안했다. 이처럼, 1980년대 후반의 한국과 소련의 관계 회복은 고르바초프의 '신사고' 정책과 노 대통령의 '북방 정책'이 만들어낸 성공적 결과물이라고 할 수 있다.

한국 입장에서 소련과의 화해는 대단히 중요한 발전이었다. 첫째, 한국은 이로써 국제적인 위상이 더 높아졌다. 한반도의 분단된 상황에서 소련이 유엔 안전보장이사회 거부권을 보유하고 있었기에, 이전까지 국제 사회에서 한국의 위상을 높이는 것은 매우 어려웠다. 소련이 거부권을 행사하지 않자, 한국은 UN에 가입할 수 있게 되었다. 북한은 남한이 UN에 가입한다면 한반도는 영원히 분단될 것이라고 엄포했을 때에도, 소련은 남한의 UN 가입이 한반도 통일을 절대 막지 않을 것이라는 확고한 입장을 고수했다. 더구나 서울 올림픽은 소련과 중국 선수들이 참가하면서 1980년 모스크바와 1984년 로스앤젤레스 올림픽보다 훨씬 큰 성공을 거두었다. 이로써 한국은 국제 사회에서 더 많은 관심을 받으며 위상을 드높이게 되었다.

둘째, 한국과 소련의 수교로 인해 북한은 1961년 소련–북한 동맹조약 체결 이후 가장 든든한 경제·군사적 후원자이자 미국으로부터의 전적인 보호자가 되어 온 소련의 전적인 지원을 상실하게 되었다. 더욱이 소련 공산당 서기장과 한국 대통령의 만남은 사실상 전 세계적인 한국 정부의 합법화를 의미했다. 이로써 '장벽을 쳐 남한 정권을 공산 국가들과의 접촉을 저지하려는 북한의 오랜 노력이 최종 붕괴'한 것이었다.

소련 입장에서 한국과의 관계 개선으로 얻은 가장 큰 이익은 경제적 보상이었다. 경제 원조의 필요성이 고르바초프의 주된 목적이었든 아니었든 간에, 소련은 노 대통령으로부터 30억 달러의 경제 차관을 받게 되었다. 이로써 한국은 크렘린의 가장 소중한 파트너 국가가 되었다. 또, 원조와는 별개로, 소련은 남북한 모두와 수교를 한 최초의 강대국이었고, 남북한 사이에서 잠재적으로 중재자 역할을 할 수 있는 국가로 부상하기 시작하였다. 이로 인해 고르바초프는 한국에서의 소련에 대한 제국주의적이고 잔혹한 이미지를 지우고 이웃국가로 인식을 전환하는 데 성공하였다.

필자는 위와 같은 양국 간의 화해의 속도가 너무 빨랐다고 생각한다.

특히 한국 정부는 노 대통령 임기 내 북한의 간섭 없이 서울 올림픽을 성공적으로 개최해야 한다는 절박한 목표를 이루기 위해 관계 개선을 매우 서둘렀다. 그 목표를 달성하기 위해서는 소련, 중국 등 북한의 우방국들과의 협력이 필수적이었다. 이런 상황에서, 소련은 올림픽에 참가했고, 2년 후 외교 관계를 수립한 후 30억 달러의 차관을 받았다. 이는 후에 한국이 모스크바와의 외교 관계를 30억 달러에 구매했다는 비판을 받게 된다.

양측이 각자의 목적을 달성한 이후에, 외교 관계의 추가적인 발전은 매우 더디게 진행되었다. 이는 (특히 한국 측에서) 외교 정책의 목표와 카드가 사실상 소진되었기 때문이다. 게다가 가장 민감한 문제인 대한항공 여객기 격추 사건이 양측의 논의에 계속 미해결 문제로 남아 있었다. 한국은 사망한 승객들에 대한 공개적인 사과와 추가 정보를 요구했다. 모스크바는 과거 정권 때 일어났던 사건에 대해 사과하고 싶지 않았고, 추가 정보조차 제공하지 않았다. 더구나 한국 민간 부문의 소련에 대한 투자 기피 현상과 한국인들의 반 소련 정서가 크렘린 지도자들을 크게 실망시켰다. 결국, 추가적인 외교 정책 구상의 부재, 소련 붕괴, 러시아의 깊은 국내 위기 등이 모스크바와 한국 관계에 새로운 불확실성을 초래하게 되었다.

1.2. 옐친 대통령 시절의 한러 관계

1991년에서 1992년 사이에 옐친의 한반도 외교 정책은 북한에 비해 한국 쪽으로 크게 기울었다. 러시아 대내적으로 1991년 쿠데타 실패 이후 북한과의 관계는 꾸준히 악화되었는데, 이는 러시아의 남한과의 유대 관계의 증가와 북한의 은밀한 핵 프로그램 때문이었다. 실제로 러시아는 국제 사회의 북한 핵 프로그램 사찰 압박에 동조하기에 이르렀다.

1992년 11월 옐친은 서울에 국빈 방문을 하며 양국 관계를 공식화하고 강화하였다. 그는 남북 대화를 통한 한반도 평화 통일에 대한 강한 지지를 표명하며 러시아가 이미 북한에 공격용 무기 공급을 중단했다고 주장했다. 옐친과 노 대통령은 자유, 민주주의, 시장 경제라는 공통의 이념을 바탕으로 양국 관계를 발전시켜 나아갈 것을 제안하는 등 한국과 러시아 연방의 기본 관계 조약에 서명했다. 한국 국회 연설에서 옐친은 1961년 체결된 조소우호협력 및 상호원조조약이 폐지되거나 크게 개정될 것이라고 선포했다. 1994년 6월 김영삼 당시 대통령이 모스크바를 방문했을 때도 옐친은 조약 개정 및 폐지로 분쟁 상황 발생 시 더 이상 러시아가 북한을 도울 의무가 없어질 것이라고 장담했다.

그러나 1996년 이후 모스크바의 한반도 정책은 크게 달라졌다. 옐친은 고르바초프의 방식에 따라온 그의 친남 정책이 실질적으로 한국과의 추가적 관계 발전으로 이어지지 못했으며, 오히려 기존 동맹국인 북한과의 유대 관계 상실을 초래했다는 것을 뒤늦게 깨달았다. 이에 크렘린궁은 서울과 평양의 관계를 균형 있게 유지하고, 북한과의 오랜 관계를 회복하기로 결심하였다. 이는 남북한 사이에서 지렛대를 십분 이용하면서 한반도와 동아시아 지역에서 영향력을 되찾으려 했던 러시아의 시도와 계산법을 명백히 보여준다. 하지만 옐친 정권은 서로 적대적인 남북한에게 동등한 이미지를 어떻게 관리하느냐 하는 문제를 두고 항상 매우 난처한 입장에 처해 있었기에, 새로운 옐친의 대 한반도 외교 정책을 실제로 이행하는 데에는 큰 무리가 있었다.

고르바초프 정권 당시 소련과 남한의 밀월 관계 기간과 대조적으로 옐친 집권 당시의 한러 관계는 상당히 어려웠다. 비록 상호 간의 우정과 존중이 어느 정도 유지되었지만, 특히 1996년 이전에 양국의 정치 관계에는 상당한 불확실성이 있었다. 그 주된 이유는 바로 장기적으로는 양국의 우호 관계를 유지시킬만한 큰 실체와 내용이 없었기 때문이었다. 양측의 단기적인 정치 경제적 목표가 달성되자, 양국이 함께 공감하는 시급한 문제나 외교 사안이 없어졌고, 한러 관계는 정체기에 접어들었다. 김영삼 대통령과 보리스 옐친 대통령은 "양국 관계가 성과를 거둘 수 있도록, 즉 양국 모두에게 이익이 될 만큼 관계를 풀어가야 한다."고 했고, 그들은 이것이 성취하기 매우 어렵다는 것 또한 알고 있었다.

러시아 국내 정치 위기 역시 한러 관계에 적지 않은 영향을 미쳤다. 새로운 러시아 정부는 국내 문제에 너무 몰두해 있었고, 그나마 남은 에너지는 다른 소련 후계국들과 서방과의 관계들을 구축하는 데에 쓰였다. 민주주의를 추구하는 반공산주의 국가로서 러시아의 미래는 비무장, 원조, 개발 및 투자 모델, G-7과 같은 국제기구의 가입, 조직범죄 퇴치 협조 등을 도와줄 서구에 달려 있다고 여겨졌다. 그 결과, 한국과 아시아 전체에 대한 러시아의 정책은 탄력을 잃었다.

한편, 한국에서는 1991년 12월 소련이 해체되자 노 대통령의 소련 정책, 특히 불안정한 정부에 30억 달러를 지원하기로 한 그의 결정이 정치권의 공격을 받았다.

러시아의 경제 위기도 한러 관계를 한층 악화시켰다. 한국과의 관계가 러시아 경제 변혁에 도움이 되리라는 옐친의 바람과 달리, 양국의 무역과 경제 활동은 옐친의 임기 내내 극히 제한적이었다. 한국 기업인들은 극도로 느린 사유 재산 관계 재편, 외국인 투자자의 권리에 관한 모호한 법률 조항, 광범위한 조직범죄, 불안정한 정치 상황, 취약한 기반 시설, 조세 제도 등 러시아 시장의 험난한 여건에 대해 불만을 토로했다. 이들은 특히 러시아가 무역에 환율을 일관성 없이 적용하는 것과 천연자원 수출에 대한 임의적 제한 조치에 대해 큰 우려를 표명하였다. 한국 투자자들은 일반적으로 조심스러운 일본 투자자들보다 위험을 감수하려는 의지가 더 큰 것으로 알려져 있었지만, 실제로 그들에겐 우즈베키스탄과 카자흐스탄과 같은 러시아보다 더 좋은 투자 기회가 많이 존재하였고 더 매력적이었다. 한마디로, 러시아 극동에 대한 직접 자본투자는 한국 투자자들에게는 당장의 투자 가치가 없었다.

더구나 6·25전쟁 이후 역대 두 번째로 큰 혼란이었던 한국의 1997~1998 IMF 경제 위기는 양국 간 경제 협력을 더욱 어렵게 만들었다. 경제 위기 이후 페르디난트가 언급한 바와 같이 한국의 많은 은행들이 파산하였고 기업들은 러시아에 투자할 자본이 부족해진 상태였다.

한러 경제 협력의 발전이 더뎠던 주요 원인 중 하나는 러시아가 국제 부채를 갚지 못했기 때문이다. 모스크바가 30억 달러 차관에 대한 지급을 연기하자, 한국 정부와 재계에 부정적인 반응을 초래했다. 러시아 정부의 요청과 해명에도 불구하고 한국은 나머지 절반의 차입금을 동결했고, 러시아 내 야당은 이런 상황을 러시아 여당의 외교·경제 정책에서 엄청난 오산이라며 비판했다. 이어 "러시아인들은 한국의 경제 영역에서의 말 바꾸기와 그 비신뢰성, 일부 한국 기업인들의 부정직함에 불쾌감을 표시한다."고 덧붙였다. 이 문제에 대한 끝이 보이지 않는 논의 끝에 양측은 1995년 4월 마침내 러시아가 4년간 4억 570만 달러의 연체 원금과 이자를 민간 헬리콥터와 군사용 하드웨어를 포함한 각종 원자재 납품 형태로 지불하기로 합의했다.

한국 내 러시아의 이미지는 앞서 설명한 정치적 불안정성과 열악한 사회경제적 여건으로 심각한 타격을 입었다. 더욱 중요한 점은, 소련 붕괴 이후 러시아의 국제무대에서의 약한 위상과 대북 영향력 감소 현상이 드러나며 한국인들의 눈에 러시아가 정치 외교적 가치를 잃었다는 것이다. 한국은 모스크바가 사실상 북한에 미치는 파급력을 모두 잃었다는 것을 깨닫게 되었다. 예를 들어, 모스크바는 한반도에서 열리는 여러 고위급 협상에서도 제외되었다. 1996년 봄, 한·미 공동 발표를 통해 한반도가 대면한 다양한 문제들에 대해 논의하는^{한국, 미국, 중국, 일본} ^{4개국의} 4자 회담이 제안되자, 러시아는 큰 모욕감을 느꼈다.

이러한 요인들로 인해, 두 나라 사이의 분위기는 악화되었다. 두 정부 모두 서로의 전반적인 태도와 여러 가지 문제에 대해 불평하기 시작하였고, 결국 러시아의 오호츠크 해 중심부에서 조업 중단 문제를 두고 논쟁이 터졌다. 또한 1993년 러시아 외무부는 1961년 체결된 북한-소련 동맹조약의 군사조항을 포기하라는 한국 정부 일각의 요구를 거부했다. 또한, 한국인들은 1983년 KAL007 격추 사건에 모스크바가 책임이 없다는 러시아 특별위원회의 결론에 실망했다. 한국 언론은 이를 냉전시대 사고방식이라는 입장에서 탈피하지 못하였다고 보도하였고, 한국 정부는 이 '용서할 수 없는 만행'에 대해 부분적인 물질적 보상을 요구했다. 그러나 러시아 정부의 반응은 형식적인 사과 표시에 그쳤다. 한국인들은 러시아의 극동해역 핵폐기물 방류에 대해서도 불만을 토로했고, 1994년 5월 크렘린궁이 고위급 경제 회의를 전격 취소하자 큰 안타까움을 표명했다. 게다가 1998년 간첩 혐의로 외교관들의 상호 추방과 주한 러시아 대사관 이전 논란, 러시아의 탈북자 송환 결정 등으로 양측의 외교 관계는 더욱 악화되었다.

1.3. 푸틴의 대 한국 정책

10여 년간의 소원한 관계 끝에 푸틴은 한국과의 관계를 상당히 발전시켰다. 푸틴 정권 아래 한반도는 러시아 외교 정책에서 한국전쟁 발발 이후 어느 때보다 높은 우선순위 현안이 되었다. 그의 한반도 정책과 전임자들의 정책 사이에는 크게 두 가지 차이가 있는데, 그는 먼저 북한과의 관계를 개선했고, 두 번째는 동북아시아 지역에서 에너지 카드를 전격 사용했다는 점이다. 푸틴의 한반도 정책은 전반적으로 그의 외교 정책 철학을 반영한다. 그의 경제안보 중시와 다극주의에 대한 강조가 한반도 정책에도 그대로 투영이 되었다.

첫째, 경제안보에 우선순위를 둔 푸틴의 행보는 그의 외교 정책의 가장 큰 특징적인 면이다. 보보 로에 따르면, 고르바초프와 옐친 역시 외교정책은 국가의 부와 국민의 안녕을 증진하는 데 초점을 맞춰야 한다고 주장했지만, "이런 담화는 지극히 형식적이고 실제로 구체적인 내용이 결여된 점이 다분하였다." 한편, "푸틴은 말뿐인 맹세가 아닌, 전 세계를 상대로 러시아의 경제 정책 중시를 현실화 과정으로 변화시켰다." 즉, 푸틴은 세계에서 가장 역동적으로 발전 중인 서유럽과 동북아시아 두 지역으로의 러시아 경제를 통합시키는 것의 중요성을 강조해 왔다. 푸틴의 대외 정책의 경제적 측면은 다음과 같은 4가지 핵심 요소로 구성된다.

1) 적극적인 외교 정책과 국내 사회경제적 혁신 및 번영 사이의 직접적인 연계
2) 러시아를 국제 사회와 정치에 적극 참여시키려는 노력

3) 경제적 이익 동기 부여

4) 지경학과 지정학 연계, 즉 모스크바의 경제적 목표 추구와 지역 및 국제무대에서 영향력을 지속하려는 야망 사이의 상호 관계

푸틴의 지역 경제에 대한 중시는 러시아가 남북을 동시에 상대하는데 한층 용이하게 작용했다. 뿐만 아니라, 에너지 외교는 러시아의 경제 회복과 세계 경제 참여를 촉진시키고, 러시아의 지정학적 영향력을 강화하며, 국제 안보 환경을 개선하는 중요한 도구가 되었다. 푸틴은 "러시아의 천연자원이 동북아시아의 대형 에너지 프로젝트와 송유관 및 가스관 등 에너지 네트워크의 근간이 될 수 있다."면서 러시아의 에너지 자원을 대남과 대북 외교 정책의 핵심도구로 사용해왔다.

둘째, 시어먼은 다극화라는 용어가 푸틴 정권의 러시아 외교 정책에서 자주 사용되어 왔다고 말한다. 물론 옐친 시절 안드레이 코지레프 외무장관도 이 용어를 자주 언급했었지만, 다극화 정책은 특히 러시아의 가장 최근의 외교 정책의 핵심이다. 시어먼의 설명에 따르면, "이 용어는 러시아 국내 보다 대외강경 노선의 상징으로 쓰여 왔으며, 친서방 정책과 거리를 두고 서방견제 접근 방식과 일맥상통한다." 푸틴은 본 용어를 국제 정치에서 세력 균형 강조라는 본인의 세계관을 드러내기 위해 자주 사용한다. 특히, 동북아 지역과 중국과의 관계 설정에서 푸틴은 미국의 패권에 반대해왔다. 이점은 동시에 국제 사회에서 약화된 러시아의 영향력과 낮은 위상을 인정하는 셈이기도 하다.

남북한과 균형 잡힌 양다리 관계를 유지하려는 푸틴의 노력은 러시아가 다시 한 번 전략적 중요성을 지닌 지역에 적극 개입하고 싶어 함을 보여준다. 푸틴은 러시아의 이미지를 쇄신하고 동북아 지역 내에서 영향력을 행사하기를 원한다. 구체적으로는 한반도에서 객관적 중재자 역할로서의 러시아를 내세우고자 함이 분명한데, 이번에는 특히 지역 경제안보 관점을 더욱 강조하고 있다. 그는 송유관 및 가스관 건설 사업, 나홋카 FEZ 내 산업단지 조성, TSR과 TKR 사업 연계 등 구체적인 장기 경제 프로젝트들을 중심으로 남북한의 3국 경제 협력 참여를 독려해왔다.

푸틴은 러시아 연방 지도자로서는 최초로 북한을 공식 방문하기도 하였다. 그의 북한과의 관계 개선 회복 정책은 세력 균형 접근과 효과적 다자 외교 실현이라는 측면에서 봐야 한다. 이런 푸틴의 정책은 한반도에 어느 정도의 러시아의 영향력 확대와 지렛대 역할을 부여함은 자명한 사실이다. 2001년 8월 김정일 북한 국방위원장의 방러 당시 시베리아 횡단 철도로 러시아를 횡단하면서 평양과 모스크바의 관계는 한층 무르익었다.

비록 푸틴은 북한과의 관계를 정상화했지만, 그는 남한과의 정치적, 경제적 관계를 잃고 싶지 않았다. 그리고 놀랍게도 그의 획기적인 3국 협력 개념은 남북 모두에게 환영받았다. 그는 3국 관계를 통해 경제적 이익을 추구하는 것뿐만 아니라 북한을 동북아 지역 사회로 데리고 나와 한반도의 안정을 도모하는 것을 목표로 삼았다. 남북한 정세가 불확실한 가운데 푸틴은 전략적으로 에너지 카드를 외교 수단으로 사용했으며, 3자 협력을 위한 다른 경제적 인센티브 강구책도 제공했다. 하지만, 이런 푸틴의 한반도를 상대로 균형을 추구하는 접근법은 한국의 두 지도자, 김대중과 노무현 대통령이 북한에 대해 '햇볕정책'을 추구했기 때문에 가능했음을 유념해야 한다. 다시 말해, 푸틴의 새로운 외교 정책인 모스크바-평양 화해와 남북 간의 관계 개선 노력이 합쳐져 러시아가 남북한과 협력하고 한반도에 영향력을 행사하기에 좋은 환경이 만들어진 것이다.

김대중 대통령과 노무현 대통령은 정권 초기부터 각각 러시아와의 관계를 기꺼이 향상시킬 의지가 있었다. 그 결과 각각 정권 집권 후 몇 년간은 한러 관계의 중요성이 더욱더 강조되었다고 볼 수 있다. 한국과 러시아는 북핵 문제뿐 아니라 양국 간 정보 교환을 강화하고 양국 간 오해의 소지를 줄이기 위해 빈번한 고위급 및 실무급 접촉을 통해 적극 협력해왔다.

푸틴과 김대중 대통령은 고위 공직자와 의회 대표단 교류 등의 정치 활동 등을 통해 소원하고 정체되었던 양국 관계를 점차 개선했다. 2001년 2월 26~28일 푸틴 대통령의 방한은 러시아가 한국과의 관계를 아·태 지역 외교 정책의 최우선순위 중 하나로 인식하고 있음을 증명했다. 이 방한으로 양국은 한러 간 경제 협력을 장려하기 위한 공동 성명을 발표했다. 양측은 또 1992년 한반도 비핵화 공동선언과 1994년 제네바 기본합의서를 이행해 한반도 핵위협을 해소해야 한다는 데 의견을 같이했으며, 양국 정상은 남북 긴장 완화를 위해 지속적으로 협력할 것을 다짐했다. 한국에 노무현 대통령이 새로 당선된 후, 양국 관계는 더욱 견고해졌다.

푸틴 대통령과 두 한국 정상은 두 가지 측면으로 양국 간 안보 협력을 도모했는데, 첫째로 장기적인 경제 프로젝트에 초점을 맞춘 지역 경제안보 협력과 둘째로는 주로 북한의 핵무기 개발 해결책에 초점을 맞춘 한반도 안정의 전통적인 안보 측면이다. 후자에 관해서는, 2004년 9월 21일 모스크바 정상회담에서, 노 대통령과 푸틴이 다자 회담을 통해 북한이 핵무기 프로그램을 포기하도록 설득하는 데에 긴밀히 협력하기로 합의했다. 또한, 두 정상은 국제적으로 테러와의 전쟁과 대량파괴무기 확산 방지에도 협력할 것임을 재확인했다.

노무현 대통령과 푸틴 대통령이 모스크바에서 발표한 10개항의 공동 성명에 따르면, 양국은 철도 연결, 석유 및 가스 관련 프로젝트 건설, 나홋카 FEZ 내 한러 산업단지 조성, 러시아 우주 기술 이전 등 양국 경제 사업을 촉진하는 데에 초점을 두고 경제 협력을 다짐했다. 푸틴 대통령과 노 대통령 사이에는 특히 에너지 협력에 관한 논의가 활발했다.

푸틴 대통령과 두 한국 정상이 이룬 외교 관계 발전은 한국 경제계에서 러시아에 대한 우호적인 이미지를 심어주는 데에 가시적인 기여를 했다. 일례로, 2003년은 한러 수교 14년 만에 양국 교역량이 가장 많은 해였다. 2003년 교역량 증가율은 27.3%로, 금액으로 환산하면 4조 1810억 달러에 달했다. 2004년에는 교역량이 더욱 증가하여 교역액이 사상 최대치인 60억 달러를 기록했다. 실제로 이 시기부터 많은 한국 민간 기업들은 러시아에서 사업을 적극적으로 추진해왔다. 2004년 정상회담에서 러시아 부채 문제에 대해 합의에 도달하며 양국의 무역 및 경제 관계는 또 한 번 도약의 계기를 맞았다. 이 협약으로 은행권 협력이 재개의 발판이 마련됐으며, 이에 따라 한국수출입은행은 러시아 시중은행을 통해 한국 수출업체에 자금 조달을 시작했다.

또한 주목할 만한 점은 푸틴은 대통령 재직 시절, 2008년에서 2012년 총리 시절을 제외하고도, 총 남한의 5명의 대통령을 상대하였다. 앞서 언급하였듯이 분명 김대중, 노무현, 문재인 정권 시절 한러 관계에 있어서 여러모로 좋은 환경이 만들어진 것은 사실이지만, 그렇다고 해서 이명박, 박근혜 정권하고 관계가 안 좋았다는 이야기는 아니다. 오히려 이명박, 박근혜 정권 시절인 2014년, 한러 무비자 입국이 가능한 비자면제 협정이 발효되었고, 양국 간 민간 수준에서 상호 방문이 눈에 띄게 진전되었다. 가령 블라디보스토크를 방문하는 한국 관광객 수는 2015년 3만 명에서 불과 4년 만에 30만 명으로 급증하는 현상도 나타났다. 특히 한국에서 가장 가까운 유럽도시로 간주되는 블라디보스토크에는 한국의 다양한 여행가들의 맛집 탐방 도시로도 많이 인식되었으며 일제 강점기 독립운동 유적지로도 많이 소개되었다. 또한 러시아내 부유층들 간에는 한국의 의료관광도 한몫 하였다. 추가로 또한 이명박 정권에서는 어느 정권에서보다도 자원외교가 중시되는 관계로 남·북·러 가스관 프로젝트 이외에도 몇 가지 여러 한러 에너지 협력 프로젝트가 실무선에서 구체적으로 논의되기도 하였다. 박근혜 정권에서도 유라시아 이니셔티브 정책 일환으로 대러시아 외교의 중요성이 다시금 강조되기도 하였다. 그러나 간과할 수 없는 것은 상대적으로 이명박, 박근혜 정권 시절 한미 관계가 역대 정권보다 가장 돈독했고, 북한의 핵실험, 천안함 격침, 연평도 사건 등 북한의 도발 횟수가 증가함에 따라 한러 관계가 더욱더 뻗어 나가지 못한 측면은 분명히 있다.

문재인 정권하에서 푸틴과의 관계는 비교적 정권 초기에는 야심차게 관계 개선을 하고자 나름대로 노력을 많이 한 시기였다. 국내에서는 북방경제협력위원회도 발족되었는데 이 위원회는 한러 관계를 한층 더 업그레이드하기 위해 만들어진 대통령 직속 국가 특별 위원회이다. 2017년 9월 문재인 대통령은 블라디보스토크 동방경제포럼에서 철도·가스·전력·항만·농업·수산·산업기지·조선·일자리 9개 분야에 9개의 다리를 놓아 양국 간 경제 협력을 증진한다는 신북방 정책의 '나인브리지' 사업을 발표하기도 하였다. 또한 2016년부터 양국은 FTA 협정 추진을 위해서 여러 차례 실무진 수준에서 회담을 개최하였으며, 2021년 12월까지 총 5차례 공식 협상을 진행하기도 하였다.

정리하면, 이런 한국의 5명의 대통령들과 푸틴 대통령의 노력에도 불구하고, 양국의 다각적 안보 협력을 저해하는 요소는 여전히 적지 않다. 3장부터 여섯 개의 장에서 이러한 장애물에 대해 구체적으로 분석을 한다. 이에 앞서 이 장의 다음 부분에서는 러시아와 한국의 관계에 대한 기존 연구들을 검토하여 장단점을 기술하고, 이를 기반으로 이 책이 어떻게 기존의 논의를 발전시켜 나아갈 것인지 설명할 것이다.

2
한러 관계에 관한 기존 연구

한국과 러시아의 관계에 관한 연구는 국제 관계학에서 비교적 생소하고 간과되었으며 최신 분야라고 할 수 있다. 소련과 러시아 외교 정책연구는 대부분 서구지역에서 1970년대 초반부터 활발해져 1980년대 후반에 더욱 발전했지만, 대부분의 연구는 대부분 2차 문헌에 의존하고 있다. 한국에 대한 러시아의 정책에 관한 책들은 대체로 개괄서 수준에 그치며, 기사들 역시 대부분 국제 관계 이론 뿐 아니라 어떠한 이념적인 분석도 없는 정책 서술 중심의 글들이다. 이러한 이유 중의 하나는 러시아 내 한국 전문가들이 국제 관계 이론에 대해 배경지식을 갖고 있는 경우가 거의 없기 때문이다. 또한 국내 한러 관계 전문가들은 너무 러시아 지역학 입장에서 접근하는 경향이 농후하며, 기본적으로 한러 관계를 너무 긍정적이고 이상적으로 묘사한다는 점이다. 더욱이 한국에서는 이념적인 이유로 수년간 공산주의 국가에 관한 연구는 금기시되었기에, 소련에 관한 연구는 한국에서 상대적으로 새로운 것이다. 이는 미국에서 러시아 정치 외교를 거의 70년 동안 매우 체계적이고 심층적으로 연구하는 현상과 매우 대조적이다. 게다가, 소련 붕괴이후 러시아에 대한 한국 학자들의 관심은 급격히 줄어들었다. 더구나한국은 소련 외교 안건에서 한 번도 높은 우선순위에 오른 적이 없기에(동북아 정책에 있어서도 한반도는 중국이나 일본보다 늘 낮은 순위 안건이었다) 서양 정치학자들도 양국 관계에는 관심을 두지 않았다. 러시아의외교 정책 변화에 관한 서구의 연구는 주로 미국과 서유럽, 혹은 인접국가와의 관계에 초점을 맞추어왔다.

그럼에도 불구하고, 주로 책이나 논문의 일부 장이나, 러시아의 동북아 정책에 대한 장의 일부 내용의 형태로 이 주제에 대한 문서들이 존재하긴 한다. 이 문헌들의 공통적인 내용은 한국과 러시아의 관계 회복 노력의 목적을 검토하고, 그들의 관계의 역사를 설명하며, 미래의관계에 대해 전망하는 것이다. 여기서 누락된 내용은 이들의 관계가왜 이토록 더디게 발전했는지에 대한 분석이다. 설상가상으로, 연구에 명백한 개념적 틀이 존재하는 경우는 그나마 거의 없다. 그러나 국제 관계 이론을 사용하고자 노력한 에세이가 몇 개 있으며, 이어지는내용에서는 필자가 검토한 문헌들을 역사, 국제 관계 이론, 지역, 3자,안보적 측면에서 나누어 살펴볼 것이다.

2.1. 역사적 서사 접근법

아마도 한러 관계 연구의 가장 일반적인 접근법은 서술적 역사 서사법일 것이다. 몇몇 학자들은 19세기 말 조선 왕조 후기와 제정 러시아 시기부터 푸틴 대통령 때까지 한러 관계가 어떻게 요동쳐 왔는지 조사했다. 예를 들어 시파예브는 고르바초프 집권 당시 러시아의 한국과의 관계 회복 결정 과정을 분석하면서 러시아가 한국을 미국의 꼭두각시 정권에서 정당한 외교 파트너로 받아들여 가는 인식 변화에 초점을 맞췄다. 그는 러시아와 한국의 경제 협력의 시작은 러시아의 인식변화에 대한 명확한 증거이자 직접적인 결과라고 필역했다. 하지만, 그는 이러한 인식에 대한 연구의 이론적 프레임워크나, 심층적인 분석을 제공하지 않았다.

블라디미르 리는 한러 관계의 역사, 러시아 내 한국 소수민족의 비애와 고충, 외교 정책 현안 등을 다루며 한반도에 대한 러시아의 외교 노력의 서사를 제공했다. 그는 한국 문제에 대한 러시아의 태도가 한 세기 한반도 지역에 지대한 영향을 미쳐왔다고 주장한다. 특히 러시아 내 고려인의 역사에 대한 그의 논의는 한국 문제의 국내적 중요성뿐만 아니라 동북아 내 러시아의 역할의 역사적 뿌리를 강조함으로써 러시아의 한국정책 연구에 새로운 차원을 제시한다. 그는 북한 접경 지역의 안정성이 러시아 극동 지역에서 지니는 중요성을 감안할 때, 러시아가 북한과의 관계를 희생하며 한국과 관계를 맺는 것은 말이 되지 않는다고 주장한다.

모스크바의 남북한 정책 진화에 대한 요크 T. 소의 서사는 1990년 7월부터 1994년 7월까지의 시기로 한정되어 있다. 이 시기의 한국에 대한 러시아의 태도에 대해 그는 이전에 소련의 의사결정에 영향을 끼쳤던 공산주의 교리와의 완전한 결별을 지향하는 것이라고 설명했다. 러시아의 외교부는 점점 더 심각해지는 국내 경제 및 정치 위기에 주목하기 시작했다. 이에 따라 그들이 관심을 두는 대부분의 외교 문제를 해결하기 위해서는, 한국과 같이 선진 기술을 갖춘 자본주의 국가들로부터의 원조와 투자를 얻기 위해 노력해야 했다.

최근 한 컨퍼런스에서 알렉산더 N. 페도롭스키는 10년간 러시아가 겪은 한반도와의 경험들을 (1) 고르바초프 시기, (2) 1991년부터 1995년까지의 러시아의 개혁 시작 시기, (3) 1996년부터 1998년까지 옐친과 프리마코프 외무장관 하 균형 외교시기로 나누었다. 이 문헌은 세 시기 각각을 잘 설명하고 시기별 러시아의 목표도 잘 비교했지만, 개념적 프레임워크를 제공하기보다는 시기별 특징 분석에 초점을 맞추었다.

전반적으로, 이러한 역사적 접근법은 각 시대 간의 비교 분석이 부족할 뿐 아니라, 주제에 맞는 연구를 진행하기 위한 개념적 프레임워크 역시 없다.

2.2. 국제 관계 이론 접근법

정은숙, 찰스 E. 지글러, 에이미 골드만, 전홍찬 등 소수의 학자들이 국제 관계 이론을 한러 관계 연구에 적용하는 시도를 했다.

정 연구원은 과도기에 있는 러시아 외교 정책의 대내적 원천을 살펴봄으로써 러시아의 정책이 한국에 시사한 바를 전반적으로 파악하고자 했다. 정 연구원의 분석은 국내 정치와 외교 정책의 결합이라는 연구 프레임워크를 사용한다. 하지만 정 연구원은 러시아 국내 상황이 한국 정책과 어떤 연관이 있는지는 정확히 설명하지 못한다. 정 연구원은 한국에 대한 러시아의 외교 정책을 국가 정체성 문제의 맥락에서도 접근한다. 정 연구원은 1990년대 중반 러시아에서 가장 치열한 국가 정체성 논쟁 중 하나였던 유라시아 대 대서양 논쟁을 한러 관계 분석에도 적용했다. 정 연구원에 따르면 이 논쟁은 1993년 12월 선거 유세 기간에 절정에 달했는데, 당시 많은 후보들이 미국에 지나치게 복종적인 기존의 외교 정책을 비난하고 동양에 더 관심을 기울이는 균형 잡힌 접근법을 주창했다. 정 연구원은 이런 요구가 러시아의 외교 정책이 '대서양주의'에서 '유라시아주의'로 기울었음을 의미한다고 본다.

그러나 필자는 러시아 정부의 한국에 대한 외교 정책을 유라시아주의 일례로 해석하기에는 무리가 있다고 생각한다. 유라시아주의는 지리적으로 아·태 지역과 간접적으로 연결돼 있을 뿐이다. 러시아의 대서양주의 비판론자들이 자신들이 선호하는 정책 방향성을 드러내기 위해 이 용어를 사용했을 때, 그들이 염두에 둔 것은 주로 구소련에서 독립한 인접국들이었다. 이들은 또 멀리 봤을 때 근접국이라고 할 수 있는 한반도 및 이슬람 지역의 분쟁에 러시아가 휩쓸려 들어가는 것 역시 바람직하지 않다고 주장했다. 과거에는 러시아에서 유라시아주의라는 용어가 극단적인 반서구 사상을 드러내기 위해 사용되었지만, 현재의 논쟁에서는 직접적으로 서구를 향한 반발감이라기보다는, 보다 현실적인 방향으로의 전략 변화를 요구하는 움직임으로 보인다. 따라서 우리는 이 논쟁의 결과로 러시아의 외교 정책 우선순위가 아시아·태평양 쪽으로 반드시 기울 것이라고 생각해서는 안 된다.

지글러의 책 「외교 정책과 동아시아Foreign Policy and East Asia」는 1980년대 남북한을 향한 소련정책의 역동성을 중점적으로 다룬다. 그는 고르바초프의 내부 개혁과 1980년대 급진적인 한러 관계 변화 사이의 연결고리를 탐구하기 위해 외교 정책에서 학습이라는 개념을 활용한다. 지글러에 따르면, 소련의 한반도 정책은 비록 국제적 요인의 영향도 받았지만, 경제 개혁에 대한 압박이 소련의 신사고에 가장 큰 영향을 미친 만큼, 외교 정책에서 학습이 일어나는 현상에 대한 유용한 사례 연구를 제공한다. 그는 스탈린, 흐루쇼프, 브레즈네프 하에서 소련의 이데올로기가 외교 정책에서 학습효과를 얼마나 저해했는지에 초점을 맞추어 한국과 소련의 관계의 역사를 간략히 설명한다. 그는 상당히 비협조적이었던 김일성 정권에 대한 모스크바의 전적인 지원이 중국-소련 분열과 동서갈등과 같은 타 외교 정책의 실패보다는 이념에 덜 좌우됐다는 점에서 소련의 한반도 정책은 외교 정책 학습의 독특한 면모를 보였다고 주장한다.

소련의 한국 정책도 단순한 관료적 관성에 의해 상당 부분 조건화되었다. 이러한 입장은 1980년대에 한국의 경제 발전 수준이 북한을 훨씬 앞지르면서 점점 고수하기 어려워졌다. 소련의 대외 정책 중심축이 군사 문제에서 경제 협력으로 기울면서, 서울은 소련의 롤 모델이자 잠재적 파트너로 부상했지만, 소련과 중국이 외교 정상화를 추진하면서 소련에게 평양의 중요성은 더욱 떨어졌다.

반면 골드만은 한러 관계 분석에서 러시아의 한국 정책 배후에 있는 정치적 압력과 경제적 인센티브에 초점을 맞췄다. 골드만에 따르면, 국가와 기업가의 목표의 시너지를 추구하는 협력적 기업-정부 구조가 한국이 소련 및 러시아와의 관계를 강화하고자 노력하는 주요 요인이 되었다. 골드만은 한국의 소련에 대한 경제 정책이 정치적 목표에 기반하고 협력적인 기업-정부 구조에 의해 실행되었다고 주장한다. 다양한 정치적 목표와 경제적 이익을 대변하는 광범위한 기업 및 산업 공단들은 소련 전체 혹은 그 여러 공화국과의 교류 증대로 얻을 수 있는 국가의 이익에 대해 활발한 토론을 펼쳤다. 골드만은 소련을 대함에 있어, 한국의 '재벌' 혹은 대기업들은 일정 부분은 무역과 투자에 대한 규제 때문에 국가와 뜻을 함께했다고 주장한다. 한국의 민간 부문은 소련과 거래를 하기에 충분한 동기가 있었다. 단순히 단기적 수익

외에도 기업들은 소련 시장의 조기 진입을 야무진 장기 전략이라고 여겼다. 골드만의 분석은 한국과 구소련 연방국들 사이의 미래 경제 관계를 전망하는 데에 특히 유용하다.

전 교수와 지글러는 러시아의 외교 정책 결정이 국익이 우선시되는 현실주의의 틀 안에 놓여있었다고 주장한다. 비록 이러한 국익이 명확하게 명시되지 않았고, 러시아 정부의 모든 이가 이를 완전히 이해하지는 못했지만, 그들은 소련 외교 정책과 미국이 선호하는 정책 사이의 제3 노선을 대표했다. 유럽도 동양도 아니지만 둘보다 더 우월하다고 믿는 러시아 특유의 자긍심이 러시아 외교 정책의 중심 요소로 떠오른 것이다. 또한, 두 저자는 모스크바의 한국 정책이 러시아의 전반적인 외교 정책에 영향을 주고 있는 어떤 추세를 반영하고 있다고 서술한다. 러시아는 옛 소련 시절의 군사력을 보유하고 있지 않았기에 소련식 정책으로 회귀하고 있지 않은 것은 분명했다. 그보다 중요한 것은 러시아가 동아시아에서 강압적인 접근으로는 얻을 것이 미비함을 깨달았다는 점이다. 전 교수와 지글러는 러시아가 역사적으로 자신들의 영향권 지역을 유지할 만큼의 충분한 군사력을 유지하면서 정치. 경제 수단을 보다 유연하게 결합하는 것이 최선의 전략일 것이라고 제안했다. 러시아가 최근 남한과의 연계를 확대하면서 북한과의 관계를 회복하는 방향으로 한반도 정책을 재수립한 것은 동북아의 강대국으로 자리매김하고 싶은 그들의 열망을 잘 보여준다.

2.3. 지역적 접근법: 러시아의 대 동북아 정책

몇몇 학자들은 한국과의 러시아 관계를 보다 광범위한 러시아의 동북아 관계의 일부로서 논의하는 지역적 측면에서 본 주제에 접근한다. 필자는 지역적 접근 방식이 러시아의 지역 외교 정책 전반을 이해하는 데 도움이 되지만, 중국과 일본, 그리고 남북한을 대하는 러시아의 목표가 모두 다르기 때문에 지역 전체를 묶어 설명하기엔 과도한 일반화의 문제가 발생한다고 생각한다.

레제크 부진스키는 러시아의 동북아 정책이 정부, 정계, 학계, 그리고 언론의 저명인사들이 드러내온 열망과 실제 결과 사이의 상호작용이라고 봤다. 그는 러시아의 관심사를 세계적, 지역적, 양자의 3단계로 분류한다. 글로벌 차원에서 러시아의 관심사는 미국에 대항하여 외교적 균형을 구축하는 것이었으며, 지역적 차원에서는 경제와 안보 지역 통합을 추구해왔다. 양자 관계 차원에서는 중국, 일본, 한국과의 관계에서 각각 구체적인 이익을 추구해왔다. 그는 러시아 국내의 어려운 경제 여건과 스스로를 외부인으로 인식하는 경향으로 인해 러시아의 지역적 차원의 목표가 좌절되었다고 주장한다. 비록 러시아가 중국, 일본, 한국과의 양자 관계 개선으로 이득을 얻었지만, 이러한 이득은 지역 차원에서 러시아의 위상 개선으로 이어지지는 않았다. 부진스키의 연구에는 흥미로운 시사점들이 많지만, 그는 이 지역에서 러시아가 외교에 실패한 구체적인 이유를 제시하지는 못한다. 더욱이 그는 동북아 각국과 러시아의 관계와 러시아의 취약한 지역적 위상에 대해 연결 지어 설명하지 않고 단순히 역사적 사건들을 연대기적으로 기술하였다.

부진스키와 비슷하게, 장덕준 교수는 한국과의 러시아 관계를 러시아 극동과 동북아 국가들 간의 협력 가능성 및 그 제약의 틀 안에서 설명한다. 그는 러시아 극동 지방이 동북아 국가들과 더 긴밀히 협력하기 어려운 이유를 3가지 제시하고, 향후 이들 간의 협력 전망을 제시한다. 첫째, 러시아 극동과 그 이웃 국가들 간의 외국인 투자 및 다른 협력 방안들은 만족스러웠던 적이 결코 없었다. 둘째, 러시아 극동 지역의 경제난은 지역 내 인종 차별과 외국인 혐오 심화로 이어졌고, 이는 정치인들에 의해 악용되어 잠재적 외국인 투자자들의 미움을 샀다. 셋째, 최근 일본과 한국의 재정 문제로 러시아 극동의 통합 노력은 더욱 수그러들었다. 장 교수는 러시아 극동의 비합리적인 사업 관행과 지나친 관료주의에 대해 비판하면서도 러시아 극동 지방이 러시아와 남북한 간 삼각 경제 협력 등 특정 분야에 초점을 맞춘 국제 협력 프로젝트를 착수한다면 성공 가능성이 증가할 것이라고 말한다.

정한구 역시 러시아 내 민주주의와 미국이 약간의 우세를 유지 중인 지역 내 안정이 한국과 러시아의 지속적인 협력에 필수적인 양대 축이라고 주장했다. 그는 양측이 서로에게 교섭을 제의하게 된 계기가 무엇이며, 서로와의 관계에서 지속적으로 추구할 목표가 무엇인지 되짚어보았다. 또, 러시아와 동아시아의 격변하는 환경 안에서 이 목표들이 달성될 수 있을지도 살펴보았다.

지글러의 작품 「러시아와 신흥 아시아 태평양 경제 질서」에서도 러시아와 동북아 지역 경제의 협력, 특히 아·태 경제 질서에 보다 깊게 관여하기 위한 러시아의 노력에 대해 논의한다. 그는 아·태 지역 다자간 기구에서 러시아의 참여가 거의 성과를 거두지 못했다고 지적한다. 지글러는 러시아의 양국 간 경제 유대 관계, 특히 중국, 대만, 한국 등 몇몇 국과의 관계에 대해서는 일부 낙관적 전망이 가능하지만, 혼돈스러운 국내 상황이 아·태 경제 질서에 통합되고자 하는 러시아의 노력에 심각한 제약요소가 될 것이라고 주장한다. 이 책에는 한러 관계에 대한 언급이 많지 않을뿐더러, 대략적인 분석만 제공한다. 또, 지역 경제에 통합되고자 하는 러시아의 노력의 방해 요소에 대한 상세한 설명도 부족하다.

지금까지 언급된 모든 저자들은 양국 간의 한러 관계에 대해 흥미롭고 가치 있는 논의들을 제시하지만, 편집본이라는 이 책의 형태상, 이에 대해 깊이 있게 다루기엔 어려움이 있다.

2.4. 3자 접근법: 모스크바, 평양, 서울

최근 몇 년간 러시아–북한 관계의 회복과 함께 알렉상드르 Y를 포함한 주승호, 고재남, 알렉산더 N. 페도롭스키, 박정대, 이재영 등 여러 학자들은 모스크바, 평양, 서울의 3국 관계에 주목해왔다.

 만수로프는 푸틴 시대의 한반도에 대한 러시아의 정책 변천사를 알아보는 가장 좋은 방법은 모스크바, 평양, 서울의 3국 관계를 살펴보는 것이라고 말한다. 최근 그의 기고문 "러시아와 한국: 정상 회담과 그 이후"에서 주 교수는 러시아와 한국의 다자 협력 전망에 대해 낙관적인 견해를 제시하며 모스크바, 평양, 서울 3자간의 경제적 유대 관계의 중요성을 강조했다. 그는 푸틴-김정일 정상회담과 러시아의 대 한국 외교 정책의 목표들을 중심으로 푸틴의 남북한에 대한 새로운 외교 정책의 목표와 원칙들에 대해 탐구한다. 또, 러시아와 남북이 공동으로 철의 실크로드 사업, 나홋카 산업단지 계획, 이르쿠츠크 가스관 사업 등을 추진하게 된다면 한반도 내 냉전의 잔재가 사라질 가능성이 크다고 결론지었다. 그러나 그는 현재 경제 협력을 지연시키고 있는 구체적인 요소들을 정의하지는 못했다.

 이는 고재남의 「평양 개방과 남·북·러 협력」과 페도롭스키의 「러시아의 한반도 정책과 관심사」에서도 마찬가지다. 두 글 모두 3국 경제 협력에 대해 긍정적인 입장을 비치며 3국 협력은 3국 모두의 국익을 증진할 뿐만 아니라 동북아의 평화와 안정 보장에 크게 기여할 것이라고 설명한다. 고 교수에 따르면 북한의 대남 정책과 한반도 주요 이슈들의 해결이 성공적인 3국 협력의 결정적 요인이다. 페도롭스키는 모스크바, 평양, 서울 각각의 경제 개혁을 강조한다. 이는 러시아 시장 개혁의 실현, 북한 행정 경제의 시장 경제로의 전환, 그리고 한국의 경제 자유화가 장기적으로 효율적인 3국 협력의 기반이 되고 지역 안정에 기여할 수 있기 때문이다. 반면에, 어느 나라든 지역 내 특정 국가의 정치적, 경기 침체나 악화는 지역 전체의 정치·안보 안정을 해치게 된다. 이렇듯 두 학자 모두 3국 경제 협력 실현의 만만치 않은 장애물이 있다고 경고하지만, 그 장애물들에 대한 상세한 분석을 제시하지는 못하고 있다.

박정대와 이재영은 모스크바와 서울 간의 산업 협력 현황을 상호투자, 기술 협력, 자원 개발 협력, 교통 협력 측면에서 비교적 상세하게 평가했다. 그들은 3국 경제 협력의 중요성을 강조하면서 양자 간 산업 협력이 감소한 몇 가지 원인을 강조한다. 두 사람의 접근법은 기업 측면에 초점을 맞추고 있으며, 외교 정책에 대한 분석이나 국제 관계 이론과는 거리가 있다. 3자 접근법에 기반을 둔 연구는 이처럼 3국 관계의 위협 요소들에 대한 심층 분석이 부족한 경우가 대부분이다.

2.5. 안보 접근법

몇몇 학자들은 한러 관계에 안보 개념을 적용한다. 하지만 이들 중 '안보'라는 용어를 정의하거나 분석하는 경우는 거의 없다. 일례로 페기 팔켄하임 마이어의 글 「냉전 이후 러시아의 동북아 안보 정책」은 러시아의 동북아 국가들의 안보 관계를 다루고 있다. 그는 전통적인 안보 대 경제문제 논쟁을 검토하지만, 정치·군사적 사건들에 대한 설명만 할 뿐 러시아의 중국, 일본, 남북한과의 관계와 안보 사이의 연관성을 설명하지는 않는다.

게다가 대부분의 안보 접근법은 전통적인 안보 개념에 초점을 맞추고 있다. 한러 관계의 중요성이 점차 약해지면서 양국이 전통적인 안보 문제에 관해 공동의 이익 관계를 거의 찾지 못했음에도 불구하고, 대부분의 안보 접근법에 기반을 둔 연구는 여전히 냉전 패러다임 안에 있다. 실제로 1990년대 후반 냉전 종식과 함께 한국이 대북 햇볕정책을 실행한 이래, 두 나라 간 양자 회담에서 전통적인 안보 개념이 언급되는 일은 점점 줄어왔다. 그뿐만 아니라, 대부분 학자들은 그들이 전통적 안보와 비전통적 안보 중 어떤 개념에 대해 논하고 있는지 명확히 구분 짓지 못한다.

예를 들어, 이석호는 19세기 후반부터 안보 협력과 그 목표에 대해 논의하면서 역사적, 지정학적 관점에서 한러 관계를 살펴보았다. 그는 한국과 러시아 사이의 안보 협력이 결코 성공적이거나 만족스러운 적이 없었다고 주장한다. 그는 안보라는 개념을 사용하만 그의 분석은 대부분 비전통적인 안보보다는 전통적인 안보 논의에 바탕을 두고 있어, 경제 협력과 안보 측면을 분리하고 있다. 한편, 그는 양국의 경제 악화가 국가 안보에 중대한 위협으로 작용한다는 점을 인식하고 있다. 그는 러시아는 한국이 국내 경제에 도움이 되길 바라지만, 한국은 러시아 경제 문제를 함께 부담하고 싶어 하지 않는다고 지적한다. 요약하자면, 안보 접근법을 채택한 연구들에는 안보에 대한 적합한 정의가 부족하며, 한러 안보 협력의 구성 요소들을 정확히 파악하지 못하고 있다.

3
기존 연구의 한계점 및
이 책의 학문적·정책적 기여

한국과 러시아의 외교 정책 분석에 있어 학자들마다 접근 방식이 다름에도 불구하고, 사실상 모두 동일한 결론에 도달한다는 점은 매우 흥미롭다. 먼저, 전통적 안보의 관점에서 보면, 러시아는 한반도에서 영향력을 행사하기 위해 열심인 반면, 한국은 러시아가 남북 관계 긴장 완화에 도움이 되기를 바라고 있다. 경제 측면에서는, 러시아는 한국과 보다 긴밀한 협력을 통해 자본 투자를 유치하기 바라는 반면, 한국은 수출 시장을 확대하고 러시아 내 천연자원에 접근하는 데에 관심이 많다.

또한, 대부분의 연구는 러시아와 아시아 국가들의 양자 관계 개선을 동아시아에서 소련/러시아의 목표 중 하나로 해석하고 있다. 미국과의 긴장을 완화하면서, 소련/러시아는 다른 아시아 국가들과의 관계도 개선하기 시작했다. 러시아의 추가적인 목표가 있다면, 아마도 역동적인 동아시아 경제의 일부로 통합되고, 아시아와의 경제 협력을 강화하는 것일 것이다. 소련/러시아는 고르바초프의 경제 개혁을 지속하기 위해 해외의 자본과 기술이 절실히 필요했다. 러시아 극동 가까이에 위치한 한국은 러시아에게 훌륭한 경제 파트너 후보였다.

또한, 한러 관계를 이해함에 있어 이론적 접근법을 사용하는 학자들은 거의 없다고 볼 수 있다. 실제로 러시아의 한반도 외교 정책과 학문적 이론을 연결하려는 시도는 그동안 전무했다고 평가할 수 있다. 통상적으로 국제 관계 이론과 한러 관계의 구체적인 실상은 별도의 연구 분야로 취급되어 왔다. 뿐만 아니라, 학자들은 자신의 연구에서 사용하는 용어에 대한 정의를 내리는 경우가 거의 없다. 학자들이 한러 관계에 관한 연구에 국제 관계 이론을 적용하지 않는 이유 중 하나는 동북아에서의 본질적으로 취약할 수밖에 없는 러시아의 상황과 양국의 자국 내에서 차지하는 상대국에 대한 피차 낮은 외교 정책 우선순위 때문일 것이다.

정은숙은 한러 관계에 대해 다음과 같이 지적한다.
"수년에 걸쳐 새로운 러시아의 외교 정책 변화 추세를 살펴본 결과, 러시아의 외교 정책이 한러 관계에 미치는 영향에 관해 연구하기는 자못 어렵다고 판단된다. 한러 외교에는 구체적인 실체가 없는 만큼, 러시아의 전략 변화가 한러 관계에 직접적인 영향을 미친다는 근거가 없기 때문이다."

정은숙은 학자들이 러시아 외교에서 '합의나 협상' 또는 '강경책'에 대해 논할 때, 일반적으로 미국과 나토에 대한 태도나, 일본과 중국에 대한 러시아의 정책을 염두에 두고 있다고 설명한다. 정은숙은 또, "강력한 반서방적 태도를 지닌 러시아인들에게 한국은 서방과 비교해서 러시아의 국익 쟁취에 도움이 되는 한 협력 할 수 있는 국가로 간주되었다."라고 주장했다.

우리는 한러 관계가 러시아의 전반적인 동북아 정책 맥락에서 간략히 다뤄지는 경우가 많다는 점 역시 발견할 수 있다. 이것의 주된 원인은 아·태 지역에 대한 러시아의 사고방식과 정책 기조가 아직 상당 부분 정립이 되지 않았고 유동적이기 때문이다. 러시아의 정책 분석가와 의사결정권자들은 전례 없이 빠르게 진화하는 국제 환경 변화에 적응하고 대응하는 데 더뎌왔다. 대체로, 그들은 여전히 아시아에서 러시아의 역할이 중국과 같은 동북아시아 주요 강대국들과 긴밀히 협력하여 NATO의 동방 정복 야욕이나 세계적인 미국의 패권에 대항하고, 서구와의 균형을 맞추는 데 있다고 생각한다. 바라노프스키가 언급했듯이, 동북아시아 지역에 대해 판단을 내리는 것은 여전히 러시아에 어려운 숙제로 남아 있다. 특히 유럽과 대서양 정치의 현실을 설명하기 위해 개발된 개념과 이론들은 복잡한 동북아 정치의 구조와 그 안의 러시아의 모습을 이해하기에는 적절하지 못하다. 더구나 러시아의 지정학적 관심사와 지역 내 전략 분석은 즉각적인 압박과 대응에 기반을 둔 것이었다. 이는 러시아의 동북아 국가들과의 안보 관계 문제를 장기적인 관점보다는 단기적 관점에서 바라봤다는 것을 의미한다.

결론적으로, 두 나라의 관계에 대한 우리의 이해와 국제 관계 이론 사이의 간극을 메우기 위해 아직 할 일이 많다는 것이다. 학자들은 양자 관계의 근본적인 문제에 대해 상세히 분석할 필요가 있으며, 관련하여 적절한 개념적 틀을 만들 필요가 있다. 이런 간극을 해소하기 위해 이 책은 종합 안보 협력이라는 틀 안에서 양국 관계를 설명하고 공동의 이해관계 요소들을 경제안보 관점에서 분석하고자 한다. 이에 따라, 이 책에서는 먼저 종합 안보, 특히 지역 경제안보 개념이 동북아 국가 간 양자 관계에 대한 명확한 이해하는 데 얼마나 중요한지 보여주고자 한다. 둘째, 1991년 수교 이후 언급된 주요 경제 사업들을 조사하여 향후 안보 협력의 저해 요소들은 무엇인지 상세한 분석하고자 한다. 마지막으로, 2장에서 논의할 바와 같이, 이 안보 접근법, 특히 안보의 개념을 확장하는 시도는 국제 관계 이론, 국제 정치 경제, 지역 연구 및 전략 연구 등과 통상적으로 국제 관계학 내에서 분리되어 있는 여러 학문들을 서로 연계하는 방법을 제시하고자 한다. 다음 섹션에서는 책의 구성에 대해 설명한다.

4
이 책의 구성

제2장에서는 다차원적 안보 협력의 개념과 해당 개념과 한러 양국 관계의 관련성을 다룬다. 또한, 지역의 경제안보가 다차원적 안보 협력 개념의 핵심이라는 것을 보여주기 위해 종합 안보의 주요 이론에 대해 비판적 검토한다. 특히, 이 장에서는 러시아와 한국의 관계가 지역 차원의 안보 연구에서 세 가지 중요한 측면을 반영한다는 점을 설명한다. 국가의 안보 인식, 국가 간 안보 협력, 안보 협력의 위협 요소들이 그것들이다. 장의 마지막 부분에서는 에너지 안보, 교통망 연계 안보, 천연자원 관리 안보의 일환으로서의 FEZ, 수산, 무기 거래, 북한 요인을 중심으로 양국 간 종합 안보 협력의 구체적인 요소들을 설명한다.

제3장에서는 코빅타 가스관 사업과 사할린 석유 가스 사업 등을 중

심으로 러시아와 한국의 에너지 안보 협력 변천사와 동북아 에너지 안보와 각국의 경제안보에 갖는 시사점을 지역적 관점에서 설명한다. 이 장을 통해 양국의 서로 다른 정치적 목표와 부수적인 경제적 이해관계가 러시아와 한국의 에너지 협력을 어떤 방향으로 이끌어 왔는지 양국 간 에너지 협력 강화의 장애물에 초점을 맞추어 설명한다.

제4장의 주요 목적은 시베리아횡단철도^{TSR}와 한국횡단철도^{TKR} 연결 프로젝트의 진행 단계와 그 문제점을 지역 경제안보 측면에서 검토하여, 사업의 장애물과 기회에 대해 논의하는 것이다. 장의 서두에서는 TSR의 역사적 배경을 간략히 살펴본다. 이 사업이 양국 관계에서 갖는 중요성을 충분히 설명하기 위해 이 장은 교통의 연계가 갖는 경제안보적 의미를 정치적, 경제적, 지역적 측면에서 평가한다. 이 장에서는 해당 사업이 교통 연계를 통한 장벽 제거, 국경 간 상호교류 촉진 등에 의해 경제적 시너지를 창출하기 때문에, 한러 간 양자 및 다자 경제안보 협력을 강화할 수 있는 잠재력을 지닌다고 주장한다.

제5장에서는 나홋카 경제자유구역^{FEZ} 내의 한러 산업단지 사업의 15년간의 발전사를 분석하고, 개발이 이토록 더디게 진행된 이유를 구체적으로 살펴본다. 이 장에서는 러시아 극동의 경제난과 러시아 FEZ의 지나치게 정치화 돼버린 구조가 사업을 지연시킨 주요 원인임을 설명한다. 특히 최근 동북아 지역 경제 통합 과정에서 나홋카 지역이 에너지와 교통의 중심지로 부상했기 때문에, 나홋카 FEZ 협력은 양국 간

경제안보를 실현하고 동북아 지역 경제안보를 구축할 수 있는 가능성을 지닌다고 주장한다. 그럼에도 불구하고 현실은 본 사업을 바라보는 회의론과 여러 장애 요소들로 인하여 프로젝트는 중단된 상태이다.

제6장의 목적은 지역 경제 식량 안보의 한 측면으로서 한러 간 어업 협력의 발전 현황 및 문제점을 살펴보는 것이다. 이 장에서는 명태 쿼터 분쟁과 오징어·꽁치 어장 분쟁을 중심으로 러시아 극동 지방 어업이 한국 어업에서 갖는 중요성에 대해 알아본다. 또, 러시아 극동 지방 불법 어업의 근본 원인을 조사하고, 불법 조업이 양국 간 어업 협력을 저해하고 있는 이유를 설명한다. 장의 말미에서는 어업 외교가 양국 및 지역 내 경제안보에 미치는 영향을 평가한다.

제7장에서는 한러 간 군사 안보 협력의 발전 현황과 장애물을 무기 거래에 초점을 맞추어 살펴본다. 전통적인 정치·군사적 안보 관점에서 벗어나 비전통적 경제안보 관점에서 무기 거래에 대한 독특한 해석을 제시한다. 장의 서두에서는 소련 시절 이후의 러시아 무기 무역에 대한 일반적인 논의로 시작한 후, '브라운 베어' 프로젝트라는 두 개의 무기 거래 프로젝트에 대해 중점적으로 살펴본다. 이 장에서는 무기 거래가 양국 관계에 가지는 시사점에 대해 논의하고, 무기 거래가 양국의 전통적 및 비전통적 국가 안보를 어떻게 강화할 수 있을 지 보여준다.

제8장에서는 다차원적 안보 관점에서 한러 관계의 요인으로서의 북한에 대해 고찰한다. 북한 문제가 양국 안보 협력의 위협 요인인지 강화 요인인지 살펴보기 위해 특히 크렘린궁의 세 명의 지도자들의 평양 접근법 변화, 북한의 핵 열망에 대한 러시아의 입장, 한반도 통일에 대한 모스크바의 시각에 주목한다. 장의 마지막 부분에서는 북한 요인이 왜 한러 간 안보 관계에서 중요한 문제인지 강조하고, 북한의 핵무기 개발 야심이 전통적인 안보 관점에서 한러 간 경제안보 협력을 방해한다고 결론짓는다. 그러나 반대로 북한을 포함한 3국의 경제 협력은 3국 모두의 경제안보를 강화할 수도 있다고 주장한다.

마지막 장인 제9장에서는 양국 관계를 연구하는 프레임워크로서 다차원적 안보 협력 개념의 효용성을 평가하고 향후 한국-러시아 양국 간의 관계에 대해 전망한다.

참고자료 ─────────────────────────────────────

1. Ralph A. Cossa and Jane Khanna, "East Asia: Economic Interdependence and Regional Security," International Affairs (Royal Institute of International Affairs), Vol. 73, No. 2, April 1997, pp. 219 and 234.
2. Gilbert Rozman, Mikhail G. Nosov, and Koji Watanabe, Russia and East Asia: the 21st Century Security Environment (London: M.E. Sharpe, 1999), p. 217.
3. Alex Pravda, "Conclusion," in Alex Pravda and Peter J. S. Duncan, eds., Soviet-British Relations Since the 1970s (Cambridge: Cambridge University Press, 1990), p. 245.
4. Margot Light, "Anglo-Soviet relations: political and diplomatic," in Alex Pravda and Peter J. S. Duncan, eds., Soviet-British Relations Since the 1970s (Cambridge: Cambridge University Press, 1990), p. 120.
5. Speech by Mikhail Gorbachev in Vladivostok, 28 July 1986 (Moscow: Novosti Press Agency Publishing House, 1986), pp. 35-36.
6. Oleg Davidov, "Soviet Policy Toward the Korean Peninsula in the 1990s," paper presented at the 10th international conference on "New Changes in International Order and the Roles of South and North Korea," organized by the Korean Association of International Relations, Seoul, August 1990, p. 6.
7. Mikhail Gorbachev, Memoirs (New York: Doubleday, 1996), p. 702.
8. Yoke T. Soh, "Russian Policy toward the Two Koreas," in Peter Shearman, ed., Russian Foreign Policy Since1990 (Boulder: Westernview Press, 1995), p. 184.
9. Charles E. Ziegler, Foreign Policy and East Asia: Learning and Adaptation in the Gorbachev Era (Cambridge: Cambridge University Press, 1993), p. 110.
10. In June 1983, Korean Foreign Minister Lee Bum Suk declared that normalizing relations with the Soviet Union and China was a formal objective of South Korean diplomacy. It was called Nordpolitik, after the West German Ostpolitik policy with the USSR and Eastern Germany. See Don Oberdorfer, The Two Koreas (Reading: Addison-Wesley, 1997), p. 187.
11. Hak Joon Kim, 1991, pp. 68-85, and p. 74.
12. Oberdorfer, p. 210.
13. Interview with a visiting Korean Russian specialist in Washington, DC, 20 December, 1997; Pyongyang responded with a bitter denunciation in Nodong Sinmun, under the headline, "Diplomatic Relations Sold and Bought With Dollars." Citing past promises from Gorbachev and Shevardnadze not to recognize South Korea, the article declared that "the Soviet Union sold off the dignity and honour of a socialist power and the interests and faith of an ally for $ 2.3 billion (the amount of a reported South Korean economic cooperation fund for Moscow.) The article was

written under the by-line of "commentator," a designation given only to the most authoritative statements from North Korea's ruling hierarchy. In January 1991, Soviet Deputy Prime Minister Yuri Maslyukov's mission to Seoul resulted in an agreement to supply a further $ 1.5 billion in loans to finance Soviet imports of Korean consumer goods and industrial raw materials, and $500 million for the financing of plants and other capital goods. Together with the $1 billion bank loan obtained by Deputy Foreign Minister Igor Rogachev, the total was $ 3 billion, all of which was to be repaid. See also Oberdorfer, p. 217, and pp. 225-227.

14. Treaty on Basic Relations between the Republic of Korea and the Russian Federation, 19 November, 1992, published by the Ministry of Foreign Affairs and Trade, Republic of Korea, 14 June, 1993

15. Rossiskaya Gazeta, 20 November, 1992, pp. 1 and 3; and Vasily Koronenko, "In Seoul, Yeltsin Proposes 23 projects for Economic Cooperation with South Korea," Izvestiya, 19 November 1992, quoted in The Current Digest of the Post-Soviet Press, Vol. 44, No. 46, 1992, pp. 15-16.

16. Chikahito Harada, Russia and Northeast Asia (New York: Oxford University Press, 1997), pp. 65-66.

17. Andrew A. Bouchkin, "Russia's Far Eastern Policy in the 1990s," in Adeed Dawisha and Karen Dawisha, eds., The Making of Foreign Policy in Russia and the New States of Eurasia (New York: M.E.Sharpe, 1995), p. 74.

18. Ibid.

19. For example, although Russian trade with South Korea increased by 30 % from $0.95 billion in 1992 to $1.25 billion in 1995, it accounted for only 1 % of Russia's total trade turnover in 1995. See Harada, p. 66.

20. Korean Statistical Yearbook, (Seoul: National Statistical Office, Republic of Korea, 1993), pp. 300-301.

21. Bouchkin, pp. 75-76.

22. Peter Ferdinand, "South Korea," in Peter Burnell and Vicky Randall, eds., Politics in the Developing World (Oxford: Oxford University Press, 2004), p. 380.

23. Evgeniy Bazhanov and Natasha Bazhanov, "The Evolution of Russian Korean Relations," Asian Survey, Vol. 34, No. 9, September 1994, pp. 789-791.

24. Maeil Kyongje Shinmun, 22 April, 1995, p. 5.

25. Bazhanov, E., and Bazhanov, N., pp. 790-791.

26. In July 1998, a South Korean counsellor at the South Korean Embassy in Moscow was expelled from Russia on espionage charges. South Koreans immediately reciprocated by expelling a Russian counsellor in Seoul. This incident highlighted tense relations between Moscow and Seoul intelligence agencies over collecting intelligence activities. Indeed, this incident along with several other issues created

the worst diplomatic crisis in the late 1990s between the two sides in the history of their relationship. It also well illustrated a widening gap, in terms of perception and interests, between the two sides. See Elizabeth Wishnick, "Russian-North Korean Relations: A New Era," in Samuel S. Kim and Tai Hwan Lee, eds., North Korea and Northeast Asia (Lanham: Rowman &Littlefield Publishers, 2002), pp. 150-151. See also Seung-Ho Joo, "Russia and Korea: The Summit and After," The Korean Journal of Defence Analysis, Vol. 13, No. 1, Autumn 2002, p. 115.

27. On 20 April, 2005, during a meeting with the new South Korean envoy to Russia Kim Jae-sup and several other diplomats, Putin stated that South Korea was a top diplomatic priority for Russia in the Asia-Pacific region. See Georgi Toloraya, "President Putin's Korean Policy," The Journal of East Asian Affairs, Vol. 17, No. 1, Spring/ Summer 2003, p. 33, and Yonhap News Agency, 20 April, 2005.

28. "Konseptsiya vneshnei politiki Rossiiskoi Federatsii," Nezavisimaya gazeta, 2 July, 2000, p. 6; and see also Bobo Lo, Vladimir Putin and the Evolution of Russian Foreign Policy (London: Blackwell, 2003), pp. 51-52.

29. Lo, pp. 52-53.

30. Ibid., p. 53.

31. Gilbert Rozman, "When Will Russia Really Enter Northeast Asia?" in Wolfgang Danspeckgruber and Stephen Kotkin, eds., The Future of the Russian State: A Sourcebook (New York: Columbia International Affairs Online, 2003), p. 2.

32. Peter Shearman, "Personality, Politics and Power: Foreign Policy under Putin," in Vladimir Tikhomirov, ed., Russia After Yeltsin (Aldershot: Ashgate, 2001), pp. 236-237.

33. Ibid., p. 237.

34. The former Russian foreign minister Kozyrev is reported to have told the BBC that Putin's visit to North Korea was a very good diplomatic move. See Ibid., pp. 237-238.

35. Toloraya, p. 42.

36. The Sunshine Policy is the mainstay of the Republic of Korea's North Korea policies aimed at achieving peace on the Korean Peninsula through reconciliation and cooperation with the North. It is not a simple appeasement policy in that it pursues peace on the basis of a strong security stance. The Government recognizes reality —the reunification of two Koreas will not be achieved in the near future as the two sides have been facing off in conflicts and confrontation for more than half a century. The Government believes that settlement of peace and coexistence is more important than anything else at the present time.

37. Ibid.

38. The Embassy of Russia in Republic of Korea, Briefing on Political Cooperation, on http://www.russianembassy.org/english/political.html, accessed on 28 April,

2005; The Korea Herald, 12 June, 2001; and see also Seung-Ho Joo, "ROK-Russian Economic Relations, 1992-2001," Korea and World Affairs, Vol. 25, No. 3, Fall 2001, p. 391.

39. The Korea Herald, 12 June, 2001; and see also Joo, 2001, p. 391.

40. Korea-Russia Joint Declaration by Kim and Putin, Seoul, 27 February 2001, released by The Ministry of Foreign Affairs and Trade, Republic of Korea.

41. Yonhap News Agency, 21 September, 2004; Korea-Russia Joint Declaration by Roh and Putin, Moscow, 21 September 2004, released by The Ministry of Foreign Affairs and Trade, Republic of Korea; and Korea Times, 17 February, 2005.

42. Ibid.

43. "South Korean Ambassador Predicts Record Trade with Russia," Interfax News Agency, Diplomatic Panorama, 29 December, 2004. It is interesting to note that although the combined value of South Korean investments to Russia was not that large ($205.7 million), in 2003 there was a steep increase in investment. In 2003, the Russian economy received $44.6 million in direct investments from South Korea, compared with $3.6 million in 2002. See also Agence France Presse, 19 August, 2004.

44. Ibid.

45. For example, one of the South Korean conglomerates, LG and the First Deputy Chairman of the Moscow regional government, Alexei Panteleyev agreed to establish an electronics factory in Russia. The LG group also began constructing an oil chemical plant in Tatarstan worth more than $1 billion, while another South Korean conglomerate, the Lotte group, started construction on a $300 million big business-hotel center in Moscow. It was reported that LG also set up two electronics research centers in St. Petersburg Engineering University and the Moscow State University. See Digital Times, 21 April, 2005; and Hankook Ilbo, 21 September, 2004.

46. Ibid.

47. Viktor I. Shipayev, "A New Russian Perception of South Korea," in Il Yung Chung, ed., Korea and Russia Toward the 21st Century (Seoul: The Sejong Institute, 1992), pp. 113-142.

48. Vladimir Li, Rossiya i Koreya v geopolitike Evrazeiskogo Vostoka (Russia and Korea in the Geopolitics of the Eurasian East), (Moscow: Nauchnaia Kniga, 2000.)

49. Yoke T. Soh, "Russian Policy toward the Two Koreas," in Peter Shearman, ed., Russian Foreign Policy Since1990 (Boulder: Westview Press, 1995), pp. 181-200.

50. Alexander N. Fedorovsky, "Russian Policy and interests on the Korean Peninsula," Stockholm International Peace Research Institute (SIPRI) Conference presentation paper for "Russia and Asia-Pacific Security," International House of Japan, Tokyo, Japan, 19-21 February 1999.

51. Eunsook Chung, "Russia's Foreign Policy in Transition: Policy Implications for South Korea," in Il Yung Chung, ed., Korea and Russia Toward the 21st Century (Seoul: The Sejong Institute, 1992), pp. 287-327.
52. Charles E. Ziegler, Foreign Policy and East Asia: Learning and Adaptation in the Gorbachev Era, 1993.
53. Amy Rauenhorst Goldman, "The Dynamics of a New Asia: The Politics of Russian-Korean Relations," in Tsuyoshi Hasegawa, Jonathan Haslam, and Andrew Kuchins, eds., Russia and Japan: an unresolved dilemma between distant neighbours (International and Area Studies, University of California at Berkeley, 1993), pp. 243-275.
54. Chun, Hongchan and Charles Ziegler, The Russian Federation and South Korea, prepared for presentation at the 27th National Convention of the American Association for the Advancment of Slavic Studies, Washington, DC, 26-29 October, 1995.
55. Leszek Buszynski, "Russia and Northeast Asia: aspirations and reality," The Pacific Review, Vol. 13, No. 3, 2000, pp. 399-420.
56. Duckjoon Chang, "The Russian Far East and Northeast Asia: An Emerging Cooperative Relationship and its Constraints," Asian Perspective, Vol. 26, No. 2, 2002, pp. 41-75.
57. Han-ku Chung, "The Future of Russo-Korean Relations," in Il Yung Chung, ed., Korea and Russia Toward the 21st Century (Seoul: The Sejong Institute, 1992), pp. 411-434.
58. Charles E. Ziegler, "Russia and the Emerging Asian-Pacific Economic Order," in Ramesh Thakur and Carlyle A. Thayer, eds., Reshaping Regional Relations: Asia-Pacific and the Former Soviet Union (Boulder: Westview Press, 1993), pp. 85-100
59. Alexandre Y. Mansourov, "Russian President Putin's Policy Towards East Asia," The Journal of East Asian Affairs, Spring/Summer 2001, Vol. 15, No. 1, pp. 59-62.
60. Joo, 2002, pp. 103-127.
61. Jae-nam Ko, "Pyongyang's Opening and North-South-Russia Cooperation," Korea Focus, Vol. 9, No. 3, May-June, 2001, pp. 63-81; and Fedorovsky, "Russian Policy and interests on the Korean Peninsula".
62. Jeongdae Park and Jaeyoung Lee, "Industrial Cooperation between Korean and Russia," Journal of Asia-Pacific Affairs, Vol. 3, No. 2, February 2002, pp. 47-71.
63. Peggy Falkenheim Meyer, "Russia's Post-Cold War Security Policy in Northeast Asia," Pacific Affairs, Vol. 67, No. 4, Winter 1994-1995, pp. 495- 512.
64. Suck-ho Lee, "Korea and Russian Security Cooperation: Incentives and Obstacles," in Il Yung Chung, ed., Korea and Russia Toward the 21st Century (Seoul: The Sejong Institute, 1992), pp. 235-286.
65. According to her, Paul Kennedy at Yale University expressed a similar view during his lecture in Seoul on "Korea in the 21st century" co-sponsored by The Korea Economic

Daily and Institute for Global Economics, 5 January, 1994; and see also Eunsook Chung, "Russia in a Changing International Environment," in Il Yung Chung and Eunsook Chung, eds., Russia in the Far East and Pacific Region (Seoul: The Sejong Institute, 1994), p. 392.

66. Eunsook Chung, "Russia in a Changing International Environment," p. 392.

67. Vladimir Baranovsky, "Russia and Asia: challenges and opportunities for national and international security," conference paper prepared for Russia and Asia-Pacific Security initiated by Stockholm International Peace Research Institute (SIPRI), Tokyo, 19-21 February, 1999, p. 1.

68. Ibid.

69. See the definition of comprehensive security in Barry Buzan, People, States and Fear (Boulder: Lynne Rienner Publishers, 1991), p. 372.

종합 안보와 경제안보

2

1
안보의 개념

'안보'라는 개념은 일반적으로 그 개념의 정의와 범위, 내용이 상당히 애매모호하다. 안보라는 개념이 정책 목표인지, 어떤 일련의 이슈인지, 학문 이론인지, 혹은 연구 프로젝트인지, 아니면 규범 또는 규율인지 등등 이상에서 알 수 있듯이, 실제로 단일한 안보 개념은 존재하지 않는다. 따라서 '국가 안보' '국제 안보' '세계 안보'라는 개념은 서로 다른 여러 가지 일련의 문제들을 지칭할 수 있으며, 사안별로도 그 역사적, 철학적 기원을 서로 달리한다. 따라서 최근 15년간 안보학이라는 학문 분야는 국제 정치학에서 상당한 논쟁거리의 대상이 되어온 것이 사실이다.

또한 국가나 군사적 갈등에 초점을 둔 전통적인 안보^{Traditional Security} 접근에서 벗어나, 안보 분야의 범위를 확대하고 심화시키려는 여러 학문적 시도들은 근본적으로 안보의 학문 이론적 관점이나 안보의 정책적인 측면에서조차 여러 문제점들을 야기하기도 하였다. 가령, 환경 문제와 범죄 조직, 마약 거래 및 이와 유사한 비정부적 불법 행위 등과 같은 새로운 이슈들을 안보 개념에 포함시켜 안보의 영역을 확대하려는 시도를 두고서 이러한 작업에 완강하게 반대하는 비평가들은 이 같은 행위가 안보의 전반적인 개념적 혼란을 불러올 수 있다고 주장해왔다.

이러한 안보 영역 확장의 시도는 안보 개념에서 자주 언급되는 안보 위험 또는 안보 위협Threat이라는 용어가 전쟁에서부터 환경 파괴, 에이즈, 코로나 바이러스 등에 이르는 거의 모든 인간의 해악과 관련된 이슈들을 광범위하게 포함하면서 무분별하게 하나의 개념으로 다뤄지기 때문에 전반적인 안보의 개념적 오류를 범할 수 있다고 주장해왔다. 대체적으로 안보 확장론에 비관적인 견지를 가지고 있는 학자들은 비록 안보의 영역을 넓히는 작업들이 학문적으로 매우 중요하다는 것을 인정하기도 하지만, 안보학의 범주 안에서 굳이 안보 영역 확장에 대해 논리적 근거를 찾을 수가 없다고 역설한다.

그러나 최근에는 전통적인 안보 연구를 옹호하는 학자들조차도 안보 연구와 정치, 경제와 같은 비전통적인 이슈들 간에 긴밀한 학제적 연계의 필요성에 대해 점점 공감하고 있는 분위기이다. 예를 들어 스티븐 왈츠는 냉전 이후 안보학의 새로운 연구 영역으로서 경제와 안보 이슈 간의 연관성을 강조했다.

해리스와 맥은 동북아시아 지역에서는 서양의 전통적인 안보 접근 방식에 비해 보다 안보의 개념을 광범위하게 확장시키는 경향이 뚜렷하다고 언급한다. 그들은 서양의 안보 전문가들이 타 지역권의 안보 이론과 관행을 너무 쉽게 무시 혹은 간과해 왔다고 주장한다. 라미쉬 타쿠르 역시 탈냉전 시대에 동아시아 국가들은 전통적인 군사적, 정치적 차원 외에도 새로운 경제적, 환경적 이슈를 포함한 포괄적인 안보 개념을 자주 사용했다고 주장한다. 크라우스와 윌리엄스에 따르면, 국가 안보의 개념은 단순히 하나의 목표 지향적인 이슈나 상태에 대한 반응 자체를 일컫는 것이 아니며, 안보라고 여겨지는 것을 개념화하는, 즉 안보화 작업에 있어서 요구되는 일련의 정치적, 인식론적 선택에 의해서 만들어지는 총체적 부산물이라는 것이다.

따라서 이 책의 의도는 안보의 개념을 확장시키고 이를 한러 양국 관계 사례에 적용하는 것이다. 필자는 종합 안보, 좀 더 구체적으로는 양자 및 지역 경제안보의 개념이 현재의 러시아와 한국의 양국 관계를 설명하는 데 꽤 유용한 이론적 분석의 틀이 될 수 있다고 주장한다. 기존의 안보 연구가 주로 제도적 관점, 즉 형식적인 안보 프레임에 집중해 온 반면, 이 책은 여러 사례 연구들을 통해서 두 나라 사이의 안보 구축 프로세스를 면밀히 분석하는데 초점을 맞추고 있다. 또한, 예전의 안보 전문가들이 국가 간 경제 의존성과 안보 위협을 별개의 문제로 인식하고 이것을 전제로 이 두 가지 요소들 간의 연관성에 대해 분석을 해온 것과는 달리, 이 책에서는 두 가지 요소를 애당초 혼합하여 하나의 개념으로 설정하는 경제안보의 이론의 틀을 정립해 나갈 것이다. 이 장에서는 특히 안보의 세 가지 측면: 국가들의 안보에 대한 인식, 안보 구축 프로세스와 잠재적 안보 위협 요소의 개념에 대해 살펴본다.

본 장의 서두에서는 종합 안보와 경제안보의 개념을 정의하고, 종합 안보의 지역 경제 측면에 초점을 맞추어 두 안보 개념과 이 책에서 다루고자 하는 6가지의 사례들과의 연계 적절성, 즉 안보화[Securitization] 작업을 집중적으로 검토한다. 이어서 동북아시아 지역 차원과 한러 양자관계 차원, 이 두 가지 차원에서 각각 종합 안보와 경제안보 개념을 다룬다. 장의 마지막 부분에서는 한러 간 종합 안보의 구체적인 요소들에 대해 개괄적으로 소개하며, 다음 6개의 장에서 이에 대해 좀 더 심층적으로 분석한다.

2
종합 안보의 정의

안보는 한 동안 전통적인 군사적, 정치적인 프레임 안에서 이해되어 왔지만, 중요한 글로벌 이슈들이 새롭게 부상하면서 그 개념이 점차 확대되고 점진적으로 진화되어 오고 있다.

대표적인 안보 학자인 배리 부잔은 국가 안보는 더 이상 사회, 경제, 환경 분야의 행위자들과 그 역학 관계를 빼놓고는 제대로 이해할 수 없다고 역설하였다. 이 말은 전통적 안보 개념인 지정학적 요소들이 더 이상 외교 정책의 어젠다를 지배하지 않고 다양한 요소들, 그 중에서도 경제적 안전장치들이 국가 안보를 보장하는 중요한 원천이 되었다는 뜻이다. 한마디로, 안보라는 개념이 이제는 보다 포괄적이고 다차원적인 성격을 띠게 된 것이다.

또한 부잔은 런던 정경대London School of Economics에서 이 책의 저자와 안보 관련 여러 담화를 나누기도 하였는데, 국제 정치에서 경제안보의 중요성을 여러 차례 강조하였다. 특히 경제안보라는 새 학문 분야가 국제 정치경제학International Political Economy 분야에서 향후 새로운 주류로 부상할 것이라는 예측도 하였다.

부잔이 지적했듯이, 안보의 개념은 개인, 지역, 시스템 수준과 그리고 다양한 이슈들과 밀접하게 연관되어 있기 때문에 통합적 차원에서 다뤄져야 한다. 다시 말해 안보는 크게 개인, 국가 및 국제 시스템 차원에서도 다루어질 수 있고, 동시에 내용적인 측면에서는 군사, 정치, 사회, 경제, 에너지, 환경 및 기타 이슈들로 구성되어 새롭게 가공될 수 있다. 그러나 이들 각각 안보에 대한 완전한 이해는 이들이 독립적이 아니고 서로 연관 지어 유기적으로 해석할 때만 가능하다. 안보를 마치 어떤 단일 수준이나 단일 분야에 국한된 것처럼 취급하려는 접근 방식은 안보를 제대로 이해하는 데 심각한 왜곡을 초래할 수 있다.

특히 동북아시아 지역에서는 안보의 개념이 새롭게 진화되고 있는데, 가령 구소련 붕괴 이후 중국의 대국 굴기 정책이 본격화되기 전까지 경제·환경 차원의 안보가 군사적 안보를 대체하는 것 같이 보이기도 하였다. 한 예로, 서양 언론과 학계에서는 북핵 위기가 이 지역에서 군사적 대결을 초래할 수 있다고 주장하기도 하지만 1950년 한국전쟁 이후 이 지역에서 군사적 충돌은 실제로 한 번도 없었다. 북핵 위기를 대처하기 위해서는 반드시 다양한 안보 차원에서 접근할 필요가 있다. 예를 들어 북한이 핵 개발을 시도한 한 가지 이유는 북한의 여러 국내외 정치적 의도와 계산 이외에도 경제안보 측면에서 해석할 수도 있다. 구체적으로는 북한이 중요하고 시급한 국내 에너지 위기를 해결하고 미국으로부터 경제적 지원을 받기 위해서라고 볼 수도 있다.

이와 같이, 전통적 정치·군사적 측면과 비전통적 경제·환경적 측면을 결합한 종합 안보가 현재 동북아 국가 간 안보 협력이나 안보현황을 설명하기에 가장 적합한 용어일 수 있다. 안보학에서는 종합 안보라는 용어 이외에 다면적 안보Multidimensional Security와 전면적 안보Total Security라는 용어도 사용된다. 여기서 한 가지 중요한 점은 다면적 안보 용어는 단순히 두 나라 이상의 안보 협력을 의미하는 다자 안보 개념과는 구별되어야 한다. 또한 국내에서는 대체적으로 포괄적 안보라는 용어를 많이 사용하는 경향이 있지만, 필자는 포괄적이라는 단어가 너무 방대한 개념이고 추상적이기 때문에 기존의 전통적 안보와 비전통적 안보를 혼합하는 개념인 종합이라는 단어를 선호하고, 본 책에서는 이 용어로 통일을 한다.

'종합 안보' 개념은 1970년대 후반과 1980년대 초 일본 정부가 국가 안보 계획의 핵심 기제로서 처음 공식 도입했고, 이 개념은 아세안에 의해서도 더욱 정교화 되었다고 볼 수 있다. 서구에서 유래한 군사적 성격이 강한 전통적 안보 개념과 대조적으로 종합 안보는 안보 목표를 달성하고 유지하는 데 비군사적인 수단을 강조하는 경향이 많다. 앨런 듀폰이 지적했듯이, 종합 안보의 개념은 특히 기존의 전통적인 정치 및 전략적 차원 외에도 국가 안보의 경제적 측면을 강조한다.

  일본 방위청에 따르면 안정된 에너지 및 식량 수급 보장을 위한 평화적인 노력과 정책을 지향하는 외교 정책은 어느 국가에나 필수적인 요소이다. 따라서 국가 안보를 달성하기 위해서는 군사적, 비군사적 모든 조치들을 포괄적이고 유기적인 방식으로 통합할 필요가 있다. 종합 안보에 대한 일본의 접근 방식은 이웃 국가와의 호의적 관계 유지가 국가의 포괄적인 안보 정책의 중심이라는 것을 강조한다. 이뿐 아니라, 일본과 같이 주요 자원에 대한 외부 의존도가 높은 나라들에는, 자원 접근성의 확보가 오랫동안 국가 안보 정책 계획자들의 중점 목표가 되어 왔다. 이에 따라 일본은 우호적인 국제 환경을 유지하고자 한다. 그러나 '평화헌법'에 의해 군사력을 스테이트크래프트statecraft: 전통적인 외교수단을 새로운 네트워크와 기술에 접목시켜 상호 연결된 세계에서 외교 목표를 달성하기 위한 새로운 프레임워크로 사용할 수 없기 때문에 일본은 정치 외교 경제적 수단으로만 안보 목표를 추구할 수 있다. 이러한 의미에서 지역 상호 의존성을 창출하는 무역 및 해외 직접 투자 정책과특히 일본의 경우의 공적 개발 원조 정책은 안보적 의미를 내포한다.

  호주를 비롯한 인도네시아, 말레이시아, 싱가포르 등 여러 아세안 국가들도 포괄적 관점의 안보 개념을 사용하고 있다. 실제로 안보 정책의 비군사적 측면을 강조하는 데 아세안의 접근법은 일본의 접근법보다 더 포괄적이다. 예를 들어, 안보를 단순히 외부의 위협으로부터 자국 영토를 방어할 수 있는 국가의 능력과 동일시하는 기존의 개념과는 달리, 독립 선언 이후 인도네시아의 경험은 안보라는 용어가 이념, 정치, 경제, 종교, 사회, 문화, 군사를 총 망라한 국민생활의 모든 측면을 포함한다는 것을 보여주었다.

아세안의 종합 안보 개념은 국가 내, 아세안 국가 간, 그리고 아세안과 외부 지역 간의 세 가지 차원에서 운용된다. 종합 안보에 관해, 국내 수준에 아세안이 초점을 맞추는 것은 놀랄 일이 아니다. 예를 들어, 말레이시아와 인도네시아는 모두 인종적, 문화적 분열로 인한 수년간의 내분을 견뎌왔다. 그들에게는 국가 차원에서 종합 안보 정책의 목표는 국가 적응 유연성 증진, 국가 형성, 정치적 안정이다. 당연히 안보 목표는 시민사회에 반하는 세력들로부터 국가를 보호하는 것이다. 이 과정에 있어 군의 역할도 있지만, 정치·사회·경제 정책이 훨씬 더 중요하다.

다만, 이 책에서 다루는 종합 안보의 초점은 이런 아세안 국가들의 국내 차원보다는 아세안 국가들 간 혹은 지역 차원의 종합 안보 논의가 더 적절하다. 종합 안보는 실제로 아세안 국가들 사이의 안보 향상에 중요한 역할을 한다. 특히, 아세안 국가들 간에는 해결되지 않은 미해결 갈등 현안들이 상당 부분 아직도 존재하기 때문에, 비군사적인 접근 방식은 국가 국방 정책 수행자들이 반드시 고려해야 할 중요한 사안이다. 커, 맥, 에번스는 이러한 문제들 상당수가 너무 민감하여 군사 안보 대화의 의제로 그 문제들을 상정하는 것은 생각할 수조차 없다고 주장한다. 따라서 "NATO 방위 계획자들은 그들의 적대국과 근본적인 안보 위협에 대해 터놓고 솔직한 토론을 할 수 있지만, 아세안에서는 그것이 거의 불가능하며 금기시된다." 이들은 '민감한 군사 문제에 대한 논의 회피 자체가 서구의 군사 중심의 접근 방식과 다른 아세안 종합 안보만의 독특한 스타일'이라고 주장한다.

종합 안보는 아세안 국가들 간의 관계에서 안보의 군사적 요소를 최소화화는 동시에 정치적 대화, 경제 협력, 상호 의존성 등 비군사적 요인에 더 비중을 둔다. 이 같은 노력은 지난 30년간 성공적으로 진행되었다. 국가들 사이 오래된 갈등은 여전히 아직 많이 존재하지만, 지난 수년간 쌓아온 끈끈한 협력 네트워크와 공동의 이익 유대에 비하면 이제는 상대적으로 미미한 수준이다. 더욱이, 아세안 소지역 내 협력과 상호 의존성이 증가함에 따라 군사 충돌의 비용이 증가하기 때문에, 이를 피하기 위한 추가적인 동기도 자연스럽게 발생했다. 아세안의 사례는 또한 지역의 경제 성장이 지역 안보를 강화한다는 것을 보여준다. 와난디에 따르면 "국가 경제 발전과 안보의 끈끈한 연결고리는 민주주의 국가들 간에는 서로 전쟁하지 않는다는 주장과 어느 정도 일맥상통한다."

종합 안보는 형태와 영향 면에서 복잡하고 다차원적이며 초국가적인 경향이 있다. 그것은 전통 안보 개념의 영역을 경제 및 환경 문제를 포함시켜 확장시킨다. 듀폰에 따르면, 종합 안보의 영역은 "국제 금융 흐름과 시장 진입에 관한 일에서부터 식량 부족, 자원 고갈, 지구 온난화, 초국가적 범죄, 불법 이주, 치명적인 신종 질병, 그리고 이전에는 안보와 외교 정책과 관련되지 않았던 많은 다른 문제들에 이르기까지 다양하다." 이 문제들은 소위 유명한 석학 프레드 할리데이Fred Hallyday가 말하는 새로운 안보 의제의 핵심을 이룬다.

3

경제안보

여기서 중요한 점은 종합 안보 개념의 핵심은 '경제안보'라고 할 수 있다는 것이다. 그러나 경제안보에 대한 정의는 사람마다 서로 다르며, 따라서 이에 대한 다양한 접근법과 정의가 존재한다. 이 때문에 경제안보 개념의 범위는 감당할 수 없을 만큼 광범위해지기도 한다.

예를 들어, 부잔은 경제안보의 개념이 "일반적으로 성격상 안보 목표가 뚜렷하게 설정되어 있기 때문에, 대부분의 경우에는 현실적이고 합리적인 정치적 목표가 분명하게 매우 구체화된 개념으로 정의되는 경향이 있다." 하지만 동시에 그는, "개인의 생존에 필요한 필수 조건 혹은 요인들을 제외하면, 이러한 가설은 틀렸다."고 주장한다. 또한 경제안보가 널리 통용될 수 있는 절대적 가치라는 생각 또한 환상일 뿐이며, 그것을 추구하는 것은 마치 키메라를 추구하는 것과 마찬가지로 현실적으로 불가능하다고 말했다.

실제로 경제안보는 오히려 상대적 가치에 더 가깝고 때로는 모순적으로 보일 때도 있으며 트레이드오프Tradeoff적 성격이 더 강하다. "비슷한 중요도의 무엇인가를 포기하지 않고는 거의 아무것도 얻을 수 없다. 경제안보는 안보적 위협 상태와 정상적인 행동 간에 정확한 분별이 예외적으로 어렵다." 한마디로 경제안보는 안보라는 개념이 근본적으로 내포하는 제로섬 적인 성향을 그대로 답습하는 경향이 있다.

전통적인 안보 전문가들은 안보와 경제 두 영역이 본질적으로 연결되어 있다는 것을 인지하면서도 전통적인 정치·군사적 안보를 경제적인 문제로부터 분리하려는 경향이 있다. 코사와 칸나에 따르면 동아시아 지역에서 경제, 정치, 안보 문제를 분리하는 작업은 현실적으로 불가능하고 심지어 위험할 정도로 순진한 발상일 수 있다. 거의 모든 정치적, 안보적 의사결정은 경제에 영향을 미치며, 경제 문제는 역으로 정치적, 안보적 의사결정에 점점 더 영향을 미치고 있다. 이러한 관점에서 본 책의 의도는 두 가지 개념을 아예 처음부터 결합한 상태로 접근한다.

한마디로 경제안보는 경제와 안보의 복잡한 결합체이다. 예를 들면, 경제안보는 어느 한 국가의 안보 능력에 직접적인 영향을 미치는 무역

과 투자의 한 측면: 공급망, 무기 및 관련기술 확보의 자유, 군사 장비 수급 안정성 또는 적국의 무기 기술 우위를 선점하려는 시도 등등을 지칭할 수도 있다. 여기서 중요한 점은 경제안보의 주된 목표는 국내 물자, 기술, 시장을 보호하는 것이다. 이를 달성하려면 꾸준한 경제 성장 유지, 개방된 해양 소통 채널, 자유롭고 공정한 무역 관행, 안전한 공급망 확충, 그리고 금융, 시장 및 천연자원에 대한 접근성 등이 필요하다. 특히 요즘 경제안보의 개념은 주로 희토류를 비롯한 희귀 전략 광물자원과 공급망에 대한 안전성 확보 측면에 국한되는 경향을 보여주곤 한다. 이 같은 배경에는 트럼프 시절 미·중 간의 화웨이와 반도체 수출 규제 건을 두고 발생한 무역 분쟁에 기인해서 특히 언론이 집중적으로 이 사건을 다루면서 경제안보의 용어가 조명을 받기 시작했다. 그러나 중요한 점은 경제안보의 실제 개념은 상당히 포괄적이며 자원의 공급망 확충보다 더 다양한 요소들과 이슈들을 포함한다.

부잔은 국가 차원에서 경제안보의 요소를 국가의 '생존' 및 '적응력' 혹은 '융통성'으로 포함시켰는데 이러한 분석은 경제안보의 목표를 이해하는 데 꽤 유용하다. 경제안보의 핵심 개념은 안보의 일반적 개념과 마찬가지로 '생존'이다. "안보에 필요한 경제 수준의 기준이 생존 그 이상이 되면, 그 만큼 삭감된 취약성이 경제 효율성에 미치는 영향력 관리, 그리고 장기적으로는 국제무대에서 국가 지위 개선 및 유지 능력에 대한 복잡한 문제들이 발생하기 시작한다."

그는 인간의 기본적인 욕구에 상응하는 국가 차원의 요소는 두 가지라고 설명한다. 첫째는 개인과 마찬가지로 국가 역시 생존에 필요한 수단에 대한 손쉬운 접근을 필요로 한다는 것이다. 개인과 달리 국가는 필수 산업에 공급하기 위한 농축산물의 충분한 공급 측면에서, 자신들이 필요한 대부분 혹은 모든 것을 가지고 있을 수도 있다. 일본과 한국처럼 충분한 자원을 가지지 못한 나라가 있다면, 무역에 대한 접근은 그들의 기본적인 경제안보 문제의 필수 요소가 된다. 개인과 마찬가지로 이들의 생존도 더 넓은 환경과의 상호작용에 달려 있다. 이런 상황에서 공급의 차질은 국력, 복지, 어쩌면 정치적 안정까지 위협하게 된다. 따라서 "논리적인 안보 전략은 국가의 역할을 확장하여 필요한 자원을 통합하거나 안정적인 거래체계를 구축함으로써 공급의 연속성을 확보하고, 필수물품을 비축해 취약점을 완충하는 것"이라고 했다.

부잔은 또한 지역적 차원에서 국제 체제에 대한 국가들의 적응력과 국가 간 협력의 중요성을 강조한다. 그는 국가의 내부 물리적 구성은 매우 다양하고 가변적이라고 말한다. 그러므로 "국가의 생존은 국제 시스템 상 가장 진보적이고 성공적인 관행에 적응하는 것에 달려 있다. 적응하지 못하거나, 심지어 적응이 상대적으로 느리기만 해도, 꾸준히 힘을 잃고, 적응에 성공한 국가들에 대한 취약성이 꾸준히 높아지는 것을 의미한다."

경제안보에 대한 기존의 논의는 대부분 기술, 원자재, 식량, 연료 등의 공급에 대한 외부 의도에 따른 국가 안보 위협의 정도에 초점을 맞춰왔다. 그러나 필자는 대부분의 안보 전문가들이 경제안보 위협 요소를 국가 간 이미 수립된 관계 속에서, 기존에 존재하던 공급의 차질이 발생하는 것으로만 여겨왔다고 생각한다. 필자는 경제안보는 단순히 공급의 붕괴로부터 기존의 국내 경제를 보호하는 것 이상의 의미가 있다고 생각한다. 새로운 교통망 인프라 구축, 에너지 자원의 다변화 및 위기관리, 어업 수역 확대, 첨단 군사·우주 기술 도입 등을 통해 새로운 경제적 기회를 발굴하는 과정까지 경제안보의 정의를 확대해야 한다. 이러한 문제들이 한 국가의 즉각적인 위협 요소로 작용하지는 않을지라도, 장기적으로는 분명히 중요한 경제안보 문제들일 것이다.

정부들이 국가 경제를 단순히 국민들을 풍요롭게 하는 수단으로만 보지 않기 때문에, 경제안보는 중요한 개념이다. 호트레이는 "국가의 주요 관심사는 프레스티지, 곧 위신이다. 이 위신을 얻기 위한 수단은 권력이며, 권력은 힘으로 작용할 수 있는 경제적 생산성이다."라고 말했다. 부잔 역시 경제적 요인이 국가의 권력과 국가의 안정 및 단합력을 결정하는 역할을 한다고 주장한다. 더욱이, "경제안보는 지역 통합 전망에 영향을 주고, 이는 지역 전반의 안보 문제가 어떻게 흘러갈 지에도 영향을 준다."고 했다. 헌팅턴은 더 나아가 "경제 활동은……. 아마도 가장 중요한 힘의 원천이며 주요 국가들 간의 군사 충돌의 가능성이 낮은 오늘날의 세계에서 경제력이 국가 간 우열을 결정하는 데 점점 더 중요해질 것"이라고 제안한다. 이 때문에 중요 자원에 대한 접근성은 오래전부터 국가 안보 설계자들의 주 관심사였다.

 세계 경제의 상호 의존적 성격은 경제안보 개념의 출현과 밀접한 관련이 있다. 부잔에 따르면, "국제 경제는 전체적으로…무역, 생산, 금융, 통신, 운송의 반복에 의해 강력히 결합되어 있다." 이것은 반복되는 국가들 사이의 복잡한 상호작용의 일부분이다. 부잔은 경제 활동이 각국이 서로 교류하도록 강요하여 국제 관계 내에서 주요한 행동력을 제공하기 때문에 중요한 요소가 된다고 덧붙인다.

 이런 의미에서 국가 간 경제안보 관계의 핵심은 아마도 시장 체제일 것인데, 부잔에 의하면 이는 "교통, 통신, 신용, 계약, 각종 유·무형 서비스의 복잡한 상호작용으로 구성된다."고 한다. 시장 체제가 원활히 작용하면, 어떤 행위자들은 좋은 성과를 낼 것이고, 어떤 행위자들은 그렇지 못할 것이다. 이는 그들이 가진 자산의 경쟁력과, 그리고 그들이 얼마나 효율적으로 움직이느냐에 달려 있다. 그러나 만약 시장 체제 자체가 붕괴된다면, 체제 내 거의 모든 행위자의 상황은 결국 악화되고 만다.

4
종합 안보와 동북아의 지역 경제안보

　지역 경제안보는 한국을 포함한 동북아시아 국가들에 비교적 최근까지 익숙하지 않은 개념이었다. 사실 과거 동북아시아 지역은 집단 안보 개념에 거부감을 가져왔다. 로버트 매닝의 말을 인용하자면 "유럽과는 달리 이 지역에서는 미국과 소련이 유력한 세력이긴 했지만 중국, 일본, 한국을 포함한 더 큰 프레임 혹은 복합된 상황의 일부였다. 또, 한 번도 공동의 위협이 존재한 적도 없었다. 대신 나라마다, 그리고 하위 지역마다 다양한(대부분 별개의) 안보 문제가 무수히 많았다."

　부잔에 따르면, 비록 동북아 국가들이 냉전 기간 동안 상당한 경제 강국으로 성장했지만, 그들의 국제 관계는 냉전시대 마인드로 인하여 제약을 많이 받으면서 형성되었다. 이제 이러한 제약들은 거의 사라졌음에도 불구하고, 동북아 국가들은 실질적으로 지역 관계 역학에서 정의하는 방식에 근거해서 국가들 간 관계 형성을 해본 경험이 없으며, 따라서 지역 내 안보 관계가 향후 어떠한 방식으로 설정이 될지도 아직 두고 봐야 한다. 부잔은 아마도 아·태의 강대국들 사이에는 전통적인 지역 경쟁 라이벌 구도가 다시금 일어날 것이며, 유럽의 경우와는 달리 '그 결과로 일어나는 갈등은 전통이나 협의체에 의해 중재되지 못할 것'이라고 생각한다. 필자는 이런 잠재된 불신이 민족주의와 역사적 경험들과 밀접한 관련이 있다고 주장하고 싶다.

 과거의 이해 상충과 이웃 국가 간 세력 균형 관계는 명백히 동북아의 지역 안보 체계 구축의 방해 요소로 작용한다. 부잔은 이 지역 내에서 해결되지 못한 심각한 문제나 진행 중인 안보 이슈가 없는 인접국 두 곳을 찾는 것은 매우 드문 일이라고 지적한다. "이 지역에는 공유하는 문화유산이 없고, 국제 협력 사례가 거의 없으며, 민족주의의가 팽배해 있을 뿐이다." 이러한 요인들은 영토 분쟁과 해상 자원에 대한 통제권 같은 현재의 지역 안보 문제에 그대로 투영된다.

 동북아 국가들 사이에는 '중국이나 일본의 패권을 통해 강요된 것 외에는 다자주의의 경험이 없고, 다자 안보 협력도 비교적 최근까지 거의 없었다. 사실 동북아 국가들은 대체로 다자주의보다는 양자주의를 통해 문제를 해결하는 것을 선호해왔다.
 그러나 냉전 종식 이후 동북아에서는 지역 경제안보의 중요성이 뚜렷이 드러나고 있다. 앞서 살펴본 바와 같이, 아시아 태평양 지역에서 안보는 훨씬 더 광범위하고 포괄적인 용어로 정의되는 경향이 있다. 경제·환경 위협뿐만 아니라 국가의 화합과 내부 안정에 대한 도전을 포함한 비군사적 안보 위협은 적어도 군사적 위협 못지않게 중요한 것으로 간주된다. 결과적으로 볼의 말처럼, "안보 계획을 세우는 것에는 국가 안보의 보호 및 강화를 위해 군사적 역량 및 계획만큼이나 경제적, 외교적 측면을 고려하여 국가 정책의 다양한 측면을 포괄적이고 다방면으로 조성하는 것도 포함된다."

안보의 주된 요소로서 경제 발전의 역할은 특히 이 지역에서 강조되어 왔다. 이 지역의 국가들은 정권 안정에 대한 위협을 줄이는 수단으로서 경제 발전을 추구해 왔다. 지역의 경제 발전은 국가 간의 잠재적 갈등을 잠재우는 데에도 기여하고 있으며, 새로운 세대의 의사결정권자들의 관심사, 관점, 안보 개념을 재편하는 이 지역의 주요 통합 요소가 되었다. 매닝은 다음과 같이 서술한다. "지경제학의 새로운 논리와 상업적, 기술적 역량에 부여된 엄청난 중요성은 전통적인 지정학의 논리와 대립된다. 즉, 새로운 협력 관계에 필요한 조건들과 항상 걸리적거리는 의심과 민족주의 같은 낡은 생각들이 대립하는 것이다."

알몬테는 "지역 경제의 발전은 동아시아의 상호 안보가 더 이상 무기와 군사동맹이 아닌 공동체 내 평화적인 통상 관계와 지역 통합에 의해 좌우되는 상황을 만든다."고 덧붙인다. 즉, 지경학의 논리는 '종합 안보'의 정의를 군사적 균형을 넘어 경제 발전, 환경, 난민 유입 등 다른 이슈까지 포괄하는 것으로 확장시키는 것이다.

좀 더 구체적으로, 이 장의 마지막 부분에서 설명되듯이, 에너지 문제, 해양자원 관리, 경제자유특구 설치, 초국가적 교통 연계 사업 등이 모두 동북아시아에서 국가들 간 종합 안보 협력의 기반을 제공한다. 이러한 지역 경제 프로젝트들은 또한 각국의 경제안보를 증진시키는 동시에, 지역 내 잠재적인 군사적 대립을 분명히 최소화한다. 예를 들어, 제7장에서도 언급이 되겠지만 러시아, 남한, 북한의 3국간 경제 협력은 이 지역의 핵 위기의 위험성을 줄일 수 있는 잠재성을 가지고 있다.

5
동북아의 종합 안보에 대한 러시아의 관점

지역 안보는 러시아만의 새로운 과제만은 아니었다. 이는 과거 구소련의 관심사이기도 했다. 던컨이 지적한 바와 같이, '소련 외교 정책의 주된 목적은 국가의 안보를 확고히 하는 것'이었다. 소련에게 아시아 국가들의 정치적, 전략적 중요성은 소련의 국경과의 지리적 근접성에서 비롯되었다. 구소련의 해체 이후 러시아의 위상은 급격히 낮아졌고, 동북아시아 정치 구도에서 외교적 주도권을 갖지 못했다. 이는 다시 말해, 러시아가 동북아에서 위상을 높일 수 있는 유일한 방법은 역동적인 동북아경제에 통합되는 것이라는 것을 의미했다. 러시아의 여러 에너지 사업과 어업 협력(합법적이든 아니든 간에), 기타 교통망 구축 사업들은 동북아 국가들에게 매력적으로 보이는 인센티브를 제공한다.

러시아 극동 지방의 지역 안보가 소련 정부의 관심사이긴 했지만, 그들은 이 문제를 군사적 안보 측면에서만 인식해왔다. 그러나 구소련 붕괴 이후 이 지역에선 잠재적인 북핵 위기의 가능성을 제외하면 전통적인 안보 위협은 거의 없었다. 그럼에도 러시아는 현재 이 지역에서 엄청난 비전통적 안보 위협에 직면해 있다. 예를 들어, 경제 위기나 러시아 극동 지방으로의 다량의 중국 이주민 유입은 러시아에게 심각한 위협으로 인식되고 있다. 다시 말해 현재 극동에서 러시아의 주된 걱정거리는 지역 경제안보이며, 최소 가까운 미래까지 이러한 문제가 지속될 것이다. 로즈만, 와타나베, 노소프가 지적하듯이, 경제 회복과 발전 없이는 러시아에 지속적인 안보란 있을 수 없으며, 러시아 극동 및 동부 시베리아 지역이 동북아 지역 경제에 통합되지 못하면, 러시아의 경제 회복은 매우 제한적이고 지속 가능하지 않을 것이다.

광대한 천연자원과 엄청난 경제적 잠재력에도 불구하고, 이 지역은 러시아의 경제적, 사회적 골칫거리로 남아 있다. 이는 수십 년 동안 러시아의 대외, 경제, 무역 정책이 유럽에 편중되어 왔기 때문이다. 러시아 극동 지역은 유럽지역에 속한 러시아의 산업 원자재 공급원지로만 여겨졌다. 수피안과 노소프의 지적처럼, 구소련 시절과 1990년대 초까지 이 지역의 경제안보는 대부분 극동 지방 군사력 강화를 목적으로 한 정부의 예산으로만 충당되었다. "이 지역의 거대한 영토에서 가장 인구가 많은 지역은 군사 특구로 남아 있었다. 그들의 경제는 이 지역의 경제 활동에 통합되지 않았고, 경제법의 적용을 전혀 받지 않았다." 그러나 연방 정부의 통제가 약화되기 시작하자 극동 지역과 러시아의 유럽 권역 간의 경제적 유대 관계는 대폭 축소되었다. 러시아 전체, 특히 극동 지역은 아시아·태평양 지역으로의 통합 과정에 관여하지 않았다.

러시아 지도자들은 이제 비로소 러시아의 동북아 경제로의 통합이 미래의 이 지역의 안보를 위해 필수적이라는 것을 깨닫고 있다. 그들은 러시아 국토의 3분의 2가 아시아 지역에 위치해 있고, 러시아 극동 지방이 중국, 일본, 한국과의 교역의 90%를 담당하고 있다는 점을 강조한다. 사토Tsuneaki Sato, 티안Chun-Sheng Tian 및 고일동의 분석처럼, 이 지역은 광물자원의 매장량이 매우 풍부함에도 불구하고 개발비용이 다른 지역에 비해 월등히 높기 때문에, 러시아 혼자만으로는 극동 지방 개발에 필요한 자금을 충당할 수 없다. 러시아가 제안한 극동 개발 프로그램이 자금 부족으로 심각한 위험에 빠져 있다. 설상가상으로, 지속적인 인구 유출은 지역의 발전 잠재력을 위협하고 있다. 한 예로 1996년에 비해 2010년에 이 지역의 인구는 8.9% 감소했다. 이러한 상황은 경제 발전이 활발한 중국의 인접 지역과 비교했을 때 그 심각성이 부각된다. 이렇듯 중국과 대조적인 발전 현황은 러시아 극동의 경제안보에 불리한 환경을 조성했다.

러시아의 동부 지역 개발의 핵심은 특별히 높은 수준의 신뢰와 안전한 제도적 장치들을 요구하는 천연자원에 대한 대규모 외국인 투자이다. 러시아로서는, 인접한 동북아 국가들이 공동으로 노력해주어야만 지역 경제 구조를 재편성하여 동북아의 역동적인 경제에 러시아 극동 지방을 편입시킬 여건을 조성할 수 있는 것이다. 구체적으로는 석유 및 천연가스 파이프라인 사업, 나홋카 경제자유구역 사업, 시베리아횡단철도TSR, 한반도횡단철도TKR 연결 사업 등 다수의 거대한 경제 프로젝트들은 중국, 일본, 한국 정부의 적극적인 참여와 민간 기업들의 투자가 뒷받침되어야만 추진이 가능하다. 다자간 협력은 이 지역에서 국가 간의 정치적 긴장을 낮추는 필수적인 수단이다. 다시 말해, 수피안과 노소프가 지적했듯이, 견고하고 장기적인 경제 협력의 기반을 조성하는 것이 러시아와 다른 나라 사이의 정치적 문제를 해결하는 데 분명히 도움이 될 것이라는 얘기다. 한러 간의 양국 관계는 이러한 지역적 맥락에서 살펴보는 것이 가장 적절하다.

그러나 외부의 군사 위협으로부터의 보호에 초점을 맞추던 전통적 안보 문제의 중요성이 줄어들고 경제적 문제가 러시아 안보 정책에 더 영향을 미치기 시작했다고 하지만, 러시아인들은 아직 동북아 지역 경제 공동체에 완전히 통합될 준비가 되지 않았다. 실제로 러시아 내에서는 오히려 통합보다는 러시아의 독립성 추구, 자주권 보호에 대한 우려의 목소리가 커지고 있다. 이는 러시아가 향후 어떤 방향으로 나아가야 할지에 대한 공감대 형성이 부족해지는 결과를 낳았다.

러시아 극동 지역의 외국인 직접 투자 환경은 러시아의 경제안보에 대한 이중적인 태도뿐만 아니라 졸속 개혁에 의해 많이 훼손되었다. 일부 러시아 정치가들 사이에서는 아직 구소련 시절 경제의 자급자족 정책에 대한 굳건한 믿음이 여전히 팽배하다. 즉, 대외경제 관계는 여전히 경제적 효율성보다는 전통적인 안보 문제에 기초해야 한다고 인식되는 경우가 많다는 것이다. 예를 들어, 외국인 직접 투자의 긴박한 필요성에도 불구하고, 러시아인들은 여전히 외국 자본의 국내 영향력 증가에 대해 우려를 표시해왔다. 러시아인들은 인접한 아시아 국가들이 토지 및 천연자원을 매입하고, 러시아 기업의 소유권을 획득하며, 러시아의 일자리를 장악하고, 교역조건을 조작함으로써 러시아의 약점을 최대한 이용할 수 있다고 걱정하고 있다. 그러나 러시아의 보호무역주의는 오히려 러시아의 경제안보를 저해하고 있다. 게다가, 러시아인과 외국인 모두 러시아 극동 지역에서는 법이 제대로 작동하지 않는다는 것을 인정하고 있다. 지역 마피아 조직의 온갖 불법 행위와 무모하고 말도 안 되게 비싼 보호무역주의 위주의 조세 정책은 투자 환경을 명백히 위협하고 있다.

한마디로, 이 지역에 대한 동북아시아 국가의 투자를 환영한다고 공표해 왔음에도, 러시아인들은 극동 지방의 개발을 더디게 진행하고 있다는 것이다. 러시아 극동과 동시베리아 지역에는 새로운 에너지와 천연자원 민족주의가 만연해 있다. 이로 인해 아시아 태평양 지역의 원유 및 가스관 사업 시행이 지연된 적도 허다하다. 2014년 중국과 러시아 간 가스 협상이 적극 타결되면서 중·러 에너지 협력이 활발해진 면도 없지 않다. 또한 시베리아 송유관 프로젝트는 아시아에 소위 중동 아시아 프리미엄이라는 단어를 상쇄시킬 만큼 크게 기여한 면도 있다. 그러나 러시아인들은 아직도 공동 에너지 사업이 장기적으로 러시아 극동 지방 개발의 주요 수단이 될 수 있다는 점을 인식하고 있지만, 사업을 시행하는 데는 일단 신중한 입장이다. 사실상 그들은 전통적 안보 문제를 우선시할 것인지, 아니면 새로운 비전통적 안보 문제를 우선시할 것인지 아직도 고민을 하고 있다. 이 문제는 특히 2022년 러시아의 우크라이나 침공 이후 신 냉전 모드가 다시 조성되면서 더욱더 불거질 것으로 보인다.

6
한러 양국 관계에서의
종합 안보와 경제적 안보

동북아시아 지역의 상호 경제 의존성은 개별 국가의 경제 규모가 성장하고 매년 새로운 에너지와 식량에 대한 수요가 증가함에 따라 대체적으로 심화되고 더욱 중요해지고 있다. 한국과 러시아의 양자 관계도 이러한 상호 의존적 지역 시스템의 일부분을 형성한다. 이들의 양자 관계 주요 목표는 공통의 지역 경제안보 이익을 증진시키는 것이다. '안보 역학은 본질적으로 상대적이고 상관관계적인 성격이 강하기 때문에' 국가 간 부분적 또는 일시적으로라도 협력체제의 패턴들을 구성할 필요가 있다.

그러나 실제로 한러 경제안보 협력은 이미 여러 가지 장애물에 직면해 있다. 부잔은 경제안보 협력의 위협 요소를 '무역, 투자, 금융의 상호작용을 공격하는 외부 세력'이나 '시장 운영에서 발생하는 자체적인 내부 불안'에서 기인하는 것으로 인식했다.

다음 각 장에서 설명하듯이, 한러 경제안보 협력의 주요 위협 요소는 다음 세 가지에서 비롯된다. 특히 러시아 극동 지역의 과도기 과정과 관련한 러시아의 국내 문제들, 한국 측의 정치적 의지 부족, 그리고 북한과 미국 변수 같은 외부적 요인들이 그것들이다.

앞서 살펴본 것처럼, 한반도에 대한 러시아의 안보 인식은 변하고 있지만, 한국과의 경제 협력의 장애물을 극복하기에는 그 인식의 변화로는 충분치 않다. 한국의 입장에서 러시아와의 지역 경제안보 협력에 가장 큰 장애물은 러시아를 영향력이 없는 지역 국가로 보는 인식과 지역 경제안보 개념에 대한 인식 부족에서 출발한다. 본 책의 북한 문제에 관한 장에서 설명하겠지만, 한국이 소련과 수교하게 된 가장 주요한 외교적 인센티브는 전통적인 안보 이슈였다. 동북아 지역에서 북한을 견제하고 고립시키기 위함이었던 것이다. 즉, 소련의 주된 관심사가 한국과의 경제 관계를 개선하고, 특히 상당한 규모의 경협차관을 얻는 것이었다면, 한국은 정치적, 전략적 이익에 더 중점을 두었다고 할 수 있다. 그러나 러시아가 더는 북한에 대해 실질적인 영향력을 미치지 못한다는 것을 발견하게 되자, 한국의 정치 지도자들은 더 이상 러시아를 중요한 외교 정책 우선순위로 취급하지 않았다. 그 결과, 러시아에 대한 한국의 전반적인 관심도는 크게 줄어들었으며 이 상황은 2022년 현재까지도 마찬가지이다.

따라서 비록 한국의 경우 원유와 천연가스 및 지하자원이 풍부한 러시아를 장기적으로 중요한 경제 파트너 국가로 인정할지라도, 당장 단기적인 이익을 눈앞에 두고 러시아를 상대로 리스크 테이킹risk taking은 기꺼워하지 않는 경향이 많다. 예를 들어 러시아의 원유와 천연가스 파이프라인 방향을 두고 국가적 차원에서 로비를 활발히 하고 있는 중국이나 러시아에 반해, 한국 정부나 기업들은 매우 수동적이고 소극적인 정책을 견지해왔다. 한마디로 러시아나 한국의 지역 경제안보 혹은 종합 안보 협력에 대한 올바른 개념 정의에 대한 경험 부족이 양국 간 경제 협력을 진행하는 데 가장 큰 걸림돌이 된 것이다. 아마 2022년 3월 러시아의 우크라이나 침공 이후 공급망의 차질로 인하여 러시아의 밀, 철강, 석탄 등 다른 원자재의 한국으로의 수급이 타이트해지자, 한국은 비로소 러시아를 경제안보에 있어서 중요한 국가로 인식을 하는 것 같다.

동북아 지역 안보에 대해 더욱 커지고 있는 잠재적 위협 요소는 바로 북한의 핵무기 개발 야욕이다. 다만 북한 변수가 지역 경제안보 협력을 위협하기보다는, 오히려 경제안보 협력을 강화시킬 수 있는 요소로 작용할 수도 있다는 점은 흥미롭다. 북한에 관한 장에서 설명하겠지만, 단기적으로는 북핵 위기가 TSR과 TKR 연결 사업, 남·북·러 가스관 사업, 비행 항로 단축, 러시아 극동 개발 등 한러 간 경제 협력을 지연시켜 장애물로 작용해왔지만, 장기적으로는 핵 문제가 일단 해결되고 나면 북한의 협력이 결국 한러 간 경제안보 협력을 촉진하는 중요한 시너지 변수가 될 수 있다. 북한을 둘러싼 러시아와 한국의 이해관계가 정면으로 충돌하지 않는다는 조건과, 북·러 간 초국경적인 경제협력이 매우 활발하다는 점에서 보면, 지역 경제안보 구축에서 북한의 역할은 보이는 것보다 훨씬 더 중요하다고 볼 수 있다.

7
종합 안보 협력의 구체적 요인들과
한러 지역 경제안보 협력

7.1. 에너지 안보

에너지 안보는 오늘날 양자 및 지역 경제안보의 중요한 축이다. 에너지 안보는 국가의 경제 발전과 안정을 보장하는 전략적 요소이다. '에너지 무역의 중요성 증가, 중동 석유에 대한 의존도 증가, 급변하는 에너지 지정학 변수, 에너지 수요 증가 둔화에 대한 조짐 없음, 지속적인 유가 변동성, 환경 및 지속 가능성에 대한 우려' 때문에 에너지 문제는 전반적인 국제 안보 문제에서 점점 더 중요한 의제로 떠오르고 있다. 아니 에너지는 많은 사람들이 혼동을 하는 경우가 있는데 제1차 세계대전의 원인 제공 및 항상 국제 사회에서 전쟁 관련 단골 안보 메뉴였다. 다시 말해 오래전부터 에너지는 신흥 안보나 비전통적 안보 이슈가 아니라 안보라는 학문적 용어가 발생하기 전부터 이미 국제 정치에서 전통적 안보 요소 중 핵심 요소였다.

에너지 안보는 환경문제를 고려하면서 어느 한 국가의 정치·경제·사회·군사적 이익을 달성하는 데 필요한 에너지를 값싼 가격에 충분히 공급하는 전반적인 프로세스로 정의된다. 더 구체적으로는, "에너지 안보가 보장되는 국가에서는, 에너지 소비자들과 정부가 국내외의 공급원에 충분한 에너지 비축량을 보유하고, 그들이 가까운 미래에 필요로 하는 양을 충분히 감당할 수 있는 생산 및 유통 인프라 시설들이 구축되어 있으며, 이런 것들을 그들의 경제적 안녕이나 복지를 해치거나 다른 방식의 경제적 불이익을 감수하지 않는 범위의 가격 내에서 달성할 수 있다고 믿는다." 즉, 에너지 안보를 위해서는 필수 천연자원을 안정적으로 공급하되 저렴하고 적당한 가격에 확보할 수 있는 능력이 필요하다.

에너지 안보의 불안은 물리적인 공급의 실패나 갑작스럽고 중대한 가격 변동에 의해 시민들의 복지나 정부가 일상적인 목표들을 처리할 능력이 위협받을 때 발생한다. 이런 의미에서 에너지 안보는 지속 가능한 발전을 위한 핵심 전제조건이기 때문에 경제안보의 중요한 부분을 구성한다고 할 수 있다.

여기서 한 가지 매우 중요한 점은 요즘 국제 사회에서 부각되고 있는 에너지 전환 문제도 결국 에너지 안보와 상충하는 개념이 아니라는 점이다. 엄밀히 말해, 앞서 에너지 안보의 정의에서도 언급이 되었듯이 환경 요소는 이미 에너지 안보의 일부이다. 따라서 에너지 전환은 에너지 안보의 일부분이라는 점이다. 즉 에너지 안보는 상위개념이고 에너지 전환은 하부개념이다. 결국 이는 에너지 전환도 에너지 안보에 기반을 두고 추진될 수밖에 없고, 에너지의 정확한 개념 정의 없이 급격한 에너지 전환을 논하는 것은 에너지 안보 관점에서 매우 위험 요소로 작용할 수 있다.

한편, 에너지 안보 수준을 추산하는 한 가지 방법은 어느 한 국가가 특정 유형의 에너지에 의존하고 있는 정도와 이러한 에너지를 자국 영토 내에서 얻을 수 있는지 아니면 수입해야하는지 여부를 측정하는 것이다. 후자의 경우, 의존도의 수준, 수입원의 다양성, 수입 지역의 정치적 혼란에 대한 상대적 취약성, 그리고 어려운 통제 및 규제 여부와 관련된 두 번째 문제가 제기된다. 수송 경로와 운반 시스템에 대해서도 비슷한 질문이 적용된다. 결국, 국가의 에너지 안보는 자립성의 수준과 심각한 경제적, 군사적 문제없이 일시적 및 장기적 공급 중단에 적응할 수 있는 능력에 의해 측정된다.

에너지 수입국과 수출국 간에는 에너지 안보를 접근하는 시각이 좀 차이가 있기 때문에 구분이 필요하다. 수입국은 주로 에너지 공급의 안정성에 관심이 있다. 하지만 에너지 수입국들은 해외 에너지 자원 공급이 어느 정도 항상 불안정하고 예측 불가능하다고 간주한다. 기존 에너지 공급 계약의 차질, 조작 및 중단 등은 사고나 자연재해에 의해 발생하기도 하지만 정치적 불안정, 경제적 강압, 군사적 충돌, 테러 행위 등에 더 취약하다. 이러한 우려는 에너지 공급원뿐만 아니라 에너지 운송 경로와 수단에도 적용된다.

반면 에너지 수출국들은 시장 접근성과 수요 안정성에 더 신경을 쓰고 있다. 에너지 수출국들은 에너지 안보를 자국의 에너지 자원에 대한 주권 문제로 보거나, 더 광범위하게 자원에 대한 주권 인식을 넘어서, 해외시장에 대한 보장된 접근성으로 간주한다. 여기서 더 나아간다면, 그들은 안보를 에너지 자원에 대한 주권과 시장 접근성, 그리고 에너지 원자재에 대한 대금으로 받는 금융 자산의 안정성으로 인식한다. 수출국들은 에너지 원자재에 대한 주권을 이미 보유하기 때문에, 보장된 해외 시장 확보를 포함하는 에너지 안보 개념을 채택할 수 있게 되는 것이다. 즉, 수출국에게는 수요의 안정성이 수입국의 공급 안정만큼 중요하다. 윌리치가 언급한 바와 같이, 이는 안정과 균형에 대한 공통된 이해관계를 기반으로, 수출입국간 상호 이익이 되는 협상이 이루어질 가능성을 높인다.

에너지 주권과 시장 진출 개념에 더해, 수출국은 수출 수익으로 한 그들의 투자에 대한 금융 안보로까지 에너지 안보의 개념을 확장하는 경우가 있다. 이는 과장된 것처럼 보일 수도 있지만 땅 밑에 있는 에너지 자원은 소중한 국가적 자산이다. 일단 추출되면, 그 자산은 앞날을 생각하지 않고 재정을 낭비하거나 대책 없는 정부에 의해 쉽게 소진되거나 인플레이션에 의해 그 가치가 떨어질 수 있다.

동북아시아 지역에서는 에너지 소비, 에너지 안보, 지속적인 경제성장과 관련한 새로운 안보 이슈가 대두되고 있다. 현재 중국, 일본, 남북한은 그들의 에너지 수요를 충족할 수 있는 경제적으로 합리적이고, 다양하며, 신뢰할 수 있는 에너지 자원을 필사적으로 찾고 있다. 러시아 극동 지방의 원유와 천연가스는 동북아시아 국가들에게는 두말할 필요 없이 잠재적으로 매우 중요한 새로운 에너지 공급원이며, 지리적인 이점 측면과, 에너지 믹스 차원에서, 에너지 수입처를 다변화할 수 있는 좋은 기회를 제공함으로써 국가 간 경쟁을 촉진하고 환경을 보호할 수도 있다. 특히 러시아의 천연가스는 발전용 석탄과 석유의 대체품이 될 수 있다. 연료로서, 그것은 유황 배출이 없고 이산화탄소가 훨씬 적게 배출되기 때문에 석유나 석탄보다 깨끗하다. 따라서 현재 러시아가 동북아에서 추진하고 있는 석유 및 천연가스 파이프라인 사업은 러시아의 경제안보뿐 아니라 한국 및 동북아 전체의 경제안보 증진을 위해 전략적으로 중요하다. 지역 에너지 협력은 러시아에 유리한 방향으로 정치적·경제적 유대 관계가 재편성되는 것을 촉진시킬 것이다.

러시아의 에너지 안보 관점에서 보면, 동북아 이웃 국가들에 대한 석유와 천연가스 자원의 수출은 잠재적으로 러시아의 경제 발전과 외교 정책의 핵심을 이루는 엔진 수단이다. 에너지 분야의 러시아 외교 정책 목표로는 러시아 에너지 자원의 안정과 발전을 위한 외국인 투자 유치, 해외 탐사 및 개발 프로젝트에 대한 러시아의 투자 확대, 러시아 내 해외 에너지 기업들에 대한 다양한 서비스 제공 등이 있다.

이바노프는 러시아의 에너지 외교가 일반적으로 다른 나라와의 양자 및 다자 관계, 국제기구 참여, 국제 에너지 기업들과의 부분적 협력이라는 세 가지 광범위한 활동 영역을 구상한다고 분석한다. 특히 푸틴 대통령은 에너지 외교를 경제 회복을 촉진하고, 세계 경제에 참여하고, 지정학적인 영향력을 유지하며, 국제 환경을 개선시킬 수 있는 중요한 수단으로 보고 있다. 러시아 입장에서, 에너지 외교는 러시아의 실추된 국제적 위상을 회복시킬 수 있는 수단을 상징한다. 그러나 인근의 대규모 시장 및 외부 투자 자금을 고려하는 타당성 평가 없이 방대한 러시아 에너지원을 개발하는 것은 어렵다. 과거 러시아 가스 산업은 유럽 시장을 크게 중시하고 서방의 신뢰할 수 있는 파트너 국가로서의 이미지를 유지하는 데 치중해 왔다. 에너지 분야에서 동북아 국가들과의 관계 개선은 관심 있는 동북아 정부 및 민간 부문, 그리고 향후 국제 금융 기관으로부터 자본 투자와 신용을 유치할 수 있는 현실적인 방법일 수도 있다.

특히 러시아의 에너지 수출은 러시아의 석유와 가스에 대한 일본과 한국의 자본 및 기술 투자를 촉진시킬 수 있다. 적어도 석유 수요가 급격히 증가함에 따라 자원 해외 의존도가 높아지고 있는 한국으로서는, 코빅타와 사할린 지역의 석유 및 천연가스에 대한 접근성이 경제안보에 매우 중요하다. 한국은 2021년 기준 중국, 미국, 일본, 독일에 이어 세계 5위의 원유 수입국이다. 한국은 에너지원 다변화에 관심이 있을 수밖에 없으며, 러시아 시베리아와 극동 지방과의 지리적 근접성은 원재료 수송비용을 줄일 수밖에 없기 때문에 에너지 안보 차원에서 매우 중요하다.

그럼에도 불구하고 수많은 문제와 장애물이 여전히 동북아시아 지역에서 에너지 안보 협력을 가로막고 있다. 이바노프와 하마다가 지적하듯이, 에너지 생산자들의 이해 충돌, 국가 규제, 에너지 프로젝트들 간의 경쟁 구도 등은 에너지 안보에 수많은 도전 요소들이다. 하지만, 필자는 동북아 지역 에너지 안보 협력의 가장 큰 장애물은 러시아와 한국을 포함한 동북아 국가들 사이의 신뢰 부족이라고 생각한다. 예를 들어, 코빅타 가스관 사업의 경우, 러시아 정부가 코빅타 가스를 수출할지, 국내용으로 돌릴지 여부와, 파이프라인의 방향 선정에 있어 우유부단했기 때문에 제안 프로젝트 진행 가능성이 떨어졌었다. 이는 결국 러시아 정부에 대한 동북아 투자자들의 신뢰를 떨어뜨리는 결과를 초래했다.

더욱이 동북아에서는 이미 개발 중이거나 계획 단계에 있는 그랜드 스케일의 송유관과 가스관 네트워크의 잠재적 취약성에 대한 우려가 지속적으로 제기되어 왔다. 켄트 칼더가 언급했듯이, 일부 파이프라인은 현재 정치적으로 불안정하다고 판단되는 지역을 통과할 가능성이 크다. 테러 공격 등의 위협으로 인한 단기적 수급 불안정 문제 외에도, 이 파이프라인들이 관통하는 국가들이 전쟁이나 어떠한 위기 상황에서 수송망을 임시 혹은 영구적으로 방해하거나 끊어버릴 가능성 역시 존재한다. 예를 들어, 해결되지 않은 북핵 문제와 쿠릴반도 분쟁과 같은 동북아 국가 간 영토 분쟁으로 인해 파이프라인을 통한 에너지 공급이 중단될 수도 있다는 것이다. 이 때문에, 동북아에서는 제도화된 다자 간 에너지 협력 구조를 만들 필요가 있다. 더욱이 필자는 2000년대 중반 러시아의 코빅타 가스관 건설 취소와 중·일 간 시베리아 송유관 노선 결정 지연 역시 동북아 지역의 에너지 안보 불안 요소로 작용했다고 생각한다.

그러나 향후 러시아와 에너지 안보 협력에 있어서 가장 큰 불안요소는 2022년 3월 러시아의 우크라이나 침공으로 말미암아 실추된 러시아의 이미지이다. 거의 전범 국가처럼 전락해버린 국제적 이미지와 심지어 냉전 기간 동안 서유럽을 상대로 쌓아온 안정된 에너지 파트너 국가의 이미지가 하루아침에 훼손된 것이다. 국제 사회에서 러시아의 에너지 영향력은 현재 국제 사회의 대 러시아 제재로 인하여 현저하게 약화될 것으로 예상된다. 특히 러시아산 원유와 가스 수입 금지라는 역대 초강수 대 러시아 제재 정책은 러시아의 에너지 안보에는 치명적이다. 과연 동북아시아 지역에서 중국을 제외한 국가들이 러시아와 에너지 협력을 기대하는 것은 더욱더 어려워진 셈이다.

7.2. 지역 경제안보 요소로서의 교통망 연결

부잔, 위버 및 윌데가 언급하듯이 교통 및 통신비용의 절감은 지역 경제안보 협력 구축에 큰 인센티브를 제공한다. 경제 성장은 무역과 생산제품 및 원자재를 위한 대형 시장으로의 실질적이고 물리적인 접근을 통해 향상된다. 그런 의미에서 철도망의 연결은 시장을 통합하고 생산과 무역을 통한 자원 배분을 개선함으로써 지역 경제안보를 강화한다. 실제로 "국제·지역 간 효율적인 운송 수단이 부재하면, 생산과 판매는 개인의 거주지 바로 인근으로 제한되기 때문에, 생계유지 혹은 최저 생활수준을 넘어설 수 없다."

국경 지역은 공간의 불연속성을 상징한다. 많은 경우, 국경이 의사소통에 장벽으로 작용하여 원활한 정보 흐름을 방해한다. "국경 지역은 시장의 분열과 서비스의 통합이 아닌 중복을 초래하여 지역 발전 가능성과 효율성을 저해하는 수준의 비경제성을 초래하고 있다." 따라서, 교통망의 연결은 장벽을 제거하고 국경을 초월한 교류를 촉진하는 데 중요한 역할을 한다. 교통망 연결은 또한 더 광범위한 경제 및 정치적 역량을 증명함으로써, 국가의 해외 진출과 위상 증진에 기여한다. 로스의 설명처럼, 교통망 연결은 국내 및 글로벌 차원에서 모두 한 나라의 시장 기능 활성화에 중추적인 역할을 한다. 지난 수십 년 동안 세계

화와 세계 무역의 경쟁 심화는 많은 나라의 무역 정책의 자유화뿐만 아니라 통신, 운송, 저장 기술 등 로지스틱스의 발전으로 인해 일어났다.

프라이버그와 니즈캄프에 따르면, '철도의 연결은 단순한 마디마디의 연결 그 자체가 아니라, 한 명 또는 여러 명의 운영자를 통해 서비스가 제공되기 위해 작동되는 인프라의 재배치'라고 한다. 즉, 철도의 기능은 단순히 상품과 인력의 물리적 수송뿐만 아니라 경제적 가치가 더해지는 '부가가치 프로세스'라는 것이다. 화이트는 "철도 건설과 운영이 경쟁 활동과 생산 자재의 이동을 촉진하기 때문에 철도 건설은 시장의 경제 활동의 방향 전환 및 극적인 태도 변화를 동반할 수 있다."고 지적했다.

그러나 중요한 점은 교통 인프라를 통한 긍정적인 효과는 물리적인 시설 구축 그 자체에서 비롯되는 것이 아니라 운영자가 제공하는 서비스에 의해서 창출된다는 것이다. 많은 선적 처리 업자들과 승객들에게, 아마도 교통수단 선택의 가장 중요한 기준은 비용과 시간일 것이다. 이동 비용은 거리와 상관없이 주로 부피에 의해 결정되는 반면, 이동 시간은 거리와 속도, 빈도에 의해 결정된다. 사람들은 대개 큰 부피의 양을 이동시킬 때 최소 비용과 최고 속도를 모두 보장하는 운송 수단을 선호하게 된다.

철도 연결 운영은 속성상 해외 투자 영역에 있어서 매력적인 요소로 작용하는데, 그 이유는 외국인 투자자들이 철도를 통해서 해당 국가의 다른 투자 기회에 더 익숙해질 수 있기 때문이다. 요컨대, '교통 공급과 그에 따른 지역 개방 사이에는 연관성이 있다.'는 것이다. 가장 중요한 것은, 지역 경제안보의 관점에서 보면, '교통 네트워크에 대한 투자는 개별적인 교통 프로젝트만 보고 하는 것이 아니라, 네트워크 운영자들이 긴밀히 구축된 상호 간의 교통 인프라 연계 속에서 창출하는 경제적 시너지에 근거해야 한다.' 즉, '일반적으로 철도 연결 사업은 인구 집중 지역이나 경제 활동 집중 지역 간의 응집력 있는 연결고리의 집합체로 보아야 하며, 이는 각 구역 사이의 사람들, 상품 또는 정보의 효율적인 운송에 필요한 모든 서비스를 제공하는 역할을 한다.'

유럽에서는 '철도 연결'이 국경을 초월하여 유럽 시장 결속을 꾀하고 범 유럽 협력을 육성하는 데 핵심적인 역할을 해왔다. 마찬가지로, TSR과 TKR을 연결하는 사업은 철도가 관통하는 지역의 경제 발전을 위한 수단이 될 수 있다. 특히 러시아 극동의 사회경제적 상황은 교통망의 기술적, 경제적 발전 수준에 따라 매우 많이 좌우된다. 따라서 지역의 교통 시스템은 지역 경제안보의 중요한 기본 요소 중 하나라고 할 수 있으며, 러시아 극동 경제 발전에 기여할 것으로 보인다. 더욱이, 러시아와 한국 모두 철도 연결로 경제안보 이익을 얻을 수 있다. 한국은 이를 통해 유럽에 접근할 수 있고, 러시아는 동북아 경제 공동체에 더 활발히 진출할 수 있으니 말이다.

7.3. 경제자유구역과 경제안보

나홋카 경제자유특구(FEZ)의 조성은 역내 국가 및 지역 경제안보 구축과 관련이 있다. FEZ는 혁신적이고 효과적인 외국인 투자 유치 방법 중 하나이며, 지난 수십 년 동안 국제 경제 관계에서 가장 중요한 제도적 혁신 중 하나라고 치부할 수 있다.

'경제자유구역'이라는 용어는 중세의 '도시국가'와 '자유 상업 도시'에서 그 기원을 찾을 수 있다. 전통적인 용어로 FEZ는 '한 국가의 국경 내에 있지만 세제 이슈로 인하여 국경 밖에 있는 것으로 간주되는 면세점이나 창고처럼, 통상적인 관세 없이 외국산 물품을 저장, 판매 또는 구입할 수 있는 주권 국가 영토의 일부 지역'을 가리켰다. 현대적인 의미에서 이 용어는 광범위하고 막연하게 사용되어 FEZ의 다양한 지위와 기능, 목표들 때문에 지칭하는 데 혼란스러움이 있다. 아마도 FEZ라는 용어의 가장 정확한 정의는 외국인 투자자와 합작 투자자의 경제 활동, 그리고 국내 기업과 시민들의 경제 활동에 유리한 조건들이 존재하는 영토일 것이다.

'경제자유구역', '산업자유구역', '경제 특구' 등의 용어는 '관세자유구역', '은행특구', '수출가공구역', '무역자유구역' 등 다양한 형태의 경제 특구를 지칭하기 위해 흔히 혼용된다. '경제 특구'라는 용어는 말 그대로 특정 영토가 특수한 지위를 누리고 있다는 것을 설명하기 때문에 이것이 가장 보편적이고 정확한 정의다. 그러나 러시아에서는

FEZ라는 용어가 가장 많이 사용된다. 소련 시대 1990년까지는 'zona svobodnogo predprinimatel'stva'^{자유 기업가 정신의 구역}라는 용어가 사용되었다.

FEZ의 주요 특징으로는 '무관세 수입, 양자 대외무역 규제, 세제 혜택, 최소한의 행정 요구사항, 원만한 노동조합 활동, 우호적인 산업 관계, 해외 사업을 운영하는 기업들의 요구사항을 충족하는 인프라 시설' 등이 있다. 각국은 FEZ를 통해 다음과 같은 경제안보 목표를 달성하고자 한다.

1) 한 나라의 수출 지향적 국가 발전 지원
2) 외국 자본 유치
3) 고용 창출
4) 새로운 외화 수입원 창출
5) 기술 및 노하우 이전 촉진
6) 생산구조 개선 및 지역 사회경제적 발전 등 자체 국내 경제 발전과의 연계
7) 숙련된 기술 및 관리 인력의 양성

오늘날 전 세계적으로 1,000개 이상의 FEZ가 존재하는 것으로 알려져 있다. 1959년 섀넌 이라는 아일랜드 도시의 공항에서 세계 최초의 현대식 FEZ가 등장했으며, 이는 섀넌 국제공항 폐쇄에 따른 경제 위기

를 극복하기 위해 만들어졌다. 최근까지 섀넌 FEZ는 투자 유치와 운영 사업 개수 측면에서 가장 효과적인 지역 중 하나로 간주되어 왔으며, 1960년대에는 많은 개발도상국들이 섀넌 FEZ를 모방했다.

1970년대 후반 중국의 FEZ들은 FEZ 발전의 중요한 새로운 지평을 열었다. 중국은 FEZ를 세운 최초의 공산주의 국가였으며, FEZ는 중국의 시장 개혁과 계획 경제 개방의 수단으로서 채택되었다. 더욱 중요한 것은 중국의 FEZ가 제조업의 발전뿐만 아니라 농업, 관광사업, 상업, 부동산 산업 등의 발전을 모두 목적으로 한다는 점에서 이전 FEZ보다 훨씬 포괄적이었다는 점이다. 1990년대 초에 이르자, 총 면적 526㎢의 경제 특구 4곳이 중국에 유입되는 외국 상품의 약 20%를 유치하고 있었고, 중국 수출의 7% 이상을 생산하고 있었다.

경제 특구의 도움으로 중국의 경제 개혁이 성공하자, 이에 자극을 받은 소련 지도부는 소련에 비슷한 형태의 FEZ 구역을 만들기로 한다. 지난 몇 십 년 동안 소련과 러시아에서 자유 무역 지대, 기업 지대, 기술 단지, 수출 생산 지대, 경제 특구 등 다양한 형태의 경제 자유 특구들이 진화해왔다. 각 유형은 저마다의 발전 사유가 있었다. 나홋카 FEZ는 제5장에서 자세히 논의할 바와 같이, 산업공단, 자유 관세 및 수출 지향적 산업 생산 지구, 합작 기업 등으로 구성될 계획이었다.

러시아 FEZ의 기능은 원유, 가스, 지하자원과 같이 원자재 중심의 편중된 산업 경제 구조를 구조적으로 변화시켜 경제 시스템의 균형을 맞추는 것이었다. 러시아는 점점 심화되는 석유와 천연자원 생산 의존의 경제 시스템의 구조적인 왜곡을 막고 과학 기술 분야의 붕괴를 막아야 했다. 나홋카 FEZ 내에 한국 산업공단을 조성한다면, 한국의 민간 기업들, 특히 제조업 부문에서 외국인 직접 투자를 유치함으로써, 이를 가능하게 할 수 있었다.

한국의 지역 경제안보 관점에서 FEZ는 한국의 수출 시장을 확대할 수 있는 아주 유망한 경제 도구이다. FEZ는 이 지역에서 한국의 중국 시장에 대한 의존도를 낮춰줄 것이다. 무엇보다, 나홋카 FEZ가 성공적으로 운영된다면, 이 지역의 러시아인과 한국인에게 3만개 이상의 새로운 일자리를 창출할 수 있으며 북한의 값싸고 수준 높은 노동력까지 끌어들일 수도 있을 것이다.

나홋카 FEZ 사업은 동북아시아에서 지역 발전과 국제 협력에도 매우 중요하다. 이는 길버트 로즈만이 지역 통합의 핵심으로 꼽는 세 가지 요인, 외국인 투자, 국경 간 이동, 사회적 신뢰를 장려할 수 있을 것이다. 나홋카 FEZ 내 한국 산업공단 개발 사업은 러시아와 이웃 국가들을 연결하는 동시에 더 많은 아시아 지역과 중앙아시아 지역의 노동력을 러시아로 끌어들일 것이다. 러시아의 풍부한 천연자원과 토지, 중국과 북한 및 아시아 지역의 노동력, 그리고 한국과 일본의 자본과 기술은 다자간 경제안보 협력 활동의 훌륭한 조합 요소이다.

7.4. 어업과 지역 경제안보

어업과 안보의 관계는 비교적 새로운 이슈이기 때문에, 이에 이의를 제기하는 전통적인 안보학자들이 있을 수 있다. 실제로 어업 문제는 국제 관계에서 중요한 안보 의제 중 하나가 되고 있다. 경제 발전, 식량 안보, 빈곤 퇴치, 인간 보건, 그리고 더 넓은 의미에서 국가 안보에서 어업이 담당하는 중요한 역할은 국제 관계에서 점점 더 인정받는 추세이다.

어업 안보 논의에는 어획량, 어획 쿼터 규모, 지속적으로 어획이 가능한 지역 및 종의 수 파악, 적절한 지역 차원에서 대책 검토 등이 포함돼 있다. 특히, 불법 어업 문제는 최근 몇 년간 국가 및 지역 안보의 주요 안건으로 전면 부상하고 있다. FAO에 따르면 불법 어업은 불법Illegal, 미신고Unreported, 비규제Unregulated 어업IUU으로 정의된다. 실제로 불법 조업과 그것이 자원 지속 가능성에 미치는 영향은 심각한 주요 국제 사안이다.

다시 말해, 어업은 단순히 물고기를 잡는 것 이상의 문제이고, 어업 외교는 지역적 차원에서 접근해야 한다는 말이다. 첫째, 양식이 아닌 모든 자연산 수산물의 근본적인 특징은 공동으로 관리해야 할 공공 천연자원이라는 점이다. 대부분의 수산물 종은 단일 국가에서 관리할 수 없다. 물과 공기와 같은 공공자원과 마찬가지로, 이윤을 추구하는 기업들에 의해 비용 없이 사용될 수도 있다. 수산물, 어업, 해양오염물질, 환경보호, 해상로, 해운과 같은 많은 해양자원과 해양 활동들은 모두 초국가적인 특징을 지닌다. 더구나 공해처럼 두 나라 이상이 소유권을 주장하는 지역도 많이 존재한다.

둘째, 양자 간 협상만으로 어업 분쟁을 해결하기는 매우 어렵다. 동북아시아의 경우, 북태평양에서 다양한 양자 간 어업 관계가 서로 복잡하게 얽혀 있다. 예를 들어, 러·일 간 양자 관계는 한·일, 한러 간 수산업 양자 관계에 영향을 미친다. 동일한 지역의 바다와 수산물 자원을 이용하기 때문에 한 국가와의 협정은 다른 국가와의 이해관계에 영향을 미칠 수 있다.

어업은 원래 본질적으로 협력보다는 갈등의 색채가 짙기 때문에, 동북아 지역 경제안보에도 크게 영향을 미친다. 예를 들어 한국·러시아, 러시아·일본, 한국·일본 간 어업 외교가 보여주듯이, 분쟁의 쟁점은 주로 보통 어종이나 어장의 소유권에 관한 것이다. 한마디로 "어업 분쟁은 국가 간 이해관계의 충돌이며, 권리와 프레스티지에 대한 개념이 결국 논쟁을 유발한다."는 것이다. 더욱이, 공개적인 충돌이 없다고 해서 반드시 그 지역 국가들이 현재의 어업 협정 체제에 완전히 만족하고 있거나 계속해서 만족하게 될 것이 아니라는 점이다. 또한 각국이 현재 안정된 상황에서 감수할만한 대가로 어업 정책과 관리에서 얻을 수 있는 이익을 모르고 있다는 것도 아니다.

아시아 태평양 지역 전체에서, 경제안보 논의가 특히 수산물 자원과 관련한 식량 부족 현상과 확보 문제를 포함하도록 확대되고 있다. 약 10억 명의 아시아인들에게 물고기는 단백질의 주요 공급원이며 아시아 지역에서 세계 어느 지역보다 많은 인구가 어업에 종사하고 있다. 다시 말해 어업을 생계로 하고 있는 수많은 아시아인에게 어업은 곧 생존과 개인 안보와 밀접한 관련이 있다. 전 세계 어획량의 절반 이상이 아시아 해역에서 포획되고 있으며, 세계 10대 어업 국가들 중 5개 나라가 아시아 태평양에 있다. 따라서 이 지역의 대부분 국가에서는 식량 안보, 생태계 파괴, 그리고 갈등의 관계가 바다에서 가장 분명히 드러난다.

1990년대 들어 동북아시아 지역에서 불법 어업, 영해 및 배타적 경제수역EEZ 침입, 해양사건·사고 등이 갈수록 빈번해졌다. 감소하는 물고기 등의 해양자원 확보를 둘러싼 경쟁으로 인한 정치·군사적 충돌 위험성이 중국, 일본, 러시아, 그리고 남북한에 완전한 안보 이슈로 떠올랐다. 이들 나라는 각각 식량, 천연자원, 에너지, 그리고 국가 존립에 필수적인 많은 물자의 공급을 해외에 크게 의존한다. 어획 쿼터 축소 등으로 어획 공급이 중단되어 어업권 분쟁이 발생할 경우, 각 나라 경제안보에 심각한 타격을 줄 수 있다. 각국은 어획 공급의 안정성을 확보하기 위해 1,000해리까지 감시 및 호위 활동을 통해 해상 교통의 안전을 확보하기 위한 여러 안전장치들을 마련했다.

하지만, 이 지역에서는 해안가 오염, 남획, 그리고 다른 형태의 해양자원 착취로 인한 환경 파괴의 조짐이 보여 왔다. 듀폰의 주장대로, '식량은 환경적 결핍의 시대에 더 큰 전략적 중요성을 갖게 될 운명'이다. 문제는 어류의 지속적인 공급을 보장하기 위해서는 어류 및 다른 해양자원의 보호를 증진해야 한다는 점이다. 어종의 고갈은 주요 문제 중 하나다. 예를 들어, 서해 및 동중국해와 남중국해의 어획량은 1990년대에 들어 급격히 감소했다. 전통 어장들이 줄어들면서 남은 어장에 대한 경쟁이 더욱 치열해졌다. 1990년대 후반, 한때 해외 어선을 환영했던 나라들은 원양어선의 접근과 어획 가능 쿼터를 제한하게 되었고, 어업 국가들은 자신들의 어족 자원을 훨씬 더 보호하게 되었다. 예를 들어, 일본, 한국, 대만과 같이 생선 섭취량이 많은 나라들의 어획 쿼터가 새로운 국제 어업 협정에 의해 크게 삭감되었다. 그 결과, 이들 나라의 트롤(저인망) 어선들은 부족분을 채우기 위해 남태평양까지 나가야 했다.

어선의 숫자가 증가하고 태평양으로 더 멀리 진출함에 따라, 국제적으로 자유롭게 어업이 가능한 해양 면적은 줄어들고 있다. 서태평양 해양자원의 대부분은 소유권이 있거나, 이권 관련 문제가 생긴다. 이에 따라 "외국 어선들이 다른 나라의 EEZ와 영해를 불법으로 침입하면서 해상 사고의 빈도와 심각성이 꾸준히 증가하고 있다. 국가 어선의 활동을 방어하거나 영해 침입을 막는 과정에서, 해군 간 충격전도 빈번하게 벌어지고 있다. 러시아, 중국, 일본, 한국은 해적 행위, 밀수,

무허가 조업 등 북아시아태평양에서 불법 행위가 증가하는 것에 대해 크게 우려하고 있다. 실제로, 이러한 우려로 인해 해상 감시 능력과 해상 경비대 운용 능력에 대한 요구가 더 높아졌다."

러시아 극동 지방의 어업 수역과 오호츠크 해역은 한국에 중요한 지역이다. 러시아 어업 지역의 수산물, 특히 명태, 꽁치, 오징어 등은 한국에서 수요가 많은 국민 식량이며, 향후 수산물의 공급을 확보하는 것이 한국 경제안보에 있어서 중요한 축이 될 것이다.

7.5. 무기 거래와 경제안보

일반적으로 무기 거래는 단순히 군사적 이슈로 간주되는 경향이 있지만, 제7장에서는 한러 양자 관계의 경우 이것이 국가 경제안보 유지와 관련이 있음을 보여줄 것이다. 데즈먼드 볼의 설명처럼, 최근 동북아시아 지역의 군무기 획득 추세는 "어떤 주요 요소들은 경제적 자원의 가용성이나 첨단 항공 우주 프로그램과 수반되는 국위 선양과 같은 완전히 비군사적인 요인"이라는 것을 보여준다.

구소련 해체 이후 무기 수출은 재정적으로 어려움에 처한 러시아 군사 산업단지의 회생 비책이자 국가 경제 전반의 부흥 수단으로 간주되었다. 많은 러시아 전문가들은 러시아 방위 산업의 붕괴가 러시아의 정치, 경제, 사회에 미치는 여파에 대해 우려해왔다. 일자리 손실의 영향은 특히 방산산업들이 유일한 산업이었던 시베리아와 러시아 극동 지역에서 특히 심각했다. 러시아 국방부 관리들은 또 군수공장 폐쇄와 디자인 설계 기업들의 폐쇄가 신기술 연구 개발에 영향을 미쳐 러시아 군사력을 더욱 약화시킬 것이라고 우려했다. 특화된 생산 시설 중 민간용으로 전환할 수 있는 시설은 거의 없었고, 전환 가능한 시설을 재구성하는 데에도 막대한 자금이 필요했다. 군과 방산업계 전문가들은 이런 재앙을 피할 수 있는 유일한 방법은 상업적으로 러시아 무기 수출량을 재건하려는 체계적인 시스템을 구축하는 것이라고 강조했다. 따라서 러시아 정부는 군사용 무기 수출을 담당하여 적극적으로 추진할 중앙무역기구를 설립하고, 기업들이 군사용 하드웨어를 독자적으로 해외에 판매할 수 있도록 하는 방안을 검토했다. 예를 들어, 이러한 지침을 통해 1992년에 디멘티예프 모스크바 비행기 생산 회사Dementiev Moscow Aircraft Production Enterprises가 MiG-29s를 판매할 수 있도록 허용했다.

게다가 러시아의 막대한 국가 예산 적자를 감안할 때, 무기 수출은 러시아 경제의 구조적 개편에 소중한 재원이 될 수 있다. 최신 과학 기술을 접목한 러시아 무기들은 해외에서 수요가 꽤 높고 외화를 벌어들일 수 있는 몇몇 안 되는 러시아 공산품 항목 중 하나이다. 아쉰세브는 "무기 수출은⋯러시아 방위 산업 제품의 경쟁력을 보여주는 중요한 지표"라고 말한다.

따라서 러시아의 무기 수출은 만일의 경제 위기 사태에 대비하여 외화 수입을 창출할 수 있을 뿐만 아니라, 군산 복합체 해체의 고통스러운 과정을 경감하는 데도 도움이 된다. 그러나 러시아의 석유와 가스 수출과 마찬가지로, 무기는 현재 러시아 경제에서 이윤을 창출하는 주요 수출 품목이기도 하다. 무기 거래는 석유, 가스 수출과 함께 러시아에 중요한 외화벌이의 원천이 되었고, 러시아 내 방산산업의 존립과 일자리 고용효과를 창출하는 데 버팀목이 되어 왔다. 한러 관계에서는 무기 거래가 주로 한국에 대한 러시아의 채무 상환의 일부로 사용되어 왔다. 다시 말해 한러 무기 거래는 경제안보 측면에서 그 의미가 크다고 볼 수 있다.

7.6. 북한 문제

북한은 한국과 러시아의 포괄적 안보 협력에서 중요한 역할을 한다. 이 책은 북한이 이들의 안보 협력에 위협 요소인지 증진 요소인지를 살펴보고, 이전까지는 보편적으로 위협이라고 여겨졌지만 경제안보 강화 요소로서의 잠재력도 있다고 주장한다. 북한이 국제적 핵 비확산 체제 틀에 편입되는 것을 거절하는 행위는 러시아와 한국 모두에게 시급한 전통적 안보 우려다. 이런 점에서 북한 문제와 관련된 양측의 주요 안보 목표는 핵 위협의 예방과 억제라는 점에서 일치한다.

그럼에도 불구하고, 8장에서 자세히 논의되겠지만, 북한 문제에는 핵확산 이상의 사안들이 담겨 있다. 한편으로는 북한 자체적으로 경제 안보의 불안한 현실이 핵무기 개발을 시도하게 되었고, 다른 한편으로는 북한의 국내 경제 위기로 인해 러시아와 한국의 경제안보 협력이 저해되고 있다. 북한이 철도 연결과 가스관 연결 사업에 참여할 의지를 보여준다면, 러시아와 한국의 국가 및 지역 경제안보가 의심의 여지없이 강화될 것이다. 뿐만 아니라, 이는 북한의 경제 상황을 개선하고, 한반도의 안정을 도모하며, 남북한의 통일도 촉진시킬 것이다.

과거 아세안과 당시 비회원국이었던 캄보디아 혹은 베트남과의 관계의 경험에서 알 수 있듯이, 동북아의 북한 같은 소외된 국가는 동북아시아의 양자 및 지역 경제안보 증진에 저해 요소가 될 수도, 촉진 요소가 될 수도 있다. 그렇기 때문에 북한의 참여는 지역 종합 안보체제 구축에 분명 플러스 요인이 된다. 예를 들어, 아세안의 경우 베트남-캄보디아 분쟁으로 아세안의 발전이 매우 어려웠다. ASEAN이 중재하려는 많은 시도에도 불구하고, 분쟁은 여전히 교착 상태에 있었다. 심지어 베트남은 아세안을 분쟁 대상으로 간주했다. 전쟁이 끝나자 아세안의 최우선 관심사는 캄보디아와 베트남을 회원국으로 포함시키는 것이었다. 이를 통해 공통의 정체성, 시장, 안보 등의 측면에서 실질적이고, 상징적인 이점을 모두 갖춘 '하나의 동남아시아'를 만들겠다는 목표를 실현할 수 있었다. 캄보디아와 베트남을 기구에 편입시킴으로써 아세안은 추후에 궁극적으로 발생할 수 있는 모든 문제를 사전 관리하는 데 도움을 줄 수 있을 것이라고 생각했다. 이와 비슷하게, 북한의 동북아 지역 경제안보 체제의 멤버십에 대한 약속은 이 체재가 북한과 관련된 사안들에 어느 정도 영향력을 미칠 수 있는 인센티브로 작용될

수 있다. 북한은 캄보디아와 베트남이 아세안을 상대로 했던 역할을
할 수 있다는 얘기다.

이어지는 장들에서는 이들 분야에서 한국과 러시아의 협력에 대해
상세히 분석한다.

참고자료

1. Helga Haftendorn, "The Security Puzzle: Theory-Building and Discipline-Building in International Security," International Studies Quarterly, Vol. 35, No. 1, March 1991, p. 3.
2. Stuart Harris and Andrew Mack, "Security and Economics in East Asia," in Stuart Harris and Andrew Mack, eds., Asia-Pacific Security: The Economics-Politics Nexus (Canberra: Allen & Unwin Australia Pty Ltd, 1997), p. 4.
3. Walt, 1991, p. 227, quoted in Michael Mastanduno, "Economics and Security in Statecraft and Scholarship," International Organization, Vol. 52, No. 4, Autumn 1998, p. 853.
4. Harris and Mack, p. 4.
5. Ibid.
6. Keith Krause and Michael C. Williams, "Broadening the Agenda of Security Studies: Politics and Methods," Mershon International Studies Review, Vol. 40, No. 2, October 1996, pp. 233-234.
7. Alan Dupont, The Environment and Security in Pacific Asia (New York: Oxford University Press, 1998), Adelphi Paper 319, Introduction part.
8. Barry Buzan, People, States and Fear (Boulder: Lynne Rienner Publishers, 1991), p. 363.
9. Kosuke Oyama, "Japanese Energy Security and Changing Global Energy Markets: An Analysis of Northeast Asian Energy Cooperation and Japan's Evolving Leadership Role in the Region," prepared in conjunction with an energy study sponsored by The Center for International Political Economy and The Petroleum Energy Center and The James A. Baker III Institute for Public Policy, Rice University, May 2000, p. 3.
10. Barry Buzan, People, States and Fear, p. 363.
11. J. Mohan Malik, "Conflict Patterns and Security Environment in the Asia Pacific Region—The Post-Cold War Era," in Kevin Clements, ed., Peace and Security in the Asia Pacific Region (Tokyo: United Nations University Press, 1993), p. 51.
12. Desmond Ball, Strategic Culture in the Asia-Pacific Region (With Some Implications for Regional Security Cooperation), Working Paper No. 270, Canberra, April 1993, pp. 16-17.
13. Pauline Kerr, Andrew Mack and Paul Evans, "The Evolving Security Discourse in the Asia-Pacific," in Andrew Mack and John Ravenhill, eds., Pacific Cooperation: Building Economic and Security Regimes in the Asia-Pacific Region (Canberra: Allen & Unwin, 1994), p. 252. Kerr, Mack and Evans refer to this traditional security approach as 'common security.'
14. Alan Dupont, "New Dimensions of Security," in Denny Roy, ed., The New Security Agenda in the Asia-Pacific Region (London: Macmillan Press, 1997), p. 35.
15. In order to give effect to the concept of comprehensive security, the Japanese government established a Council of Ministers Concerned with Comprehensive Security within the Cabinet in December 1980 for the purpose of holding

consultations on economic, diplomatic and other measures requiring comprehensiveness and coherence from the standpoint of national security. See Defense of Japan 1985, (Japan Defense Agency, Tokyo, 1985), p. 58.

16. Kerr, Mack and Evans, p. 254.

17. Ball, p. 17.

18. Kerr, Mack and Evans, p. 252.

19. For example, Kerr, Mack and Evans point out that prudent Singaporean defense planners have to take seriously the possibility that one day they could be involved in military hostilities with Malaysia—and vice versa. Their military contingency planning will reflect this fact. But these are issues, which, for obvious political as well as military reasons, security planners cannot openly discuss with each other. See Kerr, Mack and Evans, p. 252.

20. Kerr, Mack and Evans argue that non-sensitive military issues can certainly be discussed and military cooperation can take place to a certain level. What cannot be dealt with are such issues as the military contingency plans of the ASEAN states. See Ibid., p. 253.

21. Ibid.

22. Jusuf Wanandi, "Security Issues in the ASEAN Region," in Karl Jackson and M. Haidi Soesatro, eds., ASEAN Security and Economic Development (Berkeley: Institute of East Asian Studies, University of Berkeley, 1984), quoted in Kerr, Mack and Evans, p. 253.

23. Dupont, pp. 35-36.

24.Fred Halliday, "International Relations: Is There a New Agenda?", Millennium Journal of International Studies, Vol. 20, No. 1, Spring 1991.

25. Buzan, People, States and Fear, p. 235.

26. Ibid.

27. Ming Wan, "Wealth and power," Harvard International Review, Vol. 18, No. 2, Spring 1996, p. 20.

28. Ralph A. Cossa and Jane Khanna, "East Asia: Economic Interdependence and Regional Security," International Affairs (Royal Institute of International Affairs), Vol. 73, No. 2, April, 1997, p. 223

29. Vincent Cable, "What is international economic security," International Affairs, Vol. 71, No. 2, April 1995, p. 308.

30. Ibid., p. 305.

31. Malik, p. 51.

32. Buzan, People, States and Fear, p. 241.

33. Ibid.

34. According to Buzan, for stockpiling arguments, see Richard H. Ullman, "Redefining Security," International Security, Vol. 8, No. 1, 1983, pp. 139-150; and see also Buzan, People, States and Fear, p. 242.

35. Buzan, People, States and Fear, p. 242.

36. Cable, p. 313.
37. Charles Kindleberger, Power and money (London: Macmillan, 1970), quoted in Vincent Cable, "What is international economic security," International Affairs, Vol. 71, No. 2, April 1995, p. 308.
38. Buzan, People, States and Fear, p. 202.
39. Samuel Huntington, "Why international primacy matters," International Security, Vol. 17, No. 4, Spring 1993, p. 72.
40. Buzan, People, States, and Fear, pp. 230-232.
41. Ibid., p. 249.
42. Ibid.
43. Robert Manning, "The Asian Paradox: Toward a New Architecture," World Policy Journal, Vol. 10, No. 3, 1993, p. 56.
44. Barry Buzan, "The Post-Cold War Asia-Pacific Security Order: Conflict or Cooperation?" in Andrew Mack and John Ravenhill, eds., Pacific Cooperation: Building Economic and Security Regimes in the Asia-Pacific Region (Canberra: Allen & Unwin, 1994), p. 145.
45. Andrew Mack and John Ravenhill, "Economic and Security Regimes in the Asia-Pacific Region," in Andrew Mack and John Ravenhill, eds., Pacific Cooperation: Building Economic and Security Regimes in the Asia-Pacific Region (Canberra: Allen & Unwin, 1994), p. 13.
46. Buzan and Waever, Regions and Powers: The Structure of International Security, p. 174.
47. Jonathan D. Pollack, "The Evolving Security Environment in Asia: Its Impact on Russia," Stockholm International Peace Research Institute (SIPRI) Conference presentation paper for "Russia and Asia-Pacific Security," International House of Japan, Tokyo, Japan, 19-21 February 1999.
48. See Young-sun Song, "Prospects for U.S.-Japan Security Cooperation," Asian Survey, Vol. 35, No. 12, December 1995, pp. 1096-1097, and Gerald Segal, "Keeping East Asia Pacific," Korean Journal of Defense Analysis, Vol. 5, No. 1, Summer 1993, pp. 23-24.
49. Ball, p. 16.
50. Stuart Harris, "Conclusion: The Theory and Practice of Regional Cooperation," in Andrew Mack and John Ravenhill, eds., Pacific Cooperation: Building Economic and Security Regimes in the Asia-Pacific Region (Canberra: Allen & Unwin, 1994), pp. 259-260.
51. Manning, p. 60.
52. Jose T. Almonte, "A strategic framework for policymakers in Asia," Keynote address to the Defense Asia Forum 1997, Singapore, 15 January 1997, quoted in Cossa and Khanna, p. 224.
53. Manning, p. 60.
54. Peter J.S. Duncan, The Soviet Union and India (London: The Royal Institute of International Affairs, 1988), p. 3.
55. Ibid.

56. Rozman, Nosov, and Watanabe, p. 224.
57. Viktor B. Supian and Mikhail G. Nosov, "Reintegration of an Abandoned Fortress: Economic Security of the Russian Far East," in Gilbert Rozman, Mikhail G. Nosov, and Koji Watanabe, eds., Russia and East Asia: the 21st Century Security Environment (London: M.E. Sharpe, 1999), p. 69.
58. Tsuneaki Sato, Chun-Sheng Tian, and Il-Dong Koh, "Homemade Risks": The Economic Security of Russia in East Asia," in Gilbert Rozman, Mikhail G. Nosov, and Koji Watanabe, eds., Russia and East Asia: the 21st Century Security Environment (London: M.E. Sharpe, 1999), pp. 110-111.
59. Supian and Nosov, p. 97.
60. Peggy Falkenheim Meyer, "Russia's Post-Cold War Security Policy in Northeast Asia," Pacific Affairs, Vol. 67, No. 4, Winter 1994-1995, p. 495.
61. Sato, Tian, and Koh, p. 120.
62. Rozman, Nosov, and Watanabe, p. 224.
63. Interview with Keun-Wook Paik, Associate Fellow, Sustainable Development, The Royal Institute of International Affairs, London, UK, 23 February, 2005.
64. Gerald Segal, "How insecure is Pacific Asia?," International Affairs, Vol. 73, No. 2, 1997, pp. 241-242.
65. Barry Buzan and Ole Waever, Regions and Powers: The Structure of International Security (Cambridge: Cambridge University Press, 2003), p. 43.
66. Buzan, People, States and Fear, p. 250.
67. Philip Andrews-Speed, "Energy Security in East Asia: A European View," presentation material at the Symposium on Pacific Energy Cooperation 2003, Tokyo, 12-13 February, 2003.
68. Hyun Jae Doh, Perspectives and Measures for Energy Security in the 21st Century, Abstract, published for Korea Energy Economics Institute, December 2003. Willrich defines energy security as, first, the guarantee of sufficient energy supplies to permit a country to function during a war; and second, and more broadly, the assurance of adequate energy supplies to maintain the national economy at normal levels. He argues that the first definition is too restrictive, and the second too permissive and expansive. Therefore, he proposes that for most purposes, the definition of energy security as the securing of reliable and affordable energy supplies that are sufficient to support social, economic, and military needs, while at the same time being environmentally sustainable is the most plausible approach. See Mason Willrich, Energy and World Politics (New York: The Free Press, 1975), p. 66.
69. Robert Belgrave, Charles K. Ebinger and Hideaki Okino ed., Energy Security to 2000 (Boulder: Westview Press, 1987) p. 2.
70. Robert J. Lieber, "Energy, Economics and Security in Alliance Perspective," International Security, Vol. 4, No. 4, Spring 1980, p. 141, and for a more detailed discussion and definition, see also David Deese, "Energy: Economics, Politics, and

Security," International Security, Vol. 4 No. 3, Winter 1979/80, pp. 140-142.

71. Belgrave, Ebinger and Okino, p. 2.

72. Doh.

73. Paul B. Stares, "Introduction and Overview," in Paul B. Stares, ed., Rethinking Energy Security in East Asia (Tokyo: Japan Center for International Exchange, 2000), p. 22.

74. Willrich, p. 66

75. See both Daniel Yergin, "Energy Security in the 1990s," Foreign Affairs, Vol. 67, No. 1, 1988, pp. 111-132; and Stares, p. 22.

76. Stares, p. 22.

77. Willrich, p. 94.

78. Ibid., p. 95.

79. Vladimir I. Ivanov and Mitsuru Hamada, Energy Security and Sustainable Development in Northeast Asia: Prospects for U.S.-Japan Coordination, Article for Economic Research Institute for Northeast Asia, Niigata, Japan, p. 6, on http://gsti. miis.edu/CEAS-PUB/200013Ivanov-Hamada.pdf, accessed on 4 December, 2004.

80. Ibid.

81. Vladimir I. Ivanov, The Energy Sector in Northeast Asia New Projects, Delivery Systems, and Prospects for Co-operation North Pacific Policy Papers 2 (Vancouver: Program on Canada-Asia Policy Studies, Institute of Asian Research, University of British Columbia, 2000), p. 32.

82. Feng, Ding and Li, p. 1.

83. Ibid.

84. Amy Myers Jaffe and Robert A. Manning, "Russia, Energy and the West," Survival, Vol. 43, No. 2, Summer 2001, p. 143.

85. See The CIA World fact book, Global oil consumption and production, www. MarkTaw.com, on http://www.marktaw.com/culture_and_media/politics/GlobalOil. html, accessed on 20 April, 2005.

86. Ivanov and Hamada, p. 9.

87. Petr Vinokurov, "Problems of Energy Cooperation and Energy Security in North-East Asia," The report for a seminar Problems of Energy Cooperation and Energy Security in North-East Asia by the Carnegie Moscow Center, 19 February, 2004..

88. See Keun-Wook Paik, and Jae-Yong Choi, Pipeline Gas in Northeast Asia: Recent Development and Regional Perspective Briefing No. 39. (London: Royal Institute of International Affairs, 1998); and Mark J. Valencia, and James P. Dorian, "Multilateral Cooperation in Northeast Asia's Energy Sector: Possibilities and Problems," in Michael Stankiewicz, ed., Energy and Security in Northeast Asia, Policy paper No. 36 (Berkley: University of California Institute on Global Conflict and Cooperation, 1998).

89. Kent E. Calder, "Energy and Security in Northeast Asia's Arc of Crisis," in Michael Stankiewicz, ed., Energy and Security in Northeast Asia. Policy Paper No. 35 (Berkeley: University of California Institute on Global Conflict and Cooperation, 1998).

90. Barry Buzan, Ole Waever, Jaap de Wilde, Security: A New Framework for Analysis (London: Boulder, 1998), p. 113.
91. Michael Frybourg and Peter Nijkamp, "Assessing Changes in Integrated European Transport Network Operations," in Kenneth Button, Peter Nijkamp, and Hugo Priemus eds., Transport Networks in Europe: Concepts, Analysis and Policies (Cheltenham: Edward Elgar, 1998), p. 17.
92. Bonn F. Voigt, "Transport and Regional Policy: Some General Aspects," in W.A.G. Blonk, ed., Transport and Regional Development (Westmead, England: Saxon House, 1979), p. 5.
93. Suarez Villa, L., M. Giaoutzi and A. Stratigea, "Territorial and border barriers in information and communication networks: a conceptual exploration," Tijdschrift voor Economische en Sociale Geografie (Journal of Economic and Social Geography) 1992, 1 XXXIII 2. Amsterdam, quoted in Fabienne Corvers and Maria Giaoutzi, " Borders and Barriers and Changing Opportunities for Border Regional Development," in Kenneth Button, Peter Nijkamp, and Hugo Priemus eds., Transport Networks in Europe: Concepts, Analysis and Policies (Cheltenham: Edward Elgar, 1998), p. 291
94. John F. L. Ross, Linking Europe: Transport Policies and Politics in the European Union (London: Praeger, 1998), p. 3 and 32.
95. Frybourg and Nijkamp, p. 17.
96. Ibid., p. 15.
97. Ibid., p. 20.
98. Colin M, White, "The Concept of Social Saving in Theory and Practice," Economic History Review, Vol. 29, No. 1, February 1976, p. 92.
99. Frybourg and Nijkamp, p. 16.
100. Ibid., p. 20.
101. White, C., 1976, p. 92.
102. Hugo Priemus, Kenneth Button and Peter Nijkamp, "European Transport Networks: A Strategic View, in Kenneth Button, Peter Nijkamp and Hugo Priemus eds., Transport Networks in Europe: Concepts, Analysis, and Policies (Cheltenham, UK: Edward Elgar, 1998), p. 5.
103. Frybourg and Nijkamp, p. 17.
104. Ross, p. 64.
105. Boris Dynkin, "Comments on the Regional Railroad Network and Power Grid Interconnection," Presentation at Far Eastern State Transport University, Khabarovsk, Russia, for Second Workshop on Power Grid Interconnection in Northeast Asia, Shenzhen, China, 6-8 May, 2002, on http://www.nautilus.org/energy/grid/2002Workshop/materials/Dynkin.pdf, accessed on 6 March, 2004.
106. S.A. Manezhev, "Free Economic Zones and the Economic Transition in the Chinese People's Republic and Russia," Russian and East European Finance and Trade, Vol. 31, No. 2, March-April 1995, p. 76, translated by Arlo Schultz from

"Svobodnye ekonomicheskie zony v perekhodnoi ekonomike KNR i Rossii," Rossiiskii ekonomicheskii zhurnal, 1993, No. 7, pp. 80-87.

107. Andrei Kuznetsov, "Promotion of Foreign Investment in Russia: An Evaluation of Free Economic Zones as a Policy Instrument, joint ventures and free economic zones in the USSR and Russia," Russian and East European Finance and Trade, Vol. 29, No. 4, Winter 93/94, p. 56, originally published as Working Paper No. 24, 1993, Leuven Institute for Central and East European Studies.

108. Ibid.

109. United Nations Center of Transnational Cooperation (UNCTC) ed., The role of Free Economic Zones in the USSR and Eastern Europe, 1990.

110. Dirk Faltin, Regional Transition in Russia: a study of the free economic zone policy in the Kaliningrad region, Ph. D thesis (London: the London School of Economics and Political Science, 2000) pp. 111-142.

111. Ibid.

112. United Nations Conference on Trade and Development (UNCTAD), Consideration of Host and Home Countries Policies and Measures to Promote Foreign Direct Investment, Including Export Processing Zones and Special Economic Zones. Export Processing Zones: Role of Foreign Direct Investment and Developmental Impact, Report by the UNCTAD Secretariat, Geneva, TD/B/WG. 1/6, p. 5, quoted in Faltin, p. 113, and see also Manezhev, 1995, p. 76-77.

113. "Free Economic Zones in Russia," the Voice of Russia, 14 October, 1999 (Russian Economy and Business Online), on http://www.vor.ru/Russian_Economy/excl_next48_eng.html, accessed on 1 May, 2004.

114. Between 1966 and 1970 Puerto Rico, India, Taiwan, the Philippines, the Dominican Republic, Mexico, Panama, and Brazil established FEZ. See Faltin, pp. 111-142.

115. Sergei Manezhev, "Free Economic Zones in the Context of Economic Changes in Russia," Europe-Asia Studies, Vol. 45, No. 4, 1993, p. 610.

116. Kuznetsov, pp. 48-49.

117. Sato, Tian, and Koh, p. 120.

118. Gilbert Rozman, "When Will Russia Really Enter Northeast Asia?" in Wolfgang Danspeckgruber and Stephen Kotkin, eds., The Future of the Russian State: A Sourcebook, New York, Columbia International Affairs Online, 2003.

119. Tetsu Sadotomo, "Cooperation for Peace and Development in Northeast Asia: Functionalist Approaches," The International Journal of Peace Studies, Vol. 15, No. 1, 1994, on http://www.gmu.edu/academic/jips/vol1_2/Sadotomo.htm, accessed on 15 May, 2004.

120. The State of World Fisheries and Aquaculture, Food and Agriculture Organization of the United Nations (FAO), Rome 2002.

121. Johnston and Valencia, p. 147-148.

122. D. Doulman, FAO Fisheries Department, in The State of World Fisheries and

Aquaculture, FAO, Rome 2002.

123. Zou Keyuan, "Sino-Japanese joint fishery management in the East China Sea," Marine Policy, Vol. 27, No. 2, March 2003, pp. 125-142.

124. Arild Underdal, The Politics of International Fisheries Management: The Case of the Northeast Atlantic (Universitetsforlaget: Oslo, 1980), pp. 41-42.

125. Johnston and Valencia, p. 152.

126. Cable, p. 313.

127. Desmond Ball, "Arms and Affluence: military acquisition in the Asia Pacific Region," International Security, Vol. 18, No. 3, Winter 1993-1994, pp. 90-91.

128. Dupont, The Environment and Security in Pacific Asia, p. 50.

129. Ibid., pp. 56-57.

130. Ibid.

131. For example, Japan, which relies heavily on fish as a dietary staple, was allowed to catch 1.2m tons' worth in the 200-mile US FEZ in 1981; by 1988, quotas had been cut virtually to zero. South Korea and Taiwan have suffered similar reductions, and their trawlers have been forced well in to the South Pacific to make up the shortfall. See Dupont, The Environment and Security in Pacific Asia, p. 51.

132. Ibid.

133. Ball, pp. 90-91.

134. Ball, pp. 16-17.

135. Robert H. Donaldson and John A. Donaldson, "The Arms Trade in Russian-Chinese Relations: Identity, Domestic Politics, and Geopolitical Positioning," International Studies Quarterly, 2003, 47, p. 713.

136. S. Akshintsev, "Eksport rossiiskogo vooruzheniya: problemy i puti ikh resheniya (Russian Arms Exports: Problems and Ways to Resolve Them)," Voprosy ekonomiki, 1994, No. 6, pp. 92-103.

137. "Arms export agency forming," Aviation Week & Space Technology, Vol. 136, No. 22, 1 June, 1992, p. 17; and "Russia may allow weapon market to export products independently," Aviation Week & Space Technology, 15 June, 1992, Vol. 136, No. 24, p. 34.

138. Akshintsev, pp. 92-103.

139. See Conciliation Resources, http://www.c-r.org/accord/cam/accord5/peou.shtml), accessed on 28 December, 2005. I am grateful to Margot Light for drawing my attention to this site.

에너지 안보 협력

3

1
들어가는 말

에너지 협력은 한러 관계의 중요한 측면 중 하나이다. 이 장에서는 한러 에너지 협력의 현황과 장애 요소에 대해 다룬다. 이 장은 또 이들 에너지 사업들이 양국 및 지역 차원에서 한러 경제안보 구축에 기여할 수 있을지에 대해서도 검토한다. 양국 간 에너지 협력은 동북아의 전통적이고 필수적인 에너지 수요와 에너지 안보 문제에서 출발한다. 사할린과 코빅타 가스 사업 등 동시베리아 가스전 개발 사업들과 북극해 야말 가스전 프로젝트는 러시아와 한국이 자국의 에너지 안보 문제를 얼마나 진지하게 다루는지와 양국 간 에너지 거래의 미래와 가능성의 동학(動學)을 보여준다.

한러 간의 에너지 관계는 러시아 극동 지방과 북극해에서 진행 중인 여러 에너지 프로젝트들이 양국의 경제안보를 강화할 수 있는 잠재력을 가지고 있다는 점에서 상호 보완적이다. 이 사업들은 러시아에는 동북아 공동체의 의미 있는 지역 주체가 되도록 함과 동시에, 한국에는 국내 에너지 부족 문제를 해결하고 기존의 에너지 공급 시장을 다변화하는 데도 도움이 될 수 있다. 또한, 에너지 협력은 양자 관계에만 국한되는 것이 아니다. 동북아 지역에서 다자간 에너지 협력은 동북아 지역 경제 통합을 촉진함으로써 지역 경제안보 구축에 다방면으로 기여할 수 있다. 따라서 필자는 양자 간 에너지 안보 협력 이슈는 한국과 러시아뿐 아니라 중국, 일본, 북한까지 포괄하는 다자 협력의 프레임워크 안에서 다뤄져야 한다고 주장한다.

그러나 현재까지 양국 간 에너지 사업의 발전은 극도로 지지부진하고 실질적인 이익이나 구체적인 결과물을 생산해 내지 못해왔다. 게다가 사할린 지역 LNG 가스 거래 등 일부 진행된 천연가스 사업들마저 아직까지 한국이나 동북아의 에너지 수요를 완전히 충족시키지 못하고 있다. 물론 러시아의 동시베리아 송유관 사업은 최근 몇 년간 동북아시아 지역의 원유공급에 크게 기여하였으며, 중·러 간 가스 협상도 일부 타결되어 양국 간 에너지 협력의 활로를 크게 연 측면은 분명 부정할 수 없다. 다만 한국 입장에서 애당초 러시아와의 에너지 협력에 걸었던 기대와 잠재력을 감안할 때, 현재까지 크게 괄목할 만한 성과는 거의 없다고 보는 것이 맞다. 무엇보다 한국이 거의 몇 십년간 공을 들여온 코빅타 가스관 사업은 현재 제자리걸음을 하고 있다. 그리고 여러 차원의 장애물들이 서로 얽히면서 이 지역에 양자 간, 지역 간 에너지 안보 구축을 지체시키고 있다.

  이 장은 동북아시아의 전반적인 에너지 현황에 대한 논의로 시작된다. 그 다음, 러시아 시베리아 및 극동 지방의 에너지 수출 잠재력을 평가하고, 코빅타와 사할린 가스, 야말 에너지 사업 등을 중심으로 러시아가 동북아 국가들에 에너지 공급자로서 어떤 역할을 할 수 있는지를 검토한다. 그리고 나서는 한러 간 에너지 협력을 저해하는 장애물에 대해 분석하고, 마지막으로 에너지 협력이 양자 및 지역 경제안보 협력에 미치는 영향을 평가한다.

2
동북아시아의 에너지 상황

2.1. 천연가스 수요

동북아는 지난 30년 동안 가장 빠르게 성장하고 있는 에너지 시장 중 하나이다. 인구와 소득 증가의 결과로 이 지역의 에너지 수요는 최근 몇 년간 기하급수적으로 증가했으며, 이 추세는 가까운 미래에도 지속되어 세계 다른 지역보다 상상할 수 없는 높은 비율로 수요가 증가할 것으로 예측된다. 특히 "에너지 수요 증가, 자원 충족 여부, 환경 문제, 기술 변화, 규제 개혁의 필요성, 투자 자본을 유치하여 공급 인프라 자금을 조달하기 위한 에너지 구조 재조정 등 여러 요인에 맞게 지역 내 에너지 부문은 지속적으로 급변하고 있다."

현재 대부분의 동북아 국가들의 원유 수입처는 중동 지역인데, 몇 년 전까지만 해도 아시아의 중동 수입 의존도는 매우 높았으며, 이 같은 패턴은 비록 최근 몇 년 간 북미의 셰일가스와 원유 유입으로 잠깐 주춤세로 돌아선 면은 있지만 앞으로도 당분간은 지속될 것이라고 전망된다. 강대국들 간에 뉴그레이트 게임, 중국의 경제 성장 유지와 한반도 통일 가능성, 전반적 에너지 소비 증가 및 코로나 확산 등에 대한 장기적 전망은 동북아 국가들로 하여금 에너지 공급처의 다변화가 필수적이라는 생각을 하도록 한다. 따라서 중앙아시아와 러시아 극동 지방 및 북극해의 에너지 개발 사업들은 동북아시아 국가들에 에너지 공급을 확보하고 늘리기 위한 다양한 선택적 옵션 들을 제공한다.

중국의 지나친 석탄 연료 사용으로 인해 야기된 지역 내 광범위한 환경 악화는 러시아 극동 지방에서 더 가깝고 환경 친화적이며 더 경쟁력 있는 천연가스 공급원을 찾을 동기를 한껏 고조시킨다. 이 효율적이고 풍부하며 깨끗한 연료에 대한 지역 내 수요는 천연가스를 생산, 거래, 활용할 수 있는 모멘텀을 증가시키고 있다. 이 지역에서 어느 나라를 막론하고 파이프라인과 액화천연가스(LNG) 선박을 통한 천연가스 수입에 대한 수요는 계속해서 증가하고 있다. 예를 들어 1970년 이후 천연가스 수요는 매년 9.3%씩 증가하고 있다. 동북아는 가스 순 수입 지역으로 2010~2020년에 그 양이 급증하였고 2030년까지는 기하급수적으로 증가할 것으로 예상된다. 2002년에는 전 세계 LNG 수입에서 일본, 한국, 대만이 차지하는 비중은 68%에 달했다. 특히 중국과 한국에서 가스 수요가 크게 증가해 한국은 2003년 25bcm에서 2020년에는 약 50bcm로, 중국의 경우 2003년 30bcm에서 2020년에는 160bcm 이상으로 증가하였다. 게다가 한국의 경우 천연가스와 열 소비량이 같은 기간 동안 거의 2.5배 증가하였으며, 현재 한국에서 사용되는 주 연료인 석유 소비량은 1999년 47%에서 2020년 20%로 감소하였다. 한편, 전 세계에 매장되어 있는 가스 매장량과 미 발견 자원량은 향후 한국의 증가하는 가스 소비 수요와 깊은 관련이 있다.

국제천연가스정보센터CEDIGAZ는 천연가스 매장량과 자원이 2020년까지 세계 누적 소비량 전망치의 약 4배에 달하는 것으로 추산하고 있다. 이는 엄청난 양의 천연가스가 아직 발견되지 않았다는 뜻이다.

러시아는 세계 최초의 천연가스 수출국이자 두 번째의 석유 수출국으로서 동북아 내 수요를 충족시킬 확실한 에너지 공급 국가이다. 천연가스는 석유보다는 지역별로 고르게 분포하고 있지만, 가스 매장량의 대다수는 전체 매장량의 72%를 차지하는 구소련과 중동 지역에 위치해 있다. 더군다나 미발견 가스 자원의 50%가 이들 지역에 있을 것이라고 예측한 연구도 있다. 그러나 러시아는 현재 거의 대부분의 가스와 석유를 유럽을 중심으로 한 비 아시아권에 수출하고 있다. 그 가장 큰 이유는 동북아시아에 화석 연료 수송을 위한 인프라가 부족하거나 제대로 구축되지 않았기 때문이다. 늘어나는 천연가스 수요를 충족시키기 위해서는 대규모 투자에 기반을 둔 인프라 개발이 필수적이다.

2.2. 동북아 지역의 천연가스 개발

LNG 해외 의존도가 높은 동북아 지역, 특히 한국과 일본에서는 LNG 수신Reception, 재 가스화Re-Gasification, 그리고 유통Distribution을 위한 시설들이 비교적 잘 발달되어 있다. 또, LNG 수요는 계속 증가할 것이기 때문에 더 많은 LNG 시설이 건설될 예정이다. 일본은 2006년까지 380만㎥ 용량의 LNG 저장 탱크를 신규 건설하였으며, 한국은 2010년까지 LNG 삼척 기지 일부 완공을 포함하여 370만㎥의 추가 용량을 건설하였다. 특히 단기 및 현물 교역이 증가하고 있는 상황에서 선적 및 LNG 터미널 용량 부문의 역량 확보가 필수적인데 현재 제5 LNG 기지를 건설 중이다. LNG 시장이 현물 배송Spot 시장으로 발전하기 시작한 것으로 보이며, 가스 무역 대부분이 여전히 장기 계약에 기반을 둔 가운데, 아시아 태평양 시장에서 현물Spot LNG 무역은 향후 급속도로 성장할 것으로 예상된다.

북미와 유럽에서 잘 발달된 국경을 넘나드는 가스 파이프라인 망과 지역 유통망에 비해 동북아 지역은 가스관 인프라 개발에서 크게 뒤처져 있다. 현재 아시아의 천연가스 시장은 대부분 LNG에만 국한되어 있다. 그러나 냉전 종식 이후, 특히 2000년대에는, 일본, 중국, 한국, 그리고 한때 몽골과 북한을 사할린 및 동부 시베리아와 연결하는 천연가스 파이프라인을 건설하기 위한 여러 진지한 계획들이 전개되어 왔다. 이미 엑손모빌, 로열더치쉘, BP 등 세계 주요 석유회사들이 많은 투자를 했고 추가 투자를 고려하고 있으며, 일본, 한국, 중국, 러시아 민간 부문도 투자에 참여하고 있다. 예를 들어 타당성 조사가 이미 완료된 코빅타 프로젝트의 경우, 완공 시 러시아 측 추정 개발 비용이 230억 달러에 달하여, 단일 프로젝트로는 세계 최대 규모가 된다. 또다른 주요 계획으로는 일본과 한국에 가스와 석유를 공급하고, 잠재적으로 다른 아시아·태평양 시장에도 공급할 수 있는 사할린 프로젝트와 얄타이 가스관, 차얀다 가스전과 다른 동시베리아 가스전을 포함하는 실라시브리 가스관 프로젝트가 있다.

3
한국의 에너지 상황

지난 수십 년간 한국은 아시아에서 가장 빠르게 성장하는 역동적인 경제국 중 하나였다. 한국은 천연 에너지 자원이 거의 없고 화석 연료 소비와 생산의 격차가 특히 크다. 따라서 대부분의 에너지 자원(석유 수요 전부)을 수입한다. 1999년 이후 한국은 꾸준히 세계 4~5위의 원유 수입국이자 2위의 액화천연가스LNG 수입국이었다. 천연가스는 비교적 다른 에너지원에 비해서 사용이 편리하고 환경 친화적이기 때문에 가장 빠르게 증가하는 에너지원 자리를 지속적으로 지키고 있다.

표 1에서 알 수 있듯이, LNG 수요는 연간 4.5%씩 증가할 것으로 예상하였고, APEC 보고서는 2020년까지 한국의 산업용 LNG 수요는 연평균 6%씩 증가하고 주거용과 상업용은 4.4% 증가할 것으로 예측

<표 1> 한국의 에너지원별 장기수요 예측(단위 : 1,000톤). 산자부, 2003.

	2001	2011	2020
석탄	45.7	60.2	62.6
원유	100.4	125.4	139.6
LNG	20.8	33.2	48.0
수력발전	1.0	1.2	1.2
원자력	28.0	43.5	52.0
합	198.3	259.3	311.8

하였는데, 실제로 천연가스 사용량 증가율은 1999년부터 2020년까지 12년간 연평균 47%에 달했으며, 앞으로도 매년 5%씩 증가할 것으로 예상된다. 이에 따라 국내 에너지 수요에서 가스가 차지하는 비중은 1987년 0.2%에서 1999년 7.4%로 증가했으며, 2020년에는 18%에 이르렀다. 현재 정부는 제3차 에너지 기본 계획에서도 밝혔듯이, 2040년까지 가스 비중을 23%까지 끌어올린다는 구상을 하고 있다. 특히 1987년부터 2002년까지 한국 천연가스 산업의 급속도 성장은 두 가지 요인에서 비롯되었다. 첫째, 한국은 전국적으로 도시가스 배관망을 구축했으며, 둘째, 한국 정부는 도시의 가스 사용 확대를 장려하기 위해 가격 정책을 시행했다.

동시에 석유 의존도는 애당초 1999년 55%에서 2020년 45%까지 떨어질 것으로 예상했었는데 비중이 점점 축소되고 있다. 실제로 에너지원으로서의 석유 사용은 여전히 연간 2.4%씩 성장할 것으로 예상되지만, 이는 1980~1999년 증가 속도의 3분의 1 수준에 불과하다. 다시 말해, 천연가스는 가장 빠르게 성장하는 에너지원이었으며 앞으로도 석

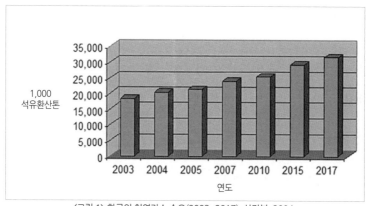

<그림 1> 한국의 천연가스 수요(2003~2017). 산자부, 2004.

탄과 원자력의 대체 에너지원으로서 그럴 전망이라는 것이다. 그림 1
에서 알 수 있듯이 천연가스는 최종 에너지 소비 부문에서보다 에너지
변환 부문에서 더 높은 성장률(각각 연 5.0%, 5.4%)을 보이고 있으며,
향후 20여 년 동안 많게는 40%까지 육박하는 점유율을 유지할 것으로
관측되기도 한다.

한편, 한국 정부는 남북한의 에너지 협력의 가장 중요한 넘버 원 목
표로 한반도 전역의 에너지 통합 네트워크 체제를 구축하는 것을 오
랜 기간 동안 설정해왔다. 한국은 동시에 에너지 소비국과 에너지 생
산국 참여가 가능한 전력망과 가스관 연결을 혼합한 동북아 에너지 네
트워크 구축을 위한 다방면의 에너지 협력에도 적극 참여 의사를 밝혀
왔다. 어쩌면 북한까지 포함하는 다자 동북아 경제 협의체를 구성함으
로써, 한국 정부는 아시아 대륙과 연결하는 에너지 시스템 구축이라는

목표를 달성할 수 있다.

  한국은 최근 몇 년간 에너지 안보를 강화하기 위해 에너지원을 다변화해왔다. 또한, 1980년대 후반에는 국내 천연가스 사용을 촉진시키기 위해 국가적 차원에서 천연가스 계획을 개시하였다. 이런 상황에서 러시아의 동 시베리아, 사할린, 북극 야말 천연가스는 한국 가스 시장의 매력적인 공급원임에 분명하다.

4
동북아 에너지 시장에서 러시아의 역할

러시아는 풍부한 천연 에너지 자원을 보유하고 있으며, 세계 천연 가스 매장량 중 거의 가장 많은 양(전 세계 33%), 세계 석유 매장량의 4.7%, 세계 석탄 매장량의 16%를 보유하고 있다. 에너지 산업은 러시아 GDP의 약 30%를 차지한다. 모든 탄화수소 연료에서 국내 수요 이상을 보유한 러시아는 상당한 양의 천연가스와 액체 탄화수소를 구소련 외부 지역으로 수출한다. 2005년에는 석유와 가스 수출이 총수출의 55%를 차지했다. 2001년에 러시아는 사우디아라비아에 이어 세계 2위의 석유 수출국이 됐다. 러시아연방통계청(RosStat) 수치에 따르면, 2004년에 러시아는 원유 생산량의 56%(2억 5,500만 톤, 520만 b/d)를 이미 수출했다. 국가 경제에서 에너지 부문이 차지하는 비중은 향후 20년간 계속 유지될 전망이다.

러시아의 에너지 정책은 크게 국제 에너지 시장에서 러시아의 입지를 강화하고, 국제 시장과 첨단 기술에 대한 러시아의 비차별적 접근을 확보하며, 외국인 투자를 활성화하는 것을 목표로 하고 있다. 여기서 중요한 점은, 이러한 목표를 달성하기 위해서는 국내외 투자자들에게 유리한 투자 환경을 조성하는 것이 우선되어야 한다. 러시아 에너지 전략Russian Energy Strategy은 2001년부터 2020년까지의 기간 동안 대략 미화 400억~700억 달러의 투자가 필요하다고 추산하고 있다.

특히 석유 제품에 초점을 둔 러시아의 천연가스 및 액체 연료 에너지의 수출은 계속해서 높은 수준으로 유지될 것이다. 또한 러시아는 동아시아 에너지 시장을 공략하고, 미국에 대한 석유와 석유 제품 수출을 늘림으로써 에너지 수출 시장을 다변화할 수 있다.

러시아는 특히 동시베리아와 사할린 가스전 개발에 관심이 많다. 1990년대 초 민영화와 2000년대 석유회사들 간의 합병 이후 석유 부문은 경쟁이 치열해진 반면, 가스 부문은 국영 대기업 가즈프롬Gazprom이 계속해서 시장을 장악하고 있다. 실제로 가즈프롬은 세계 천연가스 매장량의 3분의 1을 장악하고 있지만, 원유 생산량 회수 현상을 촉진하는 것과 같은 시장의 압력에는 아직 직면하지 않았다. 러시아 가스 생산량은 1991년 6,430억㎥로 정점을 찍은 후 2002년에는 561㎥로 감소했다. 그 이후로 다시 증가하여 2004년에는 5,910억㎥에 달했으며, 러시아 정부는 가스 탐사와 가스관 확장을 위한 45억 달러 투자에 힘

입어 2005년에 9,500억㎥로 가스 생산량이 증가하기도 하였다.

가즈프롬은 2004년에 1,810억㎥를 수출했는데, 회사의 가장 크고 수익성이 좋은 수출 시장인 유럽에서는 전년 동기 대비 약 15%의 수출증가율을 기록했다. 가즈프롬은 수출로 벌어들인 돈으로 세계 시장 평균가격의 20%에 판매하는 국내 시장에서의 적자를 상쇄하고 있다. 저렴한 가스가 러시아 산업의 상당 부문에 전력을 공급하고 가정용 에너지비용을 낮게 유지하고 있기 때문에 정부는 국내 가스 가격을 자유화하는 것을 꺼려왔다. 이로 인해 가즈프롬은 매장량이 감소하고 있는 서시베리아 가스전을 북쪽과 동쪽의 새로운 가스전으로 대체하고 새로운 저장 및 운송 시설을 건설하는 데 필요한 자본 투자에 굶주려왔다.

러시아는 아시아 태평양 지역으로의 석유 수출을 3%에서 30%로 늘리고 향후 가스 수출을 0%에서 15%로 늘리는 것을 목표로 하고 있다. 그러나 기존의 가스 수송 인프라 현황을 감안할 때, 러시아의 에너지수출은 여전히 대부분 유럽에 초점이 맞추어져 있고, 따라서 이 같은 현실은 단기적으로 동북아시아 에너지 시장으로의 진출이 부차적일 수밖에 없다. 그러나 장기적으로는 러시아가 동북아의 에너지 협력 체계건설에 매우 중요한 역할을 할 수 있다. 러시아 극동 및 동부 시베리아에서 현재 진행 중이거나 진행 예정인 여러 에너지 사업들은 동북아시아 지역에 연료와 전기를 충분히 공급할 수 있는 역량을 가지고 있다.

예를 들어, 러시아 극동 지방RFE은 러시아 전체 석탄 매장량의 약

30%를 보유하고 있으며, 이 중 절반은 노천 채굴이 가능하다. 석유, 천연가스, 수력 발전소는 널리 많이 분포하고 있으며, 연간 1,500만~2,500만 톤^{M}의 원유 수출량을 생산할 수 있고, 주변 아시아 태평양 국가들에는 연간 300억~500억㎥의 천연가스를 공급할 수 있다. 동시베리아에는 오늘날 전 세계 천연가스 매장량의 20%가 매장되어 있으며 세계 5대 에너지 메가트렌드 중 하나이다. 이 분지에서 생산되는 천연가스 공급량은 2020년에 130㎥까지 달할 가능성도 있는데, 이는 오늘날 러시아의 유럽 수출량과 수준과 맞먹는 수치이다. 이뿐만 아니라, 2002년에는 사할린에서 300만 톤이 넘는 석유가 생산됐으며, 30년 후에는 연간 최대 4,500만 톤이 생산될 전망이다. 동시베리아와 극동 지방의 석유 생산 개발은 30년 후 러시아의 연간 석유 생산량을 9,500만 톤까지 증가시킬 것이다.

지금까지 러시아 극동 지방에서 가장 성공적이었던 상류 부문Upstream 개발 사업은 사할린 1호와 사할린 2호 사업으로, 이 장 후반부에서 자세히 논의될 예정이다. 사할린 전체 원유 1일 생산량은 2020년에 70만 배럴 정도로 추정되며, 이에 상응하는 1일 수출량은 약 70만 배럴이다. 2020년 동시베리아의 1일 생산량은 80만 배럴로 추정되며, 수출 가능양은 하루 당 약 40만 배럴이다. 우호적인 가격 조건만 전제된다면, 러시아 동부 지역 전체에서 2020년 아시아 태평양 시장에 1일 최대 90만 배럴 이상의 원유를 공급할 수 있다.

운송은 여전히 풀어야 할 숙제로 남아 있지만, 천연가스 생산의 경우 2010년 경 시작될 것으로 보인다. 2002년 초에 국영 석유 파이프 라인 회사인 트랜스네프트^{Transneft}는 2008~2010년 사이 1일 100만 배럴 용량을 수송할 수 있는, 안가르스크-하바롭스크-나홋카를 잇는 3,765km의 송유관 건설을 완료하였다. 이 송유관의 건설로 서시베리아와 동시베리아의 유망한 유전들에서 원유를 운반할 수 있게 되었다. 실제로 동시베리아 태평양 송유관 프로젝트, 일명 ESPO는 현재까지 러시아와 동북아시아 지역 국가들 간에 가장 성공적이고 활발한 에너지 협력 프로젝트 모델이다.

정리하면 러시아 극동 지방은 동북아시아의 에너지 흐름을 재편하고 이 지역의 지정학적 관계를 재정립할 수 있는 잠재력을 가지고 있다. 막대한 에너지 생산량과 수출 잠재력에 힘입어 '에너지 신지정학'에서 러시아는 무시할 수 없는 국가이다. 러시아의 천연가스 사업이 경쟁력 있는 조건을 제시하고 공급의 안정성을 보장하기만 한다면, 한국 입장에서 러시아는 매우 매력적인 잠재적 에너지 공급국이다.

5
한러 에너지 협력 체계의 구축

5.1. 코빅타 가스전(이르쿠츠크)

동시베리아 이르쿠츠크 지역에 위치한 코빅타 천연가스전은 30~40년 동안 매년 2,000억㎥를 생산할 수 있는 세계 최대 가스전 중 하나이다. 사하 공화국 차얀다 가스전과 사할린 섬 해상 가스전, 야말 가스전과 함께 한러 에너지 협력의 4대 에너지 프로젝트 중 선두 주자로서, 이 가스전의 개발은 향후 20년간 동아시아 경제와 에너지 협력의 가장 중요한 핵심이라고 볼 수 있다.

한국과 러시아의 시베리아 가스 개발 협력은 1980년대 후반으로 거슬러 올라간다. 1989년 1월 정주영 현대그룹 창업자가 사하 공화국에서 북한을 거쳐 한국으로 가는 가스관을 건설하자고 제안했다. 1992년 11월 옐친 대통령과 노태우 대통령의 정상회담에 이어 한국 컨소시엄이 꾸려졌고, 한국 정부는 한국가스공사^{KOGAS}에 이 사업의 협상 전권을 부여하였다. 1995년 말, 한국과 러시아는 사하 공화국 가스 개발의 기술적·경제적 타당성에 대한 예비 조사를 마쳤다.

협정에 따르면, 사하 공화국에서 하바롭스크를 걸쳐서 연해주 프리모르스크 지역까지 총 6,600km^{4,125마일}에 달하는 천연가스 파이프라인을 연장하기로 논의되었다. 연간 예상 가스 생산량은 총 300억~450억㎥로, 그중 150억~280억㎥가 한반도에 수출될 예정이었다. 이 사업의 생산 분배는 당초 러시아가 70%, 외국인 투자자들이 30% 가져가기로 되어 있었다. 이 사업의 경제적 이익을 고려하여 북한 정부 또한 가스관이 자국 영토를 통과하는 것을 승인했다. 사업의 총비용은 미화 170억~230억 달러 사이로 추산되었고, 공급은 50년간 지속될 예정이었다. 그러나 한국은 이 사업이 큰 이윤을 창출하지 못할 것으로 판단하여 타당성 조사를 중단하기로 결정했다. 대신 한국의 관심은 이르쿠츠크 인근의 코빅타 가스전으로 옮겨갔다.

약 8,700억㎥ 가스와 4억 배럴의 콘덴세이트를 보유하고 있는 코빅타 가스전은 1987년에 발견되었다. 그 당시 주요 지분은 러시아 기업 시단코^{Sidanko}가 이르쿠츠크 주, 이르쿠츠크예네르가^{Irkutskenergo}, 안가르스크 리파이너리^{Angarsk Refinery}, 동아시아가스㈜^{EAGC}와 함께 보유하고 있었다. 1996년 7월, 한보 그룹의 자회사인 EAGC는 러시아석유^{RP} 지분

27.5%^{미화 2,500만 달러}를 매입해 동시베리아 석유·가스 매장량의 조기 개발을 추진하겠다고 발표했다. 이에 따라 결과적으로 한보 그룹은 RP^{46.1%}의 최대주주가 됐다. 나머지 두 대주주^{25%}는 UNEXIM 은행^{United Export Investment Bank}과 시단코였으며, 후자는 당시 RP 설립자 중 하나인 안가르스크 석유화학^{APC}의 지분 46.1%를 인수했다.

한보 그룹이 파산한 뒤, 한보는 RP 지분 상당 부분을 시단코에 매각하였다. 이를 시단코가 BP와 시단코, UNEXIM 은행 사이의 거래의 일환으로 다시 BP에 매각했다. 1997년 BP는 시단코의 주주가 됨으로써 코빅타 사업에 대해 새로이 관심을 갖게 되었다. 1997년 11월, 시단코와 BP는 이 사업을 개발하기 위해 전략적 파트너십을 체결했다. 한편, EAGC는 현 시점에서 시베리아에서 중국으로 수출하는 물량의 7.5%의 지분만 차지하게 되었다.

한국 컨소시엄은 1996년 12월부터 8개월간 코빅타 가스전에 대한 예비 타당성 조사를 실시하여 이 사업이 한국에 경제적으로 이익이 될 것임을 입증했다. 1997년 12월, 한국과 러시아, 일본, 중국, 몽골이 시베리아 천연가스전 개발에 합의했다. 1999년 2월, 러시아석유와 중국석유천연기총공사(CNPC)는 코빅타 가스 사업 타당성 조사 수행에 관한 일반 협약을 체결했다. 1999년 11월, 한국가스공사도 협약에 가입했다. 2000년 11월, RP는 중국 베이징에서 타당성 조사를 놓고 CNPC, KOGAS와 새로운 3자 협정을 체결했다. 중국과 한국에 대한 총 가스 수출량은 각각 300억~350억㎥와 100억㎥에 달할 예정이었다. 한국은 또 본 사업에 대해 북한의 참여도 제안한 바 있다.

2000년 당시, 가스전 개발과 러시아 이르쿠츠크, 몽골 울란바토르, 중국 베이징, 서울 인근의 평택 등을 잇는 4,100km 가스관 건설에는 약 5~6년이 걸릴 것으로 예상되었다. 그러나 몽골 노선은 가장 경제적인 선택 옵션이었음에도 불구하고 2002년 중국 당국에 의해 배제되었다.

남북 관계가 개선되자 한국 정부도 가스관이 북한을 통과해야 한다고 제안했다. 2003년 2월 가즈프롬의 수장인 알렉세이 밀러Alexei Miller가 방한하여 한국가스공사가 제안한 중국-북한-한국을 잇는 가스관 건설안을 전격 논의했다. 그러나 2003년 합병한 튜멘 석유 회사(TNK)와 BP는 높은 비용과 정치적 리스크 때문에 북한을 통과하는 노선에 강하게 반대했다. 실제로 이 두 회사는 합병을 통해 신생 회사 TNK-BP를 발족시켰으며 RP 지분 62.89%를 보유하고 있었다. 결국, 한국은 이 아이디어를 포기하고 중국과 한국 사이의 서해 해저에 가스관을 건설하겠다는 당초 계획을 고수했다.

이 사업에 대한 한국의 총 투자 규모는 가스전 개발에 50억 달러, 가스관 개발에 70억 달러를 합쳐 약 120억 달러에 이를 것으로 예상되었다. 그 당시 본 프로젝트가 완공되면 코빅타 가스전은 중국, 러시아, 한국에 연간 총 2,000만 톤의 천연가스를 2008년부터 30년간 공급할 수 있을 것 같이 보였다. 한국은 연간 700만 톤의 가스를 공급받게 되는데, 이는 국내 총 가스 수요의 3분의 1에 해당한다. 또한, 한국의 현재 액화석유가스LPG 수입가격보다 22~25% 낮은 가격에 천연가스를 구매하게 되는 것이기도 하였다.

그럼에도 불구하고, 1995년에 시작된 이 사업은, 여전히 러시아 정부의 승인을 기다리고 있으며 사실상 전격 유보되었다. 또한 2010년에는 TNK-BP가 회사 경영 문제로 인하여 파산하다시피 코빅타 지분을 매각하였으며, 자연스럽게 코빅타 지분은 러시아 정부의 협상에 따라 로즈네프트와 러시아 정부로 최근 인수되었다. 사실 로즈네프트에 TNK-BP가 인수되기 전에 가즈프롬이 유력한 코빅타 가스전의 유력한 인수회사로 떠올랐으나 가즈프롬은 이 당시 난색을 표명하였다. 러시아 정부는 가장 큰 문제가 가즈프롬이 동북아시아 국가들에 가스를 파는 것을 꺼린다는 것이며, 이는 러시아의 신 자원 민족주의에 근거를 둔다고 다음과 같이 덧붙였다.

가즈프롬이 중국과 한국에 최대한 빠른 가스 공급을 추진하기로 입장을 바꿀 경우, 가장 빠르면 2010~2012년 사이에 공급이 개시될 것이다. 그러나 가즈프롬이 가스관을 나홋카 지역에 건설하는 계획을 추진하지 않을 경우, 지역 내 LNG 확장으로 송유관 가스의 가스 시장 비중이 크지 않을 것이기 때문에 공급 개시는 빨라야 2020년 즈음이 될 것이다.

코빅타 사업에 참여하지 않은 가즈프롬은 이 가스전 개발에 대한 인센티브가 분명히 적은 반면, 최근 사할린 2호의 대주주인 셸Shell의 자산 25%를 인수했기 때문에 사할린 2호 사업에 대해서는 외국인 참여를 적극 독려할 정도로 적극적이다. 가즈프롬은 RP, CNPC, KOGAS가 2003년 11월 14일 모스크바에서 체결한 코빅타 가스전 타당성 조사 협정에 대해 러시아 소비자에 대한 가스 공급이 우선시돼야 한다며 부정적인 반응을 보였다. 그리고 2004년 1월, TNK 이사회 의장 빅토르 벡셀베르크Viktor Vekselberg와 만난 자리에서 알렉세이 밀러는 해당 가스전을 가즈프롬 사의 감독 없이 개발하는 것을 허용하지 않을 것이라고 선언했다. 가즈프롬은 수출 파이프라인을 건설하는 대신, 가스와 화학 설비를 먼저 건설한 뒤 최종 제품을 아시아 시장에 수출해야 한다는 입장을 고수했다. 그러나 앞서 언급되었듯이, 가즈프롬은 로즈네프트와의 파워 게임 등 크렘린의 복잡한 역학 관계로 인하여 코빅타 가스전에서 완전히 손을 떼었으며, 러시아 정부가 실제로 코빅타 가스전을 컨트롤하고 있다. 러시아 정부에 따르면 코빅타 가스전은 러시아 정부의 특별 관리 대상인 전략적 가스전으로서 외국의 참여나 중국과 연계된 실라시브리(파워오브 시베리아) 가스관 프로젝트에서도 제외되고 있고, 향후 대외 에너지 외교에 있어서 히든카드로 쓰일 것으로 전망하고 있다.

5.2. 사할린 사업

사할린 석유 가스 사업은 수십 년간의 러시아와 일본의 탐사 노력에 의해서 가능했다. 사실상 일본이 수십 년간 사할린 프로젝트에 뼈를

묻었다고 해도 과언이 아니다. 한국은 최근까지 사할린 프로젝트에 한 번도 참여하지 않았다. 내륙 매장지와 대륙붕을 포함한 사할린의 총자원은 천연가스 33,600억㎥와 석유·가스 콘덴세이트 1,285Mt, 석유 935Mt이다. 마이클 브래드쇼Michael Bradshaw가 지적했듯이 사할린 프로젝트들은 현재 석유를 생산하고 있는 사할린-2호부터 해양 개발할 능력이 없는 회사가 투기 목적으로 해양 부지를 인수한 사업에 이르기까지, 그 진행 상태가 모두 달라 개수를 정확히 세기는 어렵다. 사할린 1세대 프로젝트인 사할린 1호와 사할린 2호 상용화를 선언했으며 현재 개발 및 공급 단계에 있다. 사할린-1의 입증된 매장량에는 324Mt의 오일 콘덴세이트와 4,200억㎥의 가스 콘덴세이트 등이 있다. 그리고 사할린 2호의 매장량은 원유 및 콘덴세이트 600t[45억 배럴]과 가스 콘덴세이트 7,000억㎥ 이상이다. 사할린 1호와 사할린 2호의 총 예상 비용은 각각 152억 달러와 100억 달러다.

여섯 개의 사할린 프로젝트 중, 사할린 2호 사업이 가장 많이 진행되었다. 해당 사업의 부지는 일 년 중 5~6개월 동안 얼어 있는 사할린 북동쪽 해안에서 약 15km 떨어진 바다이다. 사할린 2호 사업의 부지는 주로 유전인 필툰-아스톡스코예Piltun-Astokskoye와 1억 8,500만t의 석유와 8,000억㎥의 회수 가능 가스 매장량을 가진 가스전인 룬스코예Lunskoye 두 개로 구성된다. "사할린 2호 사업 지역의 석유 매장량은 현재 하루 250만 배럴 수준인 러시아의 1년 치 총 원유 수출량을 웃돈다. 막대한 가스 매장량은 러시아의 5년 치 유럽 가스 수출량, 혹은 현재 기준 4년 치 전 세계 LNG 소비량과 거의 맞먹는 수준이다. 입증된 자원 매장량으로만 최소 25년간 900만t 이상의 LNG를 공급할 것이다."

1999년부터 2004년 사이에 이 사업은 6천만 배럴 이상의 석유를 생산했다. 사할린 2호 사업의 석유는 중국, 일본, 필리핀, 한국, 대만, 태국, 그리고 미국으로 수출된다. 현재 한국은 2009년 4월부터 매년 사할린-2 가스전으로부터 150만 톤을 공급받고 있으며, 2024년 이후 사할린-2 프로젝트의 3단계가 완료되면 약 500만 톤의 생산용량이 더 늘어나 한국으로의 LNG 공급도 크게 증가할 것으로 전망된다. 다만 러시아 측에서는 한국과 사할린-2 LNG 계약이 너무 저가로 체결된 것에 대해 불만을 토로하기도 한다. 그러나 이는 계약 체결 당시 2009년 저유가 사태에 기인한다.

사할린-2 사업은 러시아에서 체결된 최초의 생산 분배 협정PSA이자 이에 의거해서 가장 먼저 생산에 들어간 사업이다. 첫 석유 생산은 1999년 여름에 이루어졌으며, 이는 러시아 최초의 해상 석유 생산이었다. 2002년 말까지 3,800만 배럴 이상의 석유가 생산되고 수출되었다. 이 사업은 사할린 에너지Sakhalin Energy가 운영하고 있으며 주주로는 로열더치쉘Royal Dutch Shell·55%, 미쓰이Mitsui·25%, 미쓰비시Mitsubishi의 자회사인 다이아몬드 가스 사할린Diamond Gas Sakhalin·20% 등이 있다. 한국 기업들도 참여하고 있으며, 이는 러시아와 한국이 개발한 첫 에너지 프로젝트다. 러시아에서 한국으로 가스를 공습할 수 있는 시기는 가장 빠르다면 2007년 또는 2008년일 것으로 예상되었지만 실제로 2009년에 일어났다. 사할린-2 가스는 한국에서 가장 가까운 LNG 공급원이 되어 운송이 2~3일밖에 걸리지 않는 것이 최대 장점이다.

실제로 사할린 가스에 대한 한국의 관심은 한국 정부와 기업들이 사할린-2 개발의 중심축인 룬스코예 가스전에서 LNG 공급을 개시하는 데에 관심을 보였던 1994년으로 거슬러 올라간다. 하지만, 이 프로젝트에 대한 진지한 논의는 2000년에야 가능해졌다. 사할린 주지사 이고르 파르후티노프Igor Farkhutdinov는 사할린 지역이 한국에 가스 공급에 관심이 있다고 주장해왔으며, 사할린 에너지의의 지분을 55% 보유한 쉘 사 역시 한국 정부의 참여 약속을 확보하기 위해 일찍부터 열심히 로비를 벌여왔다. 그러나 한국 가스 산업의 민영화 추진으로 사할린 에너지투자공사SEIC의 한국 가스 시장 진입 로비는 실패로 돌아갔다. 그럼에도 불구하고, 한국 정부와 기업들은 이 사업을 추진하기 위해 계속해서 러시아와 협상을 진행해왔다. 예를 들어 삼성중공업은 2003년 5월 29일 약 5억 달러 규모의 LNG 플랫폼 상판 2개 건설 및 설치 계약을 체결했다. 룬스코예 LNG 플랫폼 상판의 건설은 2005년 8월 말 현재 89% 준공되었다. 또 다른 한국 기업인 풍림은 사할린 에너지의의 사업 사무소 건설의 주요 하청 업체로서 사할린 섬 인프라 건설에 참여하고 있다.

2004년 8월, 한국가스공사는 2007년 만료 예정인 인도네시아 기업 엑손 모빌Exxon Mobil과의 연간 5.3Mt 규모의 현재 공급 계약을 대체할 LNG 장기공급업체 입찰을 열었다. SEIC를 포함하여 5개의 업체들이 후보에 올랐다. 이반 말라호프$^{Ivan\ Malakhov}$ 사할린 주지사는 LNG 수익의 80%는 지역당국의 마음대로 이용할 수 있게 해야 한다고 주장했다. 쉘 러시아$^{Shell\ Russia}$의 존 배리$^{John\ Barry}$ 대표에 따르면 SEIC가 단일 LNG 구매자로 세계 최대 규모인 한국가스공사와 계약을 체결한다면, SEIC의 LNG 공급 계약 중 가장 큰 계약이 될 것이라고 밝혔다. SEIC의 입찰은 성공적이었으며, 2005년 2월 사할린 2호에서 연간 150만t의 LNG를 KOGAS에 20년간 공급하는 입찰에 낙찰되었다.

2005년 7월 7일, 가즈프롬은 사할린 2호 사업에 진출하는 대가로 자산을 교환하기로 합의했다. 이에 따라, 가즈프롬은 사할린 2호 사업의 지분을 25% 인수하고, 그 대가로 쉘은 서부 시베리아에 위치한 가즈프롬 소유의 자폴리야르노예^{Zapolyarnoye} 유전 지분 50%를 인수하게 되었다. 이로써 한국가스공사와 SEIC의 연간 150만 톤 LNG 공급 계약의 체결 가능성이 높아졌다. 2005년 2월 입찰에 성공한 사할린 에너지는는 2005년 7월, 드디어 한국가스공사와 20년간 LNG 연 150만 톤에 대한 장기 판매 및 구매 협정을 체결했다. 이는 러시아와 한국 간의 첫 에너지 공급 계약이었다. LNG는 사할린 남부 아니바만에 있는 프리고로드노예^{Prigorodnoye}에 건설 중인 사할린 에너지의의 연간 960만 톤 규모 LNG 플랜트에서 공급된다. 이는 러시아 최초의 LNG 공장이 될 것이며, 현재 건설은 65% 이상 완료되었다. 다만 사할린-2 사업의 가스 가격은 한국과 러시아 간의 비교적 짧은 거리의 장점에도 불구하고, 계

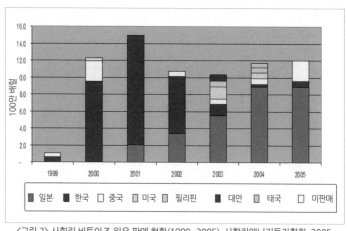

16.0
14.0
12.0
10.0
8.0
6.0
4.0
2.0
-

100만 배럴

1999   2000   2001   2002   2003   2004   2005

■ 일본   ■ 한국   □ 중국   ▧ 미국   ▨ 필리핀   ■ 대만   ▤ 태국   □ 미판매

〈그림 2〉 사힐린 비투아즈 원유 판매 현황(1999~2005). 사할린에너지투자협회, 2005.

약 체결 당시 국제 수준에서 보면 여전히 높은 수준을 유지하고 있다는 점에 유의해야 한다.

한편, 그림 2에서 알 수 있듯이, 한국은 SEIC로부터 원유도 수입한다. SEIC는 1999년부터 한국에 총 3,200만 배럴의 '사할린 비투아즈 원유Sakhalin Vityaz Crude Oil·브랜드명'을 수출했다. 이는 지금까지 SEIC 전체 매출의 45% 수준이다. 한국은 원년 고객으로, 생산 초기 몇 년간 생산량의 대부분을 가져갔다. 그러나 최근 몇 년간은 일본이 한국보다 더 높은 석유 가격을 제시하여, 일본에서 더 많은 양의 석유를 구매해가게 되었다. 그림 2에서 알 수 있듯이 한국과 일본은 사할린 섬과 지리적으로 가깝기 때문에 사할린 석유의 주요 수입국이다. 사할린 지방의 석유는 황 함량이 낮으며 증류수율이 높기 때문에, 경유와 등유 생산에 아주 적합한 좋은 품질의 석유로 평가된다. 사할린 프로젝트의 경우에는 사할린 3 키린스키 광구 지분을 누가 개발하게 되느냐가 관건인데 한국의 경우에 장기 가스 계약을 사할린 프로젝트에서 맺는다면 이 광구에서 LNG를 개발해서 가져오는 방법이 있다. 그러나 지금 현재 우크라이나 전쟁으로 인하여 러시아가 한국에게 사할린 3를 개발하게 할 확률은 현저히 낮다. 해외 국가들 중에서는 인도가 키린스키를 개발할 확률이 높아 보이며, 전통적으로 사할린에서는 일본과 엑손모빌이 지난 몇 십년동안 공을 많이 들여왔다.

5.3. 코빅타 사업과 사할린 사업의 비교

LNG 사업은 액화 및 재 가스화에 상당한 투자와 비용이 요구되는 반면, LNG 공급자들이 많기 때문에 선택의 폭이 넓어서 파이프라인 가스(PNG)에 비해서 유연하다. 최근 스폿 마켓(현물시장)이 등장하고 다소 대세이지만, LNG 거래는 일반적으로 장기 계약을 기반으로 하며, 고객들이 기존의 인프라 시설들을 이용할 수 있어서 다소 안정적이다. 반면에 PNG의 경우, 다소 유연성이 떨어지고 경직적이다. PNG의 경우 공급선에서 파이프라인을 가동하기 위한 확실한 가스 물량이 필요하고, 다른 한편으로는 투자를 보장할 수 있는 위한 대규모의 수요 시장이 필요하다. 또한, 일단 파이프라인이 건설되면 이동이 불가능하고, 판매자와 구매자를 장기적으로 구속시켜버리는 경향이 있다. 여기서 가스관이 국경을 뛰어넘어 연결되면 문제는 한층 더욱더 복잡해진다.

그러나 LNG 사업과 PNG 사업은 근본적으로 LNG 개발이 우선 원활히 진행되어야 PNG 대한 논의도 촉진될 수 있다는 점에서 상호 보완적이다. 그런 점에서, 현 단계에서는 사할린-2 사업이나 야말 노바텍 LNG 물량이 코빅타를 포함한 남·북·러 PNG 사업보다 한국 정부에 더 매력적이고 유망하며, 취약성이 적어 보인다. 물론, 코빅타와 사할린 사업 모두 동시에 추진하는 것이 한국 에너지 시장을 위해서는 가장 이상적인 시나리오이긴 하다. 그러나 이것이 불가능하게 된다면, 필자는 사할린 LNG 사업이나 노바텍 LNG 사업이 궁극적으로 시베리아 PNG 사업보다 한국 정부와 기업 부문에 더 현실적인 선택이라고 주장하는 바이다. 다시 말해 코빅타 PNG 가격이 사할린 LNG 가격에 비해 경쟁력이 있다는 전제하에, 비로소 코빅타 사업이 개발될 가능성이 높다. 여기서 중요한 점은 불과 10년 전만 해도 PNG 가격이 LNG 가격보다 훨씬 저렴하다는 게 일반적인 에너지 시장의 분석이었지만, 근래에는 LNG 물량이 워낙 증가하였기 때문에 PNG보다 저렴해지고 있다는 사실에 주목해야 한다. 또한 푸틴 자신도 PNG보다는 야말 LNG에 더 관심이 많고 집중한다는 사실도 중요한 점이다.

5.4. 야말 LNG 포함한 기타 에너지 사업

에너지 협력은 최근 한러 관계에서 핵심 외교 의제가 되었다. 예를 들어 2004년 9월 21일 고 노무현 대통령의 모스크바 방문은 에너지 협력에 대한 탐색이 주목적이었다. 그 당시 정상회담에서 노 대통령과 푸틴 대통령은 총 40억 달러 규모의 석유 계약에 서명했다. 그 중 최대 규모 계약은 한국 2위 재벌 기업 LG와 러시아 6위 석유 생산업체 타트네프트Tatneft의 타타르스탄 지역 정유 공장 및 석유화학 단지 공동 건설 건이었는데, 이는 30억 달러 규모의 사업이었다. 이 사업에는 니즈네캄스크Nizhnekamsk에 연간 700만 톤의 석유를 처리할 수 있는 폴리스티렌과 폴리에틸렌 공장을 신설하는 내용도 포함되었다.

인테르팍스Interfax에 따르면, 한국수출입은행(EXIM)은 타타르스탄 정부와 13억 달러 규모의 신용장 한도 개설을 위한 양해 각서를 체결했다. 러시아 국영기업인 대외무역은행Vneshtorgbank 역시 러시아 기업들의 한국 장비 인수를 위한 자금 지원을 위해 수출입은행과 5,000만 달러 규모의 계약을 체결했다. 삼성은 하바롭스크 시 정유 공장 현대화를 위해 러시아 얼리언스 그룹Russia's Alliance Group과 5억 달러, 10년 계약을 체결했는데, 이는 수출입은행과 스베르뱅크Sberbank의 5,000만 달러 계약으로 일부 뒷받침됐다.

로스네프트Rosneft와 한국석유공사KNOC간의 세 번째 거래는 캄차카 및 사할린 섬 지역 60,000km² 넓이의 석유 매장지 탐사를 위한 2억 5천만 달러 계약이었다. 두 회사는 2005년 말까지 합작법인을 설립하고, 2008년 8월 이전에 각종 현장에서 시추 작업을 진행할 예정이었고, 한국은 이번 협정으로 17억 배럴의 석유 매장량을 확보할 수 있을 것으로 기대하고 있었다. 그러나 이 서 캄차카 유전 프로젝트는 결국 실패로 돌아갔으며 역대 한국의 에너지 외교에 최대 오점으로 남는다. 이 사업의 실패로 국내 한국 컨소시엄은 막대한 피해를 입었으며, 현재까지 국내 기업들이 대 러시아 에너지 사업 투자에 소극적이고 꺼리는 전례를 남기기도 하였다.

한편, 이명박 정권 시절 한러 에너지 협력은 매우 적극적이었다. 이명박 대통령은 2010년 모스크바를 방문하여 메드베데프 대통령과 2015년부터 블라디보스토크에서 북한을 통과하여 연간 750만 톤 가스를 30년간 들여오는 천연가스 공급 양해 각서를 체결하였다. 또한 가스공사와 가즈프롬은 공동으로 블라디보스토크에 있는 500만 톤 규모의 LNG 플랜트와 연간 100만 톤의 폴리에틸렌, 50만 톤의 폴리프로필렌을 생산할 수 있는 석유화학공장 건설도 함께 추진하였다. 그러나 북한의 핵 문제와 계속되는 도발 문제로 인하여 한러 에너지 협력은 박근혜 정부 시절까지 상당 부분 차질을 빚게 되었다.

그러다가 문재인 대통령의 신 북방 정책과 푸틴의 동방 정책이 러시아의 동방경제포럼 이후 탄력을 받게 되자 양국 간 에너지 협력에 대해 어느 정도 기대감이 있었지만, 실제로 추진된 것은 UN 제재 및 양국 국내적으로 서로에 대한 관심 부족과 불신으로 전무하다고 볼 수 있다. 특히 최근 러시아의 뜨거운 감자 중 하나인 야말 프로젝트와 관련해서는 아쉬운 대목이 많다.

양국은 가스 분야에서는 2016년에 체결한 한국가스공사와 러시아 가즈프 간 협력 협정에 근거해 나름대로 양국 간 LNG 협력을 확대하기로 했다. 한국가스공사와 가즈프롬은 2003년 최초로 협정을 맺었으며, 가스공사는 이후 러시아산 천연가스 도입량을 점차적으로 늘려오고 있다. 또한 가스공사는 노바텍Novatek이라는 민간 기업이 주도하고 있는 북극LNG2 등 러시아가 신규로 추진 중인 사업 중에서 유망하다고 평가한 LNG 프로젝트에 대해 정보 교환을 하는 등 계속 협력하기로 합의했다. 그러나 이것은 구체적인 생산물 없이 구두의 협의만 의미하는 것이다. 실제로 야말 프로젝트는 중국과 일본이 독식을 하고 있다고 해도 과언이 아니다. 한국은 야말 LNG 프로젝트에 대한 정보력 부재와 서 캄차카 유전 사업의 실패로 인하여 실제로 국내 친 러시아 정치인들이나 전문가들에 비해 국내 투자자들 사이에서 러시아 에너지 사업에 비관적인 견해가 팽배하다.

아무튼 야말 액화천연가스LNG 플랜트 생산량이 2018년 들어 대폭 증가했다. 야말 LNG의 8월 수출량이 사할린-2 LNG 수출량을 넘어선 것으로 알려졌다. 2020년 8월 기준, 야말 LNG의 수출량은 195만m³ ⁸⁸만 5,000톤를 기록했다. 이는 7월 수출량 81만m³ ³³⁶만 8,000톤에 비해 두 배 이상 증가한 규모이다. 8월 사할린-2 LNG의 수출량은 158만m³ ³⁷¹만 7,000톤에 그쳤다. 지난해 사할린-2 LNG 플랜트에서 생산된 물량은 러시아산 LNG 수출량의 대부분을 차지하는 1,080만 톤을 기록한 바 있다.

야말 LNG 플랜트는 첫 번째 트레인이 2017년 12월 초 상업 가동을 개시한 데 이어 두 번째 트레인은 당초 일정보다 6개월 앞당겨 2018년 8월 말 상업 가동을 시작했다. 마지막 세 번째 트레인도 2018년 12월 상업 가동을 시작해 연간 1,650만 톤^{트레인 1기당 550만 톤/년}의 LNG를 생산 중이다.

향후 양국 간 에너지 협력의 최대 관건은 한국이 카타르나 미국산 LNG를 제치고 과연 노바텍의 야말 LNG를 도입하느냐의 여부이다. 현재 러시아 에너지 기업에 대한 미국의 제재와 최근 한·미 간 적극적인 에너지 거래로 인해 양국의 4번째 에너지 협력 사업 유력 후보였던 야말반도 사업은 추진 가능성이 매우 낮아 보이는 게 현실이다. 실제로 2020년 한국은 미국의 LNG 수출 1위 국가가 되었다. 이 현상은 러시아와 한국 사이의 에너지 협력의 중요성을 감소시키기에 충분했다.

따라서 수많은 사업과 관련된 양해 각서 체결 등 노력에도 불구하고, 러시아와 한국의 협력 에너지 프로젝트 개발은 극도로 더디었고, 실질적인 혜택과 구체적인 결과물은 아직까지는 미비한 것이 현주소다. 더군다나 2022년 3월 러시아의 우크라이나 침공과 국제 사회의 대 러시아 제재 조치로 인하여 한국이 야말 LNG 사업과 아틱 1, 2, 3 사업에 뛰어들 확률은 매우 희박하다. 그러나 이러한 대 러시아 제재 속에서 중국, 프랑스, 일본, 노르웨이 같은 기업들이 야말에서 철수하지 않는 사실을 보면 향후 한국의 진출 가능성이 제로라고 보기에는 너무 이르다는 판단이다.

6
한계점

지역 내 에너지 안보 협력 체계를 구축하기 위한 필요조건은 크게 1) 협력에 대한 정치적 의지, 2) 주요 사업을 수행하기 위한 제대로 된 파트너십, 3) 인프라와 공급에 대한 막대한 투자, 4) 시장 형성에 대한 시뮬레이션 등 4가지다. 동북아에서 한러 간 및 다자간 에너지 안보 협력이 상대적으로 발전이 더뎠던 것은 이런 조건들이 구비되어 있지 않았기 때문이다. 그러나 이외에도 러시아 극동 지방이 가지고 있는 고질적인 문제점들과 동북아시아 지역의 역동적인 에너지 패턴 등 다른 요인들도 걸림돌로 작용한다.

6.1. 양국 간 문제

에너지 협력에서 가장 중요한 점은 가스 가격이 가스관 및 LNG 프로젝트의 개발 속도와 시기를 결정지을 뿐 아니라 외국인 투자자들의 의지도 결정한다는 점이다. 러시아에서 배달되는 PNG 가격이나 사할린 또는 야말 LNG 가스 가격이 미국 셰일가스, 중동이나 동남아 LNG 가스 가격과 견주어 경쟁력이 있어야 러시아의 가스 도입이 비로소 가능하다. 만일 가격 경쟁력이 없다면, 러시아의 PNG나 LNG를 도입할 인센티브는 많이 떨어지게 된다. 가령, 사할린 LNG가 배송 거리와 겨울철 사용 가능성 측면에서 갖는 장점에도 불구하고, 사할린 가스의 인도 가격이 카타르, 예멘과 인도네시아의 가스 가격보다 경쟁력이 있을지 의문이라는 점이다.

코빅타와 사할린 가스 사업의 더딘 발전은 러시아, 북한, 남한의 양국 외교 및 3자 관계가 전반적으로 부진한 것에도 큰 영향을 받았다. 1990년대 후반 러시아와 한국이 겪었던 금융위기는 양국 간 에너지 협력을 지연시켰다. 이후 2003년 한국 정부가 제안한, 북한을 경유하는 코빅타 파이프라인 노선은 해결되지 않은 북핵 위기 때문에 배제되었다.

또한 천연가스에 대한 적극적인 정부의 지지 및 친화 정책이 가스 시장 보급과 활성화에 필수적이라는 점도 분명하다. 러시아 극동 지방과 시베리아에서 시작되는 모든 초국경 PNG 사업들은 모든 관련국들의 적극적인 정부 지원을 받지 않는다면 실현되기 어렵다. 예를 들어, 한국 정부는 노무현 정권 이전까지는 코빅타 가스 파이프라인 사업을 비롯한 다른 한러 에너지 협력 프로젝트 등 러시아 석유와 가스 도입을 적극적으로 장려해오지 않았다.

다시 한 번 여기서 중요한 점은 결국은 정부가 경제 활동의 모든 규칙을 정하고 부분적으로 경제 활동의 비용과 편익도 결정하게 된다는 것이다. LNG 터미널, 파이프라인 및 저장시설과 같은 가스 필수 인프라 시설에 대한 당국의 허가를 받은 제3자의 접근성 또는 완전히 개방된 접근성은 공급자와 소비자 모두로 하여금 가스 시장에 대한 접근을 용이하게 한다. 이렇게 되면, 다른 연료를 천연가스로 대체하는 것을 촉진할 수 있다. 정부는 또 가스 공급업체들 간의 경쟁을 부추겨 기존 설비들을 더 효율적으로 사용하도록 유도함으로써 가스 공급 가격을 낮출 수도 있을 것이다. 경쟁이 치열해지면 설비 소유주들은 더 많은 이윤을 창출하는 한편, 더 많은 경쟁자가 시장에 뛰어들게 된다. 실제로 2003년 노 대통령과 푸틴 대통령의 정상회담에서 많은 에너지 협정이 체결되었지만, 그 당시 서울과 모스크바 간의 외교 관계가 전반적으로 정체되어 있어 에너지 사업에서 더 많은 협력을 이끌어내지는 못했다.

또 다른 문제는 한국이 러시아에서 사업 경험이 미숙하다는 점이다. 이 점은 비단 한국에게만 적용되는 문제는 아니다. 그러나 이로 인해 한국의 정책 입안자들은 장기적 사업보다는 단기적 거래에 집중하게 되었고, 한국 경제계에서는 러시아에 대한 투자를 꺼리게 되었다. 즉, 한국 기업은 러시아에서 소비재 판매와 단기적 수익 창출에만 몰두해 왔다는 얘기다. 따라서 러시아와의 무역과 투자는 극소수 종류의 공산품 제품에 대한 수출로 국한되어 왔다. 이러한 현상은 최근 한국가스공사와 사할린 에너지가 2005년 7월 장기 LNG 계약을 체결하기 이전에는 한국이 러시아와의 에너지 협력의 잠재성에 대해 제대로 인지하지 못하고 있었다는 점을 시사한다.

또한 양국의 문화적 차이, 한국인들의 러시아에 대한 정보 부족, 한국 내 러시아 경제 전문가 부재는 양국 간 에너지 협력 속도를 지체시키는 데 한몫했다. 특히 한국에는 에너지 전문가가 거의 존재하지 않으며, 특히 에너지 규제 정책에 정통하고 정부 간 복잡한 에너지 관련 문제와, 이와 관련해서 행정소송 문제를 해결할 수 있는 전문가는 사실상 전무하다. 또한 무엇보다도 글로벌 에너지 안보를 지정학적 시각에서 분석하고 예측할만한 전문가들은 거의 찾아보기 어렵다.

한국의 최근 사할린 석유 스캔들 파문 사건은 러시아인을 대하는 한국인들의 경험과 전략의 부족을 여실히 보여준다. 2005년 4월 30일, 한국 검찰은 한국 철도청이 수백만 달러를 투자한 러시아 석유 계약의 실패와 관련하여 철도청 고위 관계자에 대해 체포영장을 발부했다. 한국철도공사의 왕영용 사업개발본부장은 수익성 조사를 제대로 하지 않은 채 사업을 추진했다는 의혹을 받았다. 2004년 한국철도공사는 러시아 사할린 섬 유전 사업에 투자하기로 합의하고 러시아 투자 그룹 알파-에코Alfa-Eco에 620만 달러의 계약금을 지불한 바 있다. 이후 러시아 정부는 사업 승인을 거부했고, 한국철도공사는 계약을 철회했다. 2005년 4월 알파-에코Alfa-Eco는 약정된 계약 조건에 따라 270만 달러만 한국철도공사에 돌려주겠다고 선언했다. 감사원은 철도청이 적절한 내부 의사결정 과정은커녕 제대로 된 법적 근거나 수익성 조사도 없이 사업에 뛰어들어 국가에 손실을 입혔다고 맹비난했다. 비록 이 사건이 정부 간의 어긋난 의사소통과는 무관하지만, 이 사건은 한국의 공공 및 민간 에너지 부문에서 러시아 극동 에너지 인프라에 대한 전반적인 회의론을 불러일으켰다.

또한 앞서 잠깐 언급되었듯이, 서 캄차카 유전 개발 실패 사례는 러시아에 대한 한국 에너지 기업들과 정책 결정자들의 부정적인 이미지를 한층 더 증폭시켰다. 역대 단일 자원 개발 프로젝트로는 국내 최대 규모를 투자했던 서 캄차카 해상 유전 광구 개발 사업은 당초 엄청난 기대와는 달리 2억 5천만 달러의 손실을 입고 결국 실패로 돌아갔다.

한국 컨소시엄은 지난 2010년 9월 서 캄차카 프로젝트를 철수하기로 최종 결정했다. 본래 서 캄차카 해상 광구 사업은 지난 2004년 고 노무현 대통령이 러시아를 방문해 당시 푸틴 대통령과 정상회담을 갖고 획득한 사업으로, 러시아의 국영 석유회사인 로즈네프트와 합작법인인 KNG를 설립해 사업을 추진해왔다. 한국 컨소시엄 지분은 총 40%로,

석유공사가 20%, 가스공사와 SK에너지, GS칼텍스, 대우인터내셔널이 각각 4%씩을, 금호석유화학과 현대상사가 2%씩의 지분을 갖고 있었다.

서 캄차카 광구 개발 사업은 최대 추정 매장량이 100억 배럴 규모로 알려지며 큰 기대를 모았지만, 2008년 광구 탐사 라이선스 연장 신청이 러시아 지하자원청에 의해 기각된 이후 실패로 돌아갔다. 이후 러시아 측에서는 차후 이것에 대한 보상 차원으로 후일 논의하자고 하였으나 아직까지 구체적인 후속조치는 없는 상황이다.

한마디로, 한국 투자자들은 러시아의 불안정한 정치·경제 상황과 졸속 개혁 때문에 러시아 투자에 회의적이었다. 실제로 러시아 극동 개발의 성패는 외국인 직접 투자에 달려 있고, 세금, 관세, 법률, 규제 등이 복합적으로 투자 흐름의 범위와 속도를 결정짓기 때문에 극동 지역 투자 환경 조성은 매우 중요하다. 일반적으로, 에너지 분야의 안정된 법안과 규제 기반은 에너지 시장의 표준화, 인증, 시장 참가자들의 라이선싱을 촉진하는 한편, 수시로 바뀌는 법률 제도와 불안정한 조세 시스템은 효과적인 사업 개발에 저해 요인으로 작용한다. 러시아는 아직까지 해외와의 경제 협력에 필요한 법적·제도적 인프라 장치를 국내에서 마련하지 못하고 있다. 러시아는 무엇보다 효율적인 원가회계 시스템, 가격 개혁, 환전이 자유로운 루블, 그리고 더 상대하기 쉬운 관료 체제가 필요하다.

구체적으로, 러시아의 독특한 생산 분배 협정과 같은 제도적 장벽은 외국인 투자자에게 골칫거리이다. 석유·천연가스 개발 상류 부문에서 생산 분배 협정 같은 시스템이 만들어져도, 문제는 이 계약은 러시아 정부의 편의에 따라 언제든지 임의로 개정될 수 있다는 점이다. 더군다나 러시아는 에너지 가격 개혁에도 고질적으로 실패하였으며, 기업의 투명성 제고와 에너지 효율성 개선, 에너지 생산과 사용 증가에 따른 부정적인 환경 영향에 대한 적절한 안전장치를 확보하는 측면에서도 성공적이지 못했다. 규제 개혁도 지지부진했고 이는 결국 잠재적 투자자들의 투자를 단념시키는 결과를 초래했다. 한마디로, 대 러시아 장기 투자는 외국인 투자자들에게는 정치적 리스크가 너무 높다는 것이다.

가장 중요한 것은 러시아 정부가 최근 특히 동부 시베리아 가스관 사업을 포함해서 이 지역 에너지 프로젝트에 대한 외국인 직접 투자를 꺼린다는 점이다. 대신 모든 가스 프로젝트에 자국 국영 기업인 가즈프롬의 참여를 촉구하고 있다. 예를 들어, 중단된 코빅타 프로젝트가 보여주듯이, 중국과 한국은 크렘린궁의 자국 내 모든 가스 사업의 조정자로 가즈프롬을 임명한 점이 코빅타 사업 협상의 지속 여부로 이어질지 매우 걱정했다. 특히 사업 파트너로 가즈프롬을 접촉해야 하는지 아니면 기존의 RP와 해야 하는지도 매우 혼란스러워했다. 게다가, 협상 실무진들을 거의 6개월 동안 만나지 못하면서 사태는 한층 더 악화되었다. 가즈프롬이 최근 코빅타 프로젝트 개발에 반대하고 외국인 투자자들의 관심을 사할린 프로젝트로 돌리려고 하는 것은 러시아인들이

자원 민족주의 정책을 추진하기 시작했음을 보여준다.

최근 더욱더 흥미로운 점은 가즈프롬마저 크렘린의 정치파워 게임의 희생양이 됨으로써 오히려 로즈네프트와 노바텍 에너지 회사가 극동 러시아 지역과 북극해 지역에서 반사이익을 얻고 있다. 여기서 눈여겨볼 점은 러시아의 국내 크렘린 정치가 최근 더욱더 복잡해지고 예측 불가능해지고 있으며, 이것이 러시아와의 에너지 협력에도 결정적으로 영향을 미치고 있다는 점이다.

6.2. 러시아 극동 지방의 한계점: 저개발과 척박한 환경

고질적인 러시아 극동 지방의 특수성도 동북아 지역의 에너지 협력을 지연시키는 데 기여한다. 아이러니한 점은 방대한 에너지 자원에도 불구하고 러시아 극동 지방은 열악한 인프라와 비효율적인 경제 정책으로 인해 여전히 심각한 에너지 위기에 직면해 있다는 것이다. 러시아의 주요 연료 공급원을 담당하는 시베리아 및 유럽에 속하는 러시아 서쪽 지역과 극동 지역을 연결하는 마땅한 육상 교통 인프라의 부재 현상은 에너지의 여름철 해상 운송만 가능하게 한다. 게다가, 액체 및 고체 연료를 장거리 운송하는 데는 비싼 철도 관세와 해상 운송비용 때문에 비용이 너무 많이 든다. 1980년대 고르바초프의 페레스트로이카 시대 이후 극동 지방은 에너지 공급 측면에서 러시아에서 가장 취약하고 보호를 받지 못하는 지역으로 여겨져 왔다. 러시아 극동에 위치한 남부 주요 도시들은 겨울철에 여전히 정전과 단수 현상을 겪는다. 무엇보다 극동 지방은 심각한 인구 감소 문제로 골치를 앓고 있다. 1991년 이후 이 지역은 약 800만 명의 주민들 중 거의 100만 명을 잃었으며, 이러한 인구 엑서더스 현상은 현재까지도 계속해서 일어나고 있다.

척박한 환경조건도 이 지역의 에너지 자원의 개발을 방해한다. 극동 지방의 기후와 사업 환경은 매우 험난하다. 10월부터 6월까지는 얼음 덮개가 2m를 넘고, 두께가 20m에 이르는 빙산, 잦은 태풍, 방향 변화가 큰 조류, 낮은 대기온도 등이 이 지역 기후의 특징이다. 이런 조건에서 유전이나 가스전을 개발하려면 자본집약적이고 첨단 기술을 갖춘 내빙선 시추와 생산 플랫폼과 빙산에 견딜 수 있는 해저 파이프라인이 절대적으로 필요하다.

따라서 가혹한 환경조건으로 인해 초기 타당성 조사와 실제 공정 사업비 간에 예상외로 큰 차이가 생기는 경우가 많다는 점을 지적할 필요가 있다. 예를 들어, 2005년 7월, 사할린 2호 프로젝트의 유주노-사할린스크Yuzhno-Sakhalinsk 경영진은 이 지역의 지형을 제대로 파악하지 못했고, 송유관을 얼음에 견딜 수 있게 만들어야 한다는 이유로 프로젝트의 비용이 예상치의 두 배인 200억 달러가 들 수도 있다고 발표했다. 사할린 에너지의 최고 경영자 이안 크레이그Ian Craig는 사할린 에너지가 플랫폼 설치 과정에서 얼음에 의한 작업 환경 제약을 과소평가했다는 데 동의했다. 그는 "겨울에는 바다 결빙에 의해 작업 속도가 크게 감소하고 별다른 성과 없이 시간만 보내게 된다."고 덧붙였다.

사할린 에너지의 파이프라인 관리자인 가이트^{Guyt}에 따르면, 불충분한 데이터로 인해 해저 파이프라인을 다시 우회하기로 결정하여 기한이 더 초과되었다고 한다. 2003년 말 조사에 이어 2004년 4월 사할린 에너지는 당초 예상보다 더 깊은 해저에 얼음이 형성됐다고 발표했다. 결과적으로, 파이프라인은 더 깊이 묻어야 했으며, 이를 위해 더 강력하고 값비싼 장비를 사용해야 함을 의미했다. 가이트는 사할린 에너지가 그 해저 깊이를 과소평가하는 낡은 데이터에 의존해왔다고 덧붙였다. 한마디로 가혹한 기후 조건 때문에 가스 생산이 지연된 것이다.

이 지역의 만성적인 경제, 사회, 정치적 저개발은 미래 에너지 시장의 발전을 저해하는 문제로 남아 있다. 로즈만^{Rozman}은 이 지역의 경제 발전을 저해하는 다음의 다섯 가지 요소를 분석하였다.

1) 1920년대 초의 한때 존재했던 극동 공화국을 부활시키겠다는 위협을 포함한 분리 독립과 연결된 지역주의
2) 스탈린의 노동 수용소에 의해 이미 범죄 지역으로 인식된 지역이 마피아에 의해 독점됨.
3) 국제 음모에 대한 외국인 혐오증
4) 지역 선동들에 의한 정치 독재
5) 경제적인 이유에 의한 인구 이탈—이 틈을 이용한 중국 인구의 러시아 영토로의 유입

경제적으로 침체된 러시아 극동 지방은 러시아 두마 의석은 4% 차지하는 데 불과하지만, 러시아 영토로는 36%를 차지하고 있다. 연방 정부의 지원 중단은 한때 비교적 번창했던 지역을 더욱 침체시켰다. 일부 회의론자들은 극동러시아 지역의 미래가 암울하다고 믿는다. 더욱이 현재 이 지역의 러시아 민족주의는 종종 반중 감정이나 아시아의 패권에 대한 두려움의 형태로 나타나 동북아 국가들과의 에너지 협력 가능성을 약화할 수 있다.

6.3. 지역 문제

천연가스가 에너지원으로서 가치를 유지하기 위해서는 다른 에너지에 비해 경쟁력을 갖추어야 하며, 소비자 접근성이 좋아야 한다. 구체적으로 "공급 인프라 구축, 가스 액화나 재 기화에 필요한 기술적 능력, 가스 제품 및 서비스 시장 개발, 국내외 차원의 정책 촉진 및 규제 입안 등이 필수"라는 것이다. 특히 국내 트렁크 파이프라인 구축망은 천연가스 시장이 형성되고 사업이 진행되기 위해 매우 중요하다. 그러나 동북아 지역에는 한국과 중국 일부를 제외하고는 효율적인 유통망이 부족하다.

동북아 내 양자 및 다자간 에너지 협력이 공동의 번영을 가져올 수 있음은 자명하다. 탄탄한 경제력을 기반으로 각국의 다양한 에너지 다양성을 극대화하면서, 동북아 국가들은 국가 간 전력 계통 연결, 천연가스 파이프라인 네트워크, 기존 공급 인프라의 공동 사용, 기술과 노하우 전수, 공동 탐사·개발 등의 분야로 협력 분야를 넓힐 수 있다. 하지만 동북아 국가 간 에너지 협력은 비교적 국제 정치에서 새로운 현상이다. 동북아에는 유럽연합, 아세안, OPEC, 유럽 에너지 헌장, 아세안 석유위원회ASCOPE와 유사한 다자 협력에 기초를 둔 경제협의체나 혹은 제도화된 협정이 없다. 최근까지 그나마 있었던 협정들은 다자 관계가 아닌 양자 관계에 기반을 둔 것이었다. 더군다나 정치적 긴장, 문화적, 민족적, 제도적 장애물들뿐만 아니라 동북아 국가들 간의 경제적 차이 때문에 각국은 효과적인 지역 에너지 안보 시스템 구축은 접어둔 채 먼저 자국의 에너지 문제 해결에 개별적으로 힘을 쏟아야 했다. 또한 일부 전문가들은 에너지 사업에 대한 각기 다른 경쟁적인 시각으로 인해 동북아 국가들 간의 에너지 이해관계는 여전히 협력보다는 긴장 양상으로 이어질 수 있다고 우려한다. 더욱이 현재 동북아시아에는 에너지 협력을 위한 법적 제도적 틀이 공통적으로 마련되어 있지 않다. 유럽 에너지 헌장과 에너지 헌장 조약에 서명한 나라는 러시아와 일본뿐이며, 이 지역에서 국제에너지기구IEA 회원국도 한국과 일본뿐이다.

동북아 국가들은 러시아 극동 지역의 에너지 사업들이 동북아 공동체를 통합하고 지역 에너지 협력을 촉진하는 데 결정적인 역할을 할 수 있다고 믿긴 하지만, 그들은 동시에 러시아 천연 자원에 대한 다른 동북아 국가들의 관심과 접근이 자국의 배제로 이어질까봐 우려하기도 한다. 예를 들어, 중국은 일본이 미래에 러시아의 자원에 독점적으로 접근할 가능성에 대해 우려하고 있는 반면, 일본도 역시 중국에 대해 같은 우려를 갖고 있다. 극동러시아 지역에서 검토 중인 여러 에너지 사업들의 상당수는 중국 시장을 겨냥하고 있는 것이 사실이다. 그러나 러시아 역시 중국이 러시아 에너지 자원의 독과점 소비자가 되면 러시아 에너지 자원의 가격을 좌지우지할까봐 우려하고 있다. 한 가지 분명한 점은 러시아는 기본적으로 중국이 자국의 자원을 가지고 과거 냉전 시절 영유했던 슈퍼파워의 위치를 대신하는 것을 보기를 원치 않는다. 어쩌면 이러한 점은 러시아가 밖으로 내색하지는 않지만 미국이 중국을 겨냥하는 것보다 더 심각하다는 것이다. 한국은, 북한과 중국을 지나는 가스 파이프라인의 공급 차질을 우려한다. 북한 리스크는 국제 사회에서 제기되는 것처럼 따로 말하지 않아도 자명하지만 여러 기술적인 변명 가능성과 관련된 중국 리스크 또한 간과할 수 없다. 한마디로, 동북아 국가들은 러시아의 석유와 가스가 동북아 에너지 시장의 주류를 형성하는 것을 허용치 않을 것으로 보인다. 러시아는 전통적인 중동 에너지 수입원의 균형을 맞출 수 있는 '핵심 보조 공급 국가' 정도가 될 가능성이 더 크다.

필자는 공급 또는 수요 중 한 측면에 초점을 맞추기보다는, 현재 이 지역의 에너지 수입 국가와 수출 국가를 모두 포함시켜 러시아 극동 지방에서 다자간 에너지 프레임워크를 구축하는 것이 더 합리적이라고 생각한다. 한쪽에 집중하여 에너지 안보 프레임을 강조하는 것은 이미 이전에 세계 에너지 시장에서도 판명이 되었듯이 결국 지속적으로 가능하지 않다. 수출업자와 수입업자 모두가 참여하는 다자간 협력 체계는 안정성을 강화하고 경제 발전을 뒷받침하기 때문에 장점이 더 많다. 러시아 극동의 천연가스 시장 규모는 작지 않지만, 그렇다고 해서 거대 파이프라인 인프라 건설을 정당화할 만큼 또 그렇게 크지는 않다. 더 심각한 문제는 이런 대규모 사업에 필요한 수십억 달러의 자금이 러시아 내지는 한국 내 어디에서도 찾아보기 힘들다는 점이다. 따라서 중국, 일본, 미국, 남북한, 그리고 몽골 등의 다른 나라들까지 적극적인 참여를 독려하여, 동북아시아의 러시아 에너지 자원 수출 시장을 다변화하고 여러 차원의 리스크를 최소화할 필요가 있다.

7
양국 및 지역 경제안보에의 에너지 협력의 시사점

제2장에서 설명했듯이, 에너지는 경제 발전과 국가 안보에 중요한 역할을 하기 때문에 에너지 문제는 국제 관계에서 경제안보 의제의 중심축으로 자리 잡고 있다. 러시아의 풍부한 석유와 가스 자원은 에너지 안보 목표 달성과 경제 효율성에 대한 장기적인 비전을 제시하기 때문에 이웃 국가들과의 양국 경제안보 관계 강화와, 나아가 지역 경제안보에도 기여할 수 있는 큰 잠재력을 가지고 있다. 실제로, 에너지 협력은 구소련 붕괴 이후 지난 몇 년간 한국과 러시아 간의 외교 협력에서 가장 유망하다고 여겨지고 가장 빈번히 논의되는 의제 중 하나이다.

석유와 가스 자원의 확보 이슈뿐만 아니라 이를 운반하는 수송망 구축도 한국을 비롯한 동북아시아 국가들의 에너지 정책과 에너지 안보의 주요 핵심 이슈가 되어 왔다. 이러한 의미에서 "지역 에너지원에 대한 의존도를 높이는 것은 갑작스러운 에너지 공급 중단을 방지하고, 에너지 가격 경쟁력도 높이며, 깨끗한 에너지 발전을 촉진하는 데 도움이 될 것이다."

이바노프는 이 지역의 양자 및 지역 에너지 안보 구축에 필요한 요소들을 다음과 같이 제시한다.

1) 공급 차질과 가격 쇼크를 피하기 위한 공급원의 다양화, 2) 저렴한 에너지 가격 설정을 위해 시장에 맡기는 논리, 3) 에너지 생산 및 사용의 모든 단계에서 환경 고려, 4) 운송 시스템과 에너지 효율성 관련 통합적 접근, 5) 에너지 공급 확보를 위한 다자간 협력

러시아 석유와 가스는 중국, 일본, 남북한에 에너지 부족 문제를 해결하고 기존의 에너지 시장을 다변화할 수 있는 엄청난 기회를 제공한다. 러시아 에너지는 특히 중동 지역의 불안한 정세 변화와 중국의 가파르게 성장하는 석유 수요 증가라는 두 가지 지정학적 요인을 고려할 때 특히 더 매력적이다. 중요한 점은 러시아의 시베리아 송유관에서 배달되는 원유는 최근 중동 국가들이 아시아 국가들을 상대로 국제 에너지 가격보다 추가로 부여하는 일명, 아시아 오일 프리미엄이라는 단어를 상쇄시키거나 아예 없애는 데 현격한 공헌을 하였다. 아마 러시아라는 나라가 동북아시아 지역에서 기여한 매우 인상 깊은 업적 중 하나라고 평가될 수 있다.

요약하면, 러시아 석유 및 가스 파이프라인 사업은 또 러시아 국내 경제안보와 동북아 지역 내 러시아의 입지 강화에 기여할 수도 있다. 구소련 해체 이후, 러시아는 아시아에서 중추적인 역할을 하고 싶어 했다. 푸틴 대통령은 한반도 지역에서 객관적인 중재자 역할을 함으로써 러시아의 입지를 굳혀 국가 위상과 한반도 내 영향력을 높이기를 강력히 원하고 있다. 비록 러시아가 냉전 종식 이후 한국에서는 쇠퇴하는 정치 경제 세력으로 인식되어 왔지만, 에너지 지정학이라는 새로운 측면에서는 여전히 무시할 수 없는 존재인 셈이다. 막대한 에너지 생산과 수출 잠재력을 지닌 러시아는 한반도를 비롯한 아·태 지역의 에너지 시장에 적극적으로 진출하여 경제적 이익을 얻고자 한다. 에너지 문제가 아시아·태평양의 새로운 안보 패러다임 형성에 있어 냉전의 특징이었던 이념적 대립을 점차 대체하고 있음을 이해하는 것 역시 중요하다. 그 결과, 미국이 아닌 러시아가 동북아 안보 패러다임에서 주도적 역할을 맡게 됐다.

더욱이 러시아와 한국의 에너지 협력은 단순히 양자적인 관점에서만 접근하기에는 다소 무리가 있으며, 중국과 일본, 잠재적으로는 몽골도 러시아 극동의 에너지 프로젝트 구상에 포함되어 있기 때문에 항상 지역 에너지 안보 프레임에서 고려해야 한다. 러시아의 동시베리아 석유 및 가스 파이프라인 사업뿐 아니라 사할린 사업, 그리고 최근에는 야말 LNG 사업은 중국과 일본, 심지어는 인도, 아니 전 세계의 에너지 수입 시장 유치를 목표로 한다. 이에 따라 중국과 일본 정부는 지난 몇 년간 에너지 파이프라인 경로 접근과 야말 LNG 프로젝트에 적극적인 로비 활동을 통해 러시아 에너지 부문에 대한 경제적, 전략적 안보 관심을 보여주었다.

예를 들어 5.2절에서 살펴보았듯이, 사할린 2 광구에서 생산되는 석유는 중국, 일본, 한국 등으로 수출되고 있다. 코빅타 프로젝트는 가스 파이프라인을 통해 중국 북동쪽으로 가스를 수송하는 것이 골자인데, 1990년대 중반부터 BP와 CNPC, 한국의 한보 그룹 등 여러 국제 에너지 회사들이 사업 평가 내지 지분 참여를 해왔었다. 특히 중국 정부는 이를 가장 경제적인 해외 가스 프로젝트 중 하나로 여기고 있다.

그러나 코빅타 프로젝트는 현재 러시아 정부의 특별 관리 대상으로 다른 외국계 회사는 접근을 하지 못하고 있다. 한편 러시아의 주요 송유관 프로젝트는 이르쿠츠크 지역의 타이셰트 도시에서 나홋카까지 완성되었다. 2003년 3월 13일, 러시아 정부는 2020년까지의 에너지 전략의 일환으로 동북아에 송유관을 건설하기로 결정했다. 러시아 정부는 당초 이 송유관의 노선으로 세 가지 안을 검토했었다: 1) 동시베리아 도시 안가르스크에서 연 3,000만 톤의 석유를 소비하는 중국 다칭 시까지, 2) 안가르스크에서 연 5,000만 톤의 석유를 소비하는 나홋카 시까지. 3) 안가르스크에서 나홋카까지를 연결하되 다칭을 거쳐 가도록.

중국과 일본 모두 러시아 송유관을 확보하기 위해 적극적으로 캠페인을 벌였고, 2004년 12월 일본의 나홋카 노선이 중국의 다칭 노선을 제치고 입찰 성공이 유력해졌다. 나홋카 노선은 단일 시장에 대한 의

존을 피하면서도 국내 시장뿐만 아니라 해외 시장까지도 공급할 수 있어 푸틴의 극동 개발 계획에는 더 잘 들어맞을 것으로 보였다. 그러나 2005년 2월 현재, 푸틴 대통령은 중국 노선 옵션을 완전히 배제하지 않고 양국과 파이프라인 노선 옵션을 계속 협상하였으며, 그로부터 10년 뒤 다칭 노선이 건설되었으며 현재 중·러 간 에너지 교역에 있어서 제일 활발하게 가동되고 있다. 한국은 초기에는 동시베리아 송유관 사업에 직접적으로 관여하지는 않았었지만, 현재 꽤 많은 양질의 러시아산 원유를 블라디보스토크 근처에서 이 파이프라인으로부터 공급받고 있다. 또한 향후 만일 동시베리아 가스관 사업이 부활된다고 가정한다면 가스관 경로는 시베리아 송유관 사업의 현재 루트와 동향에 크게 영향을 받을 것으로 본다. 물론 가스관 사업은 최근 러시아의 우크라이나 침공 사태가 진전이 되고, 러시아와 국제 사회와의 관계가 침공 이전으로 돌아가고 중국이나 북한 리스크까지 전적으로 관리가 된다는 것을 전제로 한다.

지리적 관점에서 보면, 일반적으로 에너지 파이프라인 프로젝트 관련 양자 간 협의사항은 역내 모든 국가들을 만족시키기 위해 진행되지는 않는 경우가 많다. 그러나 문제는 지역 내 다양한 에너지 주체들 간에 상호작용 때문에, 양자 간 협상만으로는 지역 내 에너지 파이프라인 노선 분쟁을 해결하는 것은 극히 어렵다는 점이 매우 주목할 만하다. 예를 들어, 러·일 및 러·중 에너지 관계는 한러 에너지 관계에도 크게 영향을 미친다. 역내 국가들은 대개 동일한 공간과 동일한 에너지 자원 풀을 이용하기 때문에 특정 두 국가 간 협정은 다른 두 국가 간 이해관계에 영향을 미칠 수밖에 없다. 따라서 한러 간 에너지 외교는 다자적이고 지역적인 접근이 불가피한 것이 현실이다.

더욱이 지역 경제안보 관점에서 동북아시아 지역 통합은 역내 국가들 간에 얼마나 경제적, 정치적, 이념적 이익을 서로 공유하느냐에 달려 있다. 지역 경제안보 협력을 위해서는 경제적 상호 의존성이 필수적이라는 점에서, 코빅타, 사할린 가스, 동시베리아 송유관 사업은 각국의 에너지 안보 관심사를 충족시킴으로써 동북아의 지역 통합을 더 크게 촉진할 수 있는 잠재력이 분명히 있다. 예를 들어, 러시아 석유 및 가스 사업들은 값비싼 초국경 운송 인프라 건설을 필요로 한다. 이는 사업 재원 조달 문제가 매우 복잡하고 정부 간 협력이 자금을 해결하는 데 중요한 역할을 할 것이라는 의미다. 뿐만 아니라, 역내 에너지 효율성 제고와 에너지 소비 확대에 따른 지역 전체의 환경 악화 등 관련해서 공동 평가와 대처 같은 다른 중요 사안들도 고려되어야 한다. 쉽게 말해, 동북아시아의 안전하고 지속 가능한 에너지 사용이라는 목표는 포괄적이고 다자적인 접근을 통해서만 달성될 수 있다.

현재까지 동북아 지역 내의 에너지 프로젝트들은 양국 및 지역 경제 안보에 기여할 수 있는 잠재력에도 불구하고 경제 활동의 실질적인 기능 주체로 성장하지 못한 것이 현실이다. 지난 10년 동안 석유와 가스관 경로에 대해서 역내 국가들 간 많은 대화와 제안이 있었다. 그러나 사할린 프로젝트 일부와 동시베리아 송유관 프로젝트를 제외하고는, 러시아의 자원 보호주의 정책과 러시아 내 에너지 기업들 간 이해관계, 크렘린 권력 투쟁, 한국의 에너지 외교 전략의 부재, 러시아의 석유 및 가스관 노선을 둔 동북아 국가들 간 경쟁, 한반도의 불안정한 정치적 상황, 러시아 극동 지방 개발을 위한 자금 부족, 미국의 셰일가스 혁명, 최근 러시아의 우크라이나 침공 사태 등으로 동시베리아 에너지 사업들은 존립이 중단되거나 발전이 더뎌온 것이 현실이다. 또한 무엇보다 중요한 점은 동북아 에너지 시장에서 러시아의 석유·가스 가격의 경쟁력과 국가 신용과 관련된 에너지 리스크 이슈가 논란의 여지의 핵심으로 남아 있다. 더욱이 코빅타 가스관 사업은 완전히 중단된 상태이고, 최근 러시아에서 가장 유망하게 떠오르고 있는 야말 LNG 사업에 한국은 전혀 진출도 못하고 있으며, 사할린 사업은 진행 중이지만 아직 생산 규모가 미미한 수준이다.

요약하면 큰 잠재력에도 불구하고, 한국과 러시아를 포함한 동북아의 에너지 협력은 2015년부터 중국과 러시아 간 극적인 가스 협상 타결로 인해 본격적으로 탄력을 받은 중·러 에너지 협력을 제외하고는 한국과 일본의 경우에는 기대만큼 빠르게 발전하지 못하고 있는 것이 현실이다. 더욱이 2022년 러시아의 우크라이나 침공 사태와 독일의 대러시아 제재 결정, 노드스트림 2 사업의 좌초와 국제 사회의 비난과 각종 제재 현황은 동아시아 지역에서도 러시아가 과연 향후 아시아 지역에서 신뢰할 수 있는 에너지 파트너 국가나 에너지 동맹국이 될 수 있을지 의구심이 들 정도로 비관적인 것이 작금의 현실이다. 그럼에도 불구하고 미·러 관계가 마치 푸틴과 조지 부시 시대처럼 급진적으로 호전된다면, 동북아시아 지역에서 러시아 에너지원의 지리적인 이점 때문에, 러시아와 역내 국가들 간 에너지 협력의 길은 항상 열려 있다는 사실도 중요하다.

참고자료 ────────────────────────────────

1. APEC ENERGY DEMAND AND SUPPLY OUTLOOK 2002, Asia Pacific Energy Research Center,
2. Peter Ross, "Gas Pricing," Workshop by Director, Wimbledon Energy for 11th Annual Seminar on Gas Pricing at Kuala Lumpur, 8-10, December 2003.
3. This has not only been the product of the rapid economic development of the region, but also due to a desire to diversify away from oil following the shocks in the 1970s and a growing appreciation of the economic and environmental benefits of natural gas. See Peter Cleary, "Development of East Siberian Gas for Export to China and Korea Markets," Presentation by President, BP Gas Power & Renewables Korea for Sakhalin & North Asia Oil, Gas & Pipelines 2003, Seoul, Korea, 12-13 November, 2003.
4. APEC, p. 5.
5. "Global Liquefied Natural Gas Markets: Status and Outlook/ LNG Importers," Energy Information Administration (EIA), on http://www.eia.doe.gov/oiaf/analysispaper/global/importers.html, accessed on 9 September, 2005.
6. Cleary.
7. APEC, p. 42.
8. Ibid., p. 64 and BP Statistical Review of World Energy 2001.
9. International Center for Information on Natural Gas, a Paris-based gas industry information agency
10. CEDIGAZ Natural Gas in the World: 2001 Survey.
11. U.S. Geological Survey, World petroleum Assessment 2000, Washington, DC., 2000, quoted in International Energy Agency (IEA)(2000) and Energy Information Administration (EIA).
12. APEC, p. 64.
13. Konstantin V. Simonov, "Projects of Eastern Siberia Development," Speeches by Deputy Director, The Center for Current Politics in Russia for International Seminar on Policies and Strategies toward Korea-Russia Energy Cooperation, Vladivostok, 7 October, 2003.
14. APEC., p. 51.
15. Ibid.
16. Ibid.
17. Tsutomu Toichi, "Energy Security in Asia and Japanese Policy," Asia-Pacific Review, Vol. 10, No. 1, 2003, p. 47.
18. APEC, p. 66.

19. In 1999, South Korea was the fourth, and in 2004 the fifth largest importer of crude oil after the USA, Japan, China and Germany. It was the ninth largest oil consuming country after the US, China, Japan, Germany, Russia, India, Canada and Brazil. The largest LNG importer is Japan. See "Top World Oil Producers, Exporters, and Importers 2004" Infoplease on, http://www.infoplease.com/ipa/A0922041.html, accessed on 8 September, 2005; and APEC, p. 171.

20. Jung-Gwan Kim, "Korea-Russia Energy Cooperation," presentation material at Ministry of Commerce, Industry and Energy, South Korea, 7 October, 2003.

21. APEC, p. 172.

22. Ibid.

23. Keun-Wook Paik, "Natural Gas Expansion in Korea," in Ian Wybrew-bond and Jonathan Stern, eds., Natural Gas in Asia: The Challenges of Growth in China, India, Japan and Korea (Oxford: Oxford University Press, 2002), pp. 226-227.

24. South Korea's Annual Natural Gas Report, December 2004, Ministry of Commerce, Industry and Energy, Seoul Korea; and APEC, p. 173.

25. APEC, p. 175.

26. Ibid., p. 176.

27. Ibid., p. 211.

28. 2005 Russian Report, The Korea Export-Import Bank (EXIM Bank), 9 August, 2005.

29. Eugene M. Khartukov, "Russia," in Paul B Stares, ed., Rethinking Energy Security in East Asia (Tokyo: Japan Center for International Exchange, 2000), p. 152.

30. "Russia: Business: Industry overview, Russia: Energy provision," Economist Intelligence Unit (EIU) Views Wire, 20 April, 2005, on http://www.viewswire.com/index. asp?layout=display_article&doc_id=488217648, accessed on 10 September, 2005.

31. Alexey M. Mastepanov, "O perspektivakh osvoeniya gazovykh resursov Vostochnoi Sibiri I Dal'nego Vostoka," Presentation by the Deputy Head of Gazprom for International Seminar on Policies and Strategies toward Korea-Russia Energy Cooperation, Vladivostok, 7 October 2003.

32. "Russian Energy Survey: 2002," International Energy Agency (IEA), Paris, 2002.

33. Although Gazprom has access to foreign borrowing to fund its capital expenditure, its investment plans are affected by high levels of debt and continued uncertainty about gas market reform. The government hopes that the removal of the "ring-fence"—which limits foreign share ownership in the company—will finally allow Gazprom to raise much-needed investment capital. See "Russia: Business: Industry overview, Russia: Energy provision," EIU, op. cit.

34. Ibid.

35. Mastepanov.

36. Khartukov, p. 152.

37. Ibid.
38. Billion Cubic Meter (bm³)= BCM. See Stephen White, "Is Russia a Country in the Globalization Era? (With special reference to the Far East)," Presentation prepared for a conference: The Regional Cooperation of Northeast Asia and Russia's Globalization for the 21st Century, Seoul, Korea 22-24 June 2003; and Khartukov, p. 141.
39. Cleary.
40. Simonov.
41. APEC, p. 215.
42. Ibid.
43. John V. Mitchell, The New Geopolitics of Energy (London: Royal Institute for International Affairs, 1996), p. 61.
44. Hong Shik Jeon, "Review of Gas Industry in Korea and requirements from future LNG contracts," Speech by Vice President for LNG Purchase Division, Korea Gas Corporation, for International Seminar on Policies and Strategies toward Korea-Russia Energy Cooperation at Vladivostok, 7 October, 2003.
45. Keun-Wook Paik, "Pipeline Gas Introduction to the Korean Peninsula," Report Submitted to Korea Foundation, Korea Foundation Project 'Energy and Environmental Cooperation in the Korean Peninsula, January 2005, p. 1 and APEC, p. 215.
46. Rossiskaya gazeta (Ekonomicheskii Soyuz Supplement), 30 March, 1996, 11 in Foreign Broadcast Information Service (FBIS), Daily Report/ Soviet (DR/SOV) (96-084-S).
47. Seung-Ho Joo, "ROK-Russian Economic Relations, 1992-2001," Korea and World Affairs, Vol. 25, No. 3, Fall 2001 Research Center for Peace and Unification of Korea, p. 383.
48. Keun-Wook Paik and Jae-Yong Choi," Pipeline Gas Trade between Asian Russia, Northeast Asia Gets Fresh look," Oil and Gas Journal, August 18, 1997, pp. 41-45.
49. Ibid.
50. Nodari Simonia, "Russian Energy Policy in East Siberia and the Far East," The Energy Dimension in Russian Global Strategy, Report Paper (The James A. Baker III Institute for Public Policy, Rice University, October 2004), p. 5.
51. Ibid.
52. Chongbae Lee and Michael J. Bradshaw, "South Korean Economic Relations with Russia," Post-Soviet Geography and Economics, Vol. 38, No. 8, 1997, pp. 463-464.
53. Korea Gas Corporation (KOGAS), "The Irkutsk Natural Gas Project," January 2000, on http://www.kogas.or.kr/homepage/news.htm, accessed on 15 February, 2004.
54. Joo, "ROK-Russian Economic Relations, 1992-2001," p. 384.
55. Nezavisimaya Gazeta, 9 September, 2000; Vedemosti, 3 November, 2000; and Simonia, p. 9.
56. Interview with Keun-Wook Paik, London, 12 June, 2005.

57. Kommersant-Daily, 27 February, 2003.

58. Simonia, p. 11.

59. South Korea is seeking to bring 7 million tons of natural gas a year while China is planning 14 million tons. See Yonhap News Agency, 17 September, 2004.

60. Seung-Ho Joo, "Russia and Korea: The Summit and After," The Korean Journal of Defense Analysis Vol. 13, No. 1, Autumn 2001, Korea Institute for Defense Analysis (KIDA), Seoul, Korea, pp. 124-125.

61. Interview with Keun-Wook Paik, Chatham House, London 21 February, 2005.

62. Paik, "Pipeline Gas Introduction to the Korean Peninsula," January 2005, p. 1.

63. Simonia, p. 11.

64. Vladimir I. Ivanov, The Energy Sector in Northeast Asia New Projects, Delivery Systems, and Prospects for Co-operation North Pacific Policy Papers 2 (Vancouver: Program on Canada-Asia Policy Studies, Institute of Asian Research, University of British Columbia, 2000), p. 16.

65. Michael Bradshaw, "Prospects for Russian Oil and Gas Exports to Northeast Asia from East of the Urals," Presentation paper for the conference: The Regional Cooperation of Northeast Asia and Russia's Globalization for the 21st Century, Seoul, Korea 22-24 June 2003, p. 6.

66. These two projects were the forerunner of Production Sharing Agreements (PSA), according to Bradshaw. See Bradshaw, p. 6.

67. Ivanov, pp. 16-17.

68. Sakhalin Energy, April 2003.

69. Ivanov, pp. 16-17.

70. The Russian Oil and Gas Report, 1 October, 2004.

71. Sakhalin Energy, April 2003.

72. Prime-Tass Business News Agency, 26 August, 2005.

73. Sakhalin Energy Investment Company (SEIC) 2002, The Road Ahead: Sakhalin Energy Review 2002, p. 9.

74. The Russian Oil and Gas Report, 1 October, 2004; and Prime-Tass Business News Agency, 26 August, 2005.

75. "South Korea to receive Sakhalin gas in 2008," Business CustomWire, 16 November, 2004; and Abraham Bernstein, "Sakhalin II LNG Project: A Strategic Source of Natural Gas for Northeast Asia," Presentation by General Manager, Northeast Asia Sakhalin-II LNG Marketing Services for the International Conference: Sakhalin & North Asia Oil, Gas & Pipelines 2003, Seoul, Korea 12-13 November 2003.

76. The estimated distance from Prigorodnoye LNG Terminal to Tong Yong is 1062 miles (2.2 days by LNG ship); and to Incheon is 1385 miles (2.7 days). See Bernstein.

77. Paik, "Pipeline Gas Introduction to the Korean Peninsula," January 2005, p. 19.

78. Bernstein.
79. Sakhalin Energy, Archives, Project Updates, August 2005, on http://www. sakhalinenergy.com/news/nws_updates.asp, accessed on 7 September, 2005.
80. The Russian Oil and Gas Report, 1 October, 2004.
81. Igor Farkhutdinov died in a helicopter accident in 2004, and Ivan Malakhov is his successor. I am grateful to Keun-Wook Paik for giving me this information.
82. Ibid.
83. Glada Lahn and Keun-Wook Paik, "Russia's Oil and Gas Exports to North-East Asia," Report from Sustainable Development Programme, Chatham House, April 2005, p. 5; In its tender, Korea also chose Yemen LNG and Malaysia LNG for supplies. Through the three sources, the Korean company will import total 5 million tons per year from 2008. See International Oil Daily, 18 July, 2005.
84. Nihon Keizai Report, 27 November, 2004; and Moscow Times, 29 November, 2004.
85. Paik, "Pipeline Gas Introduction to the Korean Peninsula," January 2005, p. 19; International Oil Daily, 18 July, 2005; and Interfax News Agency, 20 July, 2005.
86. Interfax News Agency, 20 July, 2005.
87. Keun-Wook Paik, Telephone Interview, 6 September, 2005, London, UK.
88. Alan McCavana, Phone Interview with Export Manager, Sakhalin Energy Investment Corporation, 9 September, 2005.
89. Keun-Wook Paik, "Natural Gas Expansion in Korea," 2002, p. 228.
90. The Economist Intelligence Unit Business Asia, 4 October, 2004.
91. Itar Tass news agency, 21 September, 2004; and Interfax News Agency, 21 September, 2004.
92. Yonhap news agency, 23 February, 2005.
93. Reuters, Ap, and Moscow Times, 22 September, 2004.
94. Cleary.
95. Keun-Wook Paik, Telephone Interview, 6 September, 2005, London, UK; and the head of Shell Russia John Barry stated that Sakhalin-2 plant will be able to supply more gas in winter than in spring, and this is what Korea needs. See also The Russian Oil and Gas Report, 1 October, 2004.
96. Park and Lee, pp. 61-62.
97. APEC, p. 70.
98. Ibid.
99. Korea's investment policy in Russia is being carried out in a form characteristic of developing countries: export of finished consumer goods and predominance of small short-term investment by small and medium enterprises. See Jeongdae Park and Jaeyoung Lee, "Industrial Cooperation between Korea and Russia: Current Situation and Prospects," Journal of Asia Pacific Affairs Vol. 3, No.2, February 2002,

Asia-Pacific Research Center, Hanyang University, pp. 60-63.

100. The Associated Press, 18 April, 2005.

101. APEC, pp. 211-215.

102. Joo, "ROK-Russian Economic Relations, 1992-2001," 2001, p. 373.

103. APEC, p. 116.

104. "IEA Commends Russian Efforts on Energy Security, Calls for Full Implementation of Reforms," Russian Energy Survey 2002, International Energy Agency (IEA)/PRESS (02)05, Moscow, 6 March 2002, on http://www.iea.org/new/releases/2002/Russia.htm, accessed on 28 September, 2003.

105. The transition from a regulated to a competitive market is difficult. Challenges abound, and there is no one size fits all remedy. The difficulty with regulatory reform is that, unless it is well planned and executed, it may well lead to more problems than it solves. See APEC, p. 116

106. Ibid., p. 211.

107. Simonia, p. 9.

108. Khartukov, p. 142.

109. "Russia Demographic Trends Up to Year 2015," Moskva Zdravookhraneniye Rossiskoy Federatsii, 2 March-April 1999, pp. 27-32, translated in Foreign Broadcasting Information Service (FBIS) January 2, 1999, pp. 1-8.

110. Khartukov, p. 145.

111. Benoit Faucon, Dow Jones Newswires, in "Shell Ties Woes of Russia Project To Lack of Data," The Wall Street Journal Europe, Vol. 23, No. 157, 12 September, 2005.

112. Ibid.

113. Rozman, p. 5; Viktor Larin, "'Yellow Peril' Again? The Chinese and the Russian Far East," in Stephen Kotkin and David Wolff, eds., Rediscovering Russia in Asia: Siberia and the Russian Far East (Armond, NY: M.E.Sharpe, 1995), pp. 296-299; and John J. Stephan, The Russian Far East: A History (Stanford: Stanford University Press, 1994), p. 3.

114. Tom Wuchte, "Northeast Asia's Forgotten Worry: Russia's Far East," Pacific Focus, Vol. 16, No. 2, Fall 2001, p. 47.

115. Wuchte, p. 48.

116. APEC, p. 69

117. Ibid., p. 116.

118. Khartukov, p. 176.

119. Ibid.

120. Valencia, Mark J., and James P. Dorian, "Multilateral Cooperation in Northeast Asia's Energy Sector: Possibilities and Problems," Energy and Security in Northeast Asia: Supply and Demand; Conflict and Cooperation, Integrated Gasification Combined

Cycle (IGCC) Policy Paper 3 February, 1998, pp. 41-58.

121. Khartukov, p. 176.

122. Ibid.

123. Boris Saneev, "Kovykta, Yakutia and Sakhalin Energy Project: Barriers and Solutions," Speech at International Seminar on Policies and Strategies toward Korea-Russia Energy Cooperation, Vladivostok, 7 October, 2003.

124. According to Khartukov, neither Russia's gas exports (even at maximum possible levels of 50 bcm/y-70bcm/y in the 2020s) nor its crude supplies (up to 20 Mt/y-30 Mt/y) can replace East Asia's traditional sources of energy imports. Thus energy imports from the Russian Far East should not be regarded as the long-awaited panacea for all of East Asia's energy problems. See Khartukov, pp. 176-177.

125. Ibid., p. 177.

126. Examples of such multilateral frameworks include the Council for Mutual Economic Assistance's energy programmes and trade protocols, the Caribbean's San Jose Pact, and the ASEAN Council on Petroleum and its Petroleum Sharing Agreement. See Kharutkov, p. 177.

127. Ivanov, p. 33.

128. Fereidun Fesharaki, "Energy and the Asian Security Nexus," Journal of International Affairs, Vol. 53, No. 1, Fall 1999, p. 86.

129. Ivanov, p. 28.

130. Ivanov, p. 28.

131. Mitchell, p. 61.

132. Prime-Tass Business News Agency 2005, 25 August, 2005.

133. Philip Andrews-Speed, Xuanli Lao and Roland Dannreuther, The Strategic Implications of China's Energy Needs (New York: Oxford University Press, 2002), p. 63.

134. "Angarsk- Nakhodka pipeline, a priority of Russian energy strategy," The International Association of Independent Tanker Owners for Safe Transport, Cleaner Seas and Free Competition (INTERTANKO), 23 May, 2004, and "Japan ready to invest in Nakhodka pipeline," Alexander's Gas and Oil Connections, Vol. 8, No. 9, 14 March, 2003.

135. Russia's pipeline monopoly Transneft backed the Nakhodka project, while Russia's major oil company Yukos supported the pipeline to Daqing. See "Japan ready to invest in Nakhodka pipeline," Alexander's Gas and Oil Connections, Vol. 8, No. 9, 14 March, 2003; and "Russia prefers oil Angarsk-Nakhodka pipeline with a branch in Daqing," Informatsionno-analiticheskii tsentr 〈Mineral〉 16 October, 2003, on www.eng.mineral.ru, accessed on 20 June, 2004.

136. Ibid.

교통망 협력: 시베리아 횡단철도^{TSR}와 한반도 종단철도^{TKR} 연결 사업

4

1
들어가는 말

현재 양국이 참여하고 있는 시베리아횡단철도TSR와 한국횡단철도TKR를 연결하는 사업은 한러 관계의 핵심 측면 중 하나이다. 이 장에서는 TSR과 TKR 연계 프로젝트의 진행 상황, 문제점 및 전망을 살펴본다. 이 철도 연결 사업이 한러 경제안보 관계 구축과 지역 경제안보 구축에 기여할 수 있을지를 살펴보는 것이 이번 장의 주요 목적이다.

러시아는 유럽과 아시아 시장을 잇는 가교 역할을 함으로써 21세기 '교통강대국'이 될 잠재력을 갖고 있다. TSR이 바로 이 잠재력을 실현시키기 위한 열쇠다. 유라시아 대륙과 아시아 태평양 사이에 있는 한국의 지리적 위치 또한 러시아와 같이 비슷한 잠재력을 가지고 있다. 한반도가 분단된 뒤 한국은 북한 때문에 유라시아 대륙과는 단절되어 사실상 섬나라가 되었고, 남중국해, 인도양, 수에즈 운하를 거쳐 화물

을 운송하거나, 러시아 극동으로 화물을 운송한 뒤 TKR에 선적해야
했다.

이 프로젝트는 전통적인 지정학적 안보 개념과 지역 경제안보 개념
을 모두 충족한다. 이 사업은 남한이 철도를 통해 유럽으로 수출품을
운송할 수 있도록 하는 것을 목표로 북한을 경유하는 것이 철도 수송의
핵심 구상이다. 이는 동북아의 지역 경제 통합 발전의 서막이자, 동북
아와 유럽 간 경제 연계의 핵심이 될 수 있다. 더욱이, 전통적인 안보
의 관점에서도 한반도 긴장 완화와 장기적으로는 한반도 통일 프로세
스까지 용이하게 하는 역할을 수행할 수 있을 것이다(제8장 참조).
    그러나 사업 추진이 지연돼 현재까지 실질적인 이득이나 구체적인
성과가 없었다. 이 장에서는 이러한 철도 연결의 잠재력에 대한 낙관
적인 견해에도 불구하고, 현재의 다양한 장애물들이 양국의 양자 및
지역 경제안보 구축 과정을 명백히 방해하고 있다고 결론짓는다. 필자
는 서울과 모스크바 간 철도 연결 협력의 주요 장애물은 외부 요인, 즉
해결되지 못한 북핵 위기 문제라고 주장한다.

이번 장에서는 먼저 TSR의 역사적 배경을 간략히 살펴본 뒤, 사업
의 전개 현황 및 사업의 장애물과 기회 요인들에 대해 논의하겠다. 그
뒤, 양자 및 지역 경제안보에 대한 이 교통망의 함의를 검토해보고자
한다.

2
TSR 사업의 배경

TSR의 완성은 시베리아를 개방함으로써 제정러시아, 구소련, 러시아 연방의 역사에 큰 영향을 주었다. TSR은 러시아의 마지막 차르인 니콜라이 2세가 러시아의 동부와 서부를 연결하기 위해 건설한 것으로, 이를 통해 19세기 후반부터 시베리아 지역에 상업 수송이 가능해졌다. 1891년 세르게이 비테Witte 러시아 재무장관의 주도로 착공되어 1905년에 완공되었다. TSR 건설의 목적은 다음과 같았다:

1) 중심부에서 멀리 떨어진 시베리아 동부 재산에 대해 모스크바 중앙 정부가 통제권을 행사하기 위함.
2) 국경지역의 민영화 움직임과 외국의 영향력을 저지하기 위함
3) 지역의 독립을 추구하는 시베리아의 지역주의 지식인들의 열망을 중앙 정부 차원에서 억제하기 위함.

비테는 국가를 통일하고, 러시아가 유럽의 이념과 산업에 의해 지배당하는 양상을 끝내는 것 두 가지를 TSR 건설 목표로 설정했다. 제정러시아는 이 철도를 단순히 교통과 산업 발전의 수단으로만 사용하는 것이 아니라, 북아시아 지역, 특히 새로 편입된 극동 지방의 식민지화와 러시아 화를 가속화하기 위한 도구로 사용하고자 했다. 사실, 스티븐 마크스Steven Marks의 주장대로, 러시아 차르 시대 동안 이 철도가 시베리아에 가져다준 경제적 이익은 미비하거나 거의 없었다. 그러나 군사 전략적인 관점에서는, "이 철도의 부설로 인해 태평양으로 병력을 수송할 수 있었고, 만주 북부 지역을 합병시킬 수 있었으며, 이는 곧 일본과의 전쟁 발발의 주요 요인이 되기도 하였다." 한마디로, 제정 러시아 시절 상업, 산업, 경제 성장은 그 자체가 주체가 아니라 정

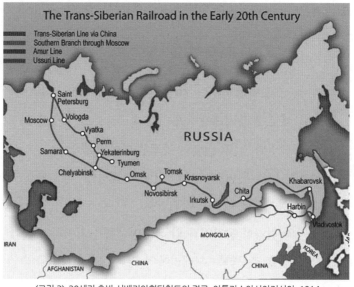

〈그림 3〉 20세기 초반 시베리아횡단철도의 경로. 아틀라스아시아러시아, 1914.

부의 필요에 의해 늘 종속 변수였다. 제정 러시아는 시베리아와 러시아 극동에 대한 외국의 영향력 행사를 우려해 자국 내 금융자본만을 사용하고 외국 기업인들의 제안과 재정 지원을 거부했다. 100년이 지난 지금, 아이러니하게도 TSR은 러시아의 지역 통합을 촉진하는 도구일 뿐만 아니라 민간 및 외자 투자를 유치하는 중요한 경제 수단이 되었다(그림 3).

원래 TSR 노선은 첼랴빈스크에서 시작하여 옴스크, 노보시비르스크, 크라스노야르스크, 이르쿠츠크, 치타를 거쳐 동쪽으로 뻗어있었다. 그 다음, 만주를 거쳐 러시아 영토로 재진입하고 블라디보스토크에서 끝났다. 이 노선의 만주 구간은 중국 동부 철도로도 잘 알려져 있다. 첼랴빈스크와 태평양 연안을 연결하는 이 직통 노선은 1916년 10월에 개통했다. 오늘날의 TSR은 치타에서 원래 노선을 벗어나, 아무르 강 유역과 우수리 강 유역을 따라, 하바롭스크를 경유하여, 블라디보스토크에 도착하는, 전적으로 러시아 영토만을 경유하는 노선이다. 모스크바–블라디보스토크 노선의 길이는 9,310km이다. TSR은 현재 옴스크와 예카테린부르크를 연결하는 노선을 포함하여 몇 개의 지선을 가지고 있다. 또한 완전히 새로운 노선인 바이칼–아무르 간선[BAM]은 TSR과 시베리아 대륙 전체의 잠재력을 극대화하기 위한 수단으로서 1974년에서 1989년 사이에 건설되었다. TSR에서 Ust-Kut로의 분기점은 BAM과 연결된다. TSR은 투르키스탄–시베리아 철도와도 연결되어 있다.

TSR의 실질적인 개발은 구 소비에트 시대에 상당 부분 진전이 있었으며, 진척된 대부분의 TSR 프로젝트들은 구소련 시베리아 철도위원회에 의해 고안되었다. 소련 교통 체계에서 철도의 상대적 중요성은 수치상으로 1937년의 경우 전체 화물의 90%가 철도로 운반된 반면, 8%만이 수로, 2%만이 트럭으로 운송되었다는 점에서 쉽게 알 수 있다.

러시아 극동과 유럽 간 TSR을 이용한 화물 운송은 1920년대에 시작되었다. 소형식 컨테이너의 최초 상업적 사용은 1933년으로 거슬러 올라가며, 거의 40년 동안 컨테이너의 크기와 품질, 또는 용도에 있어서 크게 변화가 없었다. TSR의 본격적인 컨테이너화 및 운송의 전환점은 제9차 소비에트 5개년 계획[1971~75년] 기간으로, 컨테이너 화물 수송량이 1.7배 늘어난 6,650만t, 팰릿 화물[인력이 아닌 널판 형 적재 판을 이용하는 일괄 협동 수송 방식] 수송량은 2.5배 늘어난 1억 7,000만t을 기록했다. TSR의 컨테이너 화물 수송은 1971년, 일본의 참여와 더불어, 유럽-극동러시아 간 본격적으로 대용량 화물 운송을 담당하기 위해 시베리아 횡단 랜드 브리지[Trans-Siberian Land Bridge]라는 회사가 공식 출범하면서 상당히 향상되었다. 일본에서 유럽으로 가는 전체 화물의 78%가 나홋카 항에서 출발했다. 1981년 말까지 한국, 홍콩, 싱가포르, 태국이 가세하고 호주와 뉴질랜드처럼 비정기적인 고객들도 추가되면서 TSR을 이용하는 국가가 한층 늘어났다. 총 화물량은 약 10만 대에 달하는 20톤에 상당하는 화물로 늘어났으며, 이 중 절반 이상이 일본에서 유럽으로 갔다.

최근의 TSR과 TKR 철도 연계 사업 행보 이전에, TSR과 한국은 1930년대 스탈린의 숙청 기간 동안 다소 비극적인 역사를 공유하기도 하였다. 1937년, 논란의 여지가 많고 하나의 변명의 구실인 안보상의 이유로, 무고한 재소한인들이 소련 극동 연해주에서 중앙아시아로 강제로 추방 이송되었다. 소련군의 지휘 하에 20만 명 이상의 한인들이 1,800개의 TSR 화물칸에 칸 당 40명씩 나뉘어 실려졌다. 3~4주간의 고난스러운 여정 기간 중 약 2,000명 이상이 감기, 굶주림, 질병, 열차 전복 사고 등으로 사망한 것으로 보고되었다. 식량 부족과 위생 문제는 사망률을 더욱더 증가시켰다. 70여년이 지난 지금, TSR이 한국산 제품들을 중앙아시아, 러시아, 유럽으로 운반하면서 한러 관계를 향상시키는 핵심 도구가 되고 있다는 것은 꽤 아이러니한 일이다.

3
TSR과 TKR 철도 연계 사업의 현황

TSR과 TKR을 연결하는 사업은 2000년 10월 러시아 철도부가 처음 제안했고, 2000년 12월 한국과 러시아는 처음으로 북한이 참여하는 공식 철도부 차원에서 회의를 열기로 합의했다. 계획에 따르면, 러시아 국경의 하산 역을 북한과 연결하고, 남북한을 800km-TKR로 연결할 예정이다. 이 사업은 가스관 사업과 함께 한러 간의 가장 유망한 논의 분야 중 하나이다. 가스 사업은 중국, 일본, 미국, 그리고 어쩌면 몽골과 다른 다국적 석유 가스 회사들까지 포함하는 다자간 협력 노력이 선행되어야 하기 때문에, 북핵 위기가 극적으로 타결될 경우 아마도 철도 연결 사업이 에너지 파이프라인 사업보다 더 빨리 완공될 가능성이 높다.

2001년 8월 28일 러시아 TSR의 종착역인 하산 역에서 실시한 타당성 조사 결과, 한국 전문가들은 러시아 측의 장비 및 철도 시스템의 전산화 수준에 꽤 만족감을 드러내기도 하였다. 2001년 8월 30일에는 7명의 한국 대표단이 TSR의 주요 역 중 하나인 노보시비르스크와 대부분의 아시아 화물이 핀란드 및 기타 북유럽 국가로 이동 시 경유역인 상트페테르부르크를 방문했다. 2001년 9월 3일, 한국과 러시아의 철도 관계자들은 TSR을 한반도 전역까지 연장하는 것을 검토하기 위해 북한과의 공동 위원회 설립을 논의했다. 그들은 한국에 광궤도 철도를 놓는 사업과, 한국에 복합 화물 터미널을 건설하는 사업, 그리고 서울에 러시아 철도부 사무소를 건설하는 것을 추진하기로 동의했고, 한국은 모스크바 주재 대사관에 철도 전문가를 배치하기로 합의했다.

2001년 12월 한국과 모스크바는 지리 조사, 선로 개정, 북한 철도 개선, 철도 화물 확보 등 예비 업무를 담당할 철도협력위원회를 구성했다. 2002년 7월에는 이고리 이바노프 러시아 외무장관이 서울을 방문해 TSR과 TKR 연계 사업을 더 구체적으로 논의했다. 양국은 또 2002년 11월 노보시비르스크와 2003년 12월 서울에서 두 차례 국제 철도 컨퍼런스를 개최하기도 했다. 노보시비르스크 회의에서는 양측의 경제·과학·기술 협력 전망과 함께 유라시아 지역 공동체 조성의 중요성에 대해 다루었다. 콘스탄탄 코마로프 시베리아 교통대 총장은 2003년 서울 회의에서 정부뿐 아니라 학계 차원에서도 3국간 전문가 교류가 필요하다고 강조했다.

2004년 1월, 한국 철도청은 TSR과의 연계에 대비하여 섭씨 영하 50도까지의 혹독한 추위를 견딜 수 있는 특별한 정비가 필요 없는 화물 열차를 발명하기도 하였다. 한국철도공사 철도차량사업부 박원기 과장에 따르면, 한국철도공사는 현재 화물 카고 변경 시스템과 선로변경용 기계 장치 개발의 두 가지 프로젝트를 진행하고 있으며, 이 같은 이유는 한국과 러시아의 서로 다른 선로 크기 때문이다.

　블라디미르 페초린Vladimir Pechyorin 러시아 철도부 대변인에 따르면, 북한의 열차는 낡은 철도 제방을 보강할 자갈이 없어 시속 30km 이하로만 운행하고 있다. 따라서 현 단계에서 1차 과제는 낙후된 북한 철도를 업그레이드하는 것이지만, 이는 어디까지나 남북 관계가 원만해져야만 가능한 시나리오이다.

　지금까지는 아마도 김정일 국방위원장이 2001년 8월 TSR을 통해 모스크바를 방문한 것이 철도 연결 사업의 하이라이트 중 하나로 볼 수 있을 것이다. 해당 방문에 이어, 니콜라이 악쇼넨코Nikolai Aksyonenko 러시아 철도부 장관과 김용삼 북한 철도부 장관이 협력 조약을 체결했다. 한 달 뒤 철도 기술자, 설계자, 교량 건설 기술자, 토지 조사원 등 러시아 철도 전문가 대표단이 타당성 조사를 위한 기술 정보를 수집하기 위해 북한을 방문했다. 2002년 북한과 러시아는 TKR의 북한 구간을 TSR과 연결하기로 합의했다. 그해 8월 김정일은 다시 TSR을 타고 러시아를 방문했고, 그곳에서 푸틴과 TSR 연결의 필요성에 대해 논의했다. 12월에는 3국이 3국 철도장관회의를 열기로 합의했다. 2003년 4월 북한과 러시아 철도 당국자 간 2차 협상에서는 양국이 철도 선로와 기관차 문제에 대해 합의점을 찾지 못했다. 그럼에도 불구하고, 2003년 10월 23일 극동철도[FER] 소속 러시아 전문가 100명은 북한 철도에 대한 조사를 재개했다. 2003년 12월, 북한과 러시아는 철도 교량과 교각을 중심으로 북한 동해선 철도 현대화를 위한 공동 토지 조사를 완료했다고 보고했다. 마침내 2004년 7월, 북한과 러시아는 북한의 동쪽 최북단 항구도시인 나진과 TSR의 종착역인 하산을 잇는 철도를 현대화하기로 합의했다.

또 하나의 중요한 사건은 2004년 4월 28~30일 모스크바에서 열린 첫 철도 전문가 회의였다. 이 회의는 3국 비정부기구 대표들 간의 첫 회의였으며, 3국 철도 협력의 기반이 됐다.

러시아에서는 현재 경제개발통상부가 이 사업의 계획 수립을 담당하고 있다. 한국은 2004년 1월 설립된 한국철도시설공단이 외교통상부, 건설교통부, 철도청, 한국철도기술연구원과 공동으로 사업을 지휘하고 있었다. 러시아와 남북한은 다음 단계로 국제 컨소시엄을 구성할 계획이었다. 2000년 9월 1일 서울과 신의주 간 철도를 다시 연결하기로 합의했지만, 해결되지 않은 북핵 위기로 인해 사업이 거의 진전되지 않고 있다. 2004년 12월 미국이 대북 정책을 강화하자 북한이 건설 협상을 중단하면서 철도 사업이 중단됐다.

TSR-TKR 연결 사업에는 두 가지 연결 가능한 루트가 존재한다. 서울-평양-하산 노선과 서울-원산-하산 노선이다. TSR은 한반도의 경의선(서울-신의주)이나 경원선(서울-원산)과 연결될 수 있다.

경의선은 중국과 몽골을 거쳐 유럽으로 이어지는 반면, 경원선은 시베리아를 거쳐 유럽으로 연결된다. 러시아는 경원선의 복원을 선호하는데, 이것이 더 많은 운송 수입을 창출하고 러시아 극동러시아의 경제 발전을 촉진시킬 수 있기 때문이다. 원래는 서울에서 신의주까지 운행할 예정이었으나, 2001년 방러 당시 김정일이 중국을 건너지 않고 러시아로 바로 연결되는 서해안의 경의선 대신 북한 동해안의 경원선을 따라가도록 노선을 변경했다. 이 노선이 복원되면 비무장지대를 가로질러 북한의 동쪽 해안 도시인 청진과 북한의 원산을 거쳐 남한의 동쪽 항구 도시인 강릉으로 연결된다. 정부는 2004년 3월 '정부 유통 채널 개선 정책'의 일환으로 2015년까지 70억 달러를 투자해 TSR을 직접 연결하는 한국 동부 해안선 개발에 나서겠다고 발표한 바 있다.

러시아 철도부는 한국에서 보내는 연간 화물량과 관세가 중국의 환승 철도 관세와 동등하게 보장된다면 북한 철도 재건에 투자할 예정이라고 역설해왔다. 러시아는 북한의 철도 930km^{러시아 표준~1520mm 선로 폭}를 재건 및 전기화해야 하고 한국 인근 접경 지역의 광산도 제거해야 한다. 러시아는 또 북한에 철도를 따라 고속도로도 건설할 계획을 가지고 있다. 공사는 극동철도^{Far Eastern Railways} 사가 완공할 예정이며 예상 공사 기간은 2년, 비용은 약 2억 5,000만 달러, 회수 기간은 3~5년이다. 북한을 통과해 한반도와 유럽을 연결하는 TSR이 완공되면, 일본에서 핀란드로 화물을 운송하는 데 해상 운송 30일에 비해 현격히 빠른 약 17일이 소요된다. 이 노선의 연간 운반 용량은 컨테이너 50만 개로 추산된다. 매년 아시아 태평양 지역과 유럽 사이에 운반되는 100만 개의 컨테이너 중 현재 5%만이 TSR에 의해 운송되고 있다. 더욱이 한국, 북한, 중국, 러시아, 카자흐스탄, 유럽을 연결하는 단일 도로 통로가 가동되면 TSR은 전체 '유라시아' 화물 거래량의 최대 10%를 처리할 수 있다. 손흑래 한국 철도국장에 따르면, 한국이 시베리아와 극동러시아에서 천연자원을 수입하는 데에도 이 철도를 이용할 수 있다.

4
장애물

TSR과 TKR 연결 사업의 다양한 이점들에도 불구하고, 몇 개의 장애물들로 인해 사업이 지연되고 있다.

4.1. 경제적 측면

현 단계의 주요 문제점 중 하나는 프로젝트 재원 조달이다. 러시아와 한국 전문가들은 2004년 4월 28~30일 모스크바에서 열린 제1차 철도 회의에서 이 사업의 재원 마련과 기술적 측면에 대해서 논의했다. 초기 추정 비용은 2억 5천만 달러였다. 그러나 북한의 선로 개선 및 신호 체계 전산화를 포함한 최종 추정 비용은 25억~30억 달러 이상으로 나타났다. 2004년 2월 게나디 파데예프[Gennady Fadeyev] 러시아 철도부 장관은 러시아가 북한 노선 보수에 이미 1,300만 달러를 썼다고 발표했다. 이고르 피칸Igor Pikan은 이 프로젝트에 철도 장비를 업그레이드하고 항구와 역을 확장하여 철도 교통 예상 증가량을 수용할 수 있게 하려면 30억~50억 달러의 추가 비용이 필요할 수도 있다고 예상했다. 러시아 외교 소식통에 따르면, 러시아 정부는 이 프로젝트에 약 40억 루블 정도의 예산을 할애할 것으로 예상되었고, 이 중 10억 루블은 이미 TSR의 28km 구간 보수에 사용되었다고 한다. 러시아 철도부는 북한 노선 재건을 위한 국제 컨소시엄을 설립하는 한편, 사업에 투자할 미국 기업들까지 모색 중인 것으로 알려졌다. 한국 국토부당시, 건설교통부는 서울–원산 노선을 복구하는 데 약 2억 3,600만 달러가 들 것이라고 발표했다. 정부는 또 아시아개발은행ADB과 유엔 아시아·태평양경제사회위원회ESCAP 등 국제 금융기관으로부터 대출도 검토하고 있다. 한마디로 이 사업의 비용이 초기 예상보다 높아지는 것이 문제인 셈이다.

4.2. 기술적 문제

또 다른 장애물은 낡은 장비와 설비 시설이다. 러시아 철도, 특히 극동 지역은 철도 차량과, 하역 장비가 턱없이 부족하다. 더욱이 19세기 후반과 20세기 초에 건설된 TSR의 구조와 시설은 매우 낙후되어 있으며, 구소련 시절 보수 및 개선이 거의 없었던 시베리아와 극동을 가로지르는 구간은 특히 문제가 더 심하다. 이 노선은 경사가 가파르고 기차가 급격하게 턴을 해야 하는 산악 지형을 가로지른다. 군데군데 선로가 만년설에 놓인 지역에서는 지면이 녹으면서 선로가 변형되기도 한다. 설계상의 한계로 인해 더 긴 열차가 운행할 수 있게 선로를 연장하는 것과 같은 현대화 작업은 사실상 어렵다. 러시아 철도부는 기계와 장비 현대화에 7,600억 루블^{약 260억 달러}이 필요하다고 추산했다. 따라서 사업에 투자할 국내외 민간 기업을 모색하고 있으며, 민간 기업 운영진과 함께 합작 투자회사 '러시아 철도^{Russian Railways}'를 설립하는 민영화 계획도 구상했다. 3단계 철도 개혁이 끝나면, 본 합작 투자회사의 약 50% 지분은 개보수 작업, 화물 및 여객 운송을 담당하는 민간 기업이 보유하게 된다. 이 계획은 2004년 6월 러시아 정부에 의해 승인되었다.

한편, 북한 구간의 경우에는 선로를 업그레이드하고 신호 시스템을 전산화하는 것이 제일 시급한 문제이다. 철도가 지나는 북한 지역도 산세가 매우 험하고, 선로 상태도 매우 열악하다. 한국의 철도 전문가들에 따르면 북한 철도는 표면적으로는 양호해 보일 수 있지만, 고질적인 전기 부족 현상과 낙후된 설비 문제로 인하여 대형 사고의 가능성이 높은 매우 취약한 구조를 가지고 있다. 북한의 철도는 산악지대에서 시속 20~30km의 속도를 낼 수 있는 것으로 알려져 있다. 한마디로 북한 철도는 처음부터 근본적으로 다시 설계해야 한다는 것이다.

4.3. 북한의 참여

이 사업의 성공을 좌우하는 가장 중요한 요소는 북한이다. 북한의 개방은 TSR-TKR 연계 사업 실현을 위한 필요조건이다. 그러므로 평양과 서울 그리고 무엇보다 평양과 워싱턴 사이의 관계가 이 사업의 발전 속도를 결정하는 데 중요한 변수이다. 이 두 관계들은 제약 조건이 되기도 하지만, 그만큼 기회가 될 수 있는 가능성도 의미한다. 예를 들어, 2000년 6월 15일 남북 정상의 역사적인 정상회담 이후, 이 사업은 탄력을 받았다. 정상회담은 한반도의 긴장을 줄이고 평화와 협력의 분위기를 만들었다. 3개월 후, 김대중 대통령과 푸틴 대통령은 뉴욕에서 열린 유엔 밀레니엄 정상회의에서 TSR-TKR 연결 사업을 이행하기로 합의했다. 이들은 또 이 사업을 위해 기존 한러 공동경제위원회 산하에 교통 소위원회를 설치하기로 합의했다.

그러나 이 경우를 제외하고 대부분 다른 때는 북한 요인이 3국 철도 협력에 부정적인 역할을 했다. 특히 북핵 문제를 둘러싼 남북 간 분쟁으로 북한에 우호적인 문재인 정권 하에서도 아직까지 본 사업은 지연되고 있다. 노무현 재직 시절 조지 부시 대통령의 대북 강경 정책과 이에 대한 북한의 적대적 대응으로 한반도 정세가 악화되었다. 2004년 11월 북한이 미국의 정책을 이유로 평양에서 제2차 철도 건설 전문가 협상을 개최하기를 거부하면서 이 사업은 잠정 중단되었다. 게나디 파데예프 러시아 철도부 장관은 "러시아 쪽 작업은 거의 마무리됐지만, 변덕스러운 김정일 국방위원장이 언제쯤 북한 철도를 한국과 연결하려 할지 아무도 짐작할 수 없다 이 사업의 마지막 주요 장애물은 남북이 철도 네트워크를 연결하는 데 동의하도록 하는 것이다."라고 했다.

그 뿐 아니라, 엄밀히 말해 한국과 북한은 아직 전쟁 중인 상태이기 때문에 국제 화물회사와 보험회사들이 이 사업을 어떻게 인지할지가 확실하지 않다. 2003년 ESCAP이 극동러시아에서 유럽으로 이어지는 각종 철도 노선에 대한 타당성 검사를 실시했을 당시, 북핵 위기에 의한 한반도 정세 불안을 이유로 TSR-TKR 노선은 아예 배제시키기도 하였다. 어쩌면 TSR-TKR 노선은 2004년부터 국제 운송 회사들이 마케팅을 시작해온 다른 운송 노선들에 비해 경쟁력이 많이 떨어진다는 셈에서였다.

4.4. 러시아 국내 문제

러시아 내부에도 여러 장애물이 존재한다. 철도 사업은 본래 러시아 극동 개발이라는 지역 차원에서 접근해야 한다. 이미 앞선 챕터들에서도 나타났듯이, 구소련 붕괴 이후, 법적인 문제를 비롯하여 사회, 경제, 금융 인프라의 부재 현상은 극동러시아 지역에서 국제무역의 활성화와 외국인 투자에 결정적으로 악영향을 미쳐왔다. 1990년대까지, 극동러시아 지역은 외국인 투자, 국내 투자 혹은 합작 투자자들을 위한 투명한 법령 체계를 갖추고 있지 못했다. 이 지역에서 현재 사업을 하고 있는 외국인 투자자들 혹은 잠재적 외국계 회사들은 항상 러시아의 무모하고 예측 불가능한 관세 정책, 불분명하고 자주 바뀌는 규제 환경, 부적합한 재산권 보호 정책 등과 관련하여 불평을 제기해왔다. 특히 극동 지역에서는 복잡하고 변칙적인 통관 제도와 높은 관세와 같은 관료주의적 불필요한 요식 행위Red Tape가 아직까지 존재한다. 게다가 시장 및 통계에 대한 정보 부족 현상은 극동러시아와 다른 국가들 간의 경제 협력에 분명 마이너스로 작용한다.

또 다른 심각한 문제는 러시아 국내의 금융 인프라의 후진성이다. 러시아에서는 은행들 간에 네트워크가 구축되어 있지 않기 때문에 1990년대에는 러시아 극동 지역으로의 송금이 끊기거나 지연되는 경우가 꽤 많았다. 또한 이 지역은 외환 거래소가 턱없이 부족했으며 국제 금융 시스템이 제대로 가동되지 않았다. 이러한 문제들과 고부가가치 상품에 대한 안정성 부재 및 높은 철도 관세 문제들은 외국 기업들이 유럽으로 수출품을 운송할 때 TSR을 이용하는 것을 꺼리게 만들었다. 그리고 앞서 논의한 바와 같이, 노후화된 기계와 예측할 수 없는 전기와 수도 공급 역시 외국인들에게는 TSR 종착 지점 혹은 출발지인 러시아 극동 항구들에 대한 매력을 감소시켰다.

이 철도 연계 사업의 발전 속도를 늦출 수 있는 또 다른 잠재적인 문제 중 하나는 러시아 석탄 광부들의 파업이다. 1990년 이 나라에서 가장 큰 광부 파업 기간 동안, 석탄 광부들은 실제로 TSR을 봉쇄하기도 하였다. 그리고 1998년 이후 이 TSR 철도는 파업 노동자들의 빈번한 표적이 되었다.

또 다른 중요한 걱정거리는 철도 절도범에 의한 화물 강도의 가능성이다. 철도를 이용한 교통은 세계 다른 곳에서도 종종 도둑질 위험에 많이 노출되어 있는 게 사실이다. 특히 세계에서 가장 긴 이 철도는 시베리아 동부의 고립적인 입지를 고려할 때, 위험성이 다른 어느 곳보다 훨씬 높다. 최근 몇 년 동안 TSR에서 도난이 상당히 증가했으며, 이러한 이유만으로 많은 운송 회사들이 러시아 극동항(RFE)의 사용을 중단했다. 따라서 많은 러시아와 외국계 운송 회사들은 러시아 극동항만, 철도, 도로, 세관에서 그들만의 화물 보안을 강화하는 경향이 있다.

피칸은 화물 안전의 중요성을 강조하였는데 구체적으로 "러시아 철도부 자산을 인수하는 새로운 회사 러시아철도Russian Warilways Co.로서는 철도 서비스 관련 적절한 품질과 안전을 제공하는 것이 매우 중요하다."고 말했다. 비탈리 에피모프Vitaly Yefimov 러시아 상공회의소 교통위원장은 "TSR과 TKR 연계 사업은 비용과 시간적 이점이 명백히 존재하지만, 대부분의 기업, 특히 일본과 한국의 기업들은 상대적으로 훨씬 안전한 해상 항로를 여전히 선호할 수도 있다."고 지적했다. 더구나 한국무역투자진흥공사KOTRA 보고서에 따르면 러시아에는 현재 화물 피해나 손실에 대한 보상 시스템이 정착되지 않은 상태다. 러시아 철도 도둑들은 심지어 철도 부속품인 케이블과 철로도 목표로 삼아왔다. 화물차 부족, 예측할 수 없는 철도 운영 체계, 빈 컨테이너 수거에 대한 믿을 수 없는 과도한 과세 부과 등도 러시아 측의 고질적인 문제들이다.

또한 최근 2022년 3월 러시아의 우크라이나 침공 사태와 이와 관련된 국제 사회의 대 러시아 경제 제재들은 한국 내에서 정부와 기업들의 러시아에 대한 이미지 자체를 재고하게끔 만들었다. 결국 러시아와의 교통 연계 사업이 향후 국제 사회에서 한국에 대한 부정적인 이미지로 비춰질 수 있는 것이 지금으로서는 부정할 수 없는 사실이다.

4.5. 한국 국내 문제

한국 내에서 이 사업의 가장 큰 걸림돌은 본 사업에 대한 정부와 민간 기업의 전반적인 의지 부족이다. 중국과 일본 정부가 러시아 극동 지역 사업에 투자에 적극적이었던 반면, 한국의 정책 입안자들 사이에서는 전문성도 부족하며 러시아 사업에 대한 추진 의지 또한 부족했다. 2004년 9월 노무현 대통령과 푸틴 대통령의 모스크바 정상회담 전까지만 해도 한국 정부 관료들과 재계 사이에서 러시아 투자에 대해 다소 비관적인 시각이 팽배했었다. 정상회담이 이끌어낸 동기부여에도 불구하고, 대외 정책 입안자들과 기업인들 모두 러시아를 상대할 때 장기적인 투자보다는 단기적인 이익에 초점을 맞추는 경향이 농후했다.

게다가, 이 당시 한국의 국내 정치 혼란은 전반적으로 한러 양자 간 및 다자 간 프로젝트의 발전을 더욱 저해하고 있었다. 2004년 3월 노무현 한국 대통령의 탄핵 사태는 한국을 분열시켰고 한국인들은 잠재적으로 수익성이 높아 보이는 극동러시아 지역 투자 기회에 신경 쓸 겨를이 없었다. 게다가, 한국은 고유의 지역주의, 세대 간 이념적 균열, 그리고 명백한 사회적 분열에서 비롯된 정치적, 사회적, 경제적 혼란을 경험해왔다. 일부 정치학자들은 한국에서 1987년 민주주의가 회복된 이래, 어느 시점보다 지금 한국 내 분열이 가장 심하다고 주장했다. 노 대통령이 친북 정책을 적극 지지했었기 때문에 탄핵 이후 사실상 남북 간 모든 협상이 중단되었다.

또한 이명박 정권하에서는 북한의 천안함 폭침 사태, 연평도 포격 사건, 박근혜 정권하에서는 북한의 계속되는 핵실험, 파국으로 치달은 남북 관계로 인하여 사실상 본 철도 연계 사업은 완전히 좌초된 것이나 다름없었다. 또 하나의 친북 정권인 문재인 정권하에서도 지속적으로 남북 철도 연계 사업을 추진하려고 다방면으로 모색하였지만, 북·미 관계의 불확실성과 UN 및 국제 사회의 대북 제재 하에서는 본 사업이 실현되기가 사실상 어려웠었다. 이러한 불안한 한반도 정세와 더불어, 실제로 노태우 대통령 시절 이래로 한국 외교 정책 의제에서 상대적으로 우선순위가 낮았던 러시아의 현 위치를 감안하면 그나마 진행 중이던 몇몇 한러 프로젝트들마저 거의 대부분 좌초되거나 지연된 것이 사실이다. 그나마 한러 관계에 있어서 가장 현실적으로 추진가능성이 높아 보이고 상징성이 있어 보이는 철도 연계 사업도 예외가 아니었다.

5
회의론과 낙관론

본 사업 관련 회의론자와 낙관론자 그룹들은 철도 연결의 잠재적인 이점에 대해 상반되는 논리를 주장한다. 4절에서 설명한 모든 장애물들 때문에, 회의론자들은 이 사업이 경제적 이익을 가져오거나 남북한 통일을 이루는 데 도움이 될지 의심하고 있다. 그들은 이 연결 사업이 여러 가지 이유로 비용 대비 경제적으로 효율적이지 않을 수 있다고 주장한다.

첫째, 한국은 향후 생산원가를 낮추기 위해 중국이나 동남아시아로 기업들을 옮겨야 할 가능성이 높다. 이렇게 되면, 해상 항로를 이용하는 것이 TSR을 이용하는 것보다 더 이익이라는 논리다. 2002년에 일본동북아경제연구소ERINA의 선임 경제 연구원 히사코 츠지Hisako Tsuji는 이 사업이 김대중 전 한국 대통령이 자신의 정권을 유지하고 그가 속한 당이 다음 대선에 승리하도록 돕기 위해 이용한 단순한 정치 게임이었다고 주장했다. 그녀는 김대중 대통령이 선거 후 정치에서 사라질 것이며, "이후에 어떤 새로운 시나리오가 있을지 아무도 모른다."고 예측했다. 2001년 러시아 당국자들도 북한과의 철도 연계 부활을 상당히 비관적으로 보고 있었다는 점도 흥미롭다. 예를 들어 2001년 3월, 게나디 파데예프 철도부 장관은 TKR과 TSR을 연결하는 것은 상당한 투자를 필요로 하는 '거대한 정치적 위험'을 초래한다고 주장했다. 그러나 나중에 그는 이 사업을 이 지역에서 가장 유망한 프로젝트라고도 칭해서 흥미를 끈다.

둘째, 해상 운송비용이 꾸준히 감소하고 있다. 2002년, 러시아 철도청이 컨테이너 운송에 부과하는 요금은 해상 운송 업체의 요금보다 여전히 높았다. 예를 들어 부산에서 핀란드로 화물을 배로 보내는 비용은 40피트 컨테이너 당 2,100달러로 TSR 노선에 부과된 2,800달러보다 훨씬 낮았다. 블라디미르 콘토로비치Vladimir Kontorovich는 부피 대비 부가가치 상품의 빠른 배송이 육로 운송이 더 비싼 이유라고 설명했다. 비관론자들은 낮은 해상 운송비용이 20일의 철도 운송 기간에 비해 긴 35일의 해상 운송 기간의 단점을 충분히 상쇄할 수 있을 것이라고 예측한다. 게다가, 화물은 한국 내에서도 500km나 이동할 것이고, 한국의 철도 운송 요금은 해상 운송 요금보다 비싸다. 북한이 어떤 수수료를 부과할지도 미지수이다.

	한국	북한	러시아	벨라루스	폴란드	독일
철로 폭 너비	표준궤간 (Standard Gauge) 1,435		광궤 (Broad Gauge) 1,520		표준궤간 (Standard Gauge) 1,435	
전압	25,000AC	3,000DC	25,000AC		3,000DC	15,000AC

셋째, 러시아 선로가 한국 선로보다 넓은 광궤를 사용하기 때문에 러시아에서는 화물을 다른 종류의 열차로 옮겨야 할 것이다. 표 2와 같이 러시아의 선로 폭은 1,520mm이고, 남한과 북한의 선로 폭은 모두 1,435mm이다. 화물이 유럽으로 건너갈 때도 같은 문제가 발생하는데, 이는 화물을 유럽 표준궤도 레일 카나 트럭에 다시 옮겨야 하기 때문이다. 이 같은 문제는 결국 운송 지연을 야기하며, 극동러시아에서 유럽까지의 총 배송 시간은 TSR과 해상 노선 간에 큰 차이가 없음을 의미한다.

해상 운송 회사들과 한국의 항공 화물 수송 회사들의 적극적인 로비도 문제가 될 것으로 보인다. 비관론자들은 현재 극동 러시아에서 유럽으로의 TSR 화물량 100,000TEU가 해상 화물량 140,650,000TEU의 1%에 불과하며, 가까운 미래에 해상 항로에서 TSR로의 극적인 전환은 없을 것이라고 전망한다. 그러나 이미 TSR 노선의 개발로 러시아 극동 남부 여러 항구가 쇠퇴하고 있다는 조짐이 있다. 한국의 국내 항만, 특히 부산항도 장기적으로 쇠퇴할 가능성이 있다. 열차 화물량이 증가하고 현재 한국 전체 화물의 90%를 취급하고 있는 항만들의 사업들이 줄어들 것이기 때문이다.

<표 3> 시베리아횡단철도 노선과 해상 노선 비교 (한국에서 서유럽까지). 러시아 철도교통부, 2001.

	거리 (1,000km)	운송 기간 (월)	운송 비용 (US $1,000)
시베리아횡단철도 노선	12.4	18	1.2
해상 노선	19.2	26	1.4
시베리아 횡단철도 절약 효율	-6.8	-8	-0.2

<표 4> 시베리아횡단철도 노선과 해상 노선 비교(한국에서 핀란드까지). 러시아 철도교통부, 2001.

	거리 (1,000km)	운송 기간 (월)	운송 비용 (US $1,000)
시베리아횡단철도 노선	10.9	12.5	1.2
해상 노선	22.8	28.0	1.8
시베리아 횡단철도 절약 효율	-11.9	-15.5	-0.6

낙관론자들은 첫째, 이 사업이 한국과 러시아에 장기적으로 교통 강국이 될 수 있는 완벽한 기회를 제공할 것이라고 강력하게 주장한다. 그들은 기차가 선박보다 더 빨리 이동할 수 있고 극동러시아에서 서유럽으로 가는 육로 노선이 짧기 때문에, TSR과 TKR에 의한 운송은 해상 노선보다 공급자와 소비자 간 운송 시간을 절약할 수 있다고 주장한다.[표 2와 3] 출발지와 목적지에 따라 철도 경로의 길이는 약 13,400km[8,375마일]인데 수에즈 운하를 통과하는 해로 20,750km[13,000마일], 파나마 운하를 통하는 해로 23,200km[14,500마일], 또는 희망봉 주변을 통과하는 해로 27,000km[16,900마일]보다 확실히 짧다는 논리다.

둘째, 낙관주의자들은 새로운 철도 노선이 지역뿐만 아니라 세계적인 차원에서 무역과 산업의 성격을 근본적으로 변화시킬 것이라고 주장한다. 더 큰 유라시아 철도 시스템의 창설은 러시아, 유럽과의 관계뿐만 아니라 동북아시아 국가들 간의 경제 관계를 재편성할 수 있을 것이다. 한국은 한반도를 이미 러시아, 중국, 일본을 대변하는 이 지역의 허브로 규정하기 시작했다. 중국과의 경쟁이 심화되고 있는 가운데, 한국 정부는 또 부산항을 동북아 해상 운송의 주요 허브이자 잠재적인 TSR-TKR 연결 사업의 일환으로 개발함으로써 경제안보 강화를 도모하고, 동남아시아에서 싱가포르의 역할에 필적하는 역할을 수행하고자 한다. 부산은 이미 세계 5위의 컨테이너 항만이자 세 번째로 큰 환적항으로 북미와 유럽을 오가는 화물들의 이상적인 환적 지점이 되고 있다. 현재 한국은 2011년까지 컨테이너 용량을 150% 늘린다는 목표로 신항만 건설을 진행 중이며, 부산에도 FEZ를 건설하는 중이다.

셋째, 경의선과 경원선이 모두 복구되면 중국횡단철도TCR와 TSR을 통해 유럽을 관통하는 V자형 TKR 구축이 가능해져 동·서유럽과 중앙아시아까지 한국 수출 시장을 확장할 수 있게 된다. 이로써 한국은 확장 한계에 거의 도달한 미국 시장과 잠재적으로 중국 시장에 대한 의존도까지 낮출 수 있을 것이다. TSR 노선이 카토비체를 통해 서유럽의 정문이라고 할 수 있는 폴란드 남부 슬라코우와 연결되면, 운송 시간이 현재의 3분의 1로 단축된다. 한국 기아자동차의 동유럽 및 영연방 독립국가CIS 사업부 서동식 부장은 TSR이 자사에 엄청난 경쟁력이 될 것이라고 주장한다. 낙관론자들(기아차 폴란드 지사장 장호정 부장 포함)의 예측에 따르면, 한국 평택 항에서 함부르크를 거쳐 폴란드까지 총 해상 운송 시간은 2개월인 반면, TSR을 통하면 20일밖에 걸리지 않는다. 또, 낙관론자들은 TSR의 운송비용컨테이너 당 1,200달러이 해상 항로 비용1,600달러보다 30% 낮을 것이라고 추정한다. 쉽게 말해, 이 철도 연결 사업을 통해 한국은 유럽과 아시아를 연결하고, 나아가 태평양을 통해 심지어 북미와 남미까지 연결하는 중요한 연결고리 국가로서 입지를 굳히는 데 큰 도움을 줄 것이다.

넷째, 이 철도 연결 사업은 통일된 한반도의 산업 발전을 도울 것이다. 남한은 이미 북한 서북부의 일부 지역을 개발하고 있고 이 철도 연결 사업은 남한 기업과 북한에 있는 해당 기업 계열사 및 공장들 간에 자재, 완제품, 장비 등을 신속하고 효율적인 운송할 수 있게 함으로써 이러한 개발 활동에 가속도가 붙을 것이다.

결과적으로, 낙관론자들은 이 사업을 통해 모든 참여자들이 어느 정도 이득을 얻을 것이라고 주장한다. 한국 역시 유럽으로 오고 가는 배송 시간을 30%까지 줄이고 40피트 컨테이너의 운송비를 400달러까지 줄일 수 있을 것이다. KOTRA 보고서에 따르면 연간 TSR 총 화물량은 500만~700만 이상이 될 것으로 예상되며, 이를 통해 한국은 연간 770만 달러에서 최대 1,700만 달러까지 절약할 수 있을 것으로 본다(표 5).

<표 5> 시베리아 횡단철도 운송 비용. 러시아 철도교통부, 2001.

(단위 : 달러)

도착지 출발지	일본		한국		중국	
컨테이너 용량(ft)	20	40	20	40	20	40
독일(브레스트 경유)	1,370	2,380	1,225	2,180	1,520	2,470
핀란드(부슬로브스카야 경유)	1,350	2,170	1,210	1,980	1,495	2,295
모스크바	2,080	3,520	1,990	3,510	2,075	3,220
유럽 (상트페테르부르크 경유)	1,570	2,460	1,410	2,270	1,690	2,590

　한국의 추정치에 따르면, 철도 운행을 개시하면, 북한 역시 연간 약 1억 달러의 철도 요금 수익을 내게 될 것이다. 김일성 전 북한 국방위원장은 생전에 철도 사업에 깊은 관심을 보였으며 1994년 사망 직전 평양을 방문한 벨기에 노동당 지도자에게 이 사업이 북한에 많은 이익을 가져다 줄 것이라고 말한 것으로 알려졌다. 낙관론자들은 북한과 러시아가 최대 1,200만 톤의 운송화물약 60만 개의 40피트 컨테이너을 받을 것으로 추산하고 있다. 게다가, 이 철도 프로젝트는 동북아시아 국가들이 동시베리아와 극동러시아의 천연자원 시장에 더 쉽게 접근할 수 있게 해줄 것이다. 한국은 이미 2001년 중국을 소폭 앞지른 37억 달러로 연해주 지역 무역 1위에 올랐고, 이 지역 전체 무역의 21%를 차지했다. 또한, 연간 교역량도 27%로 늘어나고 있다. 한국은 또 우랄산맥 동부를 잠재적 상업지구로 개발하는 데에도 관심을 보여 왔다. 2000년 9월 뉴욕에서 열린 유엔 밀레니엄 정상회담에서 푸틴 대통령은 통신, 에너지, 전력용 광섬유 케이블 건설 등 여러 분야에서 비약적인 발전이 있을 것이라고 주장했다. KOTRA 보고서에 따르면, 철도 연결 사업은

보따리 셔틀 무역 활동도 활성화시킬 것이라고 한다. 게다가, TSR이 2004년 3월 운행을 시작한 시속 300km의 한국고속철도(KTX)에 연결된다면, 관광에도 도움이 될 것이다.

경제적 이익 외에도, 낙관론자들은 TSR-TKR 연결 사업이 장기적으로 한반도 긴장을 완화하고 통일 과정을 촉진할 수 있다고 주장한다. 이 사업은 통일을 위한 물질적 투자로서의 역할을 할 수 있을 것이다. 러시아 세계경제국제관계연구소^{IMEMO}의 노다리 시모니아^{Nodari Simonia} 소장이 지적한 바와 같이, 독일이나 베트남의 경우가 그러했듯이 경제적 동질성은 통일의 기반을 제공한다. 이런 맥락에서, 북한 경제의 상당한 성장 없이는 통일을 이룰 수 없음은 분명하다. 철도 사업은 북한 주민의 이동성을 높이고 사회경제적 구조의 변화를 촉진하기 때문에 북한 사회를 점진적으로 개방하는 데 기여할 것이다. 러시아 경제 전문가들은 북한이 TSR-TKR 연결 사업의 화물 운송비로 연간 약 15억 달러 수익을 낼 것으로 전망하고 있으며, 직접적인 경제적 이익과는 별개로 이 사업이 북한 내 다른 산업 발전의 기반도 제공할 것으로 보고 있다.

낙관론자들에 따르면, 철도 연결 사업의 진정한 수혜자는 러시아일 것이다. 이 사업은 러시아가 100년도 더 전에 TSR에 의해 통일된 이래 가장 중요하게 여겨온 운송 프로젝트를 완성할 수 있게 함으로써, 세계 무역의 균형을 상당 부분 흔들 수도 있다. 이 사업은 또 러시아 극동 지방 경제 인프라의 재건을 돕고, 이 지역이 아시아 태평양 지역의 주요 지역 경제 주체가 되도록 도울 것이다.

소련 시절 TSR은 극동러시아에서 서유럽으로 가는 최단 교통로 중 하나였으며 연간 10만~15만개의 컨테이너를 수송했다. 소비에트 연방의 붕괴 이후, 그리고 특히 1990년대 후반의 경제 위기 기간 동안, 러시아 극동의 항구들과 TSR은 심각한 문제들을 많이 겪었다. 그 결과, 많은 아시아 위탁 화물 업체들이 TSR에서 더 길지만 안전한 해로로 운송 수단을 바꿈에 따라 러시아 극동항만의 무역량과 TSR 화물량이 감소했다. 지난 10년간 TSR의 화물량은 연간 13만 9,000개에서 연간 2만개로 줄었다. 아시아 태평양에서 유럽으로 가는 총 컨테이너 운송량에서 TSR이 차지하는 비율은 1990년대 중반 5~6%에서 0.7%로 떨어졌다. 그러나 러시아가 TSR을 통해 붐비지만 상대적으로 저렴한 항구인 부산에 접근할 수 있게 된다면, 이는 TSR 화물량이 증가하는 데 기여할 것이다.

낙관주의자들의 견해를 뒷받침할 증거들도 몇몇 있다. 러시아 교통부는 2000년 25억 달러, 2001년 37억 달러, 2002년 49억 달러 등 TSR 현대화에 상당한 자금을 투자해 온 것으로 알려졌다. 운송 시간도 1990년대 중반에 비해 단축되었고, 통관·일반 서비스 시스템도 개선됐다. 그 결과 1999년 TSR을 통해 보스토치니에서 유럽으로 가는 총 화물량은 57% 증가했다. 2000년에 TSR 화물량은 최대 32,900개의 컨테이너가 증가하였다(표 6).

<표 6> 한국과 일본의 시베리아횡단철도 경유 화물량. 외교부·건설교통부·한국철도·한국철도연구원, 2004.

(단위 : TEU)

		1991	1992	1993	1994	1996	1997	1998	1999	2000
교역 화물	한국	10,644	18,628	25,253	29,814	34,302	36,409	41,168	29,685	30,882
	일본	25,990	13,380	13,569	10,474	8,678	6,693	5,068	4,926	
	합	36,634	32,008	38,822	40,288	42,980	43,102	46,236	34,611	
통과 화물	한국	15,004	10,838	12,705	12,982	26,731	21,653	11,298	14,373	27,807
	일본	55,576	44,129	31,008	16,337	8,487	8,035	7,287	7,770	
	합	70,580	54,967	43,713	29,319	35,218	29,688	18,585	22,143	
총 화물	한국	25,648	29,466	37,958	42,796	61,033	56,062	52,466	44,058	58,689
	일본	81,566	57,509	44,577	26,811	17,165	14,728	12,355	12,696	10,344
	합	107,214	86,975	82,535	69,607	78,198	72,790	64,821	56,754	69,033

2003년 TSR 화물량은 약 컨테이너 10만개로 최고치를 갱신했다. 게다가, 해로를 통한 운송비용과 러시아 TSR의 운송비용도 거의 동등해졌다. 화물 처리에 걸리는 시간은 줄었고, 러시아 전역에서 관세 지급도 균등화됐다. 러시아 교통부는 내무부와 공동으로 화물 안전 보호 정책도 시행하고 있다. 모스크바 경제금융연구센터의 철도 전문가인 세르게이 구리예프Sergei Guriev는 TSR 노선이 이제 동아시아에서 유럽 간 컨테이너 운송을 기존에 30~35일 걸리는 한국-로테르담-베를린 해로와 비슷한 가격으로 12~14일 만에 운반할 수 있게 되어, 해로와 경쟁할 수 있을 것이라고 주장한다.

TSR을 통한 아시아에서 유럽까지의 배송 시간도 급행 컨테이너 열차 도입으로 기존 14~15일에서 9일로 줄었다. 아마도 요즘 철도 교통 시스템에서 가장 중요한 것은 속도일 것이다. 전 세계 철도업계는 고속철도나 고속열차 등의 사업에 주력해왔다. 1998년 4월, 나홋카-동부–베카소보, 나홋카–동부–브레스트 노선을 따라 운행하는 특급 컨테이너 열차에 대한 시범 사업은 하루 1,150km 이상의 운행 속도를 기록했다. 시범 열차는 나홋카–동부에서 브레스트까지 환승 컨테이너를 9일 6시간 만에 배달할 수 있다고 알려졌다. 그와 동시에 크라스노야르스크 철도에서는 시범용 컨테이너 열차의 실시간 위치^{실시간 최대 100m의 정확도} 추적을 위해 위성 제어 시스템을 사용하는 실험을 했다. 2000년 10월, TSR에 급행 컨테이너 열차의 새로운 운행 일정이 도입되었다. 열차의 평균 운행 속도는 24시간 당 950km로 증가했다. 이에 따라 우랄스 금속공장의 수출품은 발트 해 항구가 아닌 러시아 극동 항구를 통해 수출될 예정이다.

이에 더해, 2002년 12월, TSR의 6,000km 노선 전체의 전기화 작업이 완료되었다. 이로써 최대 40%까지 교통량을 늘리면서도 전동차와 통합 시스템으로 작동할 수 있게 되었다. TSR의 전기화는 유럽과 아시아의 국제 운송 컨테이너 20만 개를 포함하여 연간 최대 1억 톤의 화물 운송을 가능하게 한다.

러시아는 몽골, 중국, 북한과의 접경지역 철도역 정비 작업도 진행해왔고, 동시에 40피트 규모의 컨테이너를 처리할 수 있는 컨테이너 터미널 현대화 작업도 추진해왔다. 열차의 안전성을 높이기 위해 컨테이너 터미널에는 40피트 컨테이너 용 화물 리프팅 메커니즘과 특수 지게차가 장착되었다. 현재는 36개의 TSR 역에 13~40피트 컨테이너를 포함하여 대용량 화물 컨테이너를 갖춘 터미널이 있다. TSR 노선을 따라

보수 및 정비 시설도 건설되었다.

TSR의 잠재력에 대한 비관적인 견해에 반박하여 딘킨Dynkin은 철도 운송이 해상 운송에 비해 다음과 같이 많은 이점을 가지고 있다고 주장한다.

1) 철도의 전기 수급이 일반적으로 가장 안정적인 선박의 수급 방식에 비해서도 훨씬 안전하기 때문에 높은 수준의 생태학적 신뢰성을 가지고 있다.

2) 운송 속도는 적어도 2~3배 정도는 빨라질 것이다. 10~15일이 걸리는 해상 운송을 위해 2만~5만개의 컨테이너를 쌓아두고 기다릴 필요가 없다. 해로에 비해 이동거리가 짧고 운송 속도가 훨씬 빠르다는 것이 철도 운송의 큰 장점이다.

3) 해상 및 복합화물 운송은 보통 6~10번의 하역 작업을 필요로 한다. 각각의 작업 당 작업 매체와 노동 자원이 요구되고, 화물 이동 메커니즘이 필요하며, 이러한 종류의 작업은 화물의 분실 또는 손상의 가능성이 크다.

4) '유럽-아시아 태평양 지역-유럽' 노선에서는 대부분 컨테이너 적재량이 이슈이다. 컨테이너 자체가 화물 중량의 50% 이상을 차지하는데, 선박의 무게는 2만 톤에서 5만 톤이다. 따라서 해상 운송에서 가능한 적재량은 약 30%까지인 반면, 철도는 약 60%까지 가능하다.

무엇보다 철도 노선은 해상 노선에 비해 기후 조건에 훨씬 덜 민감하다.

최근 추정치에 따르면 동북아 국가에서 유럽까지 5만 달러어치 화물 20피트 컨테이너 1개에 대해 납품기간을 17일로 단축할 경우, 비용은 300달러가 줄어든다. 더욱이 줄어든 배송 기간으로 인한 컨테이너 임대 기간 단축까지 고려하면, 100~150달러를 추가로 절약하는 셈이 된다(표 7).

〈표 7〉 운송 수단별 노선 이용 시간 및 비용. 러시아 철도교통부, 2000.

(단위 : 달러, 일)

	시베리아횡단철도		해상 노선		중국횡단철도	
	Costs	Times	Costs	Times	Costs	Times
부산 - 바르샤바	1,188	18	2,250	28-31	1,590-1,710	36
부산 - 모스크바	1,822	15	2,130	30	1,950	31
부산 - 타슈켄트	1,950	23	2.050	29	2,400	26

또한 1998년, TSR 운송 관세는 20피트 컨테이너 1개에 대해 1,460달러였던 반면, 수에즈 운하를 통한 해상 관세는 같은 컨테이너에 대해 1,650달러였다. 2001년에는 TSR을 통해 운송되는 컨테이너 수가 1990년대의 연간 2만 개 미만이었던 것에 비해 2배 증가한 약 4만 개가 되었다.

기술적인 면에서는 2000년 이후 철도 자동화를 포함한 많은 현대화 작업이 이루어졌다. 전체 시스템의 중앙 통제를 훨씬 더 쉽게 하는 디지털 통신 네트워크가 도입되었고, 화물의 위치 정보를 관리하기 위한 새로운 정보 관리 시스템도 시행되었다. 새로 도입된 위성 내비게이션 시스템과 광섬유 케이블은 TSR 노선 전체에서 모든 열차 이동을 모니터링 할 수 있게 한다. 이에 따라 운영자들은 이제 목적지와 출발지, 각 운송 건의 보내는 이와 받는 이뿐만 아니라 정확한 열차 위치까지 알 수 있게 되었다. 고객 서비스 품질을 개선하기 위해 현대화된 통합 운송 센터와 광섬유 통신 라인도 구축되었다. 이러한 기술 현대화의 결과로 화물 열차는 현재 시속 90km의 최대 속도에 도달할 수 있으며, 승객 및 복합 운송 컨테이너는 시속 120km 이상 속도를 낼 수 있다. 이를 통해 배송 시간이 크게 단축되었고, 이에 따른 총 운송비용도 절감되었음을 알 수 있다.

6

철도 연결의 경제안보 측면에서의 함의

테이무라즈 라미슈빌리Teymuraz O. Ramishvili 전 주한 러시아 대사는 제3장에서 논의한 에너지 사업과 함께 철도 사업을 한반도에서 전통적 및 비전통적인 지역 안보를 공고히 하는 데 중요한 요소로 꼽았다. 지역 교통 체계는 그 지역에서 경제안보의 가장 중요한 핵심 요소 중 하나이다. 제2장에서 논의한 바와 같이, "철도 건설은 경쟁력 있는 활동과 생산 자재의 이동을 촉진하기 때문에 시장의 경제 활동의 흐름 전환 및 극적인 태도 변화를 창조해 낼 수 있다." TSR과 TKR의 연결 사업은 국가의 경제적 이익을 확고히 하고 장기적으로는 지역 정치 안보 달성에 기여할 수 있는 잠재력을 가지고 있다. 이 사업을 통해 한국과 러시아 모두 교통 통과 강국이 되고, 한국의 항구 도시 부산이 동북아의 허브가 될 수도 있다. 사업이 실현되면 북한 역시 경제적 이익을 얻을 것이고, 러시아는 아·태 지역 시장에 쉽게 접근하게 되어, 지역 경제 주체로 부상할 수 있다.

나아가 이 사업은 유라시아, 유럽, 동아시아 시장을 통합하고 생산 및 무역을 통한 자원 배분을 개선함으로써 지역 및 세계 경제안보 강화에 기여할 수 있다. 이 사업은 철도가 통과하는 모든 국가들에게 시장을 다변화할 수 있는 엄청난 기회를 제공한다. 회의론자와 낙관론자들의 논쟁에서 알 수 있듯이, 운송비용과 시간에 대한 추정치는 출처와 목적지에 따라 바뀐다. 그럼에도 불구하고, 대체적으로 TSR 노선이 장기적으로는 운송비용과 시간을 줄일 수 있는 옵션이 될 가능성이 높다는 것은 확실한 사실이다. 전통적인 안보적 관점에서 보자면, 철도 연결을 통해 한반도 내 긴장을 완화하고 나아가 통일을 촉진하는 등 한반도 안정에 기여할 가능성이 존재한다.

사업의 진행 현황과 이 장에서 논의되었던 낙관론적 견해를 고려할 때, 이 철도 사업은 아마도 한러 간의 가장 빠른 시일 내에 달성 가능한 프로젝트일 것이다. TSR과 TKR 연결 사업의 큰 장점은 새로운 인프라가 필요하지 않다는 점인데, 특히 현재 일본과 러시아가 논의 중인 터널이나 교량을 이용해 일본 사할린 섬과 TSR을 연결하는 사업과 비교하면 더욱 그렇다.

그러나 4절에서 보았듯이, 지금까지의 진행 단계와 사업의 잠재력에 대한 낙관론에도 불구하고, 한국과 러시아 양측 모두에 여전히 많은 장애물이 존재한다. 여기에는 한국의 일관성 없고 분열된 대북 정책, 낙후된 TSR 시설, 해상 운송에 비해 TSR 노선이 가지는 비교우위에 대한 의구심, 화물 처리 지연 및 높은 관세, 화물 도난 등등이 포함된다. 무엇보다 일반적으로 교통 분야는 굉장히 많은 정치·제도적 조건들에 취약하고 제약을 받는다는 점을 감안할 때, 북한 개방의 어려움이 한러 간 경제안보 협력의 주요 걸림돌이 된다. 이 사업은 2004년 12월 이후 사실상 중단됐고, 해결되지 않은 북핵 문제가 계속 재 점화되면서 진행이 지연되고 있다. 간단히 말해서, 이런 여러 장애물들이 한러 양자 간 그리고 지역 내의 경제 및 정치 안보 구축을 방해해왔다. 또한 2022년 3월 러시아의 우크라이나 침공 사태를 보면 장애물이 하나 더 증폭된 셈이다.

철도를 연결하지 못함에 따라, 물리적 네트워크뿐만 아니라 서비스 분야에서의 잠재적 협력도 실현되지 못했다. 따라서 시장을 통합하고, 자원 배분을 개선하고, 저렴한 운송 수단을 제공하고자 했던 계획들이 모두 실행되지 않았다. 유라시아를 통해 동아시아와 유럽을 잇는 육상 교통로가 연결되지 않은 상황에서, 공간적 불연속성 때문에 한국은 지역 내 교통 강국이 될 수 있는 잠재력을 실현하지 못하고 있다. 한마디로 이 사업이 지역의 경제 안정에 기여할 수 있는 지역 교통체계가 되지 못한 것이다. 그 결과, 서울과 모스크바 간의 교통망 협력은 양국의 경제안보, 나아가 지역 경제안보에 기여하고, 동북아의 전통적인 지역 안보에도 기여할 수 있는 잠재력을 아직 실현하지 못하고 있다.

1. The Trans-Korean Railroad (TKR) means the V-shaped two tier Korean railway lines, the Kyongui Line and the Kyongwon Line. The Kyongui Line stretches along the regions near the west coast and is set to be connected to the Trans-Chinese Railroad (TCR). The Kyongwon line is located on the east coast and is set to be connected to the Trans-Siberian Railroad (TSR).
2. Stephen White, "Is Russia a Country in the Globalization Era? (With special reference to the Far East)," Presentation prepared for a conference: The Regional Cooperation of Northeast Asia and Russia's Globalization for the 21st Century, Seoul, Korea 22-24 June, 2003.
3. Steven G. Marks, Road to Power: The Trans Siberian Railroad and the Colonization of Asian Russia 1850-1917 (London: I.B. Tauris & Co Ltd Publishers, 1991), pp. 1-8, and 220-226; and Allan Wood, "Road to Power," Business History, Vol. 34, Issue 4, November 1992, pp. 1-10.
4. Marks, pp. 1-8, and 220-226; and Wood, p. 111.
5. Marks, p. 222.
6. Ibid., p. xii, and preface.
7. Sergey Sigachyov, "How Trans-Siberian Railroad Was Built," Trans Siberian Railroad-Historical Review, 31 January, 1999, on http://www.geocities.com/MotorCity/Speedway/4283/dates.htm, accessed on 25 March, 2004.
8. Ibid.
9. White, S., 2003.
10. "Trans-Siberian Railroad," The Columbia Electronic Encyclopedia, 6th ed. 2003, Columbia University Press.
11. Frederick V. Field, An Economic Survey of the Pacific Area: Part II Transportation by Katherine R.C. Greene International Secretariat, Institute of Pacific Relations, 1941 Shanghai, p. 20.
12. Izvestiya, 31 March, 1981; and Victor L. Mote, "Containerization and the Trans-Siberian Land Bridge," Geographical Review, Vol. 74, No. 3, July 1984, p. 305.
13. Mote, p. 305.
14. Chosun Il bo, "Stalin Hanin Kang Je I Ju," (The Tragedy of Stalin's Forced Korean Immigration), 2 February, 1992, p. 11.
15. Lenin Kichi (Ethnic Korean newspaper in Central Asia), 17 August, 1989, p. 4.
16. Svetlana Kuzmichenko, Vladivostok, The Business Information Services for the Newly Independent States (BISNIS), US Department of Commerce, Representative, Survey on Railroad Projects in the Russian Far East, on http://www.bisnis.doc.gov/bisnis/

isa/010921rail.htm, accessed on 6 March, 2004.

17. 2003 Annual Report of Russian-Korean Relations, The Korean Ministry of Commerce, Industry and Energy.

18. "Fadeyev says linking Trans Siberia to Korea cost over $2 bin," Prime-Tass Business News Agency 2004, 17 February, 2004.

19. Alexander Losyukov, Speech by the former Russian Deputy Foreign Minister on the eve of a meeting of Russian and South Korean foreign ministers on 16 November, 2003, Moscow, 15 November, 2003 quoted in Agence France Presse, 15 November, 2003. See also Yong-kwan Yun, speech by South Korean Minister of Foreign Affairs and Trade at the opening ceremony for a new building for the South Korean Embassy in Moscow, 17 November, 2003, on Briefings of Ministry of Foreign Affairs and Trade Republic of Korea, 18 November, 2003, on http://www.mofat.go.kr/en/rel/e_rel_view.mof.

20. Anatoly Medetsky, "Russia, South Korea hold Trans-Siberian talk," Vladivostok News, 7 September, 2001 on http://vn.vladnews.ru/Arch/2001/ISS273/News/News02.HTM, accessed on 22 March, 2004.

21. Ibid.

22. One Vladivostok spokesman for Russia's Railway Ministry said on 30 August, 2001 that South Korea wants to join the project extending the Trans-Siberian Railroad to its ports through the communist North. See Medetsky, 2001.

23. Medetsky, 2001; "S. Korea, Russia to Set Up Committee for Linking Railways," Xinhua News Agency, 11 October, 2001; and "Russia to continue cooperation for Korean Peninsula peace," Xinhua News Agency, 26 July, 2002.

24. "Novosibirsk hosts conference on linking Trans-Siberian railroad to railways in South and North Korea," Pravda. RU, 5 November, 2002, on http://english.pravda.ru/region/2002/11/05/39133_.html.

25. Hankuk Economics Newspaper, 17 December, 2003.

26. Joon Seok Hong, "Korean Railroad Report," Seoul Economics Newspaper, 16 January 2004.

27. Medetsky, 2001.

28. Kim Jong Il took the same train route that his father had taken more than a decade before. See "DPRK Top Leader Kim Jong Il On Way to Moscow by Train," Xinhua News Agency, 26 July, 2001.

29. Alla Startseva, "Work Starts on Seoul Rail Link," Moscow Times, 16 August, 2001.

30. Kuzmichenko.

31. Sergei Blagov, "North Korean, Russian ties firmly on track 2002," 2002 Asia Times, on http://www.atimes.com/atimes/printN.html, accessed on 6 March, 2004.

32. Kuzmichenko.

33. Itar Tass, 20 October, 2003, quoted in Dong-A Il bo (Korean Newspaper), 20

October, 2003, and Chosun Il bo (Korean Newspaper), 28 October, 2003.

34. "North Korea, Russia Complete Joint Rail Link Survey," BBC Monitoring International Reports, 31 December, 2003.

35. Hankook Ilbo, 12 October, 2004.

36. Won Yong Sung, "Nodaetongryongui Bang Ruh Uuiwa Han-Ruh Kyotong hyupryukui Kwaje (The Implications of President Roh's visit to Russia and what is to be done for transport cooperation?)" Report material from seminar, Center for Logistics, Transport economics & Northeast Asian Studies, The Korea Transport Institute, 11 October, 2004, p. 34.

37. Prime-Tass Business News Agency 2004; Alla Startseva, "Yakovlev: Railways Ministry's Days Numbered," The St. Petersburg Times, 5 August, 2003, on http://www.sptimes.ru/archive/times/890/news/b_9986.htm, accessed on 9 April, 2004.

38. Financial News, 7 January, 2004; Prime-Tass Business News Agency 2004; and Chosun Il bo (Korean Newspaper), 28 October, 2003 and 19 February, 2004.

39. Stephen Blank, "Russia's Ups and Downs in the Korean Nuclear Negotiations," Jamestown Foundation Monitor, Eurasia Daily Monitor, Vol. 2, No. 162, 18 August, 2005.

40. Shinuiju is a city in northwestern North Korea, capital of North P'yŏngan Province. The Kyongui line was constructed by Japan in 1906 to facilitate their colonial rule on the Korean peninsula and their advance into Manchuria; Wonsan is a southeastern North Korean port city.

41. Marat Abulkhatin, "Moscow, Pyongyang Contemplate Mine-Clearing Operations Near DMZ," Itar Tass, October 31, 2000 in Foreign Broadcast Information Service (FBIS), Daily Report/Soviet (DR/SOV) (2001-1031).

42. Startseva, Moscow Times, 16 August, 2001.

43. Financial News, 2 March, 2004; and 16 January, 2004.

44. Kuzmichenko.

45. Costs would be significantly reduced. The TSR can cut the delivery time from the 30 to 40 days required for sea transport to 13 to 18 days. See "Foreign Investors Keen on Inchon FEZ," Hankook Ilbo (Korea Times), 19 November, 2003; and Medetsky, 2001.

46. Medetsky, 2001.

47. In 2001, The TSR transported 45,000 containers from east to west. See Anatoly Medetsky, "Trans-Siberian link to S. Korea criticized," Vladivostok News, 30 July, 2002; and Medetsky, 2001.

48. "Fadeyev says linking……," Prime-Tass Business News Agency 2004.

49. Medetsky, 2001.

50. According to Russia's railway ministry, it could cost more than $3.26 billion (103 billion roubles). See Valery Agarkov, "South Korea, Russia work on Asia-Europe

transport corridor," Itar Tass News Agency, 27 February, 2004; and Blagov.

51. Kookmin Il bo (Korean Newspaper), 19 February, 2004.

52. Pikan is a General Director of the audit-consulting group Business Systems Development, which is working with Russian government on reforming the railways industry. See Startseva, Moscow Times, 10 June, 2003.

53. "Russia, Korea to negotiate financing terms for railroad project in May," Interfax News Agency, 16 January, 2004.

54. Kuzmichenko and Kookmin Il bo, 19 February, 2004.

55. "South Korea, Russia Agree to Link Railways," People's Daily Online, 10 September, 2000, on http://fpeng.peopledaily.com.cn/200009/10/print200000910_50195. html, accessed on 20 February, 2004.

56. Vladimir Kontorovich, Will the Far East Remain Part of Russia? Long-Run Economic Factors (Plainsboro, NJ: Commands Economies Research, Inc., July 1999), pp. 91-93.

57. Kuzmichenko.

58. Ibid.

59. Ibid., and see also JSC Russian Railways, on http://www.eng.rzd.ru/static/index. html?he_id=353, accessed on 1 January, 2006.

60. Vladivostok News, 30 July, 2002.

61. Hankook Ilbo, 12 October, 2004.

62. Duckjoon Chang, "The Russian Far East and Northeast Asia: An Emerging Cooperative Relationship and its Constraints," Asian Perspective, Vol. 26, No. 2, 2002, p. 55.

63. Hankyore (Korean Newspaper), 26 February, 2001.

64. Losyukov.

65. RIA Novosti, 10 August, 2005.

66. Startseva, Moscow Times, 10 June, 2003.

67. Blagov, "North Korean, Russian ties firmly on track," 2003.

68. Hankuk Economics Newspaper, 24 October, 2003; and Bum Hee Hahm, Seoul Economics Newspaper, editorial, 23 November, 2003.

69. Dr. Trevor Gunn, Director of Business Information Service for the Newly Independent States (BISNIS) at the United States Department of Commerce International Trade Administration, Washington DC, USA, Telephone Interview, 22 April, 2004.

70. In a survey, a majority of South Korean companies pointed to bureaucratic red tape such as tricky customs inspection processes, high export-import duties, and lack of relevant information and transparency as major barriers to investment. See Segye Ilbo (Korean Newspaper), 27 February, 2001 and Chang, p. 62.

71. Chang, pp. 62-63.

72. Judith Thornton and Nadezhda N. Mikheeva, "The Strategic of Foreign and Foreign

Assisted Firms in the Russian Far East: Alternatives to Missing Infrastructure," Comparative Economic Studies, Vol. 38, No. 4, 1996, pp. 85-119.

73. Anatoly Medetsky, "Siberian Coal Miners Give Malyshkin Short Shrift," The Moscow Times, 10 March, 2004; and "How Korea's New Railroad Will Change Northeast Asia," Stratfor.com, 1 August, 2000, on http://www2.gol.com/users/coynerhm/whyinterKorea_rail.htm accessed on 6 March, 2004.

74. Park Jeong Kyu, Interview by the former manager of Korean shipping insurance company, Seoul, Korea, 20 July, 2004.

75. Irina Konstantinova, "Pacific Rim Countries Transit Cargo Attraction to the Primorsky Krai Ports and the Trans-Siberian Railroad," Vladivostok, 17 December, 1999, U.S. & Foreign Commercial Service and the U.S. Department of State, 2000, on http://www.bisnis.doc.gov/bisnis/country/000118route.htm, accessed on 6 March, 2004.

76. For the first time in 138 years, since late 2003 the Russian Railways Ministry does not exist any longer. The Railways Ministry has split up the ministry's regulatory and commercial operations to foster competition in the industry, with the government retaining direct control of the former. The Railways Ministry's regulatory functions have been absorbed by the Transport Ministry since the new Russian Railroads Co., which took over its commercial operations, was established. See Alla Startseva, The St. Petersburg Times, 5 August, 2003.

77. Startseva, 2003

78. Suck Yung Kim, Cargo News, 1 August, 2002, on http://www.cargoneews.co.kr/gisa/200208/020801-3htm, accessed on 8 February, 2004.

79. Joseph McCann, "Russian thieves target airports, railways for cable, rail tracks," American Metal Market, Vol. 108, No. 125, 29 June, 2000, p. 7.

80. Kim, Cargo News, 1 August, 2002.

81. Lee Jin Hyun, The Korean Ministry of Foreign Affairs and Trade, the Director of CIS Division, Interview conducted in Seoul, Korea, 28 March, 2004.

82. Anthony Faiola and Joohee Cho, "Divided S. Koreans Impeach President," Washingtonpost, 12 March, 2004, p. A12.

83. Medetsky, 2002.

84. Tsuji made the comments on the sidelines of an international conference in Vladivostok on 24-25 July, 2002. The conference discussed the role of TSR and the project to link it with the South Korean railway system. See Vladivostok News, 30 July, 2002.

85. Blagov.

86. Vladimir Kontorovich, "Economic Crisis in the Russian Far East: Overdevelopment or Colonial Exploitation?" Post-Soviet Geography and Economics, Vol. 42, No. 6, 2001, p. 405. Kontorovich is a Professor of Economics at Haverford College in the USA.

87. Vladivostok News, 30 July, 2002.

88. Kontorovich, 2001, p. 404.

89. Vladivostok News 30 July, 2002; and Kuzmichenko.

90. Korean Railroad Report, Seoul Economics Newspaper, 16, January 2004.

91. Kontorovich, 2001, p. 405.

92. In the early 1990s, a train took on average 14 days to go from Nakhodka to Brest, on the western border of Belarus. A ship from Japan to Rotterdam took an average of 26 days. However, the full door-to-door delivery time between Japan and Germany was estimated to be 28 days via the Trans-Siberian, and 30 days by sea. And sea carriers are capable of sustaining a transit time of 24 days from Japan to Rotterdam, thereby eliminating the land bridge's advantage. See European Bank of Reconstruction and Development (EBRD), Railway Sector Survey of Russia, Belarus, Ukraine, and Kazakhstan. Summary Report, London, January 1993, p. 25, quoted in Kontorovich, p. 405.

93. Alla Startseva, "Korean Rail Link a Potential Watershed," Moscow Times, 10 June, 2003.

94. Twenty-foot equivalent units (One 20 feet container).

95. Hankuk Economics Newspaper, 24 October, 2003.

96. Kuzmichenko.

97. According to Mote, the ocean route enjoyed the advantage of relatively inexpensive water transportation from the 1930s through the 1970s, but this advantage has now been offset by other factors. See Mote, pp. 307-308.

98. The Korean government is also very interested in linking the TKR and the Trans Chinese Railroad (TCR). See Han Kyu Kim, Pressian, 17 February, 2004.

99. William Armbruster, "Busan Grows Up," Commonwealth Business Media, Journal of Commerce, 4 July, 2005.

100. Hankuk Economics Newspaper, 16 December, 2003.

101. Stratfor.com, 1 August, 2000.

102. Kontorovich, 2001, p. 404.

103. Korea Trade Investment Promotion Agency (KOTRA) Report, 2001.

104. Stratfor.com, 1 August, 2000.

105. "Creation of Silkroad of Iron," Korea Times, Editorial, 8 August, 2000.

106. Kuzmichenko.

107. In the Primorskii region, the South Korean investment (US $ 12.3 million) occupied 15.7% of total foreign investment ($ 78.6 million) in 2001. See Kim, Cargo News, 1 August, 2002.

108. The TSR, 2003 Righters Company, CEO Report, Seoul, Korea, on http://www.ceoreport.co.kr, accessed on 6 March, 2004; and Kim, Cargo News, 1 August, 2002.

109. People's Daily Online, 10 September, 2000.

110. KOTRA Report, 2001.
111. Kookmin Il bo, 1 March, 2004.
112. Simonia, p. 198.
113. Ibid.
114. Russia in APEC and in the Asia Pacific Region (APR) (eds., I.D. Ivanov, and M.I. Titarenko), 2001, p. 147, quoted in Simonia, p. 198.
115. Startseva, Moscow Times, 10 June, 2003.
116. Konstantinova.
117. This figure for the share of containers that travel between Asia and Europe annually seems to contradict the figure on p. 113. The discrepancy arises from the differences in viewpoints of the pessimists and optimists, as addressed at the beginning of the section 4 on p. 119. Jeongdae Park, and Jaeyoung Lee, "Industrial Cooperation between Korea and Russia: Current Situation and prospects," Journal of Asia-Pacific Affairs, Vol. 3, No. 2, February 2002, p. 57.
118. Vedemosti, 2 May 2001 and 2 November 2001; and Simonia, p.189.
119. Park and Lee, p. 57.
120. KOTRA Report, 2001.
121. V.I. Ishaev, International Economic Cooperation: Regional Aspect, (Vladivostok: Dalnauka, 1999), p. 91; and S.Y. Eliseyev "Information on Trans-Siberian Trunk Line and Contemporary Trans-Siberian Service," quoted in Park and Lee, p. 57.
122. The Ministry of Foreign Affairs, the Ministry of Construction and Transportation, Korean National Railroad, and the Korea Railroad Research Institute gives the total figure for the volume of Japanese cargo transported by the TSR in 2000, but does not differentiate between trade and transit cargo
123. Chosun Il bo, 28 October, 2003.
124. According to Simonia, not a single violation has been reported in this sphere since 1999. See Simonia, p. 189; and Konstantinova.
125. Startseva.
126. Konstantinova and Boris Dynkin, "Comments on the Regional Railroad Network and Power Grid Interconnection," Presentation at Far Eastern State Transport University, Khabarovsk, Russia, for Second Workshop on Power Grid Interconnection in Northeast Asia, Shenzhen, China, 6-8 May, 2002, on http://www.nautilus.org/energy/grid/2002Workshop/materials/Dynkin.pdf, accessed on 6 March, 2004.
127. A.A.J. Nederveen, J.W.Konings and J.A.Stoop, "Globalization, International Transport and the Global Environment: Technological Innovation, Policy Making and the Reduction of Transportation Emission," Transportation Planning and Technology, Vol. 26, No. 1, February 2003, pp. 46-47.
128. Dynkin.

129. Konstantinova.

130. The TSR main road is entirely electrified: the Bikin-Guberovo section (83km) was electrified in 2000; the Sibirstsevo-Sviyagino section (95km) in 2001; and finally the Sviyagino-Ruzhino segments were completed in 2002. See Dynkin and Simonia, p. 190.

131. It took 74 years to finish installing the equipment that allows powered trains to run along the entire line. The last 109-mile section was finished in December 2002. See "A Buzz Across Siberia," The Christian Science Monitor, 30 December, 2002, on http://www.csmonitor.com/2002/1230/p20s03-comv.html, accessed on 15 March, 2004; and "Putin in Far East to discuss energy and transport," Business Custom Wire, 26 February, 2004; and "Trans-Siberian Railroad now Electrified," United Transportation Union, The Voice of Transportation Labor, 26 December, 2002, on http://www.utu.org/worksite/detail_news.cfm?ArticleID=4941, accessed on 17 March, 2004.

132. Dynkin

133. Ibid.

134. Khazan station, for example, was equipped with necessary mechanisms, loading/discharging installations, rearrangement of carriages of freight cars, etc. See Simonia, p. 190.

135. Dynkin.

136. Konstantinova.

137. Kuzmichenko.

138. Simonia, p. 190

139. Izvestiya, 8 September, 2001; Nezavisimaya gazeta, 23 October, 2001; and Simonia, p. 190.

140. Dynkin.

141. Ibid.

142. The Embassy of Russia in the Republic of Korea Press Briefing, Yeon hap News, 4 March, 2004.

143. Colin M, White, "The Concept of Social Saving in Theory and Practice," Economic History Review, February, Vol. 29, No. 1, 1976, p. 92.

144. John Parker, "Alternate Route: Russia wants Trans-Siberian Railway to be Europe's intermodal link with Japan," Traffic World, Vol. 265, No. 33, August 13, 2001, p. 29.

145. Peter Nijkamp, "Globalization, International Transport and the Global Environment: A Research and Policy Challenge," Transportation Planning & Technology, Vol. 26, No. 1, February 2003, p. 2.

나홋카 자유무역지대^{나홋카 FEZ} 협력

5

1
들어가는 말

나홋카 자유무역지대^{FEZ} ^{프로젝트}는 한러 관계의 중심축이 될 가능성이 있다. 나홋카 자유 무역 공단은 1990년대부터 한러 관계에서 자주 언급이 되었던 그랜드 스케일 협력 사업이다. 지금은 비록 현실성이 많이 떨어지기는 하였지만, 나홋카 프로젝트가 아니고서 라도 극동러시아 지역에서 자유무역지대 설립은 아직까지 양국 간 win-win할 수 있는 협력 사업에 있어서 좋은 표본 모델을 제시한다.

이 장에서는 지난 30년간 한국과 러시아의 나홋카 FEZ 협력의 진전 사항과 문제점들에 대해 검토한다. 또, 이 장은 나홋카 FEZ 사업이 지역 발전과 지역 경제 통합을 목표로 설정하기 때문에 본 사업이 한러 경제안보와 동북아시아 지역 경제안보를 강화시킬 가능성이 있다고 주장한다.

]FEZ의 성공적인 운영은 국가들 간의 경제안보의 핵심인 '시장 네트워크'의 한 형태로서 러시아와 한국뿐 아니라 참여하는 국가들의 공통적 지역 경제안보 이익을 증가시킬 수 있는 잠재력을 가지고 있다. 하지만 이 사업은 오랫동안 지연되었고, 현재까지 실질적인 이익이나 구체적인 성과가 전혀 보이지 않는다. FEZ 협력을 가로막는 가장 큰 장애물은 오랫동안 지적되어온 러시아 정부의 프로젝트 비준 지연이다. 필자는 러시아 정부가 협정 체결을 꺼리는 것이 러시아 극동 지역에서 중앙 정부와 지방 정부 간의 정치 세력 다툼으로 인한 러시아 국내 정치 상황의 복잡성 때문이라고 주장한다. 현재 이 장애물들은 한러 관계가 협력적인 경제안보 협력체로 거듭날 가능성을 가로 막고 있다.

이 장은 러시아의 FEZ에 대한 배경을 설명하며 시작할 것이다. 그후, 나홋카 FEZ의 개발과 한러 산업단지 건설을 방해하는 문제점들에 대해 검토하고, 특히 러시아 FEZ 정책의 일반적 문제점 관점에서 러시아 연방 정부가 지난 15년간 공단 조성 비준을 꺼린 이유에 대해 집중적으로 살펴본다. 이후 이것이 양자 및 지역 경제안보 협력에 미치는 영향에 대해 평가하며 장을 마무리할 것이다.

2
러시아 경제자유구역^{FEZ}

FEZ는 구소련과 러시아의 개방 경제 정책 시도 중 가장 인기가 많은 동시에 논란이 많은 정책 수단 중 하나이다. 구소련 대통령 고르바초프 행정부의 개혁 지향적 구성원들은 소비에트 연방을 세계 경제에 통합시키기 위한 수단으로 처음으로 1980년대 후반부터 FEZ를 적극 홍보하기 시작했다. FEZ 설립의 1차적 의도는 첨단 기술 연구를 추진하며, 지방의 외국인 투자 유치 경쟁력을 높이는 것이었다. 특히 러시아는 FEZ를 다음과 같은 이유로 발전시키려 하였다.

1) 첨단 기술과 외국인 투자 이전 촉진

2) 지역 균형 발전과 고용 성장 촉진

3) 수출과 수입 대체 촉진

4) 외화 수익 증대

5) 대륙 횡단 운송 통신 개발

6) 매니지먼트 및 트레이닝 개선

7) 중앙집권적이고 폐쇄적인 계획 경제 시스템에서 개방형 시장 경제로 전환하기 위한 색다른 접근 방식 추진

이에 따라 1990년대 초 러시아의 지방 정부는 연방 정부와 함께 지역에 FEZ를 설립하는 방안에 대해 논의하기 시작했다. 지방 정부는 관할 지역에 FEZ를 설치, 규제할 수 있는 권한을 부여 받았다. 1990년 7월과 9월 사이 소련 정부는 레닌그라드, 브이보그, 나홋카, 칼리닌그라드, 사할린, 알타이, 케메로보, 노브고로드와 치타 지역, 젤레노그라드, 유대 자치구 등 11개 지역에 대해 FEZ 지위를 합법화하였다. 1991년, 약 150개의 러시아 지역구들이 관할 구역에 FEZ를 만들기 위해 승인을 요청하였다. 지자체들은 FEZ를 연방 정부 자금과 보조금 부족으로 인한 지역 경제 위기를 극복하는 방안으로 보았다. 각각의 FEZ는 사실상 동일한 세제 혜택을 부여받았고, 이는 중앙집권화 된 경제 관리 체제에 대응하고 균형을 잡아주는 도구로 상징화되었다.

러시아 FEZ에 등록된 모든 회사들은 거주자 지위와 후한 혜택을 받았다. 특히 FEZ로 수입되는 외국산 물품은 관세와 쿼터제로부터 면제되었고, 러시아산 물품은 수출품으로 간주되어 수출업자들이 부가가치세를 환급받았다. 게다가, FEZ에서 일하는 외국인들은 러시아에 쉽게 입국할 수 있었고, FEZ 관련 세법 개정으로 FEZ에서 사업을 운영하는 첫 3년 동안 거주자들에게 수익에 대한 세금을 완전히 면제해주었다.

보류되었던 2002년의 FEZ 법안 초안은 "FEZ 거주자의 조건 악화 규제 행위가 FEZ 전체 임기 동안 시행되지 않을 것"이라고 규정했다. 그나마 적용되는 가장 강한 규제 사항이라면 FEZ의 테두리 안에서 사기업 활동과 관련이 없는 거래들에 대한 금지사항, 그리고 국가 안보상의 이유로 국방 산업과 관련된 거래 체결을 금한다는 것이었다. 모든 관세와 세금은 화물이 FEZ에서 나갈 때 지불되었다.

하지만 초반의 기대에도 불구하고 러시아 FEZ의 대다수는 실패했는데, 첫째는 무분별하게 외국 모델을 모방하는 정책 때문이고, 둘째는 중앙 정부와 지방 정부의 갈등 때문이다. 새롭게 설립된 FEZ는 대부분 비활성화 되었고, 2001년 러시아에 새로운 세법 제2부가 발효되면서 FEZ는 특권을 상실하고 사실상 그 기능이 무의미해졌다. 1990년대에 설치된 1세대 FEZ 중에는 칼리닌그라드와 나홋카만이 살아남았다.

2005년 7월 22일, 경제 특구 설립법안이 최종 채택되었고 2005년 8월 27일에 해당 법이 발효되었다. 2005년 11월 모스크바의 젤레노그라드 라이온, 모스크바의 두브나, 타타르스탄 공화국의 엘라부가, 상트페테르부르크, 톰스크와 리페츠크 등 6개 지역에 FEZ 설립 허가가 내려졌다. 2005년 법안은 특별경제 특구를 경제 활동에 특별히 유리한 조건들을 적용하는 러시아 연방의 일부로 정의하였다. 2005년 8월 27일 해당 법안이 발효된 후, 칼리닌그라드와 마가단을 제외하고는, 본 법안 제정 이전 설립된 모든 특구와 FEZ는 중단되었다.

경제 특구SEZ에 대한 2005년 새 연방법은 러시아 정부가 20년의 기간 동안 두 종류의 특별 경제구역을 설립할 수 있다고 명시한다. 이는 산업생산지구와 기술혁신지구이다. SEZ 영토에서는 외국산 공산품이 관세자유구역 적용을 받아 러시아 내에서 적용되는 관세나 부가가치세를 납부하지 않고 수입하여 사용할 수 있다. 또 SEZ 내의 러시아제 제품은 특별 수출 제도를 적용받아 소비세는 납부하지만 수출 관세는 부과하지 않는다. 또한 조세법, 관세법, 토지법 및 기타 입법들에 일정한 혜택이 주어진다. 2005년 7월 22일 시행된 대통령령 855조는 경제구역 관리를 위한 새로운 연방 기구가 SEZ를 관리한다고 명시하고 있다.

3
나홋카 경제자유구역^{나홋카 FEZ}

나홋카 경제자유무역지대^{FEZ}는 1990년대에 설립되었고, 나홋카 시와 보스토치니 항구, 파르티잔스크 시와 주변 농촌 광산 지역이 이에 포함된다. 총 면적은 4,579㎢이며 바다와 숲으로 둘러싸여 있다. FEZ 내에는 4,000개 이상의 기업과 88,600명의 근로자들이 수용 가능한 것으로 알려져 있다.

사실, 블라디보스토크가 러시아 극동에서 가장 큰 항구였기 때문에 첫 FEZ 후보로 고려되었었다. 고르바초프 구소련 대통령은 1988년 크라스노야르스크 연설에서 러시아 극동 지역에 관세 우대 제도를 설립하고 대외 경제 거래 허가, 조세 특구 등의 조치를 취하겠다고 발표했다. 이 지역에서 사업을 영위하는 합작 기업들에 대해서는 구소련의 천연자원과 노동력을 사용하는 데에 대한 요금을 인하하기로 하였다. 구체적인 부지에 대한 언급은 없었지만, 나카소네 전 일본 총리에게 개방 도시 지위에 블라디보스토크를 검토하고 있다고 말한 것으로 알려졌다. 유리 볼메르Yuriy Volmer 전 구소련 해양장관은 1989년 4월 해외 선박에 항구를 개방하기 위한 준비가 진행 중이라고 보고했었다. 하지만 구소련 태평양 함대 사령부와 드미트리 야조프Dmitry Yazov 국방 장관은 블라디보스토크에 FEZ가 설립된다면 해군을 이전해야 하는데, 이는 소련의 전투력에 상당한 악영향을 미칠 것이라며 제안에 강력히 반발했다.

이러한 점을 고려할 때, 러시아 극동 해안가 중 나홋카만큼 유리한 입지조건을 가진 곳이 없었고, 블라디보스토크와 비슷한 비용으로 개발할 수 있었던 것이다. 시베리아 횡단 철도TSR와 해상 운송 모두에 쉽게 접근할 수 있는 나홋카의 위치, 연간 1,800만 톤의 화물을 처리할 수 있는 4개의 얼지 않는 대형 부동항구(표 8에 나와 있음), 그리고 러시아 극동의 다른 지역보다 상대적으로 더 나은 생태적 상황 및 낮은 범죄 수준은 나홋카를 러시아와 연방 독립 국가의 시장으로 가는 이상적인 관문으로 만들어주었다.

〈표 8〉 나홋카 항만 종합단지 주요 4대 부두. (나홋카와 자유무역특구 비즈니스맨 가이드북, 2004.

명칭	업무
보스토치니 부두	컨테이너, 석탄, 메탈, 곡물 외 항목들
나홋카 상업 부두	목재, 메탈, 자동차, 식량제품, 자재
나홋카 석유 환승 부두	원유, 석유제품
나홋카 어업 부두	수산물, 어업자원 외 고기, 버터

또한, 나홋카는 이미 상당수의 외국 국가들과 대외 관계를 맺고 있었다. 나홋카 항구들은 전 세계 42개국과 네트워크가 맺어져 있었고, 단순히 운송뿐만 아니라 원자재 처리 기능도 가능했다. 한 예로, 이곳으로 일본 니가타 행 정기 여객선이 운항 중이었으며 어업 활동과 관련하여 일본과 무역 관계를 맺고 있었다. 나홋카는 미국을 포함한 태평양의 국가들과 잇따른 합작 사업을 했던 구소련 태평양 어선의 주요 항구 중 하나였다.

1994년 3월까지 나홋카 FEZ는 외국인 투자자와 나홋카로 수출하기를 희망하는 이들에게 엄청난 혜택을 제공했다. 나홋카 시의 시장에 따르면, 대규모 외국인 투자가 이루어지고 무역 또한 크게 가속화됐다. 1992년에 나홋카 FEZ에는 약 540개의 합작법인이 있었는데 이는 러시아 극동의 다른 지방에 비해 훨씬 많은 수였다.

하지만 1993년 7월 1일 인민대표회의와 최고소비에트회의는 FEZ라는 용어를 포함하지 않는 관세법을 채택했다. 인민대표회의와 최고소비에트회의는 당초 FEZ에 관한 법률 초안을 검토하여 관세자유구역과 수출 지향적 공업생산지역이라는 두 가지 유형의 구역을 재조성할 것을 제안했다. 그러나 러시아 정부는 기존의 다양한 세제 혜택을 없애는 동시에 전국 모든 사업체에게 훨씬 더 낮은 세율을 적용하는 것을 주요 목표로 하는 세제 개혁안을 진행 중이었기 때문에 이 새로운 법에 반대했다. 정부는 FEZ를 포함한 면세 구역들을 없애고 이 구역들의 경제적, 법적 권한을 최소한으로 제한하려 하였다. 따라서 사실상 이런 면세구역을 없애는 새로운 규제가 발생하게 된 것이다. 1994년 3월 나홋카 자유무역지대는 거의 대부분이 혜택이 박탈되었고, 아주 극히 제한적인 혜택만 소유하게 되었다. 그럼에도 불구하고 나홋카는 1997년까지 러시아 정부의 보조금을 받았으며, 1996년 대통령 선거 이후 나홋카 FEZ의 발전을 위해 더 많은 후원금이 제공되기도 하였다.

당초 나홋카 FEZ는 다음의 세 가지 목표를 달성하기 위해 개발되었다.

1) 기반 시설의 개발. 특히 물과 전기 공급, 가정 및 산업 하수 처리 시스템, 특히 나홋카–아르템–블라디보스토크 노선, FEZ와 중국 국경 사이의 노선, 그리고 나홋카–보스토치니 항구–하바롭스크 노선과 아르템의 블라디보스토크 국제공항 및 졸로타야 돌리나 비행장까지 가는 도로의 신설 및 개선

2) 보스토치니 항구 개발 지역 내의 운송/환적 허브 기능 강화

3) 수출가공지구 및 기타 특수 목적의 산업용지 형태로 산업 지역과 공원 조성

나홋카 FEZ의 주요 자원은 어류와 기타 수산물, 목재, 화강암, 현무암, 금, 석탄, 광천수와 같은 광물자원이다. 이는 나홋카 FEZ가 어업, 수산물 처리, 선박 수리, 해운, 석탄 채굴 산업까지 발전시킬 엄청난 경제적 잠재력을 갖고 있음을 의미한다. 파르티잔스크 지역은 넓은 농업 지역을 포함하고 있으며 목재 가공이 감소하고 있는 반면 식품

산업이 점진적으로 증가하는 추세를 관찰할 수 있다. 예를 들어 나홋카 FEZ의 식품 산업 생산은 1999년 도시 총 생산품 중 94%를 차지했고, 1990년대 상반부에는 무역, 창고, 통신, 은행, 보험 등의 서비스업이 증가했다. 나홋카 FEZ에서 수출되는 물품은 어류, 해산물, 광물 연료, 화학제품, 목재, 철금속과 비철금속 등이다. 이 제품들은 주로 일본, 중국, 베트남, 홍콩, 한국에 수출된다. 하지만 수출 물량은 늘지만 생산과 운송비 증가로 인해 실제로 벌어들이는 캐시 수령액, 즉 프로핏은 줄어든다는 점이 흥미롭다. 나홋카 FEZ는 일본, 중국, 한국, 미국으로부터 식품, 광물 연료, 화학제품, 자동차, 기계 등을 수입한다. 중국, 일본, 한국은 수출입 부문에서 모두 주요 교역국이다.

또한 나홋카 FEZ는 1994년 이전까지 국내외 자본을 모두 유치했다. 1994년에는 보스토치니 항, 연해주 해운, 나홋카 상업항 등 19개 국내 산업공단 기업들 외에도 미국, 영국, 일본, 중국, 홍콩, 한국 등 20여 개 국에서 460여 개 외국 기업들이 진출해 있었다. 대부분이 운송, 통신, 건설, 목재, 수산업 분야의 합작회사였고, 제품과 서비스는 주로

〈표 9〉 외국인 투자 현황. 나홋카와 자유무역특구 비즈니스맨 가이드북, 2004.

국가	전략	부문
미국	미국 서해안 해상교통 통제	교통, 부동산, 산업공단단지
한국	러시아 극동지역, 러시아, 동북 3성, 북한에 대한 시장 접근	부동산, 텔레콤, 자동차 제조, 교통, 산업공단단지
중국	태평양 진출, 러시아 및 극동 지역 시장 진출	무역, 호텔, 식당, 교통
일본	뚜렷한 전략 없음	교통, 허브 의약품, 무역

일본, 중국, 미국 등 12개국에 수출되었다. 특히 표 9에서 볼 수 있듯이 산업단지, 해상 운송, 통신 등의 핵심 전략 부문에 미국, 한국, 중국 투자자가 진출해 있었다.

두 개의 산업공단단지 사업이 유치될 예정이었기 때문에 경공업에서 주요 발전이 기대되었다. 수출 지향 기업을 위한 한국 테크노파크 개발 사업과 미국 테크노파크가 수년 동안 협상을 벌여왔다.

그러나 1990년대 후반 100% 외국인 소유 기업 대부분은 불안정한 투자 환경과 특혜 폐지로 인하여 나홋카 FEZ에서 더 이상 견디는 것이 어려워졌다. 이 기업들은 생산 가공 활동에서 단순 무역 활동으로 초점을 전환하거나 아예 이 지역을 떠났다. 예를 들어 1992~93년 사이 외국인들이 투자하려 했던 자본 규모가 6억 4천만 달러였던 것에 비해 2001년에 외국인 투자자가 있다고 등록된 기업의 자본은 6천4백만 달러에 불과했다. 1998년 8월 몰아친 세계금융 위기는 금융 인프라를 악화시키면서 더 많은 외국 기업들이 나홋카 FEZ에서 철수하게 되는 계기가 되었다.

그럼에도 불구하고 1990년대 후반에 이 지역의 텔레콤, 통신업은 호황을 이어나갔다. 이 지역에 국제 디지털 위성 통신이 합작법인으로 세워졌는데 나홋카텔레콤Nakhodka Telecom, 영국의 케이블앤와이어리스Cable&Wireless, 러시아-일본의 보스톡텔레콤Vostok Telecom, 한국의 로코텔Rokotel이 대표적인 예이다. 로코텔은 이미 5,000명의 가입자를 가지고 있었기에 러시아와 한국의 투자 수익성이 높았다. 따라서 경영진에 따르면, 로코텔은 한러 산업단지가 실현되지 않더라도 수익을 낼 수 있었다. 1999년 유럽개발은행^{EBRD}은 KT^{Korea Telecom} 소유의 뉴 텔레폰 컴퍼니^{New Telephone Company}에 1,700만 달러의 신용자금을 지원해 러시아 극동 지역의 휴대전화와 집 전화 서비스 제공 능력을 향상시켰다. KT는 1997년에 이 지역에서 사업을 시작했으며, 연해주 지역에서 50% 시장 점유율을 차지하는 등 가장 성공적 투자 사례로 여겨진다.

1990년대 후반부 나홋카 FEZ의 쇠퇴 추세와 비관적인 전망에도 불구하고, FEZ 내 한러 산업단지의 설립은 1994년 이후에도 지속할 수 있는 몇 안 되는 사업 중 하나로 여겨졌다.

4
나홋카 FEZ 내 한러 산업단지

4.1. 1단계: 1992~1996

나홋카 내 산업단지 건설에 대한 첫 합의는 1992년 11월 서울에서 열린 한러 정상회담에서 이루어졌다. 나홋카 FEZ 내 한국 산업단지 건설 프로젝트는 당초 1992년 초에 한국 정부가 먼저 제안한 적이 있었다. 이 사업의 주요 목적은 첫째, 1937년 스탈린에 의해 극동러시아에서 추방되었지만 연해주로 돌아가기 원했던 고려인들의 미래 정착을 위한 것이었고, 둘째, 한국이 극동러시아 지역에 장기투자를 추진하기 위한 전략이었다.

1992년에서 1993년까지 실무진이 타당성 조사를 실시하였고, 1994

년 김영삼 대통령의 방러 당시 나홋카 내 산업단지 조성에 대한 합의가 이루어져, 한국토지개발공사와 러시아의 나홋카 자유무역지대 행정부Nakhodka Free Economic Zone Administration 간 기본협약이 체결되었다. 양국 정부는 러시아가 한국토지공사에 49년간 330ha의 토지를 대여해주는 것을 허가하기로 합의했다. 총 투자액은 8억 달러에 이를 것으로 예상되었다. 1994년 5월 19일 한러공동위원회 1차 회의에서 한국이 나홋카 FEZ에 330헥타르 규모의 산업단지를 건설하겠다고 발표하였다.

1995년 3월 23일 나홋카 FEZ 정부와 한국토지공사 리더들 간 공동건설에 대한 각서가 체결되었다. 러시아는 50~70년간 땅을 임대해주고 전기와 수도 등의 기본 시설을 제공하기로 합의했다. 또, 러시아는 세제 혜택 및 관세 규제 간소화를 약속하고, 한국 정부에 보스토치니항에 대한 전용 권리 또한 부여하기로 약속했다. 이에 따라 100개 이상의 한국 기업들이 부지를 임대하고 단지 건설에 참여할 것으로 기대되었다. 한국토지공사는 이 지역에 200개 공장150개의 경공업 및 농업 관련 공장을 설립하고 전자 제품, 식료품, 목재가공, 목재와 섬유와 같은 경공업 제품을 생산하겠다고 발표했다. 또, 한러 간의 협정 11조에 따르면, 한국의 상업은행들은 러시아 연방법에 의거해 나홋카 FEZ에 들어올 수 있었다.

1995년 5월 한국토지공사는 나홋카 시에 종합건설개발공단 회사 Industrial Complex Development Office라는 자회사를 설립하였는데, 주요 기능은 (1)

장기 임대계약 체결, (2) 사업 준비와 개발 진행, (3) 투자자 유치와 입주 기업에 개발된 부지 전대, (4) 단지 내 현장 인프라, 건물 및 시설 건설과 운영, (5) 사업 운영에 필요한 서비스 제공이었다. 이 자회사는 기술 전문가와 근로자를 위한 자금 조달과 건물과 복지시설 건설에 참여할 수 있는 권한이 있었다. 또한 건물과 시설을 임대하고 팔 수 있는 권리도 주어졌다.

1996년 3월 9일 옐친 대통령은 나홋카 FEZ에 대한 투자 활동을 촉진하기 위한 조치들에 관련된 시행령 제365호에 서명했다. 그리고 이것은 사업을 촉진시키는 계기가 되었다. 해당 법령은 한러 산업단지 건설에 연방 수준 프로그램의 지위를 부여했다. 러시아는 이 프로그램에 자금을 지원하고 아시아-유럽 노선을 따라 물류 이송을 위한 철도와 항공 운송을 늘리기로 합의했다. 러시아 재무부는 1996년 3월 나홋카 FEZ 프로젝트 개발을 위해 연간 2,500만 달러를 배정하기도 하였다.

1995년, 나홋카 FEZ 산업단지에 대한 법안이 연해주 의회에서 통과되었다. 이 법에 따르면, 나홋카 FEZ에 대한 입찰을 러시아 연방 정부에서 받아들일 시, 기반 시설 개발자들은 첫 이익 신고 시부터 5년 동안 지역 수익세를 면제받게 될 예정이었다. 이후 5년 동안은 명목수익세 50%가 부과되고 그 이후 75%가 부과될 예정이었다. 사업 참여자들은 또, 토지 도로 기금에 납부하는 세금이 면제되고, 나홋카 FEZ의 공업이나 사회 기반시설 재투자로 얻은 수익에 대한 세금도 면제받게 되었다. 또 지방 FEZ 행정부에서 도시계획 승인을 얻거나 건설공사 면허를 취득할 때에도 특별 절차를 밟을 수 있게 되었다.

이 법에 근거하여 러시아와 대한민국은 동등한 지위로 감독위원회를 설립하기로 합의했다. 해당 감독위원회의 주요 임무는 협약 내 각자의 의무 이행에 대해 한국토지공사와 나홋카 FEZ 행정 위원회FEZ AC에 적절한 권고를 하고, FEZ AC가 만든 규칙을 검토하는 것이었다. 감독위원회는 연방 집행 당국, 지방 정부, 나홋카 FEZ AC, 한국 정부, 한국토지공사, 한국토지공사의 자회사에서 뽑힌 인원으로 구성되었으며, 두 국가의 인원 수는 정확히 동일했다. 한국 외교부는 1996년 3월 16일 200여개의 경공업 기업 설립에 대한 협상을 중심적으로 추진하겠다고 발표했다. 1996년 5월 양측은 임대료와 가격에 대한 조건을 최종 확정하기로 했다. 하지만 이런 모든 합의와 계획에도 불구하고 실제로 나홋카 자유무역공단 관련 어떤 공사도 이루어지지 않았다.

4.2. 2단계: 1999~현재

1996년 이후 한러 산업단지 프로젝트에 진전은 거의 없었다. 김대중 대통령은 1999년 5월 방러 당시 개편된 형태로 이 사업을 재추진하고자 하였다. 양국은 '나홋카 FEZ 내 산업단지 조성에 관한' 새로운 협약에서 보스토크니 항구 인근에 330헥타르가 아닌 20개의 테크노 파크를 짓기로 계약했다. 이 프로젝트는 매년 20억 달러 상당의 상품을 생산할 것으로 예상되었다. 양측은 한국토지공사가 49년 동안 부지를 임대하여 기반시설을 건설하고 나홋카 당국은 단지 외부에 기반시설을 추가로 건설할 것임을 재확인하였다. 한국토지공사는 이 부지를 한국 기업에 임대할 예정이었다. 또, 합의문에는 러시아 정부가 기업 건설 및 운영을 위해 관세 혜택을 주고 행정 절차를 간소화해야한다고 명시하였다. 한국은 6년 안에 공사를 완료하기로 계획했다. 단지 내 한국 기업들은 등록일부터 첫 이익 신고일까지 부가가치세 50%를 감면 받기로 되어 있었다. 대신, 한국 기업들은 생산량의 50%만 수출할 수 있었다. 1999년 12월 한국 의회는 나홋카 FEZ 건설을 공식적으로 비준했다.

그렇지만 러시아 연방 정부가 1999년 협정을 비준하지 않았기 때문에, 15년 간 여러 단체들의 여러 협상과 노력에도 불구하고 나홋카 산업단지 사업은 제자리걸음을 하고 있고 사실상 30년이 지난 지금은 거의 역사적 유물이 되어버렸다. 지금까지 이 사업은 화물 카고 처리와 통신 산업에 국한되어 있다. 2004년 러시아 두마 국제협력위원회 위원장 콘스탄틴 코사초프Konstantin Kosachev와 반기문 전 한국 외교부 장관의 면담 중, 한국 측이 1999년 체결된 협정이 비준 지연되는 것에 대해 문의하자, 러시아 측은 정부가 아직 합의서를 제출하지 않았다고 이야기했다.

최소한 공개석상에서는 푸틴은 나홋카 FEZ 프로젝트 개발에 큰 관심을 보여 왔지만, 옐친은 FEZ의 경제적 이득에 대해 비관적인 견해를 보였다. 푸틴 대통령은 실제로 FEZ에 투자하려는 기업에 대한 세법 변경이나 국가 지원을 요청했었고, 제4장에서 살펴본 TSR-TKR 연계 사업이 한국과 북한 노동자를 더 쉽고 빠르게 공급하여 나홋카 프로젝트를 촉진시킬 것으로 내다본 적이 있다. 2005년 5월 APEC 회담에서 노무현 대통령과 회담 중 푸틴 대통령은 이 사업의 비준을 즉시 주선하겠다고 약속했다. 그럼에도 러시아 정부는 아직까지 협정을 비준하지 않고 있고, 본 사업은 아직 구체적 성과나 혜택을 만들어내지 못하고 있다.

5
장애물

　앞서 보았듯 1992년 11월 정상회담에서 합의되었던 나홋카 FEZ 내 산업단지 건설은 1999년 5월 정상회담에서 대폭 조정되었다. 산업공단 규모는 330헥타르에서 20헥타르로 대폭 축소되었다. 또, 나홋카 FEZ에서 일하는 외국인의 수는 지난 몇 년간 꾸준히 감소하고 있다. 보도에 따르면 대략 900명의 외국인들이 시군의 여러 부서에서 근무 중인데 이는 10년 전 대략 8,000명의 외국인들이 나홋카에서 구직했던 것에 비해 9배나 줄어든 것이다. 나홋카 시장실의 언론 담당부서에 따르면 현재 나홋카 내 외국인 근로자 중 80%(700명 이상)정도가 중국인이고 150명 정도가 북한 출신이라고 한다. 또, 지방 공무원 대다수가 나홋카 FEZ 행정위원회에서 사임하거나 탈퇴했고 2000년 이후 규모가 현저히 축소되었다.

나홋카 개발의 문제점을 이해하려면 소련 붕괴 이후 러시아의 FEZ 정책에 대한 폭넓은 배경을 먼저 살펴보아야 한다. FEZ의 부지를 줄이는 것은 모든 러시아 내 FEZ의 공통적인 현상이었다. 그리고 나홋카 FEZ 프로젝트의 문제점은 한국과 러시아의 외교 관계가 아닌 러시아 국내 요인에 의해 주로 발생했다. 쿠즈네초프Kuznetsov가 설명하듯, FEZ 는 국제 경제의 성숙한 단계의 개념이며, "FEZ의 성공 여부는 국내외의 복잡한 경제, 사회, 지리적 요인에 달려 있다." 나홋카의 경우 FEZ 의 성공 여부는 결국 연방 정부와 지방 정부의 협력에 달려 있다. 사실상 비슷한 유형의 문제가 러시아 내 모든 FEZ에서 발생하고 있다. 따라서 아래에서는 왜 러시아 정부가 FEZ 관련 법안 통과를 꺼려했고, FEZ 정책이 실패했는지에 대해 분석한다.

5.1. 장기 전략의 부재

우선 러시아는 단순히 FEZ의 개발에 대해 구체적으로 고민하거나 장기 전략을 가지고 있지 않으며, FEZ의 경제적 역할이 한 번도 제대로 정립이 된 적이 없다. 일반적으로 FEZ의 개발은 법안 입법 과정과 숙련된 경험을 필요로 하기 때문에 신속하게 처리되기 힘들고, 하나의 원칙이 일변도로 적용되는 것이 힘들며 한마디로 간단하지 않은 과정이다. 하지만 크렘린 정부는 결과에 급급한 나머지 "만족스럽지 않은 이전 정책의 결과에 대해 정책이 실효성을 거둘 시간을 기다려 주지 않고 FEZ 정책을 자꾸 임의로 변경했다." 이는 중국의 FEZ 정책과는 매우 다른 모습이다. 예를 들어, 중국의 쿤산 FEZ는 1985년에 설립되었지만 성공적인 결과는 비로소 10년 후에야 나타났다. 이러한 중국의 FEZ에 대한 인내심과 점진주의적 접근 방식 모델은 참을성이 없는 러시아 중앙 정부에게 어필되지 않았고, 규모가 크고 포괄적인 중국의 FEZ 정책과 달리 러시아의 FEZ 정책은 처음부터 끝까지 일관성이 결여되었다. 러시아의 FEZ의 특혜는 그때그때 국내의 경제와 정치적 상황에 대응해 즉흥적으로 만들어졌다. 엘만Ellman에 따르면 러시아 각급의 관리들은 오로지 개인의 이익을 추구하기 위해 페레스트로이카 개방과 개혁 당시 얻은 자유를 마음대로 사용했다. 또한, FEZ 혜택이 특정 지방 정권이나 어느 특정 집단에 주어졌을 때는 그들의 정치적 충성을 보상해주거나 단기적 경제 위기를 피하기 위한 수단으로 사용되었다.

5.2. 중앙과 지방 사이의 충돌

러시아 연방 정부는 1990년대 초반부터 사실상 러시아 내 모든 FEZ에 대한 법적 협정에 최종 사인하는 것을 꺼려왔다. FEZ 창설 비준을 꺼린 이유는 옐친 대통령 시기부터 두드러지게 나타난 특징 중 하나라고 볼 수 있는 러시아 내 중앙 정부와 지방 정부의 갈등에서 찾을 수 있다. 특히 중앙 정부와 지방 당국 사이 관할 법령 적용 문제와 관련하여, FEZ는 처음부터 중앙 정부와 지방 정부 간 깊은 이해 충돌의 일부 그 자체였다. 한 예로, 연해주의 전 주지사 예브게니 나즈드라텐코Yevgeny Nazdratenko와 중앙 정부 두마 의장 세르게이 두브닉Sergei Dubnik 사이에도 정치적 갈등이 있었다. 마네제프^{Manezhev}가 강조하듯, "FEZ는 구 연방 공화국들이 이른바 자립화 혹은 독립화라는 명분하에 권력과 자원을 다시 재배분하는 투쟁의 도구가 되었다." 마네제프는 FEZ의 창설이 지역 정치인들뿐만 아니라 구소련 공화국 리더들 사이에서도 적극적으로 이용되었다고 지적한다. FEZ 창설을 최종 승인한다는 이야기는 러시아 정부와 최고입법회의 기관이 과거 중앙집권화 된 광범위한 정부 기능과 경제이권을 지방 정부에 이임한다는 것을 의미한다.

1990년대 초반부터 러시아 정치에서 중앙 집권과 지방 자치 사이의 합리적 균형점을 찾는 다는 것은 매우 어려운 국가적 과제였다. 지역과 중앙 정부의 경제적 이익은 선천적으로 불일치할 수밖에 없기 때문에, 두 정부가 합의에 도달하는 것은 사실상 거의 불가능했다. 이론적으로 FEZ라는 장치는 고도의 경제적 자치성을 추구하고, "분열, 타 지역을 전혀 고려하지 않는 자원의 재분배, 환경과 사회적 문제 야기"와 같은 국가 경제체제에 잠재적으로 위협을 끼칠 수 있는 여러 요소들을 내포하고 있다. 지역 정부의 추가적 자금 요청과 행정적, 경제적 자율성 확대 요구는 중앙 연방 정부의 경제력 저하를 의미한다. 러시아에서 FEZ를 추진할 당시 초기의 공식 계획은 단기간에 지역 경제를 개방하고 자본 수입으로 추가 재원을 확보한다는 전망 때문에 지역 정부의 큰 호응을 얻었었다.

그러나 연방 정부의 관점에서 보면 주 예산 배당이나 세액 공제를 통해 FEZ에 유리한 재정 분배를 하는 와중에, 중앙 정부와 지방 정부의 요구를 모두 충족시키는 것은 매우 어려운 일이었다. 나홋카 FEZ에 관해서도 바로 이 점이 더 큰 문제가 되었다. 이 지역에서는 실제로 중국인들의 이주 증가 추세로 인한 아시아인들의 영향력 증가로, 중앙 정부가 이 지역에 대해서 통제력을 상실하지 않을까 매우 우려하고 있었다. 또 연방 정부는 나홋카 FEZ의 잠재적 경제적 이점에 대해서도 다소 회의적이며, 지방 정부로 권한을 이전하는 것에 조심스러운 입장을 견지했다. 쿠츠네초프가 지적했듯이, 중앙 정부는 이 지역들이 정부의 통제 범위를 벗어나 더 발전하는 대신, 원래 의도대로 FEZ가 단순히 기술집약적 생산지로 남아 있길 선호했다.

그에 비해 중국은 지방법규를 공포하고 외국인 투자 사업을 자율적으로 승인하도록 중국 내 지역 당국에 특권을 전적으로 부여하면서 중앙과 지방 정부 간 관계를 성공적으로 관리하였다. 이러한 특별한 중국식 특권 부여 방식 제도는 경제 특구의 실질적 경제 성과와 국내외 시장의 일반적 상황에 따라 중앙 정부와 지방 정부가 경제 특구를 다양한 방식으로 관리하는 데 대단한 유연성을 발휘하게끔 한다.

마네제프는 중국 FEZ 정책 입안자들이 자유무역단지 내외에서 이루어지는 지역 기업들과 비 지역기업들 간의 모든 법적 형태의 직접적 비즈니스 협력을 포함하는 '지역 협회'들을 적극 홍보하려 했다는 점에도 주목한다.

하지만 러시아의 FEZ 정책은 중앙과 지방간의 균형을 맞추는 데 실패했다. 예를 들어 상트페테르부르크, 칼리닌그라드, 그리고 나홋카 FEZ가 국가와 지역을 대표하는 중요한 산업공단센터라는 점은 부정할 수 없다. 하지만 마네제프가 지적한 바와 같이, 이 지역들의 FEZ들은 모두 국내 시장에 공산품을 공급하려는 의지가 부족했다. 또, 중앙 정부가 국내 개발 프로그램이나 외국인 투자자 활동 규제에 실질적 영향력을 행사할 기회가 미미했고, 중앙 정부의 역할은 고작 국내외 기업가들 옆에서 함께 자문해주는 정도에 그칠 수밖에 없었다. FEZ에 대한 지방 정부와 러시아 연방 정부 사이의 유일한 협상과 타협은 천연자원 개발에 대해서만 진행되었고, 한마디로 중앙과 지방이 공동으로 의사결정을 하려는 시도조차 없었다.

즉, 중앙 정부와 지방당국 사이의 계속되는 갈등으로 인해, 러시아의 FEZ 정책은 너무 정치화되었다. 마네제프는 "러시아 FEZ 정책은 그때그때 정치적 상황에 극도로 연동되며 이러한 현실은 러시아 FEZ의 궁극적인 목표가 실제로 FEZ의 개발이 아니다."라고 강조한다. 동시에, FEZ와 연방 정부 사이의 행정적 관계와 재정적 관계가 투명하지 않은 사례가 여러 번 쌓이면서, 결국 이는 본 사업에 대한 투자를 어렵게 만들었다. 이러한 문제점들은 결국 러시아 내에서 경제적, 법적, 조직적 인프라가 실질적으로 저개발 되는 결과를 초래했다. 중앙 정부가 FEZ와 관련된 꼭 필요한 법안 통과를 지연시키는 바람에 세제 특혜가 제대로 시행되지 않았고, 기반시설도 건설되지 않았다. 이는 외국인 투자를 저감시키고, 결국 FEZ 계획의 대부분은 축소되어야 했다.

5.3. 인프라 부족

국제무대에서 FEZ를 홍보하기 위해서는 투명하고 분명한 인프라 프로그램 설정이 필수적이다. 주최국은 그러한 프로그램들을 바탕으로 FEZ의 정확한 방향과 의도의 진정성을 입증해 줘야하는데, 이것은 투자 위험을 줄이고 한국 투자자들을 포함한 외국 투자자들의 사업 활동을 증가시킬 수 있다. 하지만 나홋카의 경우 산업단지에 필요한 기반시설 준비가 미흡했다. 모스크바와 지방 정부 사이의 정책 조율은 거의 없었으며 러시아 정부는 FEZ에 상하수도, 전력 및 등의 에너지원을 제대로 공급하지 못했다. 예를 들어 나홋카 지역의 항만, 철도, 도로 상황은 비교적 양호했지만 물 배수 시설이나 하수구와 같은 상하수도 시설, 송전선 부분은 매우 낙후되어 있었다. 외국인 투자 유치를 위해 세금 감면보다도 좋은 서비스를 제공하는 것이 때로는 더 중요한 면도 있는데, 그러한 것이 마련되지 않았다는 점이 이 지역의 매력도를 상대적으로 확실히 감소시켰다. 중국의 쿤산 FEZ는 엄청난 세금 감면 혜택을 제공하지는 않았지만 좋은 서비스를 제공하는 데 집중했다. 나홋카의 경우 러시아 정부가 공단 외곽에 기반시설을 제공하기로 약속했지만, 실질적으로는 이루어지지 않았다.

5.4. 법적 제도 장치의 결여

FEZ의 성공적 발전은 외국인 투자자에 대한 특별 관세와 안정적 조세 제도의 확립에 전적으로 달렸다 해도 과언이 아니다. 하지만 러시아의 법적 기반 상황은 경제 상황보다도 훨씬 뒤처지며, 이는 러시아가 FEZ를 포기하게 하는 요소 중 하나이다. 정부와 의회는 FEZ 설립을 가능케 하고 촉진시키는 일련의 법령, 지침, 명령을 발표했지만 실제로는 아무것도 실행되지 않았다. 1994년 이전 FEZ가 외국인 투자자에게 실질적으로 제공할 수 있던 유일한 특혜는 무역 관세 50% 인하 조치였다. 앞서 살펴본 것처럼, 나홋카의 경우에는 러시아 연방 정부가 김대중 대통령과 옐친 대통령이 1999년 5월 28일 서명한 협정조차도 비준하지 않았다. 이것은 특히 나홋카 FEZ의 경우 포함해서 러시아 국내에 전반적인 FEZ의 기능을 위한 종합적인 법적 프레임워크가 존재하지 않는다는 것을 의미하고, 더욱이 2005년 7월 전에는 이러한 법적 유형의 조직과 기능조차 명확하게 정립이 되어 있지 않았다는 것을 보여준다.

1995년 9월 연해주에서 나홋카 FEZ에 대한 산업공단설립법이 통과되었음에도 불구하고 아무도 제공되는 특권을 누리지 못했다. 1996년 총 9개의 FEZ가 산업단지의 지위를 획득했지만 실제로 이 9개의 어느 단지도 가동되지 못했다. FEZ 당국자들과 외국인 투자자들은 FEZ에 관한 연방법이 세 번째 해독에서 두마 의회State Duma에 의해 통과되어 연방평의회의 승인을 받기를 바라고 있었다. 하지만 옐친 대통령은 이 법을 거부하고 두마 의회에 돌려보냈다. 2005년 7월이 되어서야 이 법이 마침내 채택되었고, 2005년 8월 27일 발효되었다. 그러나 2005년 11월에 6개 지역에 FEZ 설립 허가가 주어졌으나 나홋카는 목록에 포함되지 않았다.

  나홋카 FEZ의 창설을 위해서 법령 제정이 왜 그렇게 중요할까? FEZ 를 만드는 작업은 결국 대부분이 '투자 집약적 과정'이다. 투자자들에게 안정적인 법안을 제공하는 것은 FEZ 개발의 성공 열쇠이다. 특히 FEZ 의 법적 근거는 투자자들이 기대하는 세제 특혜와 직결되기 때문이다. 연방 정부에 성공적인 FEZ 신청서를 제출하는 것이 현 단계에서 나홋 카 FEZ 프로젝트에 가장 시급하고 중요한 과제인 셈이다.

  반대로 법적 프레임워크의 결여는 일관성 없는 조세 정책으로 이어 진다. 연방 정부의 현 조세 정책은 그동안 외국인 투자를 위축시켜 왔 다. FEZ 프로젝트에 연관된 기업들이 세금과 관세 특혜를 받지 못하면 투자 인센티브가 확실히 떨어지는 것이 사실이다. 더군다나 예상치 못 한 관세 인상과 같이 무역 장벽을 높이는 일련의 러시아의 행태는 교역 량의 대폭 축소로 이어진다. 마네제프는 러시아 입장에서는 외국인 투 자자를 위한 특별 세금과 혜택이 러시아 측의 이익 배분을 제한한다는 것이 큰 문제라고 지적한다.

  러시아는 1991년에 나홋카 지역을 세제 혜택이 주어지는 FEZ로 지 정했지만, 주 정부 차원에서만 세제 혜택을 제공했다. 모든 범위의 세 제 특권이 제공되려면, 러시아 의회가 FEZ에 관한 법을 채택해야 했 다. 실제로 이때까지 한국과 러시아 간의 사업 논의는 인프라에 대한 내용에만 국한되었고 건설 일시, 임대료율, 구체적 세제 특혜 등에 대한 세부적 내용이 언급되지 않았다. 표도로프^{Fedorov}가 지적한 바와 같이, FEZ 공단 착공에 앞서 양국 정부는 나홋카 내 산업단지 조성에 관한 한러 간의 협정의 3개 조항에서 'FEZ 행정위원회 또는 그것을 대체하는 다른 단체의 지위'를 다루는 부분에 대한 해석에 관한 양해 각서에 먼저 합의해야 했었다. 하지만 한국 측은 러시아 연방 정부가 나홋카 FEZ의 입찰을 확인한 이후에만 3개의 조항을 검토하려고 했었다. 하지만 앞서 보았듯이 2005년 11월 29일에 러시아 내에서 경제자유조성권을 획득한 6개 지역 중 나홋카는 포함되지 않았고, 사업은 2005년 이후 전격 보류되었다.

5.5. 범죄와 지역 마피아

나홋카 지역의 외국인 투자는 항구 지역 중심으로 일어나는 극심한 범죄 활동에 의해 위축되어 왔다. 러시아 마피아는 실제로 어업, 목재, 천연자원 사업의 불법 거래뿐 아니라 FEZ에서 추진하려는 거의 모든 사업에 관여하고 있다. 예를 들어 지방 정부는 2002년 9월 APEC 투자 회의에서 극동러시아의 투자 기회에 관심을 환기하려 하였지만, APEC 회의 전후로 발생한 지역 관료와 기업인들의 살해 사건으로 인하여 나홋카의 대외 이미지는 많이 실추되었다. 실제로 "풍부한 천연자원, 무기창고, 항만과 가짜 신분증과 여권으로 번창하는 극동러시아의 블랙마켓 사업 기회들은 범죄 조직에게는 너무나도 매력적인 요소 그 자체였다. 이 지역에서 범죄와 부패는 서로 깊게 연관되어 있다."

나홋카 검찰청에 따르면 1991년 이후 1억 4,800만 루블(800만 달러) 이상이 분탕이나 대규모 사기에 남용되었다.

게다가 나홋카에서 멀지 않은 블라디보스토크에서는 체첸 갱단이 어업과 도난 차량에 대한 밀수업을 벌이고 있다. 그리고 중앙아시아 마약 밀매업자들이 블라디보스토크로 근거지를 옮기기 시작한 것으로 알려졌다. 따라서 외국인 투자자들은 그들의 안전을 위한 실질적 법적 보호 장치가 없을 경우 리스크 테이킹을 하지 않는다는 것이 중요한 사실이다.

6
양자 및 지역 경제안보에 대한 시사점

　나홋카 FEZ의 한러 산업 프로젝트의 성공은 두 국가의 경제안보에도 중요하지만, 지역 경제 발전과 경제 통합에도 중요한 시사점을 가진다. 나홋카 FEZ 프로젝트는 한국과 러시아 경제안보를 강화하는 데 상호 보완적인 성격을 가질 수 있다. 이곳은 러시아의 원천 기술, 노동력, 천연자원이 유기적이고 효율적으로 활용되며, 특히 목재, 해양자원, 광물자원 가공 처리와 관련해서 매우 유망한 지역이 될 수 있다. 러시아는 극동 지방의 경제 발전을 위해서 한국의 투자가 반드시 필요하다. 만약 나홋카 FEZ에 8억 달러 규모의 한러 산업공단단지가 조성된다면 이 지역은 수출 지향성을 갖춘 러시아 최초의 FEZ가 될 수 있다. 또한, 러시아가 연료와 원자재 생산에 의존하는 편향된 경제 구조 왜곡을 중단할 필요가 있고, 과학 기술 잠재력 분산을 막기 위해서는,

나홋카 FEZ 내 공단 건설은 러시아가 제조업 국가로 도약할 수 있는 절호의 기회를 제공한다.

　이 프로젝트는 분명 한국의 경제안보를 튼튼히 할 잠재력 또한 가지고 있다. 이 프로젝트는 고임금, 노동력 부족, 높은 부동산 가격 등의 한국 내 고질적인 경제 문제를 해결하는 데 도움을 줄 수 있는 동시에, 장기적으로 한국 상품을 유럽, 중국, 중앙아시아, 러시아 등에 수출하는 데 지정학으로 중요한 교두보 역할을 할 수 있다. 또, 한국 정부는 국내 중소기업들이 FEZ에 진출하는 것을 도우며, 이후 더 확장해서 다른 러시아 지역과 중앙아시아 지역으로 진출하는 관문으로 FEZ를 이용하기를 원하고 있다. 따라서 이 프로젝트는 한국의 수출 시장을 다변화시킬 수 있는 엄청난 기회를 제공하며, 중국 시장에 대한 한국의 과도한 의존도를 떨어뜨릴 수도 있다. 또한 더 중요한 점은, 외국 자본 유치 외에도 한러 산업공단단지는 FEZ 안팎에서 거의 3만개 이상의 새로운 일자리를 창출할 수 있다는 것이다. 가령, 파르티잔스크 출신의 전 탄광 노동자들과 포키노 출신 전 노동자들은 새로운 고용 기회의 혜택을 누릴 수 있다.

　그뿐만 아니라 나홋카 FEZ는 지역 경제안보 증진에도 큰 보탬이 될 것이다. 제2장에서 이미 다루었듯이 러시아는 동북아시아 경제로 통합되는 것이 미래 극동러시아의 경제안보에 필수 요소라는 점을 잘 인식하고 있다. 발라사Ballassa는 경제 통합은 "국가들 간의 공식적인 협력 창출, 자유무역지대 건설, 관세 통합, 공동 시장, 경제 연합, 혹은 완전한 경제 통합"이라고 정의한다. 나홋카 FEZ는 한국과 일본의 자본과 기술, 러시아 극동 지역의 천연자원과 토지, 중국 동북부의 풍부하고 값싼 노동력을 사용할 수 있는 구역으로 거듭나고자 하였다. 참가국들은 국경을 초월한 경제 활동과 지역의 공동 행동이 지역 경제안보를 구축하기 위한 가장 효율적 메커니즘이 될 것임을 잘 이해하고 있다. 지리적 근접성은 일반적으로 경제의 상호작용을 증가시킬 수 있기 때문에, 나홋카 FEZ는 경제 협력에 있어서 매우 적합한 장소이다. 또한 이러한 지리적 근접성은 거래 비용을 최소화하고 운송 시간을 단축하며 경영진과 관리자들의 이동을 용이하게 하여 대면 상호작용을 가능하게 한다.

하지만 양국 및 지역 경제안보에 기여할 수 있는 여러 잠재력에도 불구하고 나홋카 FEZ는 경제 활동의 중요 요소로서 전혀 기능을 하지 못하고 있는 것이 현실이다. 결과적으로 향후 추가적인 협력에 대해서도 회의적인 시각이 팽배하다. 나홋카 FEZ 사업의 잠재력은 러시아 내 FEZ 정책을 둘러싼 중앙 정부와 지방 정부 간의 알력과 서투른 개혁으로 인해 퇴색되었으며, 나홋카 FEZ가 제공할 수 있는 단기적 혜택들 또한 제대로 정립이 안 되었던 것이다. 더군다나 러시아 연방 정부는 오히려 이런 혜택을 제공하는 데에 꽤 인색하였다. 러시아 정부의 어설프고 서투른 FEZ 정책은 지나치게 정치화된 FEZ의 구조적 한계 속에서 결국 프로젝트 비준을 지속적으로 지연시켰다. 필자는 설령 나홋카에 FEZ 허가가 최종 떨어진다 할지라도 한국과 러시아 간 FEZ 관련 재협상은 아예 처음부터 전면 불가피할 것으로 본다. 최악의 경우 나홋카는 FEZ 허가를 받지 못하고, 당초 언급된 초기 계획마저도 아예 실행되지 못하고 사라질 확률 또한 많은 것이 사실이다.

　요약하면 중앙 정부의 전폭적인 지원과 확고한 법률적 기반이 모두 부족한 상황에서 러시아의 FEZ는 중앙 정부와 지방 정부 간 혹은 다른 수준의 자치정부들 사이에서 소위 정치적 혹은 경제적 협상수단에 지나지 않았다. 결과적으로, 한국과 러시아 사이에 실질적 시장 네트워크를 구축하지 못하게 되면서, 경제안보의 핵심요소인 나홋카 FEZ 프로젝트는 지금까지 양자 및 지역 경제안보 구축에 어느 것도 기여하지 못했다.

참고자료

1. "Free Economic Zones," Russia-Economic & Trade Overview-Part 2 (2), Business Information Service of the Business Information Service for the Newly Independent States (BISNIS), US Department of Commerce, 1996-98, on http://home.swipnet. se/~W-10652/BISNIS_2.html, accessed on 3 May, 2004.
2. Svobodnye ekonomicheskie zony i zony svobodnogo predprinimatel'stva v RSFSR. Sbornik dokumentov. Moscow, 1991 (mimeo), pp. 2 and 12, quoted in Sergei Manezhev, Post-Soviet Business Forum, The Russian Far East (London: Royal Institute of International Affairs, 1993), p. 26.
3. Vladimir Samoylenko, "Government Policies in Regard to International Tax Havens in Russia," Special Report, International Tax & Investment Center, December 2003, p. 4.
4. Maxim Rubchenko, Ekaterina Shokhina, and Sergei Shoshkin, "Incubators for Change or Black Holes?," Economics and Finance, #28 (335) 22 July, 2002, on http://eng. expert.ru/economics/28incuba.htm, accessed on 1 May, 2004.
5. "The Russian Establishment of Free Economic Zone," Korea Trade Investment Promotion Agency (KOTRA) Report 2000.
6. Rubchenko, Shokina, and Shoshkin.
7. Part two of the Tax Code of the Russian Federation No. 117-FZ of 5August, 2000
8. (with the Amendments and Additions of 29 December, 2000; 30 May; 6, 7, 8, August; 27 November, 2001). See also Rubchenko, Shokhina, and Shoshkin.
9. Federalnyi zakon Rossiskoi federatsii ot 22 iyuliya 2005 g. N 116-ФZ. Ob osobikh ekonomicheskikh zonakh v Rossiskoi federatsii. Opublikobano 27 Iyuliya 2005, Rossiskaya gazeta, 27 July 2005, on http://www.rg.ru/2005/07/27/ekonom-zony-dok.html, accessed on 30 December, 2005. (The Russian Federation Law on Special Economic Zones in the Russian Federation, No. 116-FZ of 22 July 2005, published on 27 July, 2005). I am very grateful to Margot Light for drawing my attention to this site.
10. RFE/RL Newsline, Vol. 9, No. 221, Part I, 29 November 2005. I am also grateful to Margot Light for drawing my attention to this site.
11. Rossiskaya gazeta, 27 July 2005.
12. Of these, 16,500 are employed in industry, 1,200 in agriculture, 600 in construction, and 27,900 in transport and communications. See Nikolai Fedorov, "The Businessman's guide to Nakhodka and the Free Economic Zone," Report by Chairman, Administrative Committee Nakhodka Free Economic Zone (AC FEZ), on http://FEZ.nakhodka.ru/legal.htm, accessed on 18 May 2004; and Foreign Trade List, on http://www.kigam.re.kr/mrc/korean/file/East/chapter9.htm, accessed on 1 May, 2004

13. "A Time for Action, a Time for Practical Work—M. S. Gorbachev's Speech in Krasnoyarsk," Pravda, 18 September, 1988, p. 3; and G. Alimov, "Vladivostok Will Be Open to All," Izvetiya, 4 September, 1988, p. 2.

14. FBIS, DR/SOV, 3 November, 1988, pp. 3-4; and Scott Atkinson, "The USSR and the Pacific Century," Asian Survey, Vol. 30, No. 7, July 1990, pp. 632 and 644.

15. Victor Semenovich Gnezdilov, Interview by Mayor of Nakhodka City, 30 October, 2002, "Where Russia meets Asia," World Investment News, Multimedia Information Company 2004, on http://www.winne.com/vladivostok/vi006.html, accessed on 5 May, 2004; and Atkinson, p. 633.

16. "Nakhodka, the Free Economic Zone and the Administrative Committee," National News Service, at http://www.nns.ru/gallery/stos/nah02.html, accessed 1 May, 2004.

17. Victor Semenovich Gnezdilov, Interview by Mayor of Nakhodka City, 30 October 2002, "Where Russia meets Asia," World Investment News, Multimedia Information Company 2004, on http://www.winne.com/vladivostok/vi006.html, accessed on 5 May, 2004.

18. See Samoylenko, p. 5.

19. Svetlana J. Vikhoreva, "The Development of Free Economic Zones in Russia," The Economic Research Institute for Northeast Asia (ERINA) REPORT, Vol. 38, February 2001, Niigata, Japan, p. 2.

20. According to Mayor Gnezdilov, Nakhodka processed up to 35 million tons of cargo in 1991 and by 1992 a million Japanese containers had been processed in Vostochny port. However, only 12 million tons of cargo and 30 thousand containers were processed in 1998. Things improved after Putin's election as president and 25 million tons of cargo and 100,000 containers were processed in 2001. See Gnezdilov's interview; and "Free Economic Zones," BISNIS, US Department of Commerce on http://home.swipnet.se/~W-10652/BISNIS_2.html, accessed on 3 May, 2004.

21. Fedorov.

22. Ibid.

23. "Industrial Sector Indexes in the Nakhodka FEZ," 1999, Industry, AC FEZ Nakhodka, on http://FEZ.nakhodka.ru/industry.htm, accessed on 17 May, 2004.

24. Fedorov.

25. "Industrial Sector Indexes in the Nakhodka FEZ," Industry, 2004; "Foreign Economic," Nakhodka Free Economic Zone (AC FEZ), 24 June, 1999, on http://FEZ.nakhodka.ru/foreign.htm, accessed on 18 May, 2004.

26. Vikhoreva, p. 3.

27. Fedorov.

28. Foreign Trade List, on http://www.kigam.re.kr/mrc/korean/file/East/chapter9.htm, accessed on 1 May, 2004.

29. Vikhoreva, p. 3.

30. Fedorov.

31. "Russia Economy: Far East's prospects improve a little, but not enough," Economist Intelligence Unit (EIU) Viewswire, 14 May, 1999, on http://www.viewswire.com/index.asp?layout=display_print&doc_id=1064679706, accessed on 11 September, 2005; and "Keubbusanghanun Russia Sijangkwa Wuriui Daeeung Chunryak (Rising Russian Market and Our Strategy)" Report by Oh Young Il, April 2005, LG Economic Institute, p. 14.

32. Leonid Vinooradov, Itar Tass, 23 March, 1995; "The Nakhodka FEZ Russian Korean industrial complex agreement finalized," the Korean Ministry of Commerce, Industry and Energy Briefing, 31 May 1999; and Korea Trade-Investment Promotion Agency (KOTRA): Siberia and Russian Far East Investment Guide (Seoul: Sekwang Moon Wha Sa, 1995), p. 214.

33. Seung-Ho Joo, "ROK-Russian Economic Relations, 1992-2001," Korean and World Affairs, Vol. 25, No. 3, Fall 2001, p. 381; and Seung-Jo Joo, "Russia and Korea: The Summit and After," The Korean Journal of Defense Analysis, Vol. 13, No. 1, Autumn 2001, pp. 118-119; ARTICLE 5, Agreement between the government of the Russian Federation and the government of the Republic of Korea for the establishment of the Russia Korea Industrial Complex in the Nakhodka Free Economic Zone, 28 September, 1995 on http://FEZ.nakhodka.ru/RKIC.htm, accessed on 1 May, 2004.

34. Jeongdae Park and Jaeyoung Lee, "Industrial Cooperation between Korea and Russia: Current Situation and Prospects," Journal of Asia-Pacific Affairs, Asia-Pacific Research Center Hanyang University, Vol. 3, No. 8, February 2002, p. 56; and BBC Summary of World Broadcasts, Part 3 Asia Pacific; Weekly Economic Report, 18 May, 1994.

35. Itar Tass, 23 March, 1995; World Trade News, Financial Times, 24 March, 1995, p. 5; Reuter Textline, 23 March, 1995; and Akaha, 1996, p. 104.

36. Reuter Textline, 23 March, 1995, and Radio Free Europe/Radio Liberty (RFE/RL), 9 July, 1999, on http://www.rferl.org/newsline/1997/07/090797.asp, accessed on 2 May, 2004; "Korean Technopark for the Nakhodka Free Economic Zone," based on the 5th associated meeting on cooperation between Far East and Siberia, Russia, and the Korean Republic, on http://www.zrpress.ru/97/N6/REG-T-E.HTM, accessed on 1 May, 2004; and ARTICLE 11, Agreement between the government···,1995.

37. ARTICLE 3, Agreement between the government···, 1995; and Chosun Ilbo, 16 March, 1996.

38. Administrative Committee (AC) Free Economic Zone (FEZ) Nakhodka, Legal Base, on http://FEZ.nakhodka.ru/legal.htm, accessed on 18 May 2004; and Natalia Gurushina, "Nakhodka Free Economic Zone Gets State Support," RFE/RL, on http://

www/rferl.org/newsline/1996/03/260396.asp, accessed on 3 May, 2004.

39. AC FEZ Nakhodka, Legal Base, on http://FEZ.nakhodka.ru/legal.htm.

40. ARTICLE 12, Agreement between the government…, 1995.

41. Among the 200 Korean light industries, wood processing and sewing industries which were already based on Primorski krai were expected to enter the Nakhodka FEZ. See Feodr Solomartin, Interview with the director of the Nakhodka AC FEZ, quoted in Segye II bo, 12 February, 2001. See also Chosun Ilbo, 16 March 1996; Jamestown Monitors, 18 March, 1996; and Reuter Textline Lloyds List, 24 March, 1995.

42. Park and Lee, p. 56; Leszek Buszynski, "Russia and Northeast Asia: aspirations and reality," The Pacific Review, Vol. 13, No. 3, 2000, p. 414; Fedorov; Joo, "ROK-Russian Economic Relations, 1992-2001," 2001, p. 382; and Joo, "Russia and Korea: The Summit and After," 2001, pp. 118-119.

43. "Business in Asia Today: S. Korea, Russia to Set Up in Industrial Complex," Asia Times, 29 May, 1999, on http://www.atimes.com/bizasia/AE29Aa07.html, accessed on 5 May, 2004.

44. Agreement on the establishment of Korean Russian Industrial Park in the Nakhodka FEZ between Republic of Korea and Russia (Korean version), The Korean Ministry of Foreign Affairs and Trade, 28 May 1999; and Yonhap, 27 March, 1999 and 24 July, 2000.

45. Korea Research Institute for Human Settlements (KRIHS) Policy Brief, Vol. 68, 16 August, 2004, p. 5.

46. Ya P. Baklanov, Geography of Primorsky Territory (Ussuri: Pacific Institute of Geography, Far Eastern Branch, Russian Academy of Sciences 1997), on http://www.fegi.ru/prim/geografy/naxodka.htm.

47. Itar Tass, 25 May, 2004.

48. "The Russian Establishment of Free Economic Zone," Korea Trade Investment Promotion Agency (KOTRA) Report 2000.

49. The South Korean President Roh's Speech from the report following the return of APEC meeting, 16 May, 2005, Ministry of Foreign Affairs ad Trades, Seoul, Korea.

50. "The Nakhodka FEZ industrial park negotiations settled," The Korean Ministry of Commerce, Industry and Resources Briefing, 6 April, 1999, and "The Nakhodka FEZ negotiations resumed," The Korean Ministry of Commerce, Industry and Resources Briefing, 29 March, 1999.

51. Business newspaper "Zolotoy Rog" (Golden Horn), Vladivostok, Primorsky #24, 1 April, 2003, on http://www.zrpress.ru/2003/024.ecnt.htm, accessed on 30 May, 2004; and Vinogradov, 2003.

52. Kuznetsov is a fellow of the Leuven Institute for Central and East European Studies, Belgium. See Andrei Kuznetsov, "Promotion of Foreign Investment in Russia: An

Evaluation of Free Economic Zones as a Policy Instrument, joint ventures and free economic zones in the USSR and Russia," Russian and East European Finance and Trade, Vol. 29, Issue 4, Winter 93/94, originally published as the Leuven Institute for Central and East European Studies, Working Paper No. 24, 1993, pp. 48-49.

53. Sergei A. Manezhev, "Free Economic Zones and the Economic Transition in the Chinese People's Republic and Russia," Russian and East European Finance and Trade, March-April 1995, Vol. 31, No. 2, 1995, p. 80, translated by Arlo Schultz.

54. See the speech by Sergei Dudnik, Chairman of the Administrative Committee, Nakhodka FEZ, from National News Service, on http://www.nns.ru/gallery/stos/nah01.html, accessed 1 May, 2004.

55. Michael Ellman, "China's Development Zones—Learning From Their Success," Transition, The World Bank/ The William Davidson Institute, Vol. 9, No. 6, December 1998, p. 7.

56. Dirk Faltin, Regional Transition in Russia: a study of the free economic zone policy in the Kaliningrad region, Ph. D thesis (London: the London School of Economics and Political Science, 2000), p. 111; and Ellman, p. 7.

57. Ellman, p. 7.

58. Manezhev, 1995, p. 78.

59. Kuznetsov, p. 48.

60. Manezhev, 1995, p. 83.

61. Sergei Manezhev, "Free Economic Zones in the Context of Economic Changes in Russia," Europe-Asia Studies, Vol. 45, No. 4, 1993, p. 618.

62. Report on Analysis of Economic Situation in the Russian Far East and Siberia and Russian-Korean Cooperation, (Seoul: The Research Project for the Globalization in Russia's Regions at Hankuk University of Foreign Studies, December 2003), p. 63; and Kuznetsov, p. 54.

63. George T. Crane, The Political Economy of China's Special Economic Zones (New York: Armonk, 1990), pp. 54-55.

64. Manezhev, "Free Economic Zones in the Context of Economic Changes in Russia," 1993, p. 618.

65. Ibid.

66. Manezhev, 1995, p. 83.

67. Vladivostok News, No. 163, 20 March, 1998; and Chang Duckjoon "The Russian Far East and Northeast Asia," Post-Soviet Geography and Economics, Vol. 37, No. 3, 1996, pp. 175-194.

68. Park and Lee, p. 56; Judith Thornton and Nadezhda N. Mikheeva, "The Strategies of Foreign and Foreign Assisted Firms in the Russian Far East: Alternatives to Missing Infrastructure," Comparative Economic Studies, Vol. 38, No. 4, 1996, pp. 85-119;

and Chang, 1996, pp. 175-194.

69. Ellman, p. 7; and Ok-Kyung Jung, "Economic Cooperation between South Korea and Russia's Far East," Journal of Economic Policy, Vol. 2, No. 4, 2000, p. 166.

70. Svetlana Kuzmichenko, Commercial News Update From the RFE- June 2003, July 2003, on http://www.bisnis.doc.gov/bisnis/bisdoc/0307newsvlad.htm, accessed on 1 May, 2004.

71. "Free Economic Zones in Russia," the Voice of Russia, 14 October, 1999 (Russian Economy and Business Online), on http://www.vor.ru/Russian_Economy/excl_next48_eng.html, accessed on 1 May, 2004.

72. Kuznetsov, p. 54.

73. Business newspaper "Zolotoy Rog" (Golden Horn), 2003.

74. "Law on Special Economic Zones," International Financial Law Review, November 2005, on http://www.iflr.com/?Page=10&PUBID=33&ISS=20856&SID=595028&TYPE=20, accessed on 30 December, 2005. See also "Economic Zones Become Law in Russia," Kommersant, July 25, 2005, on http://www.kommersant.com/page.asp?idr=1&id=595896, accessed on 30 December, 2005. I am very grateful to Margot Light for drawing my attention to this site.

75. RFE/RL Newsline, Vol. 9, No. 221, Part I, 29 November 2005.

76. Manezhev, 1995, p. 80.

77. Bharat R. Hazari and Pasquale M. Sgro, "Free Trade Zones, Tariffs and the Real Exchange Rate," Open economics review 7, 1996, Kluwer Academy Publisher, p. 201.

78. Manezhev, Post-Soviet Business Forum, the Russian Far East, 1993, p. 28.

79. Vladivostok News, No. 163, 20 March, 1998, quoted in Chang, 1996, pp. 175-194.

80. Agreement on the establishment of Korean Russian Industrial Park in the Nakhodka FEZ between Republic of Korea and Russia (Korean version), The Korean Ministry of Foreign Affairs and Trade, 28 May 1999.

81. Fedorov.

82. For example, one month after the APEC conference, in October 2002, a lawyer working for the Vladivostok mayor's office and an opposition politician in Nakhodka were severely injured in attacks believed to be attempted murders. Moreover, Nakhodka businessman Viktori Aksinin was shot dead at his apartment door, and Vladimir Tsvetkov, governor of the gold-rich Magadan Oblast, was gunned down in Moscow. See Tamara Troyakova, U.S. Department of Commerce, "Trade and Investment Barriers in the Russian Far East," January 2003.

83. James Clay Moltz, "Core and Periphery in the Evolving Russian Economy: Integration or Isolation of the Far East?" Post-Soviet Geography and Economics, Vol. 37, No. 3, 1996, p. 184.

84. Vladivostok News, No. 181, 4 December, 1998.

85. Troyakova.

86. "South Korea May Become Source of Big Capital Investments into Russian Economy," RIA Novosti, 22 September, 2004.

87. "Nakhodka," Segye Il bo, 13 February, 2001; and KOTRA, 1995, p. 214

88. "Free Economic Zones in Russia," the Voice of Russia, 1999.

89. According to Dudnik, many coal miners lost their jobs when mines shut down in the Partizansk area, while a large number of servicemen have been discharged from the Russian army. See Radio Free Europe/ Radio Liberty (RFE/RL) Russian Federation Report, 2 June, 1999, on http://wwwrferl.org/reports/russianreport/1999/06/15-090699.html, accessed on 2 May 2004.

90. Ballassa, Bela, The Theory of Economic Integration, (London: Allen & Unwin, 1961), quoted in Shaun Breslin and Glenn D. Hook, "Microregionalism and World Order: Concepts, Approaches and Implications," in Shaun Breslin, ed., New regionalism in the global political economy (London: Routledge, 2002), p. 12.

91. Breslin and Hook, pp. 9-10.

92. Elisa Miller and Alexander Karp, eds., The Russian Far East: A Business Reference Guide, Fourth Edition 1999-2000 (Seattle: Russian Far East Update, 1999), p. 171.

93. Report on Analysis of Economic Situation in the Russian Far East and Siberia and Russian-Korean Cooperation, pp. 63-64.

94. Unlike the relatively optimistic view of Russian officials until recently, the Korean side has been pessimistic for some time. See, for example, Kim Eun Chong, the manager of the foreign business department of KLDC and an anonymous official from the Korean Ministry of Industry, Commerce and Energy, quoted in "Nakhodka," Segye Il bo, 13 February, 2001.

95. Faltin, pp. 111-142.

어업 협력

6

1
들어가는 말

　이번 장에서는 한국과 러시아 간 어업 협력의 진행 상황과 문제점을 살펴본다. 양국 간 어업 외교가 한러 경제안보 구축과 지역 경제안보 구축에 기여할 수 있을지 살펴보는 것이 주요 목적이다. 1990년 수교가 되자마자 1991년 어업 협정이 체결된 이후, 한국은 양국 간 어업 협정에서 설정한 어획 쿼터에 따라 러시아 영해에서 조업을 해왔다. 한국에서 두 번째로 큰 도시이자 나라를 대표하는 주요 항구 도시인 부산은 극동러시아 지역과 가깝고 뛰어난 해상 기능을 보유하기 때문에, 러시아 어업인에게 가장 매력적인 항구 중 하나가 되었다. 가장 중요한 것은 이 비교적 작지만 번창하고 있는 수산 무역이 상대적으로 침체된 한러 외교 관계의 몇 안 되는 성공적 측면 중 하나라는 점이다. 또한 한러 수산물 관련 협력은 미래에 한러 관계에서 정치적 걸림돌 없이 서로 win-win할 수 있는 유망한 한러 주요 의제 중 하나이다.

그럼에도 불구하고, 여전히 많은 문제가 존재한다. 러시아 정부의 명태 어획 쿼터 축소 정책, 어업권료와 관련된 예측 불가능한 정책, 한국 어선의 러시아 어업 수역 조업을 막는 일관성 없는 정책, 수산물 불법 판매 등이 양국 간 어업 협력을 해치고 있다. 특히, 불법 어업 활동과 어획 쿼터 규모 설정 문제는 양국 간 심각한 외교 현안이 되고 있다. 본 장의 논제는 러시아 극동에서 수많은 공무원, 기업, 마피아 등이 연루되어 있는 어업 상거래의 범죄화 혹은 마피아화가 결국 불법 어업을 양산해 남획과 수산물 자원의 재고 고갈을 부추겼다고 주장한다. 남획을 막기 위해 러시아 정부는 지난 10년간 어획 할당량을 줄였다. 극동 러시아의 불법 어업 행위는 동북아 지역 안보에도 심각한 문제로 부상하고 있다.

이 장은 불법 어업 활동과 쿼터 분쟁은 근본적으로 러시아 극동 지역의 민주주의와 시장 경제로의 전환이 난항을 겪고 있는 데서 비롯된다고 결론짓는다. 극동러시아 지역 내 어업 상황의 문제점은 공식적으로 기록된 어획량의 감소, 어업 수출량 증가, 불법 거래, 남획, 어업에 관한 법적 제도화 부족, 어업 자원 통제를 둘러싼 고질적인 중앙 정부와 지방 정부 사이의 갈등 등이 있다. 무엇보다, 허술한 러시아의 법제화, 고도로 정치화된 어업 할당제, 몰수 또는 압수 성격이 짙은 러시아 세제 시스템, 극동러시아 지역의 법 집행 기관 부재 현상 등이 모두 불법 어업 활동을 가중시켰다.

　더 중요한 것은 어업 문제가 초국가적이고 초국경적이라는 점을 감안할 때, 국제적 및 지역적 차원에서 그 파급 효과를 무시할 수 없다는 점을 이 장에서 적나라하게 보여준다. 수산물 대부분이 부산항에 하역되는 것으로 미루어 볼 때, 양국 간 어업 상거래를 촉진하는 측은 주로 한국 소비자들이며, 동시에 한국 또한 불법 어업 거래에 대한 책임에서 완전히 자유롭지만은 않은 것이 사실이다. 게다가, 한국의 대 일본, 대 중국과의 어업 외교가 사실상 실패작이었기 때문에 이 같은 현실이 한국의 러시아 영해에서의 어업에 대한 의존도를 상대적으로 증가시킨 점도 눈여겨 볼 대목이다. 이 장은 러시아의 수산물 자원이 양국 경제 안보에 큰 기여를 할 수 있는 잠재성이 있음에도 불구하고, 앞서 나열된 여러 장애물 요소들이 현재 양국의 양자 간 및 지역 경제안보 구축을 명백히 방해하고 있다고 결론을 내린다.

　이 장은 한국에게 러시아 극동 어업 자체가 왜 중요한지에 대한 고찰로 시작된다. 이어 명태 쿼터 분쟁, 오징어 분쟁, 꽁치 사건 등을 중심으로 양국 간 어업 외교의 주요 현황을 다룬다. 제3절에서는 극동러시아 해역에서 불법 어업의 근본 원인을 러시아 국내와 지역 차원에서 모두 분석하고, 불법 조업이 한러 간 어업 외교의 주요 문제점으로 대두되고 있다는 하나의 담론이 형성된다. 이 장의 마지막 부분에서는 어업 외교가 양국 및 지역 경제안보에 미치는 영향을 평가한다.

2
한국과 러시아에서의
극동러시아 해역 어업의 중요성

한국에서 수산업은 오랫동안 국가적인 식품 산업은 물론 수출 산업으로서 중요한 역할을 해왔다. 게다가, 수산업은 국내적으로 사회적, 문화적, 경제적 역할 또한 크다고 볼 수 있다. 수산물은 한국 국민들의 주요 단백질 공급원으로, 한국 음식 문화는 물론 한국인의 음식과 건강에도 큰 영향을 끼쳐왔다. 3면이 바다로 둘러싸여 있고 3,000개 이상의 섬이 있는 한국의 지리적인 상황 때문에 어업은 한국에서 지역 경제 개발에 중요한 역할을 수행하면서 국가 경제를 지탱하는 핵심 산업이기도 하다.

그럼에도 불구하고, 한국 수산업은 현재 큰 난관에 직면해 있다. 세계무역기구[WTO], 경제 협력개발기구[OECD] 및 유엔식량농업기구[FAO]와 같은 국제기구 내에서 존재하는 여러 분쟁 이슈들, 특히, 어업 보조금의 축소 또는 폐지에 관한 문제들은 실제로 국가 간 어업 무역 활동을 방해하고 어족 자원의 지속 가능성과 동북아 어업 시스템을 개혁하는 데 부정적인 영향을 끼치고 있다. 한국 정부가 해외 어장 확보나 어업 투자를 제대로 하지 못할 경우, UN 해양법 협약 발효에 따른 어장 축소 및 어장 확보에 어려움을 겪으면서, 결국 원양 어업 규모도 상당 부분 줄어들 것으로 예상된다. 더욱이, 지난 20년간 체결된 불리한 한일어업 협정과 한·중 어업 협정으로 인해 한국의 근해 어업 생산량도 꾸준히 감소해온 것이 사실이다. 그런 점에서 러시아 어업 지구는 다양하고 풍부한 수산물 자원으로 인해 한국 어업에 보난자, 즉 노다지 역할을 제공하고 있다.

소련이 붕괴했을 때, 러시아의 어업은 일본, 미국, 중국에 이어 세계 4위였다. 러시아 어업은 여전히 세계의 생물 및 냉동 생선 생산량의 25%와 통조림 생선 생산량의 약 3분의 1을 차지한다. 극동러시아는 이 지역의 만과 섬들이 각종 수산물의 양식과 가공에 아주 유리한 입지를 제공하기 때문에 한국에 특히 중요하다. 러시아 극동 지역은 러시아 내에서도 가장 중요한 어업 지역으로 러시아 전체 어획량의 3분의 2를 차지한다. 대부분의 어획과 수산물 가공은 프리모르스크 주[49%], 캄차카 주[25%], 사할린 주[16%], 하바롭스크 주[7%] 등 4개 지역에서 이루어진다. 대부분의 어류와 해산물은 서부 베링 해, 오호츠크 해, 쿠릴 열도 주변 바다, 캄차카 동쪽 연안 및 동해를 포함하는 국내 200 마일 지역에서 잡힌다. 이 지역에서 잡히는 주요 수산물로는 알래스카 명태, 옥호토모르스카야 청어, 연어, 게 등이 있다.

어업, 목재, 에너지 산업은 극동러시아를 대표하는 3개 주요 산업으로, 이 지역 전체 수출의 80~85%를 차지한다. 특히 수산물의 수출량은 매년 증가하고 있다. 예를 들어, 1985년의 약 20%에 비해 1995년에는 지역 수출의 40% 이상을 차지하였다. 푸틴이 2004년 6월 24일 블라디보스토크에서의 연설에서 주장했듯이, 이 지역의 수산업은 잠재적으로 성공 가능성이 매우 높은 사업이다. 표 10에서 알 수 있듯이, 러시아산 수산물들은 러시아의 대 일본 수출 품목 중 두 번째로 규모가 큰 품목이고, 한국에 대해서는 4번째로 큰 수출품이다.

<표 10> 러시아의 대(對)한국 5대 수출품. KOTRA, 2003.

항 목	가격(100만 미 달러)	2002년 기준 변화 차이(%)	분포도(%)
알루미늄	303.8	19.7	13.4
철(고철, 합금)	298.2	37	13.2
원유	239.9	41.0	10.6
어류	164.0	61.2	7.3
니켈	147.9	283.7	6.5

극동러시아 어업의 국제적, 지역적 의미는 더욱더 중요하다. 1990년대에 이 지역은 구소련 공화국의 많은 시장을 잃었고, 높은 철도 관세로 인하여 러시아 서쪽 지역의 시장과도 단절되었다. 따라서 이 산업

은 외국 소비자들을 타깃으로, 특히 동북아시아 국가들을 중심으로 재편되었다. 일본, 한국, 중국, 미국 정부와 민간 기업들은 러시아 극동 지역의 그 어떤 다른 경제 분야보다 수산업 분야에 더욱더 적극적인 관심과 투자를 하게 되었다. 실제로 세계 최대 규모인 일본 수산물 수입 시장은 한국의 경우와 마찬가지로 수십 년간 러시아 극동 지역 어업 생산량에 의존해왔다. 중국과 한국도 러시아 수산물의 통과 운송과 재가공의 중심지 역할을 한다. 킹-크랩, 연어, 명태, 꽁치, 가리비 등도 이 지역에서 아시아, 북미, 유럽 등으로 수출되고 있다. 최근까지 미국 수산물 업체들이 일본과 한국에 수산물을 재판매하는 경우가 많은 것으로 알려져 있다. 더구나 흥미로운 점은 일본이나 한국같이 러시아와 양자어업 협정을 맺은 국가들만이 하나의 표상으로 자국의 국기를 달고서 러시아 배타적 경제수역^{EEZ}에서 조업할 수 있다. 미국은 러시아와 협정을 맺지 않았고, 러시아 선박의 미국 해역 조업을 허용하지 않기 때문에, 일부 미국 기업은 러시아 기업과 협업하여 선박에^{러시아} 국기를 달기도 한다.

한편, 외국 선박의 단독 어획과는 별도로, 합작 투자 형식의 어업 형태는 극동러시아 어업에 있어 가장 흔한 현상이었으며, 이는 합법적 또는 불법적인 방식으로 행해지고 있다. 실제로 합작 투자 방식은 한국 어업 산업에 좋은 기회를 제공한다. 실제로 극동 지역을 포함한 러시아 전역의 수산물 산업은 기술적인 업그레이드, 경영 개선, 고품질 제품, 국내외 마케팅 개선 등이 절대적으로 필요한 시점이다. 따라서 러시아 입장에서 외국 기업과의 합작 투자는 이러한 필요를 충족시킬 수 있다. 이를 통해 러시아는 외국 기술과 자본 시장을 제공받는 한편, 외국 파트너 기업들은 러시아 원양 해역에 진출할 수 있는 특권 및 러시아 수산물에 대한 접근 권리를 부여받는다. 대부분의 경우, 외국 기업은 러시아 수산물에 대한 대가로 선박을 임대해 주거나 판매하는 경우가 많다.

1987년에 통과된 소련의 합작 투자 법안에 따라 러시아는 일본, 미국, 홍콩, 호주, 베트남, 한국의 파트너 기업들과 어업 합작 투자를 본격적으로 진행하였다. 1998년의 경우 연해주의 120개의 러시아 수산물 기업들 중 12개 기업은 외국 기업들과 합작 투자 방식이었다. 당시 생산량의 4분의 1은 일본, 미국, 한국 등으로 수출되었다. 일본과 한국의 어업 회사들은 러시아 극동 지역에서 적극적으로 합작 투자 사업을 선호하고 있는데, 그 주된 이유는 자국 내 해역의 어획량 감소와 원양 해역에서 해당 국가들의 관할 법령 조정으로 인한 불가피한 어장들의 감소 때문이다. 한국에서는 특히 부산에 본사를 둔 기업들이 러시아와 합작 투자에 매우 적극적이다. 대부분의 경우 한국 기업들은 오필리오 킹-크랩, 청홍대게 등과 같이 생물 킹-크랩과 냉동대게의 러시아 공급처를 찾고 있으며, 러시아 측에는 낚시도구와 포장 용기를 팔고 있다. 또한 한국 기업들은, 킹-크랩 가공 장비 지급과 크랩 요리용 플라스틱 용기 선정과 운송에 매우 적극적이다.

3
한러 어업 외교 진행 상황

　한국은 1960년대 후반부터 캄차카 해역에서 러시아산 명태를 조업해 왔다. 1990년 수교 및 1991년 어업 협정 이후에는 한러 어업 협정에서 명시한 어업 쿼터에 따라 오호츠크 해에서도 어획이 가능해졌다. 한국은 이 지역에서 주로 명태, 게, 오징어, 대구, 꽁치를 잡아들이고 있다.

　한편, 한국은 지난 20년 간 러시아 수산물 시장과 어업 관련 종사자들이 비즈니스를 하기에 편리한 곳이 되었다. 러시아 극동 지역의 부담스러운 규제와 비효율적인 항만 절차와 함께 높은 세금과 관세로 인해 많은 러시아 어업 운영자들은 외국에서 만든 그들의 선박을 러시아 극동 항구에 정박시키지 못하는 일들이 많이 발생하곤 했었다. 심지어, 배에 승선하는 선원들 리스트 변경도 러시아 항구가 아닌 바다 위나 해외 부두에서 행해지는 경우가 많았다. 다른 국가들은 대체로 더 유리한 지불 조건을 제공하고 선원과 선박을 위해 더 나은 인프라와 서비스를 제공했기 때문이다.

소련 붕괴 이후 극동러시아 해역 어업에서 근본적인 경제적 변화 중 하나는 새로운 지급 조건이었다. 구소련 시절에는 어부들의 수입과 현금 흐름이 어느 정도 보장되었지만, 시장 기반 체제에서는 이러한 것들을 담보할 수 없었다. 이런 경제적 상황 때문에, 육지에 본사를 둔 수산물 가공업체와 어업 무역업자들 중 상당수가 조업 자본 부족으로 어려움을 겪고 있다. 닐센Nilssen과 호넬란Honneland은 판매업자들이 일반적으로 너무 많은 융자금 등을 포함하는 어려운 지불 조건을 받아들여야 한다고 주장한다. 이는 그동안 현금 흐름이 절대적으로 중요한 수산업 종사들에게는 덜 매력적인 조건들이었다. 다시 말해 이들은 판매 대금에 대한 과도한 융자 지불을 감당할 수 없기 때문이다.

게다가, 현역으로 활동하는 러시아 어선 대다수가 해외에서 구입되거나 상당히 업그레이드되었는데, 이 또한 실질적인 투자가 러시아를 벗어난 지역에서 만들어진다는 것을 의미한다. 러시아 어선들이 외국 항구로 눈을 돌리게 되는 것은 새로 구입하거나 개조한 선박들이 러시아 내에서 사업을 할 경우 투자 금액 총 대비 자국에 짊어지는 잠재적인 세금 부담이 매우 컸기 때문이다. 실제로, 총 투자액의 25%에 달하는 조세 부담은 선박이 해외에 있거나 최소한 러시아 항구에서 호출을 피할 경우, 회피가 가능했었다. 그래서 러시아 어선들은 러시아 항구에 자신들의 어획물을 기록하거나 배달하는 것 자체를 꺼려왔다. 따라서 부산이라는 도시는 지난 20년 동안 러시아 극동 지역과 지리적으로 가깝고 뛰어난 해양 서비스 처리 능력 때문에 러시아인들에게 가장 매력적인 항구가 된 것이다. 부산 항구에는 러시아 선박이 즐비했고, 부산 시 비즈니스호텔들은 제각기 러시아 수산업 기업인들을 유치해왔다.

그러나 한러 어업 협력이 급속도로 발전하고 있음에도 불구하고 많은 새로운 문제들이 발생하기 시작했다. 러시아 정부의 명태 어획량 감축 정책, 예측할 수 없는 어획권 금액 인상, 러시아 어장에서 외국 어선의 어업을 불규칙적으로 금하는 것, 러시아 마피아의 불법 어류 판매 등이 주요 문제점들로 부각되었다. 특히 러시아는 1990년대 후반부터 지속적으로 한국의 명태 어획 쿼터를 대폭 축소시켜 왔고, 이는 한국 수산 업계에 큰 타격을 주었다. 명태가 한국 식단에서 가장 인기 있는 어류 중 하나이고, 한국이 전체 국내 명태 소비량의 90%를 오호츠크 해에 의존하고 있다는 점을 감안하면, 이 어획 쿼터 분쟁이 한국의 국가 경제안보를 위협한다고 해도 절대 과언이 아니다.

3.1. 명태 어획 쿼터 분쟁

오호츠크 해 부근은 전 세계에서 알래스카 명태가 제일 많이 잡히는 지역이다. 러시아, 한국, 중국, 대만, 북한뿐 아니라 폴란드, 파나마,

불가리아 등이 여기서 조업을 하고 있다. 오호츠크 해의 '피넛 홀'이라고 불리는 어업 특구는 이 나라들에게 매우 중요한 지역이다. '피넛 홀'은 러시아와 일본 홋카이도의 200해리 배타적 경제수역(EEZ)에 둘러싸인 오호츠크 중심 해에 가로 세로 각각 35, 300마일 길이의 길쭉한 형태의 어장 구역이다. 피넛 홀은 한러 간 어업 갈등이 가장 많이 발생하는 지역이기 때문에 한국에 특히 중요하다. 피넛 홀에서 1993년 한국의 명태 어획량은 20만 톤에 달하며, 같은 기간 피넛 홀 주변 러시아 EEZ(10만 7,000톤)의 어획량보다 거의 두 배나 많았다. 이는 한국 내 명태 수요의 약 절반에 달했다.

1992년과 1993년 명태를 둘러싼 한러 사이 어업 갈등은 특히 중요한데, 이는 양국의 어업 외교에서 주요 문제점들을 적나라하게 보여주기 때문이다. 그 문제들은 지속되고 있고, 미래에도 다시 반복될 가능성이 매우 높다. 한국은 1992년 5월 러시아와의 협정을 통해 1993년에는 피넛 홀에서 명태 15만 5,400t을 어획하기로 합의했는데, 이는 1992년에 비해 25% 가까이 줄어든 수치였다. 그러나 1993년 1월 알래스카 명태를 둘러싸고 양국 사이에 가격 분쟁이 일어났다. 한국은 명태 수입에 대해 톤당 470달러를 제안했지만, 모스크바는 530달러를 요구했다. 협상은 실패했고 한국은 러시아가 연간 15만 5,400t의 명태 어획 쿼터를 취소할까봐 우려했다. 러시아는 앞서 2월 중순에 생태계 보호 이유로 남획을 막기 위해 한국뿐 아니라 다른 모든 나라들이 피넛 홀에서 명태를 잡는 것을 금지한 바 있었다. 동시에, 러시아 정부 수산청은 오호츠크 해역을 생태학적 재난 지역으로 선포하는 제안을 의회에 제출함으로써 러시아인들조차도 오호츠크 해역에서 조업하는 것을 금지시켰다. 한국은 이 지역이 공해 수역이기 때문에 러시아가 일방적으로 이 같은 선언을 할 수 없다며 다자간 협상을 통한 합의가 필요하다고 반발했다. 한국은 러시아의 일방적인 금지가 해양법 위반이라고 주장했다.

1993년 3월 러시아는 기존 입장을 번복하고 한국, 일본, 중국, 폴란드 등 관련국과 이 문제에 대한 다자간 협상을 하기로 합의했다. 실제로 한국은 다른 국가들과 비공식 회담을 통해 앞으로 있을 협상에 대해 논의하고 이 지역의 안전한 어업 운영과 어족 자원 보존을 위한 제안을 하였다. 당시 한국은 여전히 오호츠크 해역에 31척의 어선을 보유하고 있었다고 전해지는데, 이는 이전의 양국 합의에 따른 것보다 6척 많은 수치였다. 한국은 협상을 용이하게 하기 위해 모든 어선을 철거하겠다는 의지를 나타냈다. 그럼에도 불구하고, 러시아 의회는 1993년 4월 16일, 다시 입장을 번복하며 6월부터 러시아 EEZ 내의 모든 어선을 금지하는 결의안을 채택하였다. 러시아는 또 일본, 한국, 폴란드, 중국에 대해 3년간의 피넛 홀 낚시 활동 중지에 동참할 것을 요구했다. 알렉산더 쇼킨 러시아 부총리는 러시아가 이 금지령을 실제로 실행하기 위해 해군 함정을 동원할 것이며, 이 지역에 있는 모든 외국 어선을 밀렵꾼으로 간주할 것이라고 선언했다. 러시아는 러시아 해역 밀렵에 대해 미화 40만 달러의 벌금을 부과했으며, 1993년 피넛 홀에서 중국인과 폴란드 트롤선을 포함한 일부 외국 어선을 체포한 것으로 알려졌다.

한국 외교부 관계자는 다른 관련국들과 협의한 뒤, 러시아의 조업 활동 중지 요청이 과학적 근거에 근거한 것이 아니라는 이유로 러시아를 비판했다. 1993년 4월 18일, 한국의 모든 어선들은 여전히 오호츠크 해안에서 조업을 하고 있었다. 한국은 그해 5월 말과 6월 초 중국, 폴란드와의 다자 협상 이후 피넛 홀에서 어획을 재개하되, 10월 러시아와의 양자 협상 이전까지 명태 어획량을 자발적으로 25% 줄이기로 결정했다. 이는 한국의 1993년 쿼터 시행으로 이미 전년보다 25% 감축된 수치에서 25%가 더 감축된 수치였다. 러시아는 한국의 이러한 조치에 대해 강력히 항의했다. 옐친은 당시 러시아 국내 어부들이 외국의 어획량 조정 문제를 국내 정치 문제로 확대시켜 왔다며, 따라서 조속히 이 지역에서 한국 어업을 중단하라는 서한을 김영삼 대통령에게 전달했다. 또한 보상책으로 러시아 정부는 한국 기업들에 한국 어획 쿼터가 아닌 자국의 러시아 어획 쿼터 구입을 허가해 줄 수 있다고 제안했다.

1993년 8월, 명태 분쟁은 양국 외교 관계 전반에 커다란 정치적 파장을 불러일으켰다. 1993년 8월 6일, 한국은 러시아 측의 보복 위협에도 불구하고, 피넛 홀에서 조업을 재개할 것이라고 재차 강조했다. 이에 대해 러시아는 한국 정부에 14억 7,000만 달러의 차관 상환을 보류하겠다고 선언까지 하였다. 이후 한국은 8월 하순에 이 지역에서 조업을 재개했다. 이는 이 무렵 한국의 베링 해에서의 7만t 어획 쿼터도 소진되었기 때문에 한국의 어획 상황이 매우 급박했기 때문이었다. 이어 한국은 러시아 EEZ 수역 내 어디에서든지 명태 4만t을 수용할 용의가 있다고 발표했지만, 이 제안도 러시아에 의해 거절당했다. 8~9월이 명태 철의 절정이라는 점을 감안할 때, 한국의 상황은 매우 절박했다.

양국은 1993년 10월 27일 한러 정상회담에서도 명태 분쟁과 관련된 어떠한 합의점도 도출해내지 못했다. 한국은 1993년 4월 이후 자국 선박이 이 지역에서 조업을 하지 않아 결과적으로 1억 달러 가량의 손실을 입었다고 주장한 반면, 러시아는 자국 전 해역에서 밀렵을 하는 외국인의 비용이 연간 7억 달러에 이른다고 강조했다(이 수치는 러시아 측에서 보기에 어쩌면 매우 보수적으로 보았을 때). 이어 그해 11월 20일에 있었던 추가 회담에서도 양국은 아무런 성과를 거두지 못했다. 그러나 1994년 1월 10일, 마침내 한국의 16개 기업의 32척의 선박이 러시아 EEZ 내에서 명태 조업을 재개할 수 있게 되었다. 모스크바는 명태 철을 완전히 포기하고 싶지 않아 외국 선박의 조업을 허가하기로 한 것이다. 한국과 러시아는 명태 가격에 대해서는 나름 합의를 이루었다. 그러나 피넛 홀 조역을 두고서는 실질적인 합의가 이뤄지지 않았고, 러시아는 이 지역에서 외국인 불법 어업에 대한 항의를 계속했다. 그럼에도 불구하고, 양국 간 분쟁은 잦아들었고 정상적인 어업 관계가 재개되었다.

양국 간 또 다른 중요한 어업 분쟁은 2002년과 2003년에 발생했다.

2002년 11월 양국은 오호츠크 해에서 한국 어선의 개수, 시간 때, 어획 절차 등에 대해 합의했으나 다시 한 번 어획 쿼터에 합의하지 못했다. 양국이 명태, 대구, 꽁치, 오징어 등의 총 허용 어획량에는 합의를 하였음에도 불구하고, 러시아 측에서 민간 경매 어업 쿼터, 정부 대 정부 쿼터, 국내 인구 산업 쿼터 비중은 최종적으로 확정되지 않았다. 러시아 경제개발부와 러시아 수산위원회 간에 쿼터 비율 문제가 조율되지 않았다고 알려졌다. 경제개발부는 민간 경매 쿼터 증가를 지지했고, 수산위원회는 정부 대 정부 쿼터와 국내 인구 쿼터 증가를 지지했다.

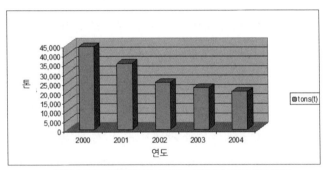

〈그림 4〉 러시아 해역 연도별 한국 명태 어획 쿼터. 해양수산부, 2004.

게다가 2003년 11월 러시아는 결국 러시아 어업 수역에서 한국 어업 쿼터를 20%나 줄였다. 2004년 한국해양수산부 연차보고서에 따르면 러시아는 한국의 어업 쿼터를 명태 2만t, 태평양 꽁치 1만t, 대구 2,650t, 오징어 7,300t으로 정했다. 명태 2만t은 2003년 쿼터보다 2,000t 적은 수치였다. 러시아가 일방적으로 정한 이 수치들은 4개의 어류에 대한 쿼터가 각각 22.9퍼센트 감소했음을 보여준다. 특히 표의 수치로 알 수 있듯이 명태 쿼터는 2000년 이후 매년 감소하고 있다(그림 4). 한국해양수산부 관계자에 따르면, 한국은 어선을 2004년 168척에서 150척으로 10.7% 감소했다고 주장하고 있다.

10년 전 상황과 비교하면 양국 간 협상은 더 이상 심각한 열띤 논쟁으로 번지지 않고 있다. 지난 몇 년간 명태 쿼터가 줄었음에도 불구하고, 익명의 한국해양수부 관계자가 언급하였듯이 실제 수치는 그리 심각하지 않다. 하지만 러시아가 매년 명태 가격을 인상함에 따라 장기적으로 국내 명태 시장 가격에 치명적인 영향을 미칠 것이라는 게 많은 어업 전문가들의 주장이다. 이는 한국 명태의 90%가 러시아 극동 해역에서만 어획되고 있으며, 한국 명태 산업의 규모가 1조 달러에 달한다는 점을 감안할 때, 향후 문제가 될 가능성이 높다. 그럼에도 불구하고 양측은 2004년 오호츠크 해 해역에서 명태 공동 연구를 실시하기로 합의했다. 러시아는 실제로 2000년대 초반부터 2004년까지 일본과 중국을 포함한 다른 동북아시아 국가들보다 상대적으로 한국에 더 높은 어업 쿼터를 부여했다.

3.2. 오징어 어획권 분쟁

한국은 1999년에 오호츠크 해에서 오징어를 잡기 시작했다. 이 지역의 한국 어선은 2000년 44척에서 2004년 75척으로 늘었다. 그러나 2004년 5월 9일 러시아가 오징어 어획권에 대해 매우 높은 가격을 부과하기 시작하면서 양국 간 오징어 협상이 교착 상태에 빠지기 시작했다. 협상단에 따르면 러시아는 2003년 가격의 정확히 두 배인 톤당 140달러를 요구한 반면, 한국은 72달러 50센트를 제시한 것으로 알려졌다. 양측이 78달러로 협상을 마무리 짓기로 합의했지만, 러시아는 뚜렷한 이유 없이 한 달 동안 한국에 어업권을 발행하지 않았다. 이로 인해 많은 한국 오징어잡이 어민들이 이 지역에서 어업을 하는 것이 한 달 동안 연기되었었다.

3.3. 꽁치 분쟁

꽁치 분쟁 사례는 한러 어업 외교에서 일본이 매우 중요한 역할을 하고 있음을 보여준다. 꽁치 분쟁은 러시아와 일본이 영유권 분쟁을 두고 서로 다투는 쿠릴 지역에서 러시아가 한국에 꽁치 어획 허가를 내줬다는 점에서 동북아 지역에서의 정치적 분쟁이라고 할 수 있다. 이 분쟁은 3국간 외교 분쟁으로 확대되었으며, 관련국 간의 원만한 외교 관계를 위협했다.

2000년 12월 10일, 한국은 2001년 7월 15일에서 11월 15일 사이에 26척의 한국 보트가 85만 달러의 수수료로 남쿠릴 주변에서 1억 5,000톤의 꽁치를 어획할 수 있도록 러시아와 합의했다. 1998년 한·일 어업 협정으로 산리쿠 지역의 풍부한 꽁치 어장을 잃은 한국 선박들은 1999년부터 남쿠릴 지역에서 꽁치 잡이를 하고 있었다. 한국은 1999

년에 거의 1만 3천 톤의 꽁치를 어획하였고, 2000년에는 남부 쿠릴 지역에서 1만 4천 톤 이상을 잡아 들였다. 그러나 2000년 러시아 정부는 민간 상업 쿼터제를 경매제로 전환하고 어업권의 해외 배분에 대한 정부의 통제를 강화하는 등 보다 더 투명한 수산물 자원 배분 제도를 채택하였다. 남쿠릴의 꽁치 어획량이 국내 전체 꽁치 소비량의 3분의 1을 차지하는 한국으로서는 어업계와 정부 모두 러시아의 이러한 결정이 국내 꽁치 산업에 타격을 줄 것을 우려했다. 한국은 2000년 12월 제10차 한러 어업위원회 회의에서 국내 꽁치 산업의 목표 달성을 위한 정부 간 합의를 이끌어냈다. 한국과 러시아는 모두 이 합의가 상업적 차원에서 도출되었다는 것을 강조했다.

일본은 이 협정이 일본의 쿠릴열도 영유권 주장을 훼손할 것이라는 이유로 강하게 반발했고, 한국 정부가 이 협정을 파기하도록 압력을 가했다. 한국이 거부하자 일본은 2001년 6월 19일부터 일본 북동부 산리쿠 해역 EEZ에서 한국 꽁치 잡이 어업을 허용하기로 한 협정을 파기했다. 두 나라 사이의 잇단 협상에도 불구하고, 한국은 일본과의 어업 접촉을 중단하고 계획된 양자 어업 회담을 포기함으로써 궁극적으로 일본의 크랩 어업에 위협을 가했다. 일본은 한국이 쿠릴 일대를 일본 EEZ의 일부로 공식 인정하고 이후 일본으로부터 조업을 허가받을 경우에만 자국 영해에서 한국 선박의 운항을 허용하겠다고 주장한 것으로 알려졌다. 한국은 러시아와 일본 사이의 영토 분쟁에 휘말리고 싶지 않다고 주장하며 이를 거절했다. 한국 정부는 논란이 된 지역이 러시아의 EEZ 내에 속해 있어 일본은 이 지역에 권리가 없다고 주장하며, 한국이 러시아와 어업 무역 합의를 포기할 경우 그 대가로 일본이 대체 어장을 제공해야 한다고 제안했다. 일본은 이것이 한국의 일본 EEZ 수산자원에 대한 접근성을 높이기 위한 계획이라며 거절했다. 한일 간 어업 분쟁이 한창 진행되는 와중에 일본과 러시아는 한국 정부의 뒤통수를 쳤다. 일본 정부는 러시아 정부의 세수 증대 수단으로 자국 일본 어부들이 러시아 해역에 밀렵하는 것을 막겠다고 제안함으로써 꽁치 문제를 놓고 러시아와 극적 타협하게 되었다. 일본 정부도 이 지역의 수산자원을 보호하기 위해 재정 지원을 하겠다고 선언했다.

2001년 한국은 예상치 못한 러시아와 일본의 어업 협정 때문에 결국 남쿠릴 지역의 꽁치 조업을 포기해야 했다. 러시아와 일본은 남쿠릴 지역에서 다른 나라들의 조업을 막기로 합의했다. 한국 정부의 계속되는 항의로 고이즈미 총리와 푸틴 대통령은 2001년 10월 APEC 정상회의에서 이 문제에 대해 공식적으로 서명하지는 않았다. 푸틴 대통령은 APEC 회의에서 러시아가 한국에 대체 어업 구역과 할당량을 부여할 것이라고 김대중 대통령에게 약속했다. 한국은 잇따른 항의 끝에 러시아로부터 대체 어업 구역을 제공받았지만 대체 지역에서의 생산성과 수익성은 기존의 남쿠릴 수역에 크게 미치지 못했다. 꽁치 사건은 기존의 한러 간 어업 관계를 명백히 손상시켰다.

꽁치 분쟁 해결 과정에서 세 나라는 각각 정치적, 경제적으로 득실을 경험했다. 한국의 관심은 꽁치 공급 확보와 자국 기업의 이익 보호였다. 사실상 한국은 러시아와 일본의 영토 분쟁의 최대 희생자가 되었지만 산리쿠 지역에 다시 진출할 수 있게 되었고, 2002년 쿠릴 북부의 꽁치 2만 톤에 대한 협상도 이루어 내었다. 따라서 한국은 이 어업 분쟁에서 사실상 일본에 패했음에도 불구하고, 러시아로부터는 일본보다 더 많은 어업 쿼터를 획득하였다. 한편 러시아는 분명 정치적 이득보다는 경제적 이득을 보았다. 한국과의 협상이 일단락되자마자, 러시아는 국민 주권과 자존심 문제에 직면하게 되었다. 기존의 한국 어업 쿼터를 취소하지는 않았지만 러시아는 쿠릴 남쪽 해역에 대한 외국 어선의 쿼터 배정을 중단해야 한다는 일본의 조건을 받아들이게 되었다. 벌어들인 수입액을 놓고 판단하면, 한국과 우크라이나로부터 징수했어야 할 약 300만 달러의 수수료를 일본으로부터 직접 보상받은 러시아가 진정한 승자가 되었다. 게다가, 러시아는 일본으로의 게 밀수에 대한 더 큰 통제권을 행사하기로 일본과 합의했고, 따라서 한국이 다른 곳에서 어업하기 위해 지불하는 수수료를 챙기는 것은 말할 것도 없고, 러시아 극동 지역에서도 상당한 수입을 올렸다.

　한마디로 꽁치 분쟁의 선례는 동북아시아 지역에서 역내 국가들 간 복잡한 정치 관계를 감안할 때, 어업 분쟁이 외교 관계를 해칠 수 있음을 여실히 보여준다. 어업 정책 입안자들은 그들의 정책 결정이 국제 정치적으로 어떤 파급 효과를 불러일으킬 것인지에 대해서도 심각하게 고민해야 한다는 교훈을 남겼다.

4
한러 어업 관계 분쟁 원인

이 절은 한국과 러시아의 어업 외교 문제가 구소련 붕괴 이후 러시아 극동 지역의 어업 산업이 직면한 여러 가지 문제점에서 출발한다고 주장한다. 이런 문제점들 중에는 이미 각종 기록에도 나타난 러시아 수산물의 생산량 감소, 수출 증가, 불법 거래, 남획, 불완전한 어업 관련 법제도, 수산물 자원 통제를 둘러싼 중앙 정부와 지방 정부 사이의 알력 등이 있다.

한러 어업 외교의 두 가지 주요 의제인 명태 어획량 규모 관련 분쟁과 불법 어업은 구소련 붕괴 이후 극동러시아 어업산업의 과도기적이고 혼란스러운 현실과 밀접한 관련이 있다. 더군다나 불법 어업으로 인해 이 지역에 남획이 발생했다는 것은 부인할 수 없는 사실이다. 남획으로 인해 수산자원의 고갈이 위험한 수준에 이르렀고, 그 결과 러시아 정부는 2001년부터 어획량을 규제하기 위해 어획 쿼터를 경매하기 시작했다. 따라서 특히 이 지역에서 불법 어업 활동을 유발한 요인을 분석하는 것이 중요하다.

4.1. 불법 어업

극동러시아 지역의 불법 어업은 일반적으로 러시아 어선에서 직접 불법 어류를 판매하는 것과 러시아 지역에서의 외국인에 의한 불법 조업의 두 가지 형태로 나뉜다. 외국 선박과 국내 선박 모두 밀렵과 유망_{표류 그물망}이라는 두 가지 형태의 불법 조업을 한다. 동북아시아 지역에서 불법 어업, 특히 유망이 환경에 미치는 영향은 매우 심각하다. 이는 개체의 연령 구조와 유전자 구성 비율을 파괴하고 해양 생태계에 해로운 영향을 미친다.

1990년대에는 극동러시아 지역 수입의 3분의 2를 불법 조업과 미신고 어류 수출이 차지했다. 2004년, 푸틴은 러시아 수산 무역의 거의 80%가 국제적으로 합의된 쿼터를 지키지 않았으며, 불법이라고 말했다. 러시아 경찰은 2004년 5~6월 사이 500t의 불법 수산물을 적발한 것으로 알려졌다. 이 기간에 적발된 불법 수산 제품들의 대부분은 캐비아와 연어였다.

불법 조업은 오호츠크 해와 북태평양의 어업자원을 고갈시킬 뿐 아니라, 러시아와 인접국 간의 외교 관계도 복잡하게 만들었다. 특히 불법 조업은 러시아와 한국 간의 어업 외교에 가장 심각한 영향을 미치는 요인 중 하나이다. 이는 분명히 정부가 주도하는 어업 무역의 지속 가능한 발전을 방해한다. 이러한 음지에서의 어업 활동은 러시아 정부가 자원 비용의 일부를 중앙 또는 지방 예산으로 편성하는 것을 방해하기도 한다. 게다가, 이는 부패와 탈세를 부추기기도 한다. 조업용으로 만들어졌거나 조업 허가를 받지 않은 러시아 선박들이 일본, 중국, 한국 등에 불법으로 어류를 판매한 사례가 여러 차례 보도되었다. 예를 들어, 러시아 어부들이 삿포로에서 캄차카 게를 킬로 당 1,500엔에 팔았다는 보고가 있는데, 이것은 일본의 시가보다는 훨씬 싸지만, 러시아 국내 가격보다 훨씬 비싸다.

러시아 고깃배들의 기술적 효율성이 향상됐음에도 불구하고 신고된 어획량은 1988년을 정점으로 이후에는 계속 감소했으며, 연어, 크랩 등 고부가 제품들의 비중도 현저히 줄기 시작했다. 손턴Thornton의 말에 따르면, 어획 생산량 감소는 남획 현상을 말해주고 있는데, 이는 비싼 어획 쿼터 가격 및 불법 어획과 깊게 관련이 있다. 공식적으로 수치화된 생산량의 감소는 세관 당국에 신고 되지 않고 해외로 유출되는 러시아의 어획량이 증가하고 있다는 것을 반영한다.

극동러시아 지역의 공식 어업 데이터들은 당시 어업 추세를 어느 정도 반영하는 지표가 되기는 하지만 신뢰성은 크게 떨어지는 경향이 있다. 실제로 러시아에서 어획량은 축소 보고되고 있으며, 일각에서는 이 축소 비율이 50% 이상을 넘는 경우가 허다하다. 예를 들어, 공해상에서 외국 선박으로 옮겨지는 생선의 대부분은 불법 조업으로 이루어지기 때문에 일일이 기록에 남지 않는다. 일본의 무역 통계는 러시아 통계보다 어획량이 약 50% 더 높게 기재되고 있다. 1996년 공식 추산에 따르면, 러시아 극동의 게 어획량은 7만 3,000t으로 줄었고, 1997년 다시 6만 3,000t으로 줄었다. 그러나 실제 1997년 게 어획량은 18만 톤이었으며 18만 톤 거의 모두가 합법적 혹은 불법적 루트로 일본에 팔렸다. 일본이 러시아로부터 수산물을 수입한 통계 수치는 동일 제품 대비 러시아의 대 일본 수산물 수출량의 5배에 이른다. 혹자는 이러한 차이점이 아마도 엄격한 일본의 세관 정책과 관련이 있다고 문제를 제기한다. 그러나 필자는 러시아로부터 상당히 많은 양이 일본으로 불법 판매되는 것이 주된 이유라고 주장한다. 러시아의 대 한국, 중국 어류 수출도 일본과 같은 문제점이 발생한다.

어류의 불법 판매와 남획이 이 지역의 어족 자원 고갈에 기여했다는 데에는 의심의 여지가 없다. 게다가, 남획의 치명적인 여파는 어족 자원의 영구적인 고갈을 초래할 수 있기 때문에 문제가 극도로 심각하다. 남획이 먹이사슬이나 어종의 유전적 다양성을 변형시킬 경우, 고부가가치 어종들이 갑자기 저부가가치 종으로 하락하는 등 전반적으로 어족자원의 구성분포도도 장기적으로 마구잡이로 뒤바뀌게 된다. 극단적으로 보면, 이것은 상업적 가치가 거의 없는 '쓰레기 물고기'가 주요 어종을 이루는 이상한 결과를 초래할 수도 있다. 이렇게 되면 고부가가치 어종은 상업적 멸종으로 내몰리게 된다고 볼 수 있는데, 이것은 곧 그러한 우수 어종이 상대적으로 너무 적어서 포획 비용이 증가한다는 것을 의미하기도 한다.

한편 다수의 마피아 조직들은 이 지역에서 대규모 어업 밀수를 하고 있다. 이러한 행위들 은 러시아와 동북아 국가들 간 원만한 어업 관계를 저해하는 심각한 문제로 대두되기 시작했다. 대개 러시아 마피아는 조직폭력배뿐 아니라 국경 수비대, 군인, 세관원, 어업 검사원, 검찰관, 어업인 및 어업 회사 등으로 구성되어 있다. 예를 들어 1999년 10월에는, 러시아 국경 수비대가 어업 순찰이 실시되는 일시와 구역에 대한 정보까지 전송해 2년 넘게 어류 밀수업자들과 협조해 온 정황이 밝혀지기도 하였다. 사실, 국경 수비대와 세관원들은 원래 극도로 낮은 임금 때문에 상당히 빈곤한 경우가 많고, 1990년대에는 만성적인 연방 정부 예산 적자로 인해 중앙 정부의 임금 지불이 상당히 지연되기도 하였다. 임금 체불 지연 사태는 특히 러시아의 군대와 보안 조직 내에서 큰 원망을 샀다.

윌리엄스Williams의 주장처럼, 이러한 경제적으로 어려운 상황 속에서, 각종 불법 거래에 적극적으로 혹은 수동적으로 연루되었건 간에 어쨌든 잠재적으로 물질적인 혜택을 가져다 줄 수 있는 현금, 술, 고가의 수산물, 그리고 극단적인 경우 심지어 여성들은 러시아의 군대와 사법 기관 그리고 어업 과학자들을 포함해 경제적인 어려움을 겪고 있는 사람들에게는 너무나도 유혹적인 선택지였다.

이러한 범죄 단체들은 수산물뿐만 아니라 일본산 한국산 중고차, 마약, 무기, 여성 등을 사고팔며, 심지어 불법 체류자(대부분 이란인)들을 일본으로 밀반입하기도 한다. 이러한 온갖 불법 거래로 축적된 부의 규모를 감안할 때, 일본과 한국의 범죄 조직들도 종종 러시아 마피아와 결탁해서 적극적으로 이러한 행위에 관여하고 있다. 러시아 마피아는 실제로 어업 쿼터 배분부터 일본과 한국에서의 수산물 판매까지 전 유통 과정에서 어마어마한 영향력을 미치고 있다고 알려져 있다. 또한, 일본과 한국의 조직범죄 단체들은 쿼터 확보를 위해 선납금을 지불하고, 때로는 돈 세탁을 위해 제3자를 통해 은행 계좌를 개설하는 것으로 알려져 있다. 한국 경찰의 보도에 따르면, 2003년 10월 러시아 마피아에 불법 송금한 혐의로 한국인 어업 종사자 23명이 체포되었다. 2003년 이들 중 1명은 러시아 마피아에서 2억 달러를 들여 명태와 게를 중심으로 1만 7,000t의 수산물을 수입한 것으로 알려졌다. 어업을 보다 엄격하게 규제하려는 노력이 이해관계가 고착되면서 강력한 반발을 불러일으키고, 때로는 치명적인 보복으로 이어졌다는 지적도 나오고 있다. 확실한 데이터 없이는 범죄 조직의 영향력이 실제로 어업 분야에 얼마나 널리 퍼져 있는지 수치화하기는 어렵다. 다만, 러시아, 일본, 한국의 조직적인 범죄 집단이 깊게 개입되어 때로는 지역 어부들과 공조 식으로 때로는 독자적으로 활동하고 있다는 사실만은 부인할 수 없다.

러시아 어업지대에서 외국 선박들의 불법 조업도 심각한 문제가 되고 있다. 이 지역에서 밀렵하는 아시아 어선들에 의한 해상 경계선 위반 현상은 매우 흔하며, 이러한 문제들은 러시아와 이러한 활동에 종사하는 주변 국가들 사이에서 정치, 경제, 안보 문제로 비화하는 경우가 많다. 러시아는 1990년대 초부터 폴란드, 중국, 한국 선박들의 오호츠크 원양 해역에서의 조업에 저항하기 위해 어느 정도 노력을 기울여왔다. 따라서 중국과 한국의 선박들은 이 지역에서 어업을 중단하기로 러시아와 합의하기도 했다. 그러나 예를 들어 러시아 항구에 수산물 화물을 적재해둘 권리를 박탈함으로써 폴란드 선박의 조업을 막으려는 시도는 즉각적으로 러시아 민간 기업들로 하여금 법적으로 중립적인 수역에서 어업을 하는 폴란드 어선들에게 미리 필요한 정보와 대처 방식을 알려주는 상황을 초래하기도 하였다. 러시아의 미디어에 의하면 일본과 중국 어선들이 러시아 영토를 침범하고 러시아 경비정으로 하여금 발포하도록 자극하는 사례가 이미 이런 종류의 교전을 막기 위한 합의가 이루어진 후에도 불구하고 빈번하게 일어났다. 한마디로 어업을 규제하려는 각종 시도가 만연 사회 부패나 충돌로 이루어졌고, 이 두 가지 문제점은 모두 국가 안보에 중대한 위협 요소로 부각되었다.

이러한 맥락에서 불법 어업이 한러 어업 분쟁의 주된 원인을 제공하기 때문에 러시아 극동 지역에서 불법 어업 활동의 근본적 원인을 분석하는 것이 중요하다. 물론 그 원인이 구소련 붕괴 이후 혼란스러운 러시아의 시장 경제로의 전환에서 비롯되었다는 것에 대해서는 의심할 여지가 없다.

그 가운데 가장 큰 문제점은 아마도 어업산업을 규제하는 러시아의 전반적인 상업 법률 체계이다. 최근까지 러시아 어업과 관련된 법과 규제는 대부분 구소련 시대에 만들어졌다. 구소련 시절 어부들의 수산물 밀렵 행위나 외국 항구로의 수산물 밀수 행위는 사실 존재하지도 않았다. 이 점은 다시 말하면 이러한 불법적인 활동을 제어하는 법 자체가 아예 존재하지 않거나 미흡했음을 의미하기도 한다. 윌리엄스는 1990년대 초 러시아 내 수산업과 대외 무역 규제가 완화됐을 무렵, 법적인 허점이 해소되지 않았다고 지적한다. 즉 당시 러시아의 상업법 체계는 1990년대 초 규제가 풀린 러시아 어업에서 일어난 급속한 변화를 도저히 따라갈 수 없었던 것이다. 현실을 따라잡기 위해 1년에 법이 10번까지 바뀌는 경우도 있었다. 또한 밀렵과 밀수에 대한 법적 정의는 어느 법적 집행 기관이 수사를 진행하느냐에 따라 해석의 차이가 있었다. 이것은 유관 부서 간에 협조 조정 기능을 방해하기도 하였다. 특히 벌금이나 그 밖의 위반 관련 과태료 들은 이 불법 상거래에서 취할 수 있는 금전적 이득보다 상대적으로 너무 작았기 때문에, 밀렵꾼과 밀수업자들에게는 아무런 걸림돌이 아니었다.

두 번째 요인으로는 러시아 수산업계와 극동러시아 어업 외교에서 가장 빈번하게 논의되는 어업 쿼터 할당 시스템 문제이다. 구소련 붕괴 이후 어업의 민영화가 진행되면서, 러시아 해역의 200마일 구역 안에서의 조업은 소위 두 가지 원칙, 계약이나 쿼터 시스템에 의해서 행해져왔다. 일본과 한국 선박을 포함한 외국 어업 선박의 어업 활동은 매년 양국 간 벌이는 협상의 결과로 결정된다. 국내 어업 쿼터 할당은 일반적으로 행정 절차에 의해 결정된다. 어업권 규모는 기업이나 지역의 과거 어획 규모를 반영하도록 되어 있었다. 그럼에도 불구하고, 로비와 뇌물이 실제로 어업 계약과 쿼터를 결정하는 데 가장 중요한 요소로 작용해왔다. 러시아 정부 어업위원회는 직접 쿼터를 부여해 왔는데, 지방 정부들은 두 가지 형태로 별도의 쿼터를 각각 받아왔다: 추코트카와 같은 지방 정부는 자신들의 쿼터를 행사하기 위해 기업을 일부러 설립했고, 다른 정부들은 국내외 입찰자들에게 어업권을 재판매하기도 하였다.

실제로 쿼터 할당제는 러시아의 상업법 제도와 밀접한 관련이 있다. 1990년대 후반에 이르러 어업 쿼터제는 점차 보편화되면서 증가하기 시작했고, 고도로 정치화 되었으며, 복잡한 구조로 진화하였다. 쿼터 배분은 실제로 구조적으로 매우 복잡하다. 모스크바에 있는 수산위원회가 지방 정부에서 올라온 어업 쿼터 신청서를 심사한다. 쿼터 배정 절차는 다음과 같다. 먼저 할당량을 쿼터 신청자가 지역 어업산업위원회에 신청서를 제출하면, 이 위원회는 이를 고려하여 종합적인 쿼터 신청서 초안을 작성하여 러시아 수산위원회에 전달한다.

어업 결정 여부는 러시아 수산위원회의 주요 자문 기구인 러시아 어업해양학연구소와 지역 수산과학센터인 지역과학수산과학연구소가 수집한 자료를 바탕으로 결정된다. 이러한 권고를 바탕으로 러시아 수산위원회는 매년 러시아의 모든 어장에 있는 모든 어류 종에 할당량을 부여한다. 쿼터는 남한, 북한, 중국, 폴란드 및 기타 국가들과의 정부간 협정에 의해 결정되며, 쿼터 할당은 지역 기관들이 다음 해 쿼터를 예측하기 위해 필수적이다. 쿼터에 대한 문서를 흔히 허용 어획량(VPC) 이라고 한다. 쿼터는 다시 러시아 농림부와 국가환경보호위원회로 이 관되고 이들 두 기관이 승인한 뒤 총리에게 최종 승인을 받는다.

총리의 승인이 떨어지면, 회사들 간의 쿼터 할당 관련 여러 권고사 항들이 때로는 산업중재위원회를 통해 지역행정부에 하달된다. 최종 적으로 각 회사가 보유한 선박의 종류, 이전 어획량, 선박 운영자의 세 금 및 임금 지급 실적, 고용주 및 사회 복지 제공자로서의 중요성, 어 업 위반 기록 등 여러 기준에 따라 어선들은 어획권을 발급받는다. 많 은 요소들 중에서, 항상 그런 것은 아니지만 보통 역대 어업 실적 성 적에 의해 쿼터가 결정된다는 점이 흥미롭다. 때로는 지역 간에 분쟁 이 일어나기도 한다. 예를 들어, 사할린은 때때로 연해주 지역이 받아 야 할 적정한 쿼터보다 더 많은 할당량을 부여 받았다고 비난하기도 한 다. 또한 코랴크족 자치구, 추코트카족 자치구 등 같이 소수민족이 많 이 존재하는 지역은 특별히 도움을 주기 위해 검증된 어획 능력과 상관 없이 어획 쿼터를 받는다.

그러나 이러한 길고 복잡한 절차에도 불구하고, 위에 열거된 공식적 인 평가 기준들은 편향성과 불공정한 관행이 발생하기 때문에 실제로 결정적인 요소가 아니다. 오히려 가족관계, 정치적 연고, 뇌물과 같은 다른 비공식적인 요소들이 더 영향력이 있다. 알리송[Allison]의 주장대로, 그러한 복잡한 쿼터 결정 시스템, 특히 쿼터의 변동 가능성, 심지어는 새로운 특별 쿼터가 만들어질 가능성, 각 쿼터 범주와 기준과 규율을 정하는 주관적인 판단, 이러한 모든 것들이 쿼터를 할당하는 데에 부패의 가능성을 키웠다.

그러나 쿼터 배분을 하는 최종 결정권자는 항상 모스크바의 어업위원회다. 2000년 12월 러시아 정부는 '공개 경매'라고 불리는 새로운 쿼터 할당 시스템을 도입했다. 이러한 변화에는 3가지 이유가 있었다: 첫째, 어업에 대한 완전한 통제 유지; 둘째, 어업 집행 기관에 대한 불충분한 자금 지원 문제 해결; 셋째, 기존 시스템에 만연해 있던 부패 가능성을 일부 없애기 위함이 그 3가지 이유였다. 이 새로운 제도에 따르면, 모스크바에서 다양한 어종과 수산물들에 대한 공개 경매가 정기적으로 열리며, 최고 입찰자는 주어진 쿼터에 대해 어업권을 받게 된다. 첫 경매는 2001년 2월에 열렸다고 보도되었다.

그러나 매우 높은 쿼터 판매가격 때문에 이 새로운 시스템은 밀렵과 밀수에 종지부를 찍지 못했다. 예를 들어, 경매에 붙여지는 크랩의 쿼터의 시작 가격은 kg당 2.20달러였지만, 응찰가격이 계속 솟구치면서 최종 입찰가는 12.70달러에 달했다. 따라서 많은 러시아의 지방 어부들에게는 경매에 참여할 수 있는 유일한 방법이 특히 일본과 한국의 외국 기업, 또는 국내 마피아로부터 재정적 지원을 받는 것이다. 대외 지원의 경우, 부채는 통상 어류와 해산물로 보상하는 경우가 많다. 값비싼 쿼터를 구입하는 것은 종종 러시아 국내 어업 기업들을 상당한 부채로 몰아넣는다. 그들이 빚을 갚을 수 있는 유일한 방법은 그들에게 부여된 처음 할당량보다 더 많은 물고기를 잡는 것이고, 더 높은 가격을 부른다고 잘 알려진 홋카이도 항구 등 외국 항구들에서 불법적으로 이 상품들을 파는 것이다. 다시 말해, 이러한 현상들은 곧 남획으로 이어 진다. 여기서 가장 큰 문제는 러시아 기업들이 위치나 종류를 불문하 고 누구라도 경매에 참여할 수 있다는 점이다. 이는 러시아 국내 어업 에 대한 지식이 아주 없고 남획으로 인한 환경적 우려를 전혀 고려하지 않는 기업들이 쿼터를 구입할 수 있음을 의미한다.

러시아 극동 지역에서 불법 어업과 지하 음성적인 어시장 활동을 유 발하는 세 번째 요인은 러시아의 몰수적, 징벌적 성격이 짙은 세금 제 도다. 과거에는 러시아 기업가들이 내야 할 세금이 약 50개 종류였는 데, 그 총액이 그들의 총 수익을 초과하곤 했다. 이는 탈세를 부추겼을 뿐만 아니라 국내 어업인들이 경제적 생존을 위해 밀렵에 종사하게 만 들었다. 부담스러운 규제와 비효율적인 항만 절차로 인해 많은 러시아 선박들이 부산과 홋카이도를 중심으로 한국과 일본 항만을 사실상 거 점으로 삼는 상황이 벌어지고 있다. 그들은 이 항구들에서부터 러시아 해역으로 모험을 나와 물고기를 잡은 다음 공해에서 그것들을 판다. 이 때문에 러시아 당국은 이들을 체포하기도 어렵다. 어업 집행 기관 이 러시아 등록 선박을 검사하지 않는 것도 불법 조업을 늘렸다.

네 번째, 그리고 아마도 가장 직접적인 불법 어획의 원인은 러시아의 군대와 법 집행 기관의 축소되고 빈약한 재정 상황이다. 러시아의 법 집행 기관들은 밀렵과 밀수를 저지하기 위해 주로 국가의 재정 지원에 의존한다. 정부의 재정 지원 없이 불법 조업 행위를 막는 것은 사실상 불가능하다. 법을 집행하는 기관들은 단지 한정된 경비 함정 몇 대만 보유하고, 항공기나 헬리콥터는 아예 없다. 더구나 만성적인 연료 부족과 정비 문제로 인해 경비 함정들 대부분은 항구에 묶여 있을 수밖에 없는 경우가 많다. 게다가, 법 집행 기관들은 중앙 정부에서 임금을 받고 있는데 과거에는 만성적인 연방 예산 적자로 인해 임금 지급이 상당히 지연되기도 하였다. 어려운 경제 상황에서 러시아 군대, 법 집행 기관 및 어업 과학자들은 밀렵꾼을 체포하기보다는 현금, 주류 및 귀중한 해산물과 같은 불법 거래에 참여함으로써 얻을 수 있는 잠재적인 물질적 혜택에 매료되어 그들에게 동조하게 되었다.

연방 보조금의 급격한 감소는 정부 규제 기관들을 매우 어려운 상황에 빠뜨렸다. 예를 들어, 극동러시아 지역의 다른 지역과 마찬가지로, 캄차카에서는 어업 규정을 시행하는 기관인 캄 차트 리브 보드(Kamchatrybvod)의 불법 어류 거래에 대한 보고가 있다.

불법 어업을 부추기는 다섯 번째 요인은 수산자원을 둘러싼 연방 정부와 지방자치단체의 권력 다툼이다. 이는 명백히 부패와 불법 조업이 성행할 기회를 만들었다. 예를 들어, 1998년 1월 1일, 어획 쿼터를 감시하고 집행하는 일차적인 책임이 모스크바 어업 집행 기관인 글라브 리보드(Glavrybod)에서 국경 수비대로 이관되었다. 업계 관계자들은 국경 수비대 역시 연방 정부로부터 임금 체불 문제에 직면해 있기 때문에 실제로 국경 수비대가 더 효과적으로 임무를 수행할 수 있을지에 대해 의문을 제기했다. 이후 수산업계 소식통들은 국경 수비대의 개인들이 연루된 어획물 절도 등 다른 형태의 강도 사건들을 보도해왔다.

1998년 8월, 러시아 어업위원회는 연어, 철갑상어, 게와 같이 가치가 높은 특정 어종에 대한 허용 어획량의 15~20%가 지역 경매에서 최고 입찰자에게 제공될 것이라고 발표했다. 무역 상대국(수입국) 통계를 면밀히 살피고 어류의 불법 수출을 감시하겠다고 약속했다. 한편 수산업계에서는 정부의 경매인들에게 진정한 입찰의 가치를 줄 수 있게 하는 정책 변화는 부패를 줄이기보다는 오히려 증가시킬 수 있다고 반박했다. 그들은 또한 연간 경매가 상대적으로 너무 기간이 짧아서, 라이선스 경매 또는 장기간 경매를 포함하는 방식에 비해 어업 투자 인센티브를 오히려 떨어뜨린다는 점 또한 지적했다.

현재 러시아 극동 지역에서 벌어지고 있는 불법 어업활동은 단순히 러시아 국내 문제만의 문제는 아니라는 점을 이해하는 것이 중요하다. 국제적 혹은 지역적 차원에서의 접근 방식, 다시 말해, 한국, 중국, 일본 등의 국가들이 불법 어업과 어업 판매에 직접 관여하는 것을 간과하고, 러시아 국내 컨텍스트에서 적절한 규제 프레임워크가 구축되면 이 문제가 바로 해결될 수 있다고 주장하는 것은 큰 오산이다. 실제로 러시아 어류와 그 부산물들은 밀렵꾼들이 다른 중개상인들, 주로 중국에 설립된 사업체를 통해 판매하는 경우가 매우 허다하다. 모스크바 중앙 정부와 러시아 극동 지방 정부, 한국 정부 등은 한국 조폭 세력과 러시아 마피아를 불법 조업과 돈세탁 혐의로 체포해 수산물의 밀렵과 밀수를 막는 등 여러 가지 선별적이고 개별적인 조치를 취해왔다. 그러나 불법 어업 문제의 초국가적 성격을 감안할 때, 이러한 일련의 조치들은 너무 역부족인 셈이다.

사실 불법 조업이 러시아 극동에서 상당한 외국인 투자를 유치하는 몇 안 되는 산업 중 하나라는 것은 아이러니한 일이다. 수출 지향적인 러시아 수산업의 재도약이 오히려 불법 수출을 부추긴 셈이다. 한국의 러시아산 수산물에 대한 의존도를 고려할 때 이러한 상거래를 지속하게 한 측 또한 한국의 수산물 소비자들이며, 한국도 어느 정도 이러한 불법 어업의 책임론에서 아주 자유롭다고 볼 수는 없다.

4.2. 한국의 어업 외교

한국과 러시아의 어업 분쟁은 부분적으로 한국 측에도 그 책임이 있다. 한국 정부의 어설프고 비효율적인 정책의 결과로 지난 수십 년간 한국의 어업 외교는 실패의 연속이었다. 러시아에 대한 정책도 예외는 아니었다. 한국 정부는 어업 정보, 전문가, 협상 전략이 부족하다. 따라서 한국의 정책은 항상 소극적이었고 어업 외교에서 한 번도 주도권을 잡은 적이 없다.

예를 들어 2001년 10월 남쿠릴 꽁치 분쟁에서 한국은 일본 신문들이 더 이상 남쿠릴에서 한국이 조업을 할 수 없을 것이라고 보도하기 전까지도 러시아나 일본 어느 쪽에서도 무슨 일이 발생하고 있는지에 대해 전혀 정보를 얻지 못했다. 한국 정부는 당시 러시아 정부를 전적으로 신뢰하고 있었으며, 러시아가 이 지역에서 설마 한국 선박의 조업을 금지하리라고는 상상도 못하고 있었다고 알려졌다. 한국은 사건이 발생하기 전 러시아와 이 문제에 대해 단 한 차례만 협의한 것으로 알려졌다. 러시아와의 협상에 일본이 끈질기게 노력과 로비를 하는 것과는 대조적으로 한국은 이 지역에서 꽁치를 잡기 위한 러시아의 허락을 구슬리기 위해서 아무런 조치도 취하지 않았다. 반면 일본은 러시아에 불법 어업 어로를 차단하고 수산자원 보전에 협력한다는 경제적 인센티브를 분명히 제시했다. 일본은 또, 러시아에 어획 쿼터에 대해 350만 달러를 지불하겠다고 약속까지 했다.

한국의 서투르고 실효성 없는 한국의 어업 외교는 당시 국내 정치의 혼란스러운 상황 탓으로 돌릴 수 있다. 예를 들어, 한국의 고 김대중 대통령의 5년 임기 동안 해양부 장관이 6번이나 바뀌었다. 즉, 6명의 장관들 중 어느 누구도 교체되기 전에 부처의 임무에 익숙해질 기회가 없었다. 결과적으로, 상대적으로 유리한 한국의 지리적 위치에도 불구하고, 한국 해양수산부는 효율적으로 제 역할을 하지 못했다.

지난 30여 년간 한국의 근해 어업 정책은 엄격한 제도적 관리 체제 아래 있었지만, 법적 제도적 기반이 미비해서 해안과 연안 어업 자원이 오히려 감소하는 결과를 초래했다. 특히 고부가가치 어종의 급격한 감소, 불법 어업 활동, 일부 어업종의 과잉 생산, 어장의 환경 악화, 주변국 공해에서의 국제 과잉 착취 등의 문제가 발생했다. 지구촌 어업이 가능한 영해의 크기는 환경 및 생태적 우려 때문에 계속 줄어들고 있으며, 대부분의 국가에서는 외국 어선에 대한 엄격한 규제 조치를 취하고 있다. 한국은 한마디로 이러한 각종 요인에 대처하는 데 실패한 것이다.

5
양국 및 지역 경제안보를 위한
어업 협력의 시사점

제2장에서 살펴본 바와 같이, 어업은 경제 발전, 무역, 식량 안보, 빈곤 완화, 인간 보건, 국가 안보 의제 등에서 중요한 역할을 하기 때문에, 국제 관계에서 경제안보 의제의 일부가 되고 있다. 러시아 극동 해역에 있는 드넓은 어업 구역과 풍부한 어업자원은 인접 국가들과의 양자 간 경제안보 관계를 증진하고 지역 경제안보를 튼튼히 할 수 있는 잠재력을 가지고 있다.

어류의 지속적인 공급을 보장하고 새로운 어장을 개발하고 안정성을 확보하는 것은 한국의 경제안보와 직결되는 문제이다. 구소련의 붕괴, 아시아 태평양의 군사적 긴장 완화, 한러 외교 관계 수립, 러시아 수산업과 대외무역의 규제 완화 등으로 인하여 러시아 극동 지역과 한국 사이의 수산물 무역은 급성장했다. 이 비교적 작지만 번창하는 무역은 분명히 현재 정체되어 있는 한러 관계에 결정적인 기여를 할 수 있는 큰 잠재력을 지니고 있다. 실제로 어업 협상 과정에서 어선 수, 시간, 절차 등에서 어느 정도 합의가 이뤄졌다는 점에서 긍정적인 조짐이 있다. 한국과 러시아의 어업 협력은 경제안보 협력을 증진시키는 새로운 자극제가 될 수도 있다.

그러나 양측 간 어업 활동이 급속도로 발전하고 있음에도 불구하고, 양국 간 어업 거래 규모는 아직까지 비교적 미미한 수준에 머물러 있으며, 한러 간 및 동북아시아 국가들 간의 어업 외교는 협력보다 갈등의 소지가 많은 것이 현실이다. 어종이나 어장 소유권 분쟁 등 중대한 문제가 해결되지 않아 향후 재 점화될 가능성이 언제든지 존재한다. 이러한 문제들이 양자 간 혹은 지역 경제안보 구축 과정에 걸림돌이 되고 있다. 구체적으로는 동북아의 어업 외교에서 어획 쿼터와 불법 어업 거래가 주요 문제점으로 주목되었다. 러시아의 명태 쿼터 축소와 불법 조업으로 한국과 러시아 간 상호 어업 협력이 차질을 빚고 있다. 이 책에서 살펴보았듯이, 이러한 방해 요인의 대부분은 러시아 쪽에서 비롯되었고, 그 중 상당수는 러시아의 민주주의와 시장 경제로의 미숙한 전환과 연관이 깊다. 특히 불법 어업 이슈는 러시아가 한국의 명태 쿼터 규모를 줄이게 된 주된 이유이기 때문에 한러 외교 관계에서 직간접적으로 큰 위협이 되고 있다.

더구나 중요한 점은 한국과 러시아의 어업 외교는 현재의 어업 분쟁이 어느 정도 해결되었다 할지라도, 늘 갈등에 취약한 것이 사실이다.

공개적인 갈등이 없다고 해서 양국 간 어느 한 나라라도 어업 체제의 안정을 유지하기 위해 타협한 협상결과에 만족하고 있거나, 앞으로도 계속 만족할 것이라고 추측하는 것은 큰 오산이다.

동시에 동북아시아 지역에서 어업 분쟁을 통제하거나 중재할 정권이 없다는 점도 큰 문제점이다. 국제어업기구의 역할은 상당히 제한적이며, 어업 협상은 대부분의 경우 양자 협상을 바탕으로 이루어지는 경우가 많다. 다자간 해양 협의체의 부재는 곧 협상의 이해타산에 관한 당사국들의 정치적 계산에 의해서 어업 협정이 체결된다. 또한 중요한 점은, 어업 이슈와 분쟁은 분명히 초국가적인 성격이 강하지만, 실제로 어업 외교의 이런 초국가적 및 국가 간 상호 의존 성격에 대한 이해는 국제 사회에서 턱없이 부족한 경우가 많다.

마일즈Miles가 지적하듯이, "현재 국가 차원 혹은 특히 지역적 차원에서 통용되는 해양 정책의 개념은 이론적인 측면이나 다른 면에서 모두 원시적이고 미숙하다." 주요 걸림돌은 국가와 지역의 전반적인 이익이 장·단기적으로 균형을 이루는 통합적인 해양 정책이 수립되지 못하고 시행되지 못하고 있다는 점이다. 발렌시아Valencia에 따르면, 어느 한 국가의 해양 정책이 국내적으로 정책 입안 구조와 정책 집행 과정을 놓고 볼 때 광범위하게 분열되어 있기 때문에 이러한 문제점이 국가들 간 해양을 이용하는 데에 통합적인 접근보다는 개별적이고 서로 소외된 정책을 낳게 되는 결과를 가져왔다고 주장한다.

한마디로, 충돌하는 정치적 사안들, 지휘권 없는 제한된 제도적 기반, 어업 쿼터 할당에 대한 이견, 불법 어업, 강제 집행의 문제, 한국과 러시아를 포함한 동북아 국가들 간의 일반적인 해양 정책에 대한 이해 부족 등이 동북아 지역에서 어업 협력을 저해한다는 것이다. 그 결과, 한국과 러시아 사이의 어업 협력은 아직까지도 양국의 경제안보와 지역 경제안보 협력의 지평을 더욱더 광범위하게 넓힐 수 있는 잠재력을 가지고 있음에도 불구하고 지금까지 현실화되지 못하고 있다.

6
최근 현황

　지난 20년간 양국 간 어업 관련 여러 문제점들이 존재했음에도 불구하고 2015년에야 비로서 양국이 모처럼 어업 협력에 있어서 합의점을 찾기 시작하였다. 우리나라 원양어선이 2015년도에 러시아 배타적 경제수역에서 어획할 수 있는 조업 쿼터 및 입어료 등이 확정되었다. 2015년 4월에 한러 양국은 러시아 모스크바에서 제24차 한러 어업위원회 3차 회의를 열고 주요 조업 조건에 합의하였다. 이 회의에서 우리나라가 확보한 조업 쿼터는 총 38,010톤으로, 명태 20,500톤, 대구 3,750톤, 꽁치 7,500톤, 오징어 5,500톤, 기타 760톤이다. 이 중 명태는 2014년보다 19,500톤 축소된 20,500톤을 우선 배정하고 앞으로 외교 경로를 통해 축소된 명태 쿼터의 추가 배정을 협의하기로 하였다. 러시아는 2008년 체결한 한러 불법 어업 방지 협정의 이행이 미흡하고 러시아 극동 지역 항만 개발에 한국이 투자하기로 하였으나 가시적인 성과가 없었다는 점, 그리고 자국 내 수산물 공급 확대가 필요하다는 이유를 들어 명태 쿼터를 축소하였다. 러시아 수역 입어료는 명태 370$/톤, 대구 385$/톤, 꽁치 106$/톤, 오징어 103$/톤, 청어 110$/톤, 가오리 173$/톤 등으로 명태를 제외한 나머지 어종은 2014년 수준으로 동결하였다. 또한 조업 조건으로는 러시아 감독관이 승선하는 우리 오징어 조업선의 숫자를 2척에서 1척으로 축소하였고, 우리 조업선에 필요한 유류를 러시아 유조선 외에 우리 유조선도 공급할 수 있도록 하여 업계 부담을 최소화하였다. 이와 더불어 중국 어선이 우리 오징어 조업선의 조업을 방해하는 행위를 근절하는 데에 러시아가 최선의 노력을 다하기로 합의하였다.

2021년 5월에도 양국 간 어업 협상은 지속되었다. 한러 어업위원회에서 한국은 총 4만1,260톤을 확보하였으나 전년 대비 11.6% 줄었으며 입어료는 동결하였다. 해양수산부는 지난 2021년 5월 27~29일 사이 개최된 '제30차 한러 어업위원회'에서 러시아 측으로부터 우리 업계가 요구한 어획 할당량을 확보하고 입어료는 동결했다고 30일 밝혔다.

협상 타결로 우리 원양어선은 당장 5월부터 러시아 수역에서 명태, 대구 등의 조업을 시작하였다. 조업 가능한 어선은 명태 3척, 대구 2척, 꽁치 10척, 오징어 60척 등 총 7개 업종 75척이다. 양국은 어업위원회 개최 이전에 어선의 위치 발신 테스트를 실시하고 조업일지를 미리 발급받도록 합의하는 등 협상 타결 지연에 따른 우리 어선의 조업

차질을 최소화하기로 했으나 명태와 대구 등 일부 어종의 피해는 불가피해 보이는 것이 사실이다. 이번 협상에서 우리 원양어선이 올해 러시아 배타적 경제수역^{EEZ}에서 잡아들일 수 있는 어획 할당량은 총 4만 1,260톤으로, 지난해보다는 11.6%가량 줄었다. 이번 어획 할당량 감소는 이전과는 다르게 외부적인 돌발요소가 크게 작용하였는데 2020년부터 이어져 온 신종 코로나 사태 등을 고려한 업계가 어획 할당량을 소폭 축소해 요청했기 때문이다. 러시아 수역에서 조업 가능한 물량은 명태 2만 8,400톤, 대구 5,050톤, 꽁치 3,000톤, 오징어 4,000톤, 기타 810톤이다.

조업 대가로 러시아 측에 내야 하는 '입어료'는 3년 연속 동결됐다. 추가로 조업 조건을 완화하는 합의도 이뤄졌다. 러시아 측은 '명태 조업선에 러시아어 통역사가 승선할 것', '오징어 조업선에 해상용 전자저울을 비치하여 사용할 것' 등의 조업 조건을 내세웠으나, 올해는 적용을 유예(면제)하기로 했다.

최근 추세를 보면 명태 쿼터는 지속적으로 감소하고 오징어 쿼터는 소폭 증가하는 추세이며 여전히 양국 간 러시아 국내 문제, 후쿠시마발 방사능 오염 문제, 코로나 사태까지 겹쳐서 양국 간 어업 협력이 예상보다 문제점들이 아직도 근본적으로 해결되지 못한 상태로 협상이 해마다 지속되고 있다. 한 가지 긍정적인 부분은 킹-크랩 관련 양국 간 어업 협력은 전망이 밝다는 것이다.

참고자료 ────────────────────────────────

1. Myong Sop Pak and Moon Bae Joo, "Korea's Fisheries Industry and Government Financial Transfers," Marine Policy, Vol. 26, No. 6, November 2002, p. 429.

2. The import and export trends of Korean fishery products during the 1990s show that exports gradually increased in the early 1990s, but constantly decreased after 1995. On the other hand, imports of fishery products constantly increased. See Pak and Joo, pp. 429-435.

3. Elena Tarrant, "The Russian Far East Fishing Industry," The Business Information Service for the Newly Independent States (BISNIS)Report, US Department of Commerce, on http://bisnis.doc.gov/bisnis/country/9902fis2.htm, accessed on 24 July, 2004.

4. Sergei Manezhev, "The Russian Far East," in David Dyker, ed., Investment Opportunity in Russia and the CIS (Washington, DC: The Brookings Institution, 1995), p. 242.

5. "Russia's Fish Trade Has Gone to the dogs," Business Report, 24 June, 2004, on http://www.businessreport.coza/index.php?fArticleId=2124630, accessed on 17 August, 2004.

6. The largest export from the Russian Far East to Japan is aluminium. Other items include industrial wood and timber, coal, oil, gold and diamonds. See KOTRA, Annual Report 2003; and Manezhev, 1995, p. 249.

7. Sectors of Industry: Fishing, on http://www/kigam.re.kr/mrc/korean/file/East/fishing.htm, accessed on 29 June, 2004.

8. Allison notes that, although this is a difficult measurement to quantify because the activity is often not only unrecorded but also very diverse (bilateral and multilateral treaties, direct fishing, commercial and government credits, scientific exchanges, chartered vessels, and vessel management support are all part of the picture), it is doubtful that this statement would be disputed by anyone who has tried to compare the situation with other Russian Far East industries. However, from the standpoint of foreign financial investment and employment, it is highly likely that the oil and gas sector on Sakhalin and in the Russian Far East will soon surpass the fishing industry, if it has not already done so. See Anthony Allison, "Sources of Crisis in the Russian Far East Fishing Industry," Comparative Economic Studies, Vol. 43, No. 4, Winter 2001, p. 92.

9. Elisa Miller and Alexander Karp, The Russian Far East: A Business Reference Guide, Fourth Edition, 1999-2000 (Washington, DC: Russian Far East Advisory Group, 1999), p. 115.

10. According to the widely accepted Law of the Sea (Maritime Law), each nation that borders the ocean may claim as an Exclusive Economic Zone (EEZ), which extends offshore for 200 nautical miles (370km/ 230miles). Resources within an EEZ belong to the nation that claims it. See Encarta Encyclopedia, 1993-2003 Microsoft Corporation.

11. Miller and Karp, p. 122.

12. Douglas M. Johnston and Mark J. Valencia, "Fisheries," in Mark J. Valencia, ed., The

Russian Far East in Transition: opportunities for regional cooperation (Boulder, CO: Westview Press, 1995), p. 147.

13. Tsuneo Akaha, "US-Russian Fishery Joint Ventures: A Curse in Disguise?" paper presented at the Monterey Institute of International Studies, July 1993; and Judith Thornton, "The Exercise of Rights to Resources in the Russian Far East," in Michael J. Bradshaw ed., The Russian Far East and Pacific Asia: unfulfilled potential (Richmond: Curzon, 2001), p. 114.

14. "Investment Opportunities in Primorsky Territory, Russian Federation," Tumen River Area Development Programme, 1998 Tumen Secretariat UNDP, on http://www.tradp.org/textonly/ioprim.htm, accessed on 23 November, 2001.

15. Johnston and Valencia, p. 147.

16. Russian Fish Report, Monthly Fisheries News From Russia, Issue No. 1 (76), January, 2003, p. 6.

17. Briefing, 10 August, 2000, International Cooperation Department, Korean Ministry of Maritime Affairs and Fishery, on http://www.kmi.re.kr/daily_update/html/alim/200008/alim200008104.htm accessed on 28 July, 2004, and Report on Analysis of Economic Situation in the Russian Far East and Siberia and Russian-Korean Cooperation, (Seoul: The Research Project for the Globalization in Russia's Regions at Hankuk University of Foreign Studies, December 2003).

18. Allison, p. 80.

19. Frode Nilssen and Geir Honneland, "Institutional Change and the Problems of Restructuring the Russian Fishing Industry," Post-Communist Economies, Vol. 13, No. 3, 2001, pp. 323-324.

20. Ibid., p. 324.

21. A little Russian town, the so-called "Ulitsa Texas" was even set up in the area of Busan, in order to cater to Russian fishermen and shuttle traders.

22. "Korean fishery diplomacy fails," Editorial, Busan Ilbo, 17 December, 2001, on http://www.pusanilbo.com/news2000/html/2001/1217/040020011217.1005..., accessed on 28 July, 2004.

23. Japan also fishes in this area but not for pollack.

24. Johnston and Valencia, p. 161.

25. Following the collapse of the Soviet Union, the Soviet Ministry of Fishing Industry was immediately transferred to the Ministry of Agriculture in 1992 and then re-established as an independent agency, the State Committee for Fisheries in 1996. This committee coordinated Russia's approach to fishing at the federal level until 2004. The March 2004 Presidential Decree abolished this committee and transferred the State Committee's functions to the Ministry of Agriculture. See more details in Geir Honneland, "Fisheries Management in Post-Soviet Russia: Legislation, Principles, and Structure," Ocean Development & International Law, Vol. 36, No. 2, April-June 2005, pp. 179-194. See

also http://www.apec-oceans.org/economy%20profile%20summaries/russia-draft.pdf, accessed on 12 January, 2006; and http://www.government.gov.ru/data/static_text. html?he_id=1052, accessed on 10 January, 2006. I am very grateful to Margot Light for drawing my attention to these three sources.

26. FBIS-EAS, 24 February 1993, p. 26, and 26 August 1993, p. 19.

27. FBIS-EAS, 9 March 1993, pp. 24-25.

28. New York Times, 1 August 1993, p. 9 and FBIS-EAS, 21 April 1993, p. 26.

29. Russian Far East Update, August 1993, p. 3; Johnston and Valencia, p. 163; New York Times, 1 August 1993, p. 9; and FBIS-EAS, 21 April 1993.

30. FBIS-EAS, 21 April 1993, p. 26, and 26 April, 1993, p. 39; and Russian Far East Update, August 1993, p. 3.

31. See FBIS-EAS, 14 June, 1993, p. 8; 6 August 1993, p. 19; and 26 August 1993, p. 19.

32. A South Korean Foreign Ministry official stated at the time, "We will stick by last May's agreement with other countries to reduce our catch by 25 percent, but Russia has no right to declare a unilateral ban because the area is outside its economic zone. We repeat that South Korea and other countries should make an objective joint survey to see how serious the depletion is and decide on further actions." See FBIS-EAS, 6 August 1993, p. 19 and 10 August 1993, p. 23.

33. Ibid.

34. Ibid., p. 33.

35. FBIS-EAS, 29 October 1993, pp. 21-22, and 16 November, 1992, pp. 30-31.

36. FBIS-EAS, 22 December 1993, p. 33, and Johnston and Valencia, p. 164.

37. Kukche Sinmun, 26 November, 2002, on http://www.infofishnet.co.kr/user/nes/ html/nes_mns_sel.jsp?idx=700&ipag..., accessed on 28 July, 2004.

38. Statistics, Korea Deep Sea Fisheries Association, 6 April 2004, Seoul, Korea; Kyonghyang Shinmun, 30 November, 2003; Segye Ilbo, 30 November, 2003; and Chungang Ilbo, 30 November, 2003.

39. "Korean Fishery Diplomacy Fails," editorial, Busan Ilbo.

40. Ibid.

41. Kyonghyang Shinmun, 30 November, 2003.

42. Susan jun moon kookne news (Fishery Chain News), 24 March, 2001, on http:// www.fishchain.com/kr/news/d/20010327_67.asp, accessed on 28 July, 2004.

43. Hankook ilbo, 16 June, 2004, on http://kr.news.yahoo.com/service/news/ShellView. htm?ArticleID=20040616..., accessed on 29 July, 2004, Maeil Shinmun, 2 July, 2004, on http://kr.news.yahoo.com/service/news/ShellView.htm?ArticleID=20040707..., accessed on 29 July, 2004, and Jinju I news, 5 May, 2004, on http://jinju.enews. co.kr/detail.php?number+254146, accessed on 28 July, 2004.

44. Mark J. Valencia and Young Hee Lee, "The South Korea-Russia-Japan fisheries imbroglio," Marine Policy, Vol. 26, Issue 5, September 2002, pp. 337-339.

45. Ibid.

46. Ibid.

47. "Japan to Oppose South Korean Fishing of Russian Held Isles," BBC Monitoring, Asia Pacific Political, 19 June 2001; and "South Korea Protest Japan's Fishing Ban," Xinhua News Agency, 19 June, 2001.

48. "Japan: Russia Not to Give Third Parties Fishing Rights Near Disputed Islands," BBC Monitoring Asia Pacific-Political, 5 October, 2001.

49. South Korea negotiated a deal for 2002 for 20,000 tons of saury in the northern Kuriles. Although the quota was increased from the 15,000 tons in 2001, it was not clear that there were sufficient fish there to fill the quota. South Korea also agreed to pay US $183 per ton for up to 25,000 tons of Pollack caught in the Bering Sea, although that fee was 10.2 percent higher than it was in 2001. See "Korean Fishermen Agree to Pollock Catch Fees in Russian Waters," Asia Pulse, 1 January, 2002; Valencia and Lee, pp. 342-343; Moonwha Ilbo, 8 December 2004; and National Fishery Scientific Institute, newspaper briefing, on http://www.nfrda.re.kr/news/scrab/scrab_read.php?cod=2&idx=2409, accessed on 28 July, 2004.

50. Valencia and Lee, pp. 337-343.

51. Ibid.

52. The output of tinned fish fell by some two-thirds in 1992-1997. The decline continued in the late 1990s, and in 2001, the total catch was 3.7 million tons, down 9.1 percent from 2000. See Agriculture, Country Profile Russia 2004, the Economist Intelligence Unit Limited 2004, p. 43.

53. Natalia S., Mirovitskaya and J. Christopher Haney, "Fisheries Exploitation as a Threat to Environmental Security," Marine Policy, Vol. 16, No. 4, 1992, p. 252.

54. Susanmul suchul chugan jungbo (Marine Products Export Weekly Information), 1 August, 2004, Kyungsang Namdo Fishery Production Department, on http://www.provin.gyeongam.kr/-Agr-fish/export/sea.htm, accessed on 28 July, 2004; and "Russia's Fish Trade Has Gone to the Dogs," Business Report, 24 June, 2004.

55. Galina S. Vitkovskaia, "Lawlessness, Environmental Damage, and Other New Threats in the Russian Far East," in Gilbert Rozman, Mikhail G. Nosov, and Koji Watanabe eds., Russia and East Asia (London: M.E. Sharpe, 1999), p. 183.

56. Ibid.

57. Thornton, p. 114.

58. Miller and Karp, p. 115.

59. See Viktor Tkachenko and Ernst Chernyi, "Department of Abuse: Fisheries Department," Sovetskii Sakhalin, No. 45, 11 March, 1998, p. 2, quoted in Thronton, p. 116.

60. "Granitsa vostoka" (Eastern border), pogranichnik, March 1998, p. 15, quoted in Viktor B. Supian and Mikhail G. Nosov, "Reintegration of an Abandoned Fortress," in Gilbert Rozman, Mikhail G. Nosov, and Koji Watanabe eds., Russia and East Asia

(London: M.E. Sharpe, 1999), p. 81.

61. Supian and Nosov, p. 81.

62. John R. Beddington and R. Bruce Rettig, Approaches to the Regulation of Fishing Effort, Food and Agriculture Organization (FAO), Fisheries Technical Paper No. 243, Rome, 1983, p. 29.

63. Gareth Porter, "The Role of Subsidies in the Global Fisheries Crisis," Fisheries Subsidies Overfishing and Trade, United Nations Environment Program (UNEP), Switzerland, August 1998.

64. "Border Guard Personnel Cooperating in Smuggling," Japan Sea Network Online, 328, 13 October 1999; and Brad Williams, "Criminalization of Russo-Japanese Border Trade," Europe-Asia Studies, Vol. 55, No. 5, 2003, p. 717.

65. Williams, p. 717.

66. Jongil Kim, "Stop Korean and Russian Mafias," Korea Financial News, 24 November, 2003; B. Yupychev, "Rybnye mafiozy dvukh stran nashli obshchii yazyk. Spetssluzhby Rossii I Yaponii poka net," Sovetskii Sakhalin, 25 May 1994, p. 2; and Williams, 2003, pp. 712-713.

67. Andrei Belov, "Kani no Baburu (4-5), (the Crab Bubble), unpublished manuscript, p. 2, quoted in Williams, p. 713.

68. Kim, Korea Financial News, 24 November, 2003; and Belov, p. 2, quoted in Williams, p. 713.

69. See footnote 81 in Chapter 5.

70. Rozman, Nosov, and Watanabe, p. 214 and 220.

71. Interview with the former head of the Sakhalin administration's Department of Foreign Economic Relations, Vitalii Elizar'ev, Yuzhno-Sakhalinsk, 23 August 2001, quoted in Williams, p. 715.

72. Ibid.

73. Quota applicants are required to specify the following items: the species of fish or seafood the company plans to catch, the quantity for every vessel, fishing gear, and the area of catching and terms of catching. See Tarrant.

74. Ibid.

75. For details of the process, see Allison, p. 73, and Williams, pp. 715-716.

76. Miller and Karp, p. 121-122.

77. Allison, p. 73. See also Clarence G. Pautzke, Russian Far East Fisheries Management, North Pacific Fishery Management Council Report to Congress, 30 September, 1997, pp. 30-37, on http://www.fakr.noaa.gov/npfmc/summary_reports/rfe-all.htm, accessed on 25 July, 2004.

78. Miller and Karp, p. 122.

79. Rybak Sakhalin, 3 May 2001, quoted in Williams, p. 716.

80. Yuzhno-Sakhalinskaya gazeta, 25 July 2001.

81. Sovetskii Sakhalin, 1 October, 2001; Gubernskie vedemosti, 15 May 2001.

82. Williams, p. 716.

83. Ibid.

84. East Asian Analytical Unit, Department of Foreign Affairs and Trade, Australian Government, Pacific Russia: Risks and Rewards (Canberra, EAAU, 1996), p. 52.

85. East West Institute, Russian Regional Report, 7, 13, and 3 April 2002, p. 8, quoted in Williams, pp. 716-717.

86. Hokkaido Shimbun, 11 April 1997, p. 31.

87. According to one report, border patrol vessels receive only six tons of fuel per year. See The Sakhalin Times, 17-31 January 2002, No. 16, http://www.sakhalintimes. com; and Williams, p. 717.

88. In the autumn of 1994, a correspondent for Russian Far East Update reported that when Kamchatrybvod ran out of money for its operations, it was allowed a quota of 8,000 tons instead. Selling the fish would enable Kamchatrybvod to earn revenues to continue operations. Later it was charged with selling much more fish than its initial quotas to joint ventures for export, thus earning revenues that could easily be hidden in offshore accounts. See Josh Newell and Emma Wilson, The Russian Far East: Forests, Biodiversity Hotspots, and Industrial Developments (Tokyo: Friends of the Earth-Japan, 1996), p. 167-168.

89. Thornton, p. 116.

90. Ibid.

91. "Russia's fish trade has gone to the dogs," Business Report, 24 June, 2004.

92. The South Korean government reportedly had five negotiation meetings after the saury incident, but it was too late to reverse Russia's decision. See National Fishery Scientific Institute, newspaper briefing 2001, on http://www.nfrda.re.kr/news/scrab/ scrab_read.php?cod=2&idx=2728, accessed on 28 July, 2004.

93. Seoung-Yong Hong, "Marine Policy in the Republic of Korea," Marine Policy, Vol. 19, No. 2, 1995, pp. 99-100.

94. The State of World Fisheries and Aquaculture, Food and Agriculture Organization of the United Nations (FAO), Rome 2002.

95. Johnston and Valencia, p. 152.

96. Edward L. Miles, "Concept, Approaches, and Applications in Sea Use Planning and Management," Ocean Development and International Law, Vol. 20, No. 3, 1989, p. 215.

97. Mark Valencia, "Regional Maritime Regime Building: Prospects in Northeast and Southeast Asia," Ocean Development & International Law, Vol. 31, No. 3, 2000, p. 236.

98. William Sutherland and B. Martin Tsamenyi, Law and Politics in Regional Cooperation: A Case Study of Fisheries Cooperation in the South Pacific (Taroona, Australia: Pacific Law Press, 1992), pp. 1-3.

무기 거래 협력

7

1
들어가는 말

    이 장에서는 무기 거래를 중심으로 한러 간 군사 협력의 진전과 문제점에 대해 살펴본다. 한국은 1994년 이래로 러시아로부터 탱크, 장갑차, 전투차량, 헬기, 미사일 등 무기를 획득했다. 특히 '불곰 사업^{Brown} ^{Bear projects}'으로 불리는 두 개의 무기 거래 사업은 1990년대 후반과 2000년대 한러 관계에서 가장 활발하고 유망하며 다소 흥미로운 분야 중 하나였다. 이 장에서는 러시아가 한국에 무기를 공급하는 주요 이유는 자국의 경제안보 이익과 관련이 있다고 주장하고 있다. 그러나 러시아가 북한, 중국, 인도, 이란 등 전통적인 고객들을 상대로 무기 교역을 하는 것처럼 단순히 상업적 목적으로만 한국에 무기를 팔려는 것은 아니었다. 한러 무기 거래는 한국에 대한 러시아의 채무 상환 지불 계획의 일부로 사용되고 있었다. 이 장은 또한 한러 간의 무기 거래가 전통적 안보 차원에서도 매우 중요하다고 역설한다.

앞선 네 가지 사례 연구와 비교해 볼 때, 한러 간의 무기 거래는 이장의 후반부에서 설명하듯이 두 번째 불곰 프로젝트의 달성을 통해 더욱 실질적인 성과를 나타내고 있다. 예를 들어, 러시아제 군 장비품을 한국으로 납품한 것은, 어느 정도 한러 사이의 상호 신뢰 구축에 기여한 측면이 있다. 무기 거래는 군사 및 우주 기술 협력으로 이어졌고 결국 양국의 경제안보에 도움이 되었다. 즉, 러시아의 새로운 무기 교역 상대국으로서 한국은 구소련 붕괴 이후 모스크바 방위 산업에서 일어난 극심한 불황 사태와 러시아의 한국에 대한 부채 상환 지불 관련 우려를 모두 해결해 주는 데 큰 도움을 준 것이다. 동시에 러시아와 무기 거래로 인하여 한국은 상대적으로 비싼 서방국가, 주로 미국의 첨단 무기 대비 매우 경쟁력 있는 가격으로 러시아의 첨단 무기와 우주 기술을 취득할 수 있었다. 실제로 서방제 헬리콥터가 200억 원을 호가하는 반면에 한국에서 운영 중인 러시아제 헬리콥터는 80억 원 전후이다. 또한 한국의 나로호, 누리호 발사 성공이 러시아와 전략적인 우주 협력의 결과물이라는 데 이의를 제기하기 어려운 것도 사실이다.

그럼에도 불구하고, 한러 간의 무기 거래에는 양국 간 경제 및 군사 안보의 확립을 방해하고 동북아 지역에서 전통적인 지역 정치·군사 안보를 위협하는 장애물이 여전히 많이 존재한다. 여기에는 양측 모두의 서로 간 무기 거래 경험 부족, 양국 사이의 쓰라린 역사 문제, 국내에서의 거센 정치적 비판, 북한과 미국 요인, 기술적 문제 등이 포함된다.

이 장은 구소련 붕괴 이후 러시아의 무기 거래 동향에 대한 설명으로 시작한다. 이어서 한러 간의 군사 협력 발전에 대해 검토하고, 특히 양국 간 무기 거래를 방해하는 장애요인들을 분석한다. 장의 마지막 부분에서는 한러 간 무기 거래의 잠재성을 평가한다.

2
소련 붕괴 이후 러시아의 무기 거래

한러 무기 거래는 러시아 무기 거래 시스템의 일반적인 큰 틀에서 이해할 필요가 있다. 모스크바와 서울 간의 무기 거래는 한국의 러시아 무기에 대한 새로운 관심과 무기에 대한 욕구뿐만 아니라 러시아 방위 산업의 심각한 침체기가 서로 맞아 떨어졌기에 가능했다. 러시아가 무기를 수출하고자 한 가장 일차원적이고도 명백한 이유는 외화벌이와 방위 산업에 재정적 지원을 하기 위함이었다. 그럼 여기서 러시아 무기 거래의 국내적인 측면, 즉 무기 교역의 정치적, 경제적, 사회적, 심리적 함의, 구소련 시절의 무기 거래에 대한 간략한 요약, 그리고 구소련 이후의 러시아 무기 무역 불황의 원인을 중심으로 살펴보자.

냉전이 끝날 무렵 러시아의 무기 거래는 그 정치적 중요성을 명백히 상실했다. 그러나 여전히 러시아는 이를 지역적, 국제적 차원에서 국가 안보를 유지하고, 그 과정에서 경제안보를 공고히 할 수 있는 잠재력을 가진 것으로 간주한다. 실제로 소련 붕괴 후 무기 수출은 석유 및 가스 판매와 함께 러시아의 주요한 외화벌이가 됐다.

러시아에 있어 무기 무역(무기 수출 또는 무기 이전)은 정치적, 사회적, 경제적, 심리학적인 이유로 중요하다. 경제적인 관점에서 무기 수출은 국내 무기 산업의 위기를 극복하고 러시아의 과학 기술과 고도의 하이테크 산업의 잠재력을 보존하기 위한 수단으로 간주된다. 정치적으로는 국제 사회에서 러시아의 영향력을 높이고 국제적 위상을 높이기 위한 중요한 수단으로 여겨지고 있다. 사회적 관점에서 볼 때, 군산 복합체에서 일하는 과학자, 기술자, 노동자 등 폐쇄 도시(구소련에서 여행이나 거주가 제한된 도시)의 거주자들은 이미 러시아 사회에서 정치적으로 강력한 아주 조직화된 이익 집단이다. 이에 따라, 피에르^{Pierre}와 트레닌^{Trenin}이 지적했듯이, 러시아의 무기 무역은 의외로 모든 사람들의 관심사가 되어 러시아의 외교 정책과 국방 정책뿐 아니라 국내 산업 및 사회 정책에 영향을 미치기 시작했다.

냉전 시대에 재래식 무기 수출은 국제 정치에서 러시아가 이념적, 정치적 영향력을 획득하고 유지하는 데 결정적인 역할을 했다. 사실상 무기 거래는 상업적 이익보다는 전략적, 정치적 목적을 달성하기 위해 주로 추진되었다. 러시아와 미국은 모두 다른 국가들을 상대로 정기적으로 이념 위주의 안보 지원을 해왔다. 대개 양국은 그들의 무기 고객

국가들에게 엄청나게 할인된 가격의, 아니 대부분 거의 무상으로 군사
장비와 군사 훈련을 제공했다.

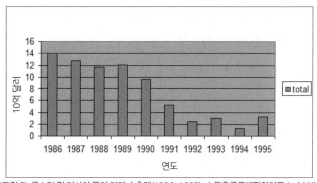

<그림 5> 구소련 및 러시아 무기 거래 수출액(1986~1995). 스톡홀름국제평화연구소, 2005.

1980년대 소련은 연간 약 100억 달러 상당의 무기와 군사 기술을 수
출했다. 매출액은 그림 5와 같이 1986년에 140억 달러를 돌파하면서 최
고조에 달했다. 전반적으로 1986년부터 1990년까지의 군사 납품 및 서
비스는 40%가 신용 기반이었고, 27%는 무료 또는 할인된 보상 공식에
따라 제공되었으며, 33%만이 현금 거래에 의한 것이었음을 보여준다.

1991년 이후 러시아의 무기 수출은 냉전 이후 및 구소련 붕괴 이후
의 과도기적인 현상과 밀접하게 관련된 여러 요인들에 의해 급격히 감
소했다. 러시아의 무기 수출액은 1986년 140억 달러에서 1994년 13억
4,000만 달러로 급감했다.

러시아 무기 산업은 다음과 같은 치명적인 외부적 환경요인에 의해 타격을 받았다:

1) 국제 무기 수요의 전반적인 감소; 2) 이에 따른 러시아 자체의 금전 능력 감소; 3) 국영 산업에서 민간 산업으로의 전환 과정에서 흔히 고질적인 문제로 대두되는 비효율성; 4) 미국과 다른 유럽 무기 생산국들과의 치열한 경쟁; 5) 일부 단골 고객 국가에 대한 국제 무기 수출 금지 조치.

국제적으로 무기 수요가 감소하는 이유 중 하나는 동서양의 관계 개선 때문이었다. 또한, 이에 따라 유럽 전역에서 무기 산업도 감축되었다. 러시아 정부 통계에 따르면 1991년과 1995년 사이에 610만 명의 직원 중 250만 명이 방위 산업을 떠났다. 1996년에는 방위 산업 역량의 10%만 활용되고 있었다. 러시아 군대가 내린 명령의 상당 부분은 무급으로 처리되었고 1998년 초까지 정부는 방위 사업에 18조 5천억 루블을 빚지게 되었다.

국제 무기 시장이 감소한 두 번째 이유는 협상을 통해 제3세계 여러 지역의 분쟁이 해결되었기 때문이다. 1991년 개발도상국의 무기 시장은 이미 286억 달러로 떨어졌고, 이는 1988년 610억 달러에서 대폭 줄어든 금액이었다. 구소련 붕괴 이후 무기 거래는 계속 감소하여 1995년에 154억 달러에 도달한 이후, 1990년대 하반기에 다시 약간 증가하여 1999년에 약 200억 달러에 이르렀다.

무기 판매가 감소한 또 다른 이유는 이라크, 리비아, 유고슬라비아 등 러시아의 전통적인 대규모 무기 구입 국가에 대하여 국제적인 무기 엠바고가 내려졌기 때문이다. 또한, 많은 개발도상국은 국내적, 경제적, 재정적인 제약 때문에 현대 무기의 수입을 줄였다. 게나디 추프린Gennady Chufrin이 지적한 바와 같이, 최근 러시아의 거래처 대부분이 아시아에 있다는 점을 감안하면, 1997년과 1998년 아시아 금융 위기도 1990년대 러시아 무기 거래 침체를 부분적으로 설명해준다. 러시아의 부채 상환 계획도 1990년대 러시아의 무기 수출 감소의 원인으로 설명될 수 있다. 이 계획은 정부로 하여금 무기 수출 보조금을 대폭 삭감하게 하였으며 결국 긴 슬럼프를 가져왔다.

아마도 러시아 무기 판매 감소에 대한 가장 그럴듯한 설명은 냉전이 종식되면서 무기 수출을 정당화할 이념적 근거가 부족해졌다는 것이다. 이에 따라 러시아의 무기 수출 정책은 이념적인 것에서 상업적인 측면으로 전환됐다. 특히, 크리푸노프Khripunov가 언급한 대로, 러시아의 새로운 무기 수출 정책은 대금 상환 인도 접근법과 새로운 시장 개척을 목표로 하고 있었고, 이는 최신 시스템과 기술 수출에 대한 규제 제한을 해제하는 것을 의미했다.

그 결과 러시아의 무기 판매량은 1990년대 후반부터 다시 서서히 증가했다. 지속적인 판매 노력 덕분에 러시아는 무기 감소 추세를 역전시켰고, 다시 국제 무기 수출 시장의 주요국이 되었다. 1995년에는 매출액이 전년 대비 65% 증가했고, 1995년에는 러시아가 국제 재래식 무기 수출 협정 체결에서 1위를 차지하였다. 1995년 현금 수입은 약 30억 달러에 불과했지만, 러시아는 이 금액이 거의 모든 매출이 장기 저금리 융자로 조달되던 1987년에 실제 유입된 예산의 2배에 해당한다고 밝혔다. 그림 6에서 볼 수 있듯이, 1996년 무기 수출액은 35억 달러로 94년 13억 4천만 달러보다 두 배 이상 많았다.

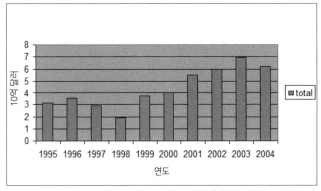

〈그림 6〉 러시아 무기 거래 수출액(1995~2004). 스톡홀름국제평화연구소, 2005.

러시아는 세계 무기 시장의 약 14%를 차지하는데, 이는 프랑스보다 많고 미국의 3분의 1 수준이다. 더군다나 1998년 러시아의 제조업 수출의 절반 이상을 무기 산업이 차지하고 있었다. 실제로 헝가리, 인도, 슬로바키아, 중국 베트남 등 전통적인 무기 고객뿐만 아니라 현재 러시아 무기의 최대 구매국인 인도와 중국에도 해당 국가들에서 요구하는 모든 것들을 팔고 있으며 이를 통해 러시아 무기가 세계 시장에서 확실하게 수요가 있음을 알 수 있었다. 그림 7에서 보듯이, 인도와 중국이 최근 러시아 무기 판매의 약 70%를 차지한다.

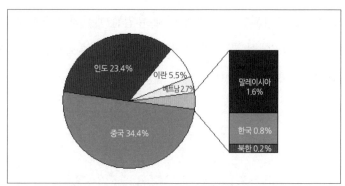

<그림 7> 러시아 무기 수출 현황(1994~2003). 스톡홀름국제평화연구소, 2005.

한편, 러시아는 전통적으로 서방국가들의 단골 시장이었던 아시아, 남미, 유럽 지역에서도 새로운 시장 개척에 나섰다. 새로운 교역 상대국은 키프로스, 브라질, 쿠웨이트, 아랍에미리트, 한국 이외에, 파키스탄, 스리랑카, 인도네시아, 태국, 말레이시아 등 동남아시아 국가들이다. 그러나 그림 7에서 보듯이, 말레이시아, 인도네시아, 한국 등 새로운 동아시아 국가 시장에 대한 러시아의 무기 판매량은 상대적으로 적었다. 미 의회 조사국에 따르면 1998년과 2002년 사이에 러시아는 개발도상국들과 198억 달러 규모의 무기 계약을 체결했는데, 이는 전체 무기 구매의 22.6%에 해당한다.

주지할 점은, 러시아 무기 수출의 주된 원인은 쇠퇴하는 방위 산업을 활성화하고 외화 수입을 늘리기 위한 것이지만, 러시아가 최첨단 무기 체계를 외화로 지불할 여력이 있는 국가들에게만 팔아온 것이 아니다. 러시아는 외화 부채 감축 목적으로도 무기를 판매해왔다. 실제로 한러 간의 무기 무역은 분명히 이러한 맥락 속에서 시작됐다.

3
한러 군사 협력 발전 방향

공식적으로 알려진 한국과 러시아의 첫 군사 접촉은 1992년 한국 역사상 처음으로 한국의 군 간부와 최고 참모총장위원회 송은섭 부위원장이 러시아를 방문해 양국 군사 협력을 발전시키기로 합의하면서 이루어졌다. 1992년 10월 안드레이 코코신Andrei Kokoshin 러시아 국방부 제1차관이 이끄는 러시아군 대표단이 방한했다. 이 방문에서 한국은 러시아제 군용 장비인 MiG-29기, 지뢰, 어뢰, 전차 탄약, SA-16 지대공 미사일의 실험적 구매를 언급했다. 1991년 4월 수교 이후, 러시아가 한국산 소비재 제품을 제공받고 MiG-29와 MiG-31 항공기를 한국에 평소보다 싼 가격으로 제공했다는 사실이 뒤늦게 밝혀졌다.

한국 정부는 1992년 항공 우주, 첨단 소재, 전자 제품, 레이저 및 유전 공학 분야의 합작 기업을 운영하기 위해 러시아 방위 산업체 일부를 매입하는 것을 고려했다. 한국 정부는 러시아 방위 산업의 상업화 촉진을 위한 시설을 공급하겠다고 제안했다. 철저하게 보안이 유지된 러시아의 비밀 무기 공장을 방문한 뒤 한국 정부 고위 당국자는 공동 프로젝트와 항공 우주 기술 및 항공기용 복합 재료 획득에 대해 매우 낙관적이었다. 당시 러시아는 한국에 기꺼이 우주 기술과 핵무기 기술까지 팔려는 듯 보였다.

1993년 8월 31일, 러시아 태평양 함대 부사령관 이고르 흐멜리노프Igor Khmelnov가 이끄는 러시아 해군 함대의 한국 첫 공식 방문이 이루어졌다. 이에 대한 답례로, 1993년 9월, 이수영 1함대 사령관이 이끄는 한국 해군 함대가 블라디보스토크를 재방문했다. 또, 이양호 합참의장이 러시아를 공식 방문하여 양국의 첫 해군 합동 훈련 실시에 합의하기도 했지만, 1994년까지 한러 간의 군사 협력에 구체적인 진전은 거의 없었다.

실질적인 군사 협력은 1994년에 비로소 시작됐다. 이후 양국은 무기와 군사 기술 이전, 합동 해군 훈련, 군 고위인사들의 교류 방문 등의 분야에서 협력해왔다. 두 개의 불곰 사업이 보여주듯이 양국 간 군사 협력의 주된 동기는 각국의 경제 어젠다에서 시작되었다. 즉, 러시아는 한국에 대한 소련의 채무 상환을 위해 무기 거래를 이용했다. 그림 8에서 알 수 있듯이, 러시아의 대 한국 무기 수출은 1997년에 정점을 찍었다. 양국 간 무기 거래 협력은 적어도 러시아의 한국에 대한 채무가 완전히 해소될 때까지는 상호 간의 경제적 및 정치적 이해관계를 어느 정도 충족시킬 수 있다는 사실이 중요하다.

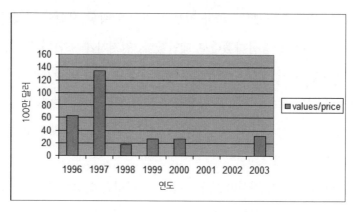

〈그림 8〉러시아의 대(對)한국 무기 수출 현황(1996~2003). 스톡홀름국제평화연구소, 2005.

한러 사이의 첫 번째 중요한 무기 거래는 '불곰 사업'으로 명명되었다. 이 거래는 1994년에 시작해 1997년 4월까지 지속되었다. 이 거래의 주된 동기는 1980년대 말과 1990년대 초에 발생한 소련의 부채를 무기 판매와 추가 무기와 부품의 현금 제공을 통해 한국에 상환하려는 러시아의 계획에서 비롯된 경제적 동기가 다분했다.

1993년 여름에 군사 기술 협력위원회 위원장인 알렉산드르 쇼킨Aleksander Shokhin이 서울을 방문했다. 그는 1988년 이후 한국이 빌려준 미화 14억 7,000여만 달러에 대한 이자를 지불하기 위해 최첨단 군사 무기를 팔겠다는 제안을 하였다. 러시아 외무부는 1994년 1월 당초 군사 장비로 한국에 미지급된 채무를 상환하는 것을 거부했으나 한국과의 군사·기술적 협력 제안을 받아들여 한국 측의 좋은 반응을 기대했다.

러시아 군 신문, '크라스나야 즈베즈다'Krasnaya zvezda에 따르면, 러시아의 제안은 당초 한국 정부로부터 호평을 받았으나 미국 방위 산업의 저항으로 양국 간 협상은 갑자기 지연됐다. 구체적으로 미 정부는 러시아의 Mig-29s와 S-300 전술 미사일 요격기가 미국의 F-16 Ms와 패트리어트 미사일과 경쟁이 될 수 있다는 점을 크게 우려하는 것으로 알려졌다. 러시아의 전통적인 무기 구매자이자 사상적 동맹국이었던 북한도 한국이 러시아의 S-300을 배치할 경우 장기적인 북한의 군사 안보에 위협이 될 것이라며 러시아에 거칠게 항의했다. 결국, 미국의 압력으로 S-300은 1950년대에 도입된 나이키-허큘리스 함대를 대체할 한국의 새로운 미사일 프로그램으로 선정되지 못했다.

그럼에도 불구하고 러시아는 마침내 한국에 무기를 수출하는 데 성공했다. 1994년 4월 29일 한국과 러시아의 국방 장관은 한러 간 군사 교류 양해 각서에 서명했다. 당시 구체적인 무기 거래는 언급되지 않았지만, 파벨 그라초프Pavel Grachev 러시아 국방 장관은 러시아 정부가 한국과 전면적인 군사 협력을 할 준비가 되어 있다고 거듭 강조했다. 1994년 7월, 양국은 러시아가 한국에 군사 장비뿐 아니라 비철금속 등 각종 원자재 납품 등을 통해 4년간 4억 570만 달러의 연체 원금과 이자를 지급한다는 계획에 합의했다.

표 11에서 보는 것처럼, 러시아의 대 한국 최초 무기 수출액은 2억 1,000만 달러로 1996년 9월에 시작되었다. 이는 BMP-3 장갑차, T-80U 탱크, METIS-M 대전차 미사일, IGLA 대공 미사일, 군수품,

부품, 원자재, Ka-32T 민간 헬기 등으로 구성되어 있었다. T-80U 전차는 러시아제 장갑 군사 장비의 최신 버전으로 간주되었다. 한국은 1999년 러시아의 채무 일부를 상쇄하기 위해 13척의 BMP-3 장갑차와 33척의 T-80 전차를 추가 구매하기로 합의했다. 한국은 이 무기를 구입한 최초의 국가로 보도됐다. 국방부 보고서에 따르면 러시아는 당초 MiG-29, KA-50 전투 헬기, S-300 대공 미사일 등 54개 품목을 한국에 납품하기를 원했으나 한국은 MiG-29, SMERCH(300포), TUNGUSKA포, BMP-3 장갑차, T-80U 전차 등 10개 품목을 요구한 것으로 알려졌다. 협상 과정에서 러시아는 한국이 최소 12대 이상의 MiG-29 전투기를 구매해야 한다며 한국의 MIG-29 요구를 최종 거

〈표 11〉 1990년대 러시아의 대(對)한국 무기 수출 현황. 제인의 안보 감시, 2004·스톡홀름국제평화연구소, 1999·국방부, 2003.

범주	장비 유형	수량	납품	생산	비고
9M115 Saxhorn AT-7	대전차 미사일	45	1996	툴라(Tula)	기술 평가용
9M119 Sniper AT-11	대전차 미사일	396	1996-97	툴라(Tula)	T-80U 탱크용
9M117 Bastion AT-10	대전차 미사일	528	1996-98	툴라(Tula)	BMP-3 보병전투차량용
T-72	주전투용 전차	n/a	1997/98	스테이트 아스널스 (State Arsenals)	
BTR-80	병력수송용 장갑차	n/a	1997/98	스테이트 아스널스 (State Arsenals)	
T-80U	주전투용 전차	33	1997-97	스테이트 아스널스 (State Arsenals)	
9K115/9M115	공대지 미사일	40-50	1996	툴라(Tula)	
Ka-32A/ Helix-C	헬기	8	1999-2000	카모프(Kamov)	해양경찰용 (해안경비대)
Mi-17	헬기	20	1996	울란 우데(Ulan Ude)	
BMP-3	보병전투차량	70	1996-98	스테이트 아스널스 (State Arsenals)	해병대용
Igla-1E	휴대용 정찰기 미사일 시스템	45	1995-96	툴라(Tula)	

부했다.

군 관계자에 따르면 러시아의 무기 선정에서 한국의 요구사항은 첫째, 북한이 현재 사용 중이어야 하며 향후 구입할 계획이었던 무기여야 한다는 점, 둘째, 신무기이어야 함, 셋째, 정비 및 작동과 운영에 어려움이 없어야 한다는 점이었다.

표 11에서 보여주듯이 제1차 불곰 사업 기간 동안 4대의 Ka-32 헬리콥터, 일명 '카모프' 헬기가 서울에 인도되었다. 그 중 한 대는 현금으로 지불되었고, 나머지 세대는 모스크바의 빚을 갚기 위해 제공되었다. 러시아에서 수입된 군장비품 가운데 헬기는 다목적 기능 때문에 한국이 가장 선호하는 품목이었다. Ka-32는 꼬리 로터 없이 메인 로터가 2중으로 되어 있어서 운동성과 힘이 매우 좋은 헬기로 알려져 있고 심지어 미군에서도 NATO 3색으로 도색되어 운용중이다. Ka-32는 대잠수함전, 기뢰 소해, 소방, 수색 구조 용도이지만, 국방부와 산림부, 자연재난관리부 등 한국의 정부의 모든 분야에서 다양한 용도로 활용되어 왔다. 헬리콥터는 지난 30년간 러시아 무기 수출의 주요 품목이었다. 2021년까지 한국에 전달된 러시아 Ka-32 대수는 총 60대가 넘는다. 실제로 러시안 헬리콥터스에 따르면 한국은 전 세계에서 Ka-32를 가장 많이 사용하고 있는 나라이다. 60대 넘는 이 카모프 헬기는 산림청, 공군, 해경 등 정부기관과 민간 기업에서 널리 운용되고 있다. 항공업계에서는 폐업 위기에 처한 카모프 헬기 사를 한국이 살

렸다는 얘기도 전설처럼 전해지고 있다. 또한 산림청에서 본 헬기에 대한 신뢰도와 성능은 90% 이상으로 평가 받고 있다.

무기 거래를 제외한 다른 한러 간의 군사 협력으로는 합동 군사 훈련, 무기 입찰 활동 참가, 군인 양성 교육, 상호 고위급 군 인사 방문, 군사 기술 이전, 군산 복합체 간 협력 등이 있다. 특히 1996년 이후 정기적으로 다양한 교환 방문이 이루어지고 있다. 예를 들어 1996년 7월 러시아 해군 창립 300주년 기념행사 참가를 위해 마산과 전주, 두 척의 한국 군함이 블라디보스토크를 찾았다. 1997년에는 러시아 태평양 함대의 기함 바랴크Varyag가 한국을 친선 방문했다.

러시아 연방보안국 소속 특수 부대인 알파 그룹과 한국 지상군 특수 부대 47개의 합동 훈련은 1997년 6월 모스크바에서 테러범 체포와 인질 석방을 위한 다양한 합동 훈련을 전개하기 위해 실시됐다. 2000년 10월, 한국과 러시아는 블라디보스토크에서 약 50마일 떨어진 곳에서 첫 합동 해군 훈련도 개최했다. 양국은 공해상에서 조난 중인 민간 선박을 구조하는 시뮬레이션도 하였다. 2003년 한국은 러시아의 보스토크 2003 사령부 훈련에 참가하기 위해 2척의 함정과 헬기를 파견했다. 2000년대 들어서 양국 해군 간의 합동 훈련은 군사 협력을 강화하는 데 효과적이었다. 2004년 11월, 러시아 태평양 함대 사령관 빅토르 표도로프Viktor Fyodorov는 폭풍우가 몰아치던 밤에 러시아의 난파된 어선을 구출해 71명의 러시아 민간인을 구해 준 한국 해군사령관에게 깊은 감사의 뜻을 전하기도 하였다. 당시 한국 해군 함정 2척이 난파선을 발견해 전 승무원을 구조하고 폭발을 피하기 위해 비상조치를 취한 것으로 알려졌다.

한편, 고위급 군 인사 교류로 양국 간 협력은 더욱 강화됐다. 일례로, 러시아의 이고르 세르게예프Igor Sergeyev 국방 장관은 1999년 9월 한국을 공식 방문했으며, 이 기간 동안 양국은 2000년 처음으로 합동 수색 및 구조 해군 훈련을 실시하기로 합의했다. 이들은 또한 국방부 장관과 합참의장의 정기 상호 방문과 연례 공동 방위 정책 협의 개최에도 합의했다. 세르게예프의 방한 기간 동안 한국은 재래식 무기 추가 구입보다는 러시아의 하이테크 군사 기술 습득에 더 관심을 보였다. 한국은 또한 러시아가 서울에서 국제 무기 입찰에 참여하도록 장려했다. 2000년 5월, 당시 한국의 조성태 국방부 장관은 러시아를 재방문했다. 그는 세르게예프와 함께 양국 부처 간 직통 전화 핫라인을 설치, 양국 군함들의 상호 방문과 러시아 군사교육기관에서 한국군 병사 훈련을 늘리기로 합의했다.

2002년 11월 러시아 국방 장관 세르게이 이반노프Sergei Ivanov와 한국의 이준 국방부 장관은 아시아 태평양 지역에서 다양한 형태의 연합 전투 훈련 수립에 대해 논의했다. 이들은 또 국제 테러 문제와 대량 살상 무기 확산 방지에 대해 양국이 협력할 것이라고 거듭 강조했다. 이반노프는 1994년 이래로 60명 이상의 한국군 장교들이 러시아의 고등교육 기관에서 공부했다고 보고했다.

러시아는 한국의 국제 무기 입찰 활동에도 참여하기 시작했다. 1996년 MiG기 디자이너와 또 다른 러시아 제트기 제조사 수호이Sukhoi는 서울에서 열린 대한민국 공군 근대화 프로그램 Expos(SAS-96)에서 러시아를 대표했다. 수호이 사는 계약을 따내기 위하여 Su-35, 새로운 Su-37 전투기, Mig-29를 미국의 F-15E 전투기, 프랑스 라팔^{Rafale} 전투기와 직접 경쟁하여 선보였다. 러시아 당국은 한국 전문가들의 평가를 받기 위해, Su-30, Su-35, Su-37 항공기를 서울에 남겨두고 갔다고 전해진다.

　2000년에 국영 무기 수출 기관인 루소보로제니에^{Rosvooruzhenie}도 한국의 10억 달러 규모 헬기 계획 입찰에 참여했다. 미화 1,500만~1,700만 달러 상당의 러시아 KA-50 블랙 샤크^{Black Shark} 헬리콥터와 Mi-28N 전투 헬리콥터도 한국 입찰 참가국 명단에 이름을 올렸다. 한국은 Mi-28N을 인수한 첫 번째 국가가 될 수도 있다고 보고되었다. 2001년, 한국에서 또 다른 중요한 헬리콥터 입찰이 있었는데, 그 낙찰자는 한국 대통령이 장차 사용할 헬기 수주액으로 8,000만 달러를 받기로 되어 있었다. 이에 따라 밀^{Mil}사는 현대화된 Mi-8 헬기의 수출 개조품인 Mi-172 헬기를 한국에 제공했다. 그러나 입찰 과정에서 러시아 Mil사, Bell, 유로콥터 기업들이 경쟁에서 포기했고, 영국-이탈리아 유럽 헬리콥터 산업회사와 미국 시코르스키^{Sikorsky} 사만이 최종 경쟁사로 남았다. 결국에는 시코르스키 사가 최종 낙찰되었다.

　러시아는 한국의 민간 군수 부문과도 협력했다. 예를 들어 러시아는 1996년 10월 한국 삼성 기업의 항공 우주 사업부와 Mi-26 헬기의 민·군용 판을 공급하는 협약을 체결했다. 로스베르탈^{Rostvertol} 사는 1997년 초에 삼성 항공 우주사에 1대의 Mi-26TS를 납품한 후 1998년에 4대의 민간용 Mi-26과 6대의 군용 Mi-26을 납품하였다. 로스베르탈 사와 삼성 항공 우주사는 동남아 시장의 타당성 조사를 하는 것에 협의하고 러시아 회사 제품을 이 지역에 공급하기로 합의했다. 양사는 또한 동남아시아에 러시아 헬기 정비 센터를 설립하고 양국의 합동 헬리콥터를 생산했다. 이때 밀[Mil] 설계국이 설계한 헬리콥터 장비를 한국에 처음 납품한 것으로 알려졌다.

1995년 이래, 수많은 러시아 방위 산업 과학자나 기술자들이 삼성, 대우, 현대 등 한국의 민간 방산 기업에서 장기 계약을 맺고 일하고 있다. 1995년에는 최소 30명의 러시아 전문가가 삼성에서 근무한 것으로 보고되었다. 러시아의 방산 기술 사업 중개업자들의 수요는 급격히 증가했고, 이들의 숫자는 한국에서 꾸준히 증가했다.

예를 들어, 한국 국방부가 주최한 1995 국제 무기 전시회에서는 두 가지 러시아 제품이 선보였다. 하나는 로스보오루체니예[Rosvooruzheniye] 사가 S-300V 대미사일 시스템을 성공적으로 전시했고, 또 다른 전시물은 국가산업방위국 산하 프로멕스포트[Promeksport·수출 산업 공단]사가 제공했다.

이미 제조된 무기 공급뿐만 아니라 국방의 첨단 기술을 이전하려는 러시아의 의지는 한러 군사 기술 협력 향상에 있어서 핵심 포인트였다. 한국은 1990년대 후반부터 소위 '방산 기술 추격 전략'을 채택해 왔으며, 이에 따라 국내 방산 업계가 외국 기술을 도입해서 자체 기술 개발에 드는 비용을 줄이고 있었다. 정부는 대공 미사일과 정찰 위성 등

첨단 무기에도 같은 원칙을 적용하기로 했다. 정부는 북한이 현재 보유하고 있는 러시아 전투기 수호이기와 MiG기, 방공 미사일 S-300, 대함 순항 미사일, 정찰 위성에도 관심을 보여 왔다. 2004년 10월, 양국은 로켓 운반선 제조에 관해서도 합의에 도달했다. 러시아 보도 자료에 따르면 모스크바와 서울은 러시아의 후루니체프khrunichev 국립 연구 생산 우주 센터가 로켓의 청사진을 만들고 한국이 이를 제작하는 것에 합의했다. 이로서 한국으로서는 최초 우주 발사체인 나로호 위성 로켓 발사가 2009년과 2010년, 1, 2차 실패 이후 2013년에 드디어 성공으로 이어졌다. 나로호 성공 신화는 분명 핵심 기술이라고 할 수 있는 1단 로켓이 러시아 엔진이었을 만큼, 한러 우주 과학 기술 협력의 새로운 지평을 여는 금자탑이었다.

또한 러시아는 무기 판매와는 별도로, 금속 스크랩 사용을 위한 폐기 군장비와 무기를 한국에 판매했다. 1995년에는 민스크Minsk 호와 노보로시스크 호 등 2척의 중순향 항공모함과 32척의 서로 다른 급의 전투함들이 한국에서 메탈 스크랩 작업 목적으로 해체된 태평양 함대에 포함되었다. 러시아에서 폐기할지 한국에서 폐기할지 논란 끝에 배들은 손상되지 않게 그대로 인도됐고, 러시아 국방부는 민스크호와 노보로시스크Novorossiisk 호의 매각 계약금 전액을 각각 45억 8,000만 달러와 43억 달러씩 받은 것으로 알려졌다. 그럼에도 불구하고, 러시아 국방 당국자들과 분석가들은 이 거래가 러시아 안보에 잠재적으로 해로울 수 있다고 항의했는데, 그 이유는 이 배들이 비교적 신식이었고 가장 정교한 선박들 중 하나이며, 한국에 중요한 군사 정보를 노출할 가능성이 있었기 때문이다. 두 척의 중순향 항공모함을 구입한 한국 회사는 다른 44척의 해체된 러시아 선박들도 소유했던 것으로 보도되었다. 한국은 또 1995년 해체된 T-54 전차 200대를 극동 군사지구에서 고철로 구입하는 등 60만 달러에 이르는 첫 계약을 체결했다.

양국의 군사 협력에서 실패한 측면 중 하나는 한국의 러시아 잠수함 구매 협상이다. 대우중공업은 1997년 한국의 대기업인 대우그룹의 일부로 러시아의 신형 잠수함 건조 기술 지원을 요청했다. 1962년 9월, 한국 국방부는 2000년의 디젤 잠수함 건조를 국회에 제안했다. 한국은 이미 러시아의 킬로급 잠수함과 유사한 급의 9척의 잠수함을 보유한 국내 해군의 현대화를 추진하고 있었다. 러시아는 기꺼이 한국의 잠수함 계획에 적극적으로 참여했다. 1999년 1월 25일 모스크바 외무장관 회담에서 러시아는 한국에 10억 달러 상당의 킬로급 잠수함 3척을 수송하기로 합의했다.

그러나 2000년 5월 한국 해군의 정밀 조사와 2000년 8월 러시아 잠수함 전문가들과의 협의에 따라 한국은 계약을 진행하지 않기로 했다. 한국 해군은 킬로급 잠수함이 구식이고 한국 해군 내의 호환 작동 시스템 요건을 충족하지 못한다고 발표했다. 한국은 러시아 대신 독일에서 잠수함 생산 허가증을 구입했다. 러시아는 공식 발표 전부터 비공식 수단을 통해 한국이 러시아 잠수함 사업을 거부할 것이라는 사실을 이미 알고 있었다. 이 사건은 외교 논쟁의 불씨가 되었다.

2000년 11월에는 국가안전보장회의^{NSC}에서 제2차 불곰 사업이 제안됐다. 1999년 1월부터 2000년 8월까지 협상을 진행하던 킬로급 잠수함 거래가 불발된 사실을 일차적으로 만회하기 위한 것이었기 때문에 그 목적은 제1차 불곰 사업의 목적과는 근본적으로 달랐다. 한국이 거부했던 다른 러시아 제안들도 수용해서 만회하겠다는 것이 그 의도였다. 예를 들어 러시아는 1999년 SU-35 전투기, TU-334 여객기, SA-12 미사일, 수륙 양용 항공기 등을 한국에 팔자고 제안했었다. 한국은 워싱턴의 반대 때문에 이 제안을 거절했다. 이는 양국 사이에 외교 문제를 야기했고, 그 결과 한국 국가안전보장회의는 러시아와의 무기 거래를 재개하기로 결정했다. 러시아의 부채 상환은 한국의 러시아 무기 매입 결정에 부분적인 역할만 했다. 무기 거래 금액의 절반은 현금으로 지불되었고, 나머지 절반은 러시아의 한국 부채를 청산하는 데 사용되었다. 제2차 불곰 사업에는 러시아의 군 수송기와 훈련기, 공중 급유기, 공기 부양정, 대전차 미사일, 헬리콥터 등 각종 물품과 알루미늄, 전쟁 자재 등이 포함됐다.

제2차 불곰 사업은 양국의 안보와 정치적 관계 증진에 큰 활력을 주입했다. 한국 정부가 수차례 미완성 계약 후에 군사 회담을 재개하려 한 것은 군사 활동도 양국 간 신뢰 구축 과정으로 작용했음을 시사한다.

<표 12> 2000년대 러시아의 대(對)한국 무기 수출 현황. 스톡홀름국제평화연구소, 2005.

주문 수량	범주	장비 종류	주문 연도	납품 연도	납품 수량	비고
23	Il-103	경비행기	2002	2003	23	900만 달러 상당의 거래 (한국에 대한 러시아 채무 450만 달러 포함)
7	Ka-32A/Helix-C	헬기	2002	2003	2	수송판(2003~2004 납품)
30	BMP-3	보병전투차량	2002	2003	6	2003~2006 납품
3	T-80U	주전투용 전차	2002	2003	1	2003~2006 납품
…	AT-13 Saxhorn/9M131	대전차 미사일	2002	2003	50	한국의 러시아 2억 9백만 달러의 부채에 대한 지불 일부

표 12에서 알 수 있듯이 한국은 T-80U 전차 3대, BMP-3 장갑차 30대, METIS-M 휴대용 전술 로켓 시스템 70대, IGLA 휴대용 방공 시스템 50대 등 러시아로부터 2억 4,000만 달러 상당의 무기 및 군사 장비를 계속 지원받았다. BMP-3와 T-80U는 1996년 납품 이후 훈련 목적으로 사용돼 왔다. 하지만 이들은 2004년 말까지 한국의 제3기갑 여단에 유효한 장비로 통합될 예정이기도 하였다. 또, 채무 상환 방식의 일환으로 한국은 러시아로부터 민간 헬리콥터 28대[21KA-32T, 7KA-32C]를 취득했다.

2001년에 한국과 러시아 간 무기 거래와 군사 기술 협력은 계속되었는데, 이때 양국은 총 7억 달러 상당의 러시아 군사 장비의 한국 납품을 규정한 양해 각서를 체결하였다. 2002년 5월, MiG 사와 훈련기 일괄 공급 계약을 체결해, 2003년에 납입하기 시작했다. 한국 국방부는 2002년 12월 제2차 불곰 사업 계획의 일환으로 2006년까지 메티스 대전차 미사일 등 러시아제 무기를 추가 구매하고 T-80U 10개, BMP-3 30개를 추가 구매하겠다고 발표했다.

표 12에서 알 수 있듯이 2003년에도 추가적인 무기 거래가 이루어졌다. 2003년 9월 모스크바와 서울은 26억 달러의 미지불 채무에 대한 또 다른 협정을 맺어 7억 달러 상당의 무기를 인도받을 수 있도록 했다. 러시아도 ka-52K 전장 헬기를 한국에 제공했다. 가장 최근에 한국 해군은 2005년 11월 11일 러시아로부터 4,100만 달러 상당의 뮤레나 호버크라프트(공기 부양 상륙정) 3대 중 1대를 받았으며 2006년까지 2대를 더 받을 예정이다. 한국은 또 지난해 5월 러시아 해군교육센터와 하바롭스크 선적 부두에 한국 해군 장교 24명을 파견해 함정 운용과 유지 관리 방법을 배웠다.

2008년부터는 불곰 사업의 명칭이 한국 정부에 의해 '한러 군사 기술 협력 사업'으로 바뀌었다. 한국 정부는 2006년 이후 3차 불곰 사업을 통하여 기존 사업을 이어가고자 하였지만 양국 간 이견과 국내 부처 간 조율 미비로 중단되었다. 러시아는 1, 2차 불곰 사업을 통하여 7억 4,000만 달러를 상환하였으며 2011년부터는 상환해야 하는 7억 3,000만 달러의 차관이 남아 있었다. 불곰 사업에서 '한러 군사 기술 협력 사업'으로 변경한 뒤 양국 간 무기 거래는 기술 이전 협력 사업의 형식으로 재조정되었으며 질적인 부분에 초점을 맞추어서 추진하게 되었다. 그러나 러시아 측에서 기술 이전을 거부하면서 다시 현물 거래로 바뀌었다.

좀 더 자세히 살펴보면, 2011년 논의된 기술 이전 리스트에는 전자 광학 탐지 장치, 항공기용 엔진, 장거리 탐색 레이더, 방호 기술, 잠수 함용 축전지 등 11개 기술이 포함되어 있었는데, 러시아는 이에 대한 기술 이전을 거부하여 한러 군사 기술 협력 사업은 최종적으로 다음의 5가지(러시아제 공기 부양정 뮤레나; T-80U 전차; BMP-3 장갑차의 열상조준경; 레이더 관련 기술 2건)로 축소되었다. 그러나 러시아는 우리가 원하는 것보다 훨씬 높은 가격, 즉 뮤레나 경우에 5,000만 불, 레이더 관련 기술 2건으로 2억 3천만 불을 제시하였기 때문에 본 사업은 현재 보류 상태에 있다.

2013년 11월에는, 3차 불곰 사업을 다시 추진했으나 의견 차이를 좁히지 못하고 무산되었다. 이번에는 러시아 측은 전액을 방산 물자 및 군사 기술을 한국에 제공하는 형태로 상계하자고 제안했고, 한국은 절반은 현물로, 나머지 절반은 현금으로 상환 받겠다는 뜻을 나타냈다. 그러나 크림반도, 시리아 문제, 터키의 러시아 공군기 격추 등으로 미·러 관계가 좋지 않아서 3차 불곰 사업은 진척이 없었다.

2020년 10월 27일에는 한국과 러시아가 소련이 한국에 진 채무 일부를 헬기로 상환하는 문제를 논의 중이었지만 현재의 진행 상황은 러시아의 우크라이나 침공 사태로 인해 파악하기가 더욱더 어려운 실정이다. 결국 현재 소위 3차 불곰 사업은 유보된 상태나 다름없고, 여러 이견과 잡음은 외교부에서 2008년 우려를 표명하였듯이 결국 서 캄차카 유전 개발 실패 사례와 전혀 무관하지 않아 보이는 것도 향후 유심히 지켜볼 대목이다.

　한편, 2021년에는 한러 양국 간 국방 협력 중에서 중요한 사건이 발생했는데 양국 간 국방협정 체결이 그것이다. 한국과 러시아는 2013년에 논의했다가 국제 정세로 인하여 미뤄온 국방 협력 협정을 7년 만에 체결하였다. 국방 협력 협정은 1996년 체결된 군사 협력 양해 각서를 발전시킨 협정으로서 군 교육 교류, 해양 수색 및 구조 활동, 군함·군용기 상호 방문, 문화 및 스포츠 행사 교류 등 양국 간 국방 협력의 일반 원칙을 규정하는 포괄적 성격의 협정이다. 본 협정으로 한러 양국은 국방 교류 협력의 제도적 기반을 마련했다고 볼 수 있다.

　또한 2021년에 한국은 러시아 군용기의 한국방공식별구역KADIZ의 무단진입을 방지하기 위한 양국 공군 간 직통망핫라인 설치의 필요성을 재차 제기했다. 러시아는 2019년부터 독도 영공과 KADIZ에 사전 통보 없이 몇 차례 진입한 바 있다. 실제로 한국과 러시아는 양국 공군 간 직통망 설치를 추진했으며, 2018년에는 직통망 설치를 위한 양해 각서(MOU)의 문안 협의를 완료했으나 이후 설치에는 진척이 없는 상황이다. 또한 2022년 3월 러시아의 우크라이나 침공 사태로 인하여 2013년 러시아 크림반도 침공과 마찬가지로 대 러시아 국제 제재 이슈로 말미암아 당분간 한국과 러시아 간 국방 교류나 제3, 혹은 제5차 불곰 사업과 같은 무기 거래는 힘들 것으로 보인다.

4
한러 무기 거래 협력의 걸림돌

한국과 러시아는 1950년 한국전쟁 당시의 군사적 충돌과 1983년 소련의 MiG 전투기에 의한 한국 민간 항공기(대한항공)의 격추 사건이라는 두 가지 엄청난 역사적 사건 때문에 여전히 서로를 의심하고 경계하고 있다. 그럼에도 불구하고, 2001년 2월에 한국은 7억 달러의 러시아 무기를 구입하기 위해 제2차 불곰 사업을 시작하기로 결정했다. 하지만 양국 간 무기 거래의 희망적이고 밝은 측면에도 불구하고 러시아는 한국에 무기 수출을 확대하는 데 많은 어려움을 겪고 있다. 여기에는 무기 시스템 작동 과정의 결함, 예비 부품 획득의 어려움과 같은 기술적 문제들, 상호 호환성 결여와 관련된 심각한 잠재적 장애물, 양측의 경험 부족, 북·미 양국 정부의 반대, 남한 내 부정적 여론 등이 포함된다.

한국과 러시아는 무기 거래 절차, 방식과 무기 체계가 모두 서로 판이하게 다르기 때문에, 불곰 사업은 전형적인 무기 거래의 성격을 띠지 않는다. 한국이 러시아의 군장비품을 수입하는 것을 꺼리는 이유는 두 가지 기술적 문제로 설명된다. 하나는 한국군이 미군 기반의 무기 체계 시스템에서 러시아의 시스템과 호환하는 데 어려움을 겪고 있다는 점이다. 두 번째 문제는 새로 구입한 러시아산 무기들이 고장 나는 경우가 많다는 것이다.

국방부는 1차 불곰 사업 당시 러시아로부터 구입한 무기의 품질이 좋지 않았던 점과 정비 부족과 만성적인 부품 인도 지연에 대해 불만을 표시했었다. 예를 들어, 한국은 33대의 T-80U 탱크와 많은 BMP-3 전투 보병 차량을 구입했다. 그러나 정비 불량과 부품 납품 지연으로 인해 이들 장갑차 중 21대만이 실제로 운행되고 있었다. 그런데, 한국만 러시아 군사 장비에 대해 불평한 것은 아니었다. 말레이시아는 1990년대 중반 러시아에서 구입한 MiG-29 전투기 17대 중 정비와 예비품 부족으로 6대를 이륙하지 못했던 것으로 알려졌다. 더구나 1990년대 중국이 구매한 러시아 잠수함은 예비 부품 납품 지연으로 상당 기간 양저우 강에 정박해야 했던 것으로 군 당국은 파악하기도 하였다. 러시아제 군사 장비들이 대체적으로 품질이 떨어지기 때문에 한국 국방부는 러시아제 무기를 수입하는 것에 다소 회의적이었다. 이와 관련하여 푸틴 대통령은 2001년 특히 유지 보수 서비스와 외국 고객에 대한 예비 부품의 적기 납품 문제에 대해 자국의 군사 생산의 질을 향상할 것을 강력히 경고하기도 하였다.

두 번째 기술적 문제는 무기 전환에 관한 것이다. 한국은 거의 60년 동안 서방세계, 주로 미국의 방산 업체들의 독점 구역이었고, 일부 러시아 전문가들은 무기 시스템 전환 문제가 쉽다고 믿기도 했지만, 여전히 많은 문제가 남아 있다. 한국은 특히 한 무기 시스템에서 다른 무기 시스템으로 전환하는 과정에서 양국 군사 장비의 내비게이션, 통신, 제어 시스템의 호환성 문제에 관한 기술적 어려움을 겪었다. 무엇보다 상호 운용성이 특별한 관심사였다. 예를 들어 러시아의 탄도탄 요격 미사일 시스템 S-300PMU에는 미국 및 서방 기술과 호환되는 피아 식별 시스템이 없었다. 러시아 무기가 기존의 미국산 상륙 및 레이더 장비와 맞지 않는 점은 특히 극복하기 어려웠다. 한국이 무기 체계 비호환성을 최소화하기 위해 사용한 한 가지 해결책은 BMP-3와 T-80U 차량에 한국 라디오 시스템이나 기타 전자기기를 설치하고 METIS-M 휴대용 전술 로켓 시스템에 한국 컴퓨터를 설치하는 것이었다.

4.2. 경험 부족

양국의 군사 협력 관계는 거의 30년으로 접어들고 있지만 냉전 시절 적국이었던 두 나라는 여전히 서로에 대한 완전한 신뢰가 없다는 점을 고려할 때, 협상 과정에서 어려움이 생기는 것은 어쩌면 당연하다. 예를 들어, 한국 정부는 러시아가 무기에 대한 충분한 정보를 공개하지 않고 있다고 비판하지만, 러시아는 한국 국방부가 군사용 장비에 관한 보다 상세한 정보를 계속해서 요청하고 있는 것에 대해 불평을 표시하고 있다. 협상 과정에 참여했던 국방부 관계자는 소련 무기 거래 정책이 상대 고객 국들에 대한 원조 형태로 사용되면서 러시아는 한국처럼 새로운 선별적인 고객들을 다루는 데 익숙하지 않았다고 말한 것으로 전해졌다. 그러나 이러한 사소한 마찰은 단순히 양측의 서로를 다루는 외교 경험 부족에 기인할 수 있다. 특히 한국 정부는 러시아의 무모하고 투박한 가격 협상 스타일에 매우 불편해하고 실망한 심기를 계속 드러냈다. 더군다나 러시아의 군사 장비 기술 이전의 약속 불이행 사건은 불곰 사업을 지속적으로 확대해 나가는데 치명적으로 불리하게 작용했다. 한국 정부도 러시아의 협상 스타일을 좀 더 분석하고 이해하며 최첨단 우주 기술 확보라는 큰 그림을 보면서 전략적 인내심을 보여줄 필요가 있다.

4.3. 미국의 반대

특히 러시아가 T-80U 전차를 한국에 제공한 데 이어 1990년대 중반 러시아로부터 무기를 구입하는 것에 대하여 미국 행정부는 강하게 반대했다. 미국의 국방 장관이 한국에 긴급 파견돼 한러 무기 교역을 상당히 늦추는 데 성공한 사례도 있다. 윌리엄 코헨 전 미국 국방 장관은 1997년 4월 일본을 방문했을 당시, 대국민 담화를 통해 미국이 한국의 SA-12 인수 계획과 러시아에서 가장 현대화된 전술 방공 시스템, S-300PMU 대 전술 탄도 미사일 시스템에 강력히 반대한다는 입장을 분명히 했다. 코헨 사령관은 러시아 지대공 미사일(SAM)의 배치가 바람직하지 않지만, 한국이 S-300PMU를 일부 시험용이나 다른 종류의 훈련용으로 구입한다면 미국은 개의치 않을 것이라고 주장했다. 그는 미국의 이러한 우려에는 러시아 무기가 미국의 항공기 항공 시스템을 위협할 수 있는 위험이 있다는 점과 미국의 항공 방어 무기를 판매하고자 하는 이해관계 모두가 포함된다고 주장했다. 이에 따라 러시아 SAM 미사일 대신 패트리엇 방공 시스템을 사들일 것을 한국 정부에 촉구했고, 미국의 반발에 대해 러시아는 한반도뿐 아니라 전 세계에서 러시아의 무기 수출 자체를 파괴하기 위한 정책이라고 주장했다.

러시아 무기 판매에 대한 미국의 반대는 단순히 양국 사이의 무기 거래에 영향을 미치는 것 이상의 광범위한 역할을 했다. 이는 전 세계적인 맥락에서 보아야 한다. 러시아인들은 소련 붕괴 이후 러시아 무기 판매가 급격히 감소하는 것은 러시아를 시장에서 몰아내고 세계 무기무역에서 우위를 점하려는 미국의 의도적이고 계획된 노력에서 시작되었다고 믿고 있었다. 러시아는 1990년대 중반 미국이 콜롬비아, 인도, 키프로스, 브라질, 인도네시아에 무기를 파는 것을 막기 위해 유사한 전술을 채택하고 있다고 끊임없이 비난했다. 심지어 미국은 중국이 결국 러시아를 겨냥하여 무기를 사용할 것이기 때문에 러시아가 중국에 무기를 파는 것을 그만두게 했다고 한다. 게다가 미국은 중남미 등 새로운 시장에 러시아가 무기를 수출하는 것을 막기 위해 많은 노력을 기울였다. 예를 들어, 1996년에 러시아는 미국과 유럽 다수 회사들과의 경쟁을 뚫고 콜롬비아에 10대의 Mi-17 헬리콥터를 공급하는 입찰을 따냈다. 미국은 러시아와의 협상을 취소하도록 설득하기 위해 콜롬비아에 제재와 무역적 고립을 가함으로써 콜롬비아에 정치적 압력을 가했다. 러시아인들은 또 1990년대 중반 미국산 F-16과 F-18전투기 대신 브라질 국민들에게 러시아 MiG-17 전투기 수입을 포기하도록 설득하는 모든 조치를 취한 것에 대해 반발했다. 러시아는 2002년 초 한국, 터키, 말레이시아, 브라질에서 4개의 국제 입찰에 참여해 45억 달러에서 100억 달러 상당의 외화 획득을 기대했으나 미국의 반대와 미국 방위업체의 로비 때문에 입찰권을 따내지 못했다.

부채 상환 계획의 일부로 형성된 계약을 제외하고는, 러시아는 또한 최근 몇 년 동안 한국의 '개방된' 무기 시장에서 미군 장비와 직접 경쟁하는 데 어려움을 겪었다. 예를 들어 2002년 서울에서 열린 국제 전투기 입찰에서는 러시아의 수호이^{Sukhoi} Su-35, 다쏘^{Dassault} 그룹의 라팔^{Rafale}, 4개국 유럽 공동체의 유로파이터 타이푼^{Eurofighter Typhoon} 등이 가장 유망한 3개 경쟁자로 꼽혔다. 수호이는 항공기에 대해 30억 달러 미만을 예상한 반면 다쏘는 417억 달러, 보잉^{Boeing} 44억 달러, 유로파이터^{Eurofighter}가 55억 달러를 요구했기 때문에 입찰에서 이길 것이라고 확신했었다. 그러나 미국의 정치적 압력 때문에 미국 보잉사는 1972년의 구식 모델일 뿐 아니라 생산 중단 예정에 들어갔던 F-15K 전투기의 계약을 한국과 체결하였다. 러시아 무기 수출 기관인 로소보론엑스포르트^{Rosoboronexport}는 모델 선택 과정이 보잉 회사에 강하게 편향되어 있다고 불평했다.

실제로 미국의 압력 때문에 한국의 국방부 장관은 2차 입찰을 준비하면서 갑자기 조건을 변경하기도 하였다. 결국 가격이 결정적인 요소가 아니게 되었고 기존 한국군 장비와의 운용 적합성과 정치적 요인이 중요한 선정 기준이 됐다. 이 두 가지 기준은 분명 보잉에 유리하게 작용했다.

그러나 보잉 F-15K를 구매하기로 한 결정은 한국의 국내 정치에 파장을 일으켜 정계와 군 엘리트 사이에서 본 계약을 두고서 분명한 분열을 초래했다. 그 당시 한국에서 무기 선택에 대한 국민적 합의를 이끌어 내는 것은 사실상 불가능했다. 로소보론엑스포르트의 불평은 한국의 다쏘 사의 간부인 이브 로빈^{Yves Robin}에 의해 또 한 번 증폭되었다. 그는 한국 국방부의 편향성을 비난하면서 정치적 요건이 입찰 조건과 상충한다고 주장했다. 한국 방위개발청의 한 고위 관계자는 한국은 미국 정부로부터 매우 큰 압력을 받고 있었다고 인정했고, 일부 한국 정부 고위 관계자는 미국이 매우 오만한 행동을 하고 있어 앞으로 한국에 대한 기술 수출을 중단할 계획을 갖고 간접적으로 협박했다고 밝혔다. 정부가 비교적 오래된 미군 장비를 구입하기로 한 데 항의하기 위해 서울에서는 자발적인 시위가 벌어졌다. 국방부 장관은 의회에 소환돼 해명했고, 산하 직원들은 부패 혐의로 기소됐다는 보도가 나오기도 했다. 미국의 압력으로 한국 정부는 입찰위원회 위원 2명을 체포했다. 한 명은 미국의 압력을 비난하던 임원, 다른 한 명은 프랑스의 제안에 찬성표를 던진 인물이었다. 뇌물을 받은 혐의로 두 명의 중령은 모두 수감되었다. 스캔들이 있었음에도 불구하고 보잉사가 최종 낙찰 받았다. 한 마디로, 미국이 자신의 전략 동맹국들이 러시아 군사 장비를 구입하는 것에 반대한다는 사실을 부인할 수는 없다. 러시아의 한국과의 무기 무역 성공은 미국의 한국 정부에 대한 압박을 극복하는 능력에 달려 있었다.

4.4. 북한의 반대

북한은 1996년부터 러시아가 남한에 최신형 고급 무기를 제공한 것에 대해서 줄기차게 비난해왔다. 미국의 반대에 비하면 북한의 항의는 한국과 러시아의 무기 무역 발전에 결정적인 장애물은 아니었다. 그럼에도 북한은 러시아가 한국에 무기를 전달한 것은 전쟁 불씨를 부채질하는 무모한 행동이라고 공개적으로 비판하였다. 범죄를 부추기는 행위는 범죄보다 더 나쁜 2배의 범죄라고 비판하면서, 러시아도 마찬가지로 북한에 적대국가라고 주장했다. 한국이 T-80 전차를 조달할 당시 북한은 T-72라는 구형 전차만 보유하고 있었다. 한국은 또한 소련 연방에서 공급한 북한의 주요 무기 체계인 Su35 제트 전투기에 대해서도 많은 관심을 보였다. 더구나 한국이 S-300PMU를 인수한 것은 북한의 스커드 탄도 미사일에 대응하기 위한 것이었다. 이 때문에 북한은 러시아의 대 남한 무기 수출 정책이 상업적 목적이 아니라 한반도의 평화와 안보를 위협하는 중대한 정치 군사적 위협이라고 주장했다. 러시아는 북한이 좋은 시장이 아니라며 북한의 비난에 대응했다.

5
한러 안보 협력 시사점

이 장은 러시아에서 한국으로의 무기 이전이 한러 관계에서 가장 유망한 측면 중 하나임을 보여준다. 두 나라가 관여하고 있는 다른 경제 협력 사업에 비해 무기 거래는 단연코 가장 활발하고 파괴적이며 실질적인 결과물이 있었다. 무기 거래는 비전통적인 경제안보뿐 아니라 전통적인 군사적, 정치적 안보의 요소라는 점에서 종합 안보의 흥미로운 양면성과 포괄성을 모두 내포한다. 무기 거래 이슈는 한러 간의 전통적인 안보 이익에 기여하는 것 외에도, 기술, 신용, 에너지 이동과 같이 국가 경제안보 이익에 기여한다.

5.1. 경제안보 차원

한국과 러시아의 무기 거래는 양국 간의 경제안보 관계를 강화할 수 있는 잠재력을 가지고 있다. 경제 자원의 가용성, 첨단 기술 지향 무기 프로그램을 획득할 때 수반되는 프레스티지 인식, 부채 상환 계획 등 무기 거래에 영향을 미치는 많은 요소들은 전통적인 안보 이익과 거의 관련이 없다. 예를 들면, 한러 무기 거래는, 한국이 다른 곳에서는 얻을 수 없는 최신의 군사 장비나 우주 기술의 획득에 주안점을 두고 있다. 1996년 루소보로제니에 전 국장은 러시아 무기 거래가 최첨단 시스템을 수출하는 데 중점을 두었다고 말했다.

이전에 소련이 원칙적으로 최신형 무기를 다른 국가에 수출하지 않았다면 오늘날 러시아는 최신 첨단 모델도 판매한다. 이것은 러시아의 무기 수출 정책과 미국의 무기 정책과의 큰 차이점이다. 미국은 종종 최고의 신형무기를 제외한 다른 무기들을 해외에 판매하고 있으며, 대부분은 수년 동안 무기고에 방치되었던 무기들이나 중고 무기들이었다.

이를 통해 한국은 가장 최신 무기를 선택하는 동시에 미국이나 서유럽 국가들에게 더는 의존하지 않아도 되는 절호의 기회를 얻게 되었다. 한국은 최소 러시아 무기의 일부 부품을 국내에서 생산하기를 희망했다. 한국은 러시아와의 무기 거래를 통하여 첨단 무기를 경쟁력 있는 가격에 구입할 수 있으며 바로 이 점이 곧 이 한국의 경제안보 강화와 직결되는 이유인 셈이다.

러시아의 관점에서 볼 때 상업적 기회 확대, 한국에 대한 신속한 채무 상환 의무 등 경제안보 이익이 한국과의 무기 무역에서 주된 목표였다. 구소련 붕괴 이후 러시아 국내 경제 위기는 심각한 안보 문제의 쟁점이 되었으며 무기 수출은 러시아의 경제적 이익 안보화 수단 중의 하나가 되고 있다. 구체적으로, 러시아는 무기 거래를 통해 외화벌이, 국제 수지 개선, 생산 규모의 경제에 의한 국내 무기 조달 비용의 삭감, 고용의 유지와 방위 산업 기반 시설의 유지, 대량 생산을 위한 연구 개발 비용의 삭감, 경제·과학·기술 발전을 촉진하기 위해 무기 생산 스핀오프^{기업 분할} 하는 것 등 경제안보의 인센티브로 설정했다.

　아주 단순하게 설명하자면 한국에 대한 무기 이전은 러시아 경제에 있어서 한국에 대한 채무 부담을 분명히 덜어주었다. 실제로 한러 무기 거래는 러시아의 장기적인 국제 동맹국인 북한을 포기하는 것을 의미하고, 이는 러시아가 경제적 문제에 대한 부담감이 절박해져 이를 급히 해결하는 것이 가장 긴급한 국가 안보의 핵심이 된 것을 여실히 보여주고 있다.

　더욱이 한국은 작지만 완전하게 새로운 시장을 대표하며, 러시아의 첨단 기술 공장과 장기 계약을 맺을 수 있고, 러시아 군수 산업의 과학적, 생산적 가능성을 유지할 수 있는 잠재력을 가질 수 있게 할 수 있는 마켓이었다. 또한, 군사 기술 노하우 거래가 서로에게 유리할 가능성도 있었다. 루스키 텔레그래프^{Russky Telegraf}에 따르면 러시아 국방부는 러시아 기술과 협력하여 한국에서 제조된 부품 중 일부를 사용하는 것이 러시아가 국내에서 자체적으로 무기 생산을 조직하거나 유지하는 것보다 더 유익하다고 판단할 수 있다고 한다. 추가적으로 한국과의 무기 거래가 성공 궤도에 진입하면 동남아시아 시장에서도 러시아의 첨단 무기 제품들을 홍보할 수 있다고 믿고 있다.

한국과의 군사 기술 협력으로 벌어들인 외화는 천연가스 및 송유관 사업과 천연가스 원유 거래를 성사시켜 벌어들이는 수억 달러와는 비교가 안 된다. 한러 간 에너지 거래는 러시아의 주요 원자재 공급국으로서의 위상을 확실히 입증해준다. 반면 무기 및 군사 기술 수출로 말미암아 러시아를 고도 기술 선진국으로 그 위상을 다르게 분류해 줄 것이다. 이는 무기 수출이 러시아의 에너지 및 원자재 편향적인 수출 시장 전략을 기술 주도 전략으로 바꾸면서 다양화시킬 수 있음을 의미한다.

5.2. 정치 및 전략적 보안 차원

러시아의 한국에 대한 무기 판매는 정치적, 전략적 안보적 관점에서도 매우 흥미로운 현상이다. 한러 무기 거래에서 정치적 동기는 분명히 경제적 동기에 예속되었고 전략적 의의는 비교적 미미하다. 그러나 무기 거래는 원천적으로 정치와 안보 팩터를 무시할 수 없다.

2000년대 초반 북·미 관계가 크게 개선되었지만, 북한은 여전히 한국의 주요 적국이자 잠재적인 적국이었기에 남한에 있어서 러시아 무기는 전략적 안보 관점에서 분명히 매력적이었다. 한국과 중국이 북한과 같은 무기 체계를 사용한다는 사실은 동북아 안보 체계에서 완전히 소외되고 있으며 중국을 제외하고는 잠재적 동맹국이 없는 북한에 엄청난 심리적 압박으로 작용했다. 더욱이 한국이 러시아 무기를 추가로 획득하면 북한의 국가 안보에 큰 위협이 될 수 있는 것이었다.

러시아의 입장에서 보면, 한러 무기 거래가 지정학적 계산보다는 상업적인 관점에서 시작되었다 하더라도 러시아는 과거 다른 지역에서도 그랬듯이 군사 관계를 항상 정치적으로 이용할 수 있다. 한국과의 군사 기술 협력은 러시아에게 유리한 동북아의 새로운 세력 균형을 창출하는 장기 전략적 파트너십으로 발전할 가능성이 충분히 있는 것이다. 1997년 러씨스카야 신문Rossiyskaya gazeta에 따르면 러시아는 한국을 일본의 군비 확장에 대항하는 세력으로 간주했다. 다시 말해 추가적인 한러 군사 협력의 발전은 러시아에게 미국의 헤게모니와 중국과 일본의 도전 등 잠재적 위협에 맞설 수 있는 전략적 균형추 같은 역할을 제공한다. 양국 간 군사 협력은 양자 간 경제안보 관계를 강화할 뿐만 아니라 동북아시아 지역에서 러시아의 전통적인 안보 입지를 강화한다는 것이다.

러시아 첨단 무기 획득은 한국의 군비 현대화 계획을 가속화 할 수 있기 때문에 장기적으로 한국에 유익할 것이다. 이로써 한국은 재래 무기 수를 줄이고 첨단 무기 개발에 전념할 수 있을지도 모른다. 이런 관점에서 첨단 무기와 항공 우주 기술 사업의 군사 공동 연구 개발 전망은 매우 밝다.

5.3. 한계 및 위협

그러나 군사 협력 활동의 급속한 발전에도 불구하고 양국 간 무기 거래 규모는 비교적 작은 편이다. 그동안 살펴본 것처럼 여러 가지 장애물이 있고 양국이 공유하는 지정학적, 전략적 이익들이 급선무가 아니고 동북아시아 주변국들에 의해 저지당하고 있기 때문에 한러 군사동맹이 탄생할 가능성은 극히 낮다.

모스크바와 서울 간 무기 교역은 그동안 러시아의 부채 상환 계획의 핵심이었기 때문에 전통적인 무기 거래 방식이라고 보기는 어렵지만, 이는 러시아의 대 한국 부채를 줄여 결과적으로 양국의 즉각적인 경제 안보 이익을 충족시켰다는 의미가 있다. 따라서 한편으로는 한국에 대한 러시아의 부채가 완전히 청산되면 두 나라가 무기 거래를 지속적으로 전개할지는 분명치 않다.

러시아나 한국은 북한과 미국을 비롯한 인근 국가들의 반응을 조심스럽게 관찰해왔다. 이 때문에 이들은 공식 외교 담화에서 양국 간 무기 거래 내역이나 활동을 지역이나 국제 사회에 발표하는 것을 주저하고 있다. 러시아는 북한의 반응에 더 신경을 썼지만 한국은 북한과 미국 두 정부의 반응에 대해 매우 주시했다. 향후 러시아에서 한국으로의 대규모 무기 이전이 이뤄진다면 북한도 미국도 만족하지 않을 것이다. 특히 한국이 미국 방위 산업의 중요한 단골손님이라는 점에서 미국 정부는 한국 정부에 러시아의 무기 이전과 관련해서 다양한 채널로 압박하고 있다. 게다가 한국, 북한, 중국, 미국 국방부 일부 관리들은 모스크바의 서울로의 무기 이전이 이 지역의 전통적인 군사 및 정치적 안보를 위협할 수 있다고 많은 우려를 표명해왔다.

한국과 러시아가 참여한 몇몇 경제 프로젝트는 북한의 참여를 필요로 하고 있는 반면에, 한러 간의 무기 교역은 북한을 포함한 3국간의 경제 협력을 촉진시키지는 못하고 있다. 어쩌면 한러 무기 거래가 양국의 종합 안보, 특히 경제안보에 지속적으로 기여할 수 있다는 주장은 시기상조일지도 모른다.

참고자료 ─────────

1. Alexander A. Sergounin and Sergey V. Subbotin, "Sino-Russian military-technical cooperation: a Russian view, in Ian Anthony, ed., Russia and the Arms Trade (Frosunda: Sipri, Oxford University Press, 1998), p. 195.
2. Andrew J. Pierre and Dmitri V. Trenin, Russia in the World Arms Trade (Washington, D.C.: Carnegie Endowment for International Peace, 1997), p. 1.
3. Ibid.
4. Baidya Bikash Basu, "Russian Military-Technical Cooperation: Structures and Processes," Strategic Analysis: A Monthly Journal of the Institute for Defense Studies and Analyses (ISDA), Vol. 25 No. 3, June 2001, p. 1, on http://www.ciaonet.org/olj/sa/sa_june01bab01.html, accessed on 21 November, 2004.
5. Conversion in Russia (Moscow: Interdepartmental Analytical Center, 1993), pp. 65-66, quoted in Igor Khripunov, "Russia's Arms Trade in the Post-Cold War Period," The Washington Quarterly, Vol. 17, No. 4, Autumn 1994, p. 79.
6. Sergei Akshintsev and Veniamin Zubov, "Exports Launch A Counterattack," RusData DiaLine- BizEkon News, 4 November, 1995.
7. Stanley Sloan, US Congressional Research Service, Book reviews of Andrew J. Pierre and Dmitri V.Trenin eds., Russia in the world arms trade (Washington, DC: Carnegie Endowment For International Peace, 1997).
8. Alexander A. Sergounin and Sergey V. Subbotin, Russian Arms Transfers to East Asia in the 1990s, SIPRI Research Report, No. 15 (New York: Oxford University Press, 1999), pp. 15-16.
9. P. Shenon, "Russia Outstrips U.S. in Sales of Arms to Developing Nations," The New York Times, 20 August, 1996.
10. Akshintsev and Zubov.
11. Chufrin is a researcher at the Stockholm International Peace Research Institute. See Simon Saradzhyan, "The Battle for the Weapons Trade," The Moscow Times, 17 November, 1998.
12. Khripunov, p. 79.
13. Paul Mann, "Russians lead in arms exports, but success regarded as fluke," Aviation Week & Space Technology, 2 September, 1996, Vol. 145, No. 10, p. 79.
14. It is interesting to note that despite the Soviet experience with soft credits, Russia has still not moved to a strictly cash and carry basis for its arms sales. Only about 60 percent of 1996 and 1997 revenues were said to have been collected in convertible currencies. See Robert H. Donaldson and John A. Donaldson, "The Arms Trade in Russian-Chinese Relations: Identity, Domestic Politics, and Geopolitical Positioning,"

International Studies Quarterly, Vol. 47, No. 4, 2003, p. 713.

15. Michael Richardson, "Making Inroads in Asian Arms Market: In Switch, U.S. Allies Consider a Rival," International Herald Tribune, Neuilly-sur-Seine, France, 15 March, 1997.

16. Saradzhyan.

17. Russia has sold MIG-29 fighters to Hungary, India, and Slovakia, and SU-27 fighters to China and Vietnam. See Akshintsev and Zubov. See also "Russia's Arms Bazaar," Jane's Intelligence Review, April 2001.

18. For example, these include the sales of MIG-29 fighters to Malaysia; BMP-2/3 armoured personnel carriers to Kuwait; Igla anti aircraft launch systems to Brazil. See Akshintsev and Zubov; and see also BBC Summary of World Broadcasts, 14 October, 1996, from Russia TV channel, Moscow in Russian 11:30 gmt, 12 October, 1996.

19. Moscow Times, 13 August, 2002, on http://dlib.eastview.com/searchresults/printarticle.jsp?art=4, accessed on 19 November, 2004.

20. Russia exported arms to Hungary for the same reason. The Hungarian Ministry of Defense announced in August 1993, for example, that 28 MIG-29 interceptor aircraft were accepted as partial cancellation of former Soviet debts. The cost of the planes, US $760 million, amounted to about one half of the former Soviet trade debt with Hungary. German officials were also quoted as saying in May 1994 that Russia proposed paying part of its debt with deliveries of MIG-29 fighter aircraft. Germany declined the offer. See RFE/RL Daily Report, 13 May, 1994.

21. Itar Tass Weekly News, 15 May, 2000.

22. Sergounin and Subbotin, p. 111.

23. Ibid.

24. Itar Tass Weekly News, 15 May, 2000.

25. Han-Ruh Bangsan Hyupryuk Jaryojip (Korea-Russia Military Industrial Cooperation Report: focusing on the first and the second Brown Bear project), South Korean Ministry of Defense, November 2003, Seoul, Korea, p. 41.

26. RFE/RL Daily Report, 23 August, 1993.

27. Ibid., 26 January, 1994.

28. Krasnaya zvezda, 18 September, 1993, quoted in Khripunov, p. 79.

29. Korean Defense news, 28 February-6 March, 1994.

30. The new, SAM-X missile programme had been delayed for many years largely due to public distrust of the US Patriots system's capability. Instead of the Russian S-300, the Patriot Advanced Capability 3 (PAC-3) was chosen. See "Defense Production and R&D, Korea, South," Jane's Sentinel Security Assessment, China & Northeast Asia, 26 May, 2004.

31. RFE/RL Daily Report, 2 May, 1994.

32. Tsuneo Akaha, "Russia and Asia in 1995: Bold Objectives and Limited Means," Asian Survey, Vol. 36, No. 1, January 1996, pp. 104-105.
33. Han-Ruh Bangsan Hyupryuk Jaryojip, p. 26; Itar Tass Weekly News, 1 July, 1997, on http://dlib.eastview.com/searchresults/printarticle.jsp?art=8, accessed on 20 November, 2004; United Press International (UPI), 30 August, 1999; and Viktor Linnik, "New Arms Diplomacy," The Moscow Times, 12 November, 1996.
34. IPS (Inter Press Service)/ Global Information Network, 25 May, 1999.
35. BBC Summary of World Broadcasts, 14 October, 1996.
36. Han-Ruh Bangsan Hyupryuk Jaryojip, pp. 26-27.
37. Ibid.
38. "Defense Production and R& D, Korea, South," Jane's Sentinel Security Assessment, China & Northeast Asia, 26 May, 2004.
39. In 2000, Russia exported more than 7,000 Mil helicopters worldwide at an estimated profit of $20 billion. According to the Russian state defense export agency, Rosvooruzhenie, one out of every five helicopters in the world was designed by Mil. See "Russia Pushing Military Helicopter Exports," Helicopter News, 2000 Phillips Business Information, Inc., 11 February, 2000.
40. Itar Tass Weekly News, 5 December, 2000, on http://dlib.eastview.com/searchresults/printarticle.jsp?art=52, accessed on 19 November, 2004.
41. Interfax, 14 October, 2000; Anatoly Medetsky, "Russia, S. Korea, hold joint naval drill," 10 March, 2000, on http://vn.vlasnews.ru/arch/2000/iss211/text/txt2.html, accessed on 15 February, 2003.
42. 2003 Financial Times Information, Global News Wire-Asia Africa Intelligence Wire, BBC Monitoring International Reports, 11 September, 2003.
43. The South Korean Ministry of National Defense Briefings, 22 November, 2004.
44. FBIS (Foreign Broadcasting Information System), DR/EAS (0902, 1999); and Itar Tass Weekly News, 2 September, 1999, on http://dlib.eastview.com/searchresults/printarticle.jsp?art=35, accessed on 20 November, 2004.
45. Itar Tass Weekly News, 30 August, 1999, on http://dlib.eastview.com/searchresults/printarticle.jsp?art=3, accessed on 21 November, 2004.
46. Pavel Koryashkin, "Russia, ROK Agree on Defense Ministries Phone Hotline," ITAR-TASS, 16 May, 2000.
47. "Russian Federation-South Korean military cooperation developing dynamically-DM," Itar Tass Weekly News, 11 November, 2002, on http://dlib.eastview.com/searchresults/printarticle.jsp?art=82, accessed on 19 November, 2004.
48. Elena Denezhkina, "Russian defense firms and the external market," in Ian Anthony, ed., Russia and the Arms Trade (Frosunda: Sipri, Oxford University Press, 1998), p. 143.
49. More than 100 world leading firms including Lockheed, Martin Marietta, Boeing,

Sikorsky, Dassault, British Aerospace, participated in this 7th international Air Show in Seoul, and the American F/A-18E/F. France's Rafale and Russia's Sukhoi Su-35 appeared to be the primary contenders for South Korea's F-X air force modernization programme. See Linnik; and Andrei Ivanov, IPS (Inter Press Service/Global Information Network), 19 November, 1996.

50. Rosvooruzhenie also works with Seoul in the spheres of electric diesel submarines, air defense systems and aircraft. See Interfax news agency, 18 August, 2000; South Korea was also to purchase approximately 100 helicopters, a fairly large order. See also Vremya Novostei, 4 September, 2000, in 2000 Agency WPS (What The paper Say), 8 September, 2000.

51. Interfax news agency, 11 September, 2001.

52. It was said that the Russian Armed forces did not have this craft in their armory yet. See Segodnya, 6 September, 2000.

53. Yun Chung, phone interview with Special Assistant for Defence Policy, Office of Assemblyman Hwang Jin Ha, Republic of Korea National Assembly, 6 January, 2006; and "Seoul-Russia-Armaments," Itar Tass Weekly News, 28 February, 2001, on http://dlib.eastview.com/searchresults/printarticle.jsp?art=43, accessed on 19 November, 2004.

54. Ivanov, A., 1996.

55. The Current Digest of the Post-Soviet Press, Vol. XlVII, No. 41, 8 November, 1995, p. 24; and Izvestia, 10 October, 1995.

56. Ibid.

57. It is reported that North Korea has 30 Mig-29 and 35 Su-25, out of 500 total combat jets. See Itar Tass, 27 August, 2002, on http://dlib.eastview.com/searchresults/printarticle.jsp?art=54, accessed on 19 November, 2004; and Sergei Golotuk and Yuri Golotuk, "Moscow is ready to share its military secrets with Seoul," Russky Telegraf, 3 June, 1998, from Agency WPS (What The Papers Say), 4 June, 1998.

58. "Russia, S. Korea to produce rocket carrier," Xinhua, 28 October, 2004.

59. A large part of the revenue from the sale of the ships for scrap was to be transferred to the fleet's budget to build housing for families of servicemen. See Nikolay Geronin, "Russian Ships for Scrap Only, Says ROK," Itar-Tass, 7 April, 1995; and Izvestia, 16 June, 1998, pp. 1 and 4.

60. Steve Glain, "Korea Aircraft Carrier Deal Prompts Skepticism," Wall Street Journal, Seoul, 5 April, 1995, p. A 9.

61. Oleg Kruchek, "South Korea Finally Gets Minsk and Novorossiisk Sold to Her a Year Ago," Segodnya, Khavarovsk, 25 October, 1995, p. A2.

62. Richardson.

63. An interview with Lieutenant General, Nikolai Zlenko, Deputy Director of the Main

Directorate for International Military Cooperation of the Defense Ministry, quoted in Agency WPS (What The Papers Say), 11 August 1999.

64. Segodnya, 9 November, 2000; and Han-Ruh Bangsan Hyupryuk Jaryojip, p. 43.

65. Han-Ruh Bangsan Hyupryuk Jaryojip, pp. 43-44.

66. Ibid., pp. 40-52.

67. Yekatarina Titova, 'Ko vzaimoi vygode', Rossiskaya Gazeta, 29 May 1999; and Japan Times, 27 April, 1999.

68. "Moscow and Seoul agree on Russian Arms Deliveries," ITAR-TASS, 28 February, 2001; Lyuba Pronina, "02' Arms Sales Revenues Top $ 4 billion," The Moscow Times, 16 December, 2002.

69. Seung-Ho Joo, "Russia and Korea: The Summit and After," The Korea Journal of Defense Analysis Vol. 13, No. 1, Autumn 2001, Seoul, Korea, p. 118.

70. "Defense Production and R& D, Korea, South," 2004.

71. Hanguk Ilbo, 8 October, 1999, and Joo, 2001, p. 118.

72. Evgenii Moskvin, "Who Will Be Defense Minister?" Nezavisimoe Voyennoe Obozrenie, No. 8, February 2001, pp. 1-3, in 2001 Agency WPS (What The Paper Say), 7 March, 2001; and Financial Times, USA Edition 1, 14 March, 2001

73. Itar Tass, 12 November, 2002, on http://dlib.eastview.com/searchresults/printarticle. jsp?art=62, accessed on 19 November, 2004; and "Defense Production and R&D, Korea, South," 2004.

74. Reed Business Information UK, 7 October, 2003.

75. The 105-ton Murena-e, a fast naval vessel with a maximum speed of 55 knots per hour, will be used to salvage aircraft and ships stranded in shallow waters and on wet land and to transport personnel and materials. See Korea Defense Industry Association, 7 November, 2005; and Aerospace Daily and Defense Report, 8 November, 2005.

76. Jane's Sentinel Security Assessment, China & Northeast Asia, 26 May, 2004.

77. Jin Sun Park, "Bulgomsaupul tonghan Kunsagishul hwakbo (Military technology acquisition through Brown Bear Projects), on http://www.military.co.kr, accessed on 15 December, 2004.

78. Ivan Safronov, "Russia May Liberalize Arms Exports," Kommersant, 25 October, 2001; and 2001 Agency WPS (What The Paper Say), 25 October, 2001.

79. Ibid.

80. Park, J.S.

81. Itar Tass news agency, 7 February, 2001.

82. "USA urges South Korea to buy Patriot over S-300V," Jane's Defense Weekly, 16 April, 1997, p. 3; and Sergounin and Subbotin, p. 112.

83. Park, J.S.

84. Han-Ruh Bangsan Hyupryuk Jaryojip, p. 146.
85. "USA urges S. Korea to buy Patriot over S-300V," Jane's Defense Weekly, 16 April, 1997, p. 3.
86. Bill Gertz, "Egypt wants to buy high-tech Russian SAMs; Use of U.S. aid for purchase would be illegal," The Washington Times, 30 May, 1997.
87. In 1997, Russia accused the U.S. of sabotaging $1.8 billion sale of 40 SU-30 fighter planes to India. See "U.S. Tried To Stop SU-30 Planes' Sale," 1997 Softline Information, INC. Ethnic News Watch, News-India Times, 25 July, 1997.
88. A similar situation continued in connection with the proposed sales of the S-300 systems to Cyprus. See Anton Surikov, "A War Against Russian Arms," Pravda Five, from Russia Information Inc.- RusData Dialine, Russian Press Digest, 16 January, 1997.
89. Ekspert, No. 35, September 2002, pp. 26-29; and 2002 Agency WPS (What The Papers Say), 26 September, 2002.
90. Hankook Ilbo, 11 April, 2002.
91. Ekspert, No. 35, September 2002, pp. 26-29.
92. North Korea Central News Agency (KCNA), Pyongyang 08:13 gmt, 30 September, 1996 from BBC Summary of World Broadcasting Corporation, 1 October, 1996.
93. Han-Ruh Bangsan Hyupryuk Jaryojip, p. 24; "North Korea lashes at Moscow for weapons exports to South Korea," Agence France Presse, 30 September, 1996.
94. Rosvooruzheniye Deputy General Manager, Mikhail Timkin, argued, "It is not our fault because North Korea is not a solvent country. We now proceed from the premise that we don't have friends, only partners." See Andrei Ivanov, "Disarmament: Russian Small Arms Sales Booming in Asia," Inter Press Service (IPS), 19 November, 1996.
95. Desmond Ball, "Arms and Affluence: Military Acquisitions in the Asia-Pacific Region," International Security, Vol. 18, No. 3, Winter 1993-1994, p. 103.
96. Basu.
97. Mikhail I. Gerasev and Viktor M. Surikov, "The Crisis in the Russian Defense Industry: Implications for Arms Exports," in Andrew J. Pierre and Dmitri V. Trenin eds., Russia in the World Arms Trade (Washington, DC: Carnegie Endowment For International Peace, 1997), p. 19.
98. Interfax Russian News, 2 March, 2001.
99. Golotuk, S. and Golotuk, Y.
100. The Current Digest of the Post-Soviet Press, Vol. XIVII, No. 41, 8 November, 1995, p. 24; and Izvestia, 10 October, 1995.
101. Rossiskaya gazeta, 26 April, 1997, p. 3.

북한 요인

8

1
들어가는 말

본 장에서는 한러 양국 관계에서 북한의 역할에 대해 살펴본다. 이 장의 첫 번째 목적은 북한 요인이 양국의 안보 협력 관계에서 강화 요소였는지, 저해 요소였는지를 살펴보는 것이다. 이를 위해 고르바초프에서 푸틴 시대까지 러시아의 대북 정책의 진화, 북핵 문제에 대한 러시아의 입장, 통일 문제에 대한 접근 방안 등을 분석 평가한다.

본 장의 주요 논제는, 러시아의 남북한과의 관계가 상호 연관성이 있기 때문에 북한은 직간접적으로 한러 관계에 영향을 주고 있다는 것이다. 아마도 푸틴 대통령이 집권하기 전 러시아의 대 한반도 외교 최대 실패 중 하나는 남북한에 대한 투 트랙 정책일 것이다. 러시아 정치 지도자들은 당초 남북한 각국에 대한 목표와 접근 방식이 달랐기 때문에 한국과 북한의 정책을 연계할 이유가 없다고 판단했다. 하지만 이것은 큰 오산이었다. 북한과의 정치, 군사, 경제 관계를 축소하면 장기적으로 한국과의 관계가 개선될 것이라는 가정은 잘못되었고, 실제로 러시아의 북한에 대한 영향력 상실은 한국과의 관계 개선에 도움이 되지 않았다. 오히려, 이는 러시아가 한국과의 외교 의제 수립에 사용할 수 있었던 정치적 카드를 잃어버린 격이 되었기 때문이다.

이 장은 또 북한이 안보 위협인 동시에 한국과 러시아의 종합 안보 관계를 활성화할 수 있는 잠재 요인이라고 주장한다. 앞선 장에서 살펴본 것처럼, 북한은 TSR-TKR 철도 연계나 천연가스 파이프라인 등의 사업에서 경제 협력의 걸림돌로 작용하기도 했다. 반면에 장기적으로는, 일단 핵 문제가 완전히 타결이 된다면 모스크바와 한국 사이의 양자 관계를 촉진할 수 있는 잠재력도 가지고 있다. 북한은 결국 재정적 원조를 얻을 수 있는 경제적 동기에 기반을 둔 정책을 합리적으로 선택할 수밖에 없기 때문이다. 북한이 남·북·러 경제 협력에 참여하는 것은 한러 간 종합 안보와 지역 안보 구축에 보다 광범위하게 기여할 수 있는 잠재력을 가진다. 그러나 지금까지 북한은 한국과 러시아 사이의 종합 안보 구축을 방해해왔다.

이 장은 또 동북아시아 지역에서 러시아의 입지와 역할이 결국 북핵 위기와 한반도 통일 과정에서 러시아가 구체적으로 어떤 역할을 하느냐에 달려 있음을 보여준다. 많은 러시아인들은 민주적이고 중립적이며 통일된 한국이 정치적, 전략적 문제뿐만 아니라 경제적 동맹국으로서 일본이나 중국에 대한 균형추 역할을 할 수 있기 때문에 러시아의 이익에 부합할 것이라고 믿고 있다. 따라서 러시아는 한반도를 둘러싼 그 어느 나라보다 한반도 통일로 인해 더 많은 이익을 얻을 것이다.

2
러시아의 대북 정책 진화

1980년대 이후 러시아의 대북 정책 진화에 대한 이해는 한국과 북한, 러시아의 3자 관계를 이해하는 데 필수이다. 고르바초프, 옐친, 푸틴의 북한에 대한 견해는 각각 달랐다. 심지어 어떤 경우에는 같은 지도자가 다른 시기에 다른 견해를 보이기도 하였다. 이에 따라 러시아 정책의 변화는 3국 관계에 다양한 영향을 미쳤다. 이 절에서는 크렘린의 3명의 러시아 지도자들 하에서 3국 관계가 어떻게 발전해 왔는지 살펴본다.

2.1. 고르바초프의 접근법

1945년부터 1980년대 말까지는 소련의 대 한반도 정책은 냉전의 프레임 속에서 추진되었다. 그러나 고르바초프의 '신사고 정책New Thinking'은 한국을 포함한 과거 적대국과의 관계 정상화의 가능성을 보여주었다. 고르바초프 대통령은 이데올로기에 기반을 둔 소련-북한 관계가 소련의 경제적 이익을 저해하고, 아시아에서 미국과 소련 간 긴장을 고조시키며, 특히 소련의 경제 구조 조정에서 잠재적으로 중요한 파트너인 한국에 관해 소련의 외교적 선택지가 줄어들었다고 믿었다. 이로써 북한에 대한 소련의 입장이 바뀌었고 1961년 소련-북한 조약에서 규정한 정치·외교·경제·군사적 지원의 축소와 중단으로 이어졌다.

고르바초프는 북한과의 관계를 지속할 수 없는 경제적 부담으로 인식했다. 그도 그럴 것이 북한은 냉전 시절부터 소련으로부터 국제 시세보다 훨씬 낮게 상당한 에너지 원조를 지속적으로 받아왔다. 그래서 1980년대 초반까지만 하더라도 남한보다 전력 사정이나 경제 상황이 앞섰었다. 중소 긴장 완화와 미국과 소련 간 긴장 완화는 평양을 두고 중·소 간 경쟁에 종지부를 찍고, 모스크바에 대한 북한의 전략적 가치를 떨어뜨렸다. 이로써 북한의 두 주요 동맹국들에 대한 영향력은 현저하게 줄어들었다. 더욱이 소련군이 베트남의 캄란Cam Ranh 만에서 주둔하던 군대를 축소하고 태평양으로의 전력 투사 목표를 포기함에 따라 소련의 북한 항구 접근과 영공권이 더 이상 필요하지 않게 되었다. 요컨대 1980년대에 소련과 평양의 동맹은 이익도 신뢰성도 없었고, 동북아시아 지역에서 모스크바의 위상을 높이는 것과도 같이 양립할 수 없었다.

고르바초프는 한국과 화해하고 싶어 했다. 고르바초프와 그 당시 한국의 러시아 전문가 김학준의 대화를 들어보면 러시아가 복잡한 삼각관계의 곤란한 처지에 놓여 있음을 잘 말해준다. 김학준에 의하면, 고르바초프는 1986년 10월의 김일성 주석과의 첫 회담에서 다음과 같이 말했다.

　"김일성 주석은 한국은 미국 제국주의자들의 식민지라고 주장하고 한반도의 상황과 동아시아의 국제 관계를 시대착오적인 레닌주의로 설명하려고 했다. 김 주석은 내가 한반도에서 남북한 상호 인정을 추구하지 않도록 설득하려 했다."

　고르바초프 대통령이 "상호 인정이 무엇이냐?"고 묻자 김 주석은 이를 미 제국주의자들이 시작한 악명 높은 국제 음모라고 불렀다. 미국과 일본이 북한을 인정하는 대가로 소련과 중국이 한국을 인정한다는 의미라고 말했다. 고르바초프는 그 생각이 타당하다고 옹호하며 김 주석에게 이를 받아들이라고 권했다. 고르바초프가 이 방안을 호의적으로 검토하라고 조언해 주는 것에 김 주석은 놀란 눈치였다. 그는 이런 과정이 한반도의 분단을 영구화시킬 것이라고 반박했다. 고르바초프 대통령은 김 주석이 '불치병 수준의 시대착오적 독단주의'에 빠져 있음을 깨닫고 당과 국가의 개혁을 권고했다. 고르바초프는 김 전문가에게 "김 주석은 나를 실망시켰고 나는 김 주석을 실망시켰다."고 말했다고 한다.

　김일성─고르바초프 정상회담에서 고르바초프는 또 "국민들을 군사작전연합이나 집단행동에 참여시키기 위한 어떠한 노력도 거부했다."

고 말하며 소련 동맹국들은 그들의 긴박한 경제 문제에 대해 모든 책임을 지고 있다고 강조했다. 이 같은 메시지는 1988년 6월 모스크바에서 열린 제19차 당 대회 외교 정책 연설 등 고르바초프의 잇따른 외교 정책 연설에서 거듭 강조됐다.

결과적으로 김일성 주석은 북한이 군사적, 경제적 목표와 비용을 스스로 조달해야 한다는 압박감뿐만 아니라 고르바초프의 페레스트로이카Perestroika에 대해 무조건적으로 방어적으로 대처해야 한다는 압박감까지 느끼게 되었다. 그는 자본주의와 수정주의라는 이데올로기의 부정적 영향으로부터 국민을 지키겠다는 굳은 다짐을 했다. 그는 이전에도 공산당 거대 세력의 급진적 대안 정책 도전에 직면해 왔지만, 소련과 중국에서 진행된 경제적, 정치적, 문화적 변혁은 그의 체제를 근본적으로 흔들어 놓았다.

1988년 서울 올림픽은 북한과 러시아의 관계 악화의 한 가지 원인이 된 동시에, 한국과 러시아가 국교 정상화를 트게 된 중요한 계기가 됐다. 소련 올림픽위원회는 한국인들을 감동시키기 위해 고려인 예술인들이 참여하는 정교한 문화 프로그램을 마련했으며, 대회 기간 동안 한국은 부산과 인천에 소련 관광 여객선의 기항을 허용했고, 에어로플로트의 서울 입항을 허용했다. 한국과 소련은 올림픽 교류를 통해 무역 및 문화 교류의 기회가 대폭 확대됐다. 북한은 한국에 대한 러시아의 우호적인 태도를 신랄하게 비판했다.

더욱이 1990~1991년 고르바초프와 노태우 대통령이 세 차례 정상회담을 갖고 국교를 수립한 뒤, 북한은 더 자주 고르바초프를 비난하면서 종종 외교 에티켓마저 지키지 않았다. 제3차 노태우–고르바초프 회담은 1991년 4월 제주도에서 열렸으며, 이는 소련 국가 원수의 첫 한반도 방문이었다. 이 자리에서 고르바초프는 북한이 동시 가입을 계속 거부하더라도 한국의 일방적인 유엔 가입을 지지할 것임을 밝혔다. 그는 또 북한이 핵시설 국제 사찰 제도에 개방할 것을 촉구하고 이 조치를 취할 때까지 핵발전소 연료 공급을 중단하겠다고 약속했다.

소련 공산당 사무총장과 한국 대통령의 만남은 사실상 공산 진영을 포함해 전 세계 모든 곳에서 한국 정부의 공식 정당성을 의미했고, '공산주의 국가들로부터 한국 정권을 차단하려는 북한의 오랜 노력의 최종 붕괴'를 의미했다. 북한의 반응은 즉각적이고 공격적이었다. 북한 정권을 비판하던 소련 언론 대표들은 북한에서 철수해야만 했다. 그럼에도 불구하고 고르바초프는 북한과의 관계를 완전히 포기하지 않았다. 북한의 경제적 어려움에 대응하여 소련 정부는 석유 공급에 대한 지불 유예 조치를 발표했다. 1991년 4월 북한과 러시아는 양자 간 무역의 제한적 확대, 북한에 대한 소련의 새로운 융자, 북한의 소련에 대한 채무 변제 등을 규정한 협정에 서명했다.

2.2. 옐친의 접근법

구소련의 붕괴는 모스크바와 평양의 관계를 더욱 악화시켰다. 반 고르바초프 쿠데타를 공공연히 지지하던 북한 지도자들은 이제 북한식 사회주의 모델에 노골적으로 적대적이었던 크렘린 지도부들의 새로운 친 서방 러시아 정권을 상대해야 했다.

옐친의 초기 접근법은 고르바초프와 다를 바 없었다. 1996년 이전에는 북한과의 관계를 훼손시킬 정도로 한국과의 관계 개선을 추구했지만, 여전히 북한과의 관계를 완전히 폐기하는 데는 주저하고 있었다. 1992년 서울을 방문한 그는 한국 지도자들에게 북한과 소련 사이의 조약은 서류상으로만 존재한다고 말하며, 한국 전쟁에 관한 문서를 공유하겠다고 제의했으며, 러시아가 북한에 대한 군사 지원 프로그램을 중단하겠다는 의사를 밝혔다.

한편, 북한은 이에 대해 옐친의 개혁을 비판하면서 "사회주의의 자본주의화의 숙명적 결과"라고 자국민들에게 선전했다. 옐친의 외교 정책은 특히 북한의 정책 입안자들에게 반감을 샀다. 그의 군축 계획과 핵실험 모라토리엄에 대한 제안은 SALT II 협정과 함께 평양에서 신랄한 비판을 받으며 거절됐다. 러시아의 한 한반도 전문가에 따르면 북한의 선전은 옐친을 "사회주의로부터의 일탈이 가져오는 공포의 부정적인 예, 일종의 매 맞는 아이"로 묘사했다. 더구나 북한 지도자들은 옐친과 러시아 외무성이 제시한 동북아 안보 협력 대책에 전혀 응하지 않았고, 북한 신문들은 세계무대에서 러시아의 역할이 전반적으로 줄어드는 것을 지켜보며 즐거워했다.

사실 러시아 정부는 형제애를 뽐내던 초창기 시절부터 평양에 대한 지지를 철회한 적이 없다. 그러나 대조적으로 한국과의 관계 정상화가 러시아-북한 관계에 미치는 부정적 영향을 인식한 게오르기 쿠나체 외무차관은 1993년 1월 평양을 방문해 소련-북한 조약의 실태를 논의했다. 러시아 관계자들은 조약 내 상호방위조항을 언급하지 않으면서도 북·러 관계의 중요성을 다시 강조하려 했다. 이에 따라 옐친 정부는 1996년 9월 만료될 예정이었던 1961년 우호협력조약을 갱신하는 대신 새로운 조약 마련을 선택했다.

그러나 평양과 모스크바의 관계는 계속 악화되었다. 북한은 특히 러시아가 북한의 핵계획을 포기하도록 정치적 압력을 가하려는 시도에 매우 불쾌해 하였다. 이에 북한은 러시아의 국가 이익을 훼손하며 크렘린 리더들이 불법이며 군사 도발이라고 여기는 동해 지역에 50마일의 군사 지역을 선포했다. 북한은 또한 러시아와 남북한이 참여하는 모든 사업을 차단할 것이라고 경고하고, 러시아의 동해해상에서 핵폐기물 방출 문제를 가혹하게 비판했다. 인권 문제를 두고 양국 사이 긴장은 더욱 고조되었다. 유엔 인권위원회 제48차 회의에서 러시아 고위 대표단의 발언을 '북한에 대한 내정에 대한 간섭'이라고 표현했던 북한 정권은 러시아에 대해 공식 항의를 발표하겠다는 의사를 분명히 했다. 또한 러시아가 1992년 6월 러시아에 있는 북한 유학 대학원생에게 정치적 망명을 허용한 뒤 한국으로 송환한 것은 북한과 러시아 사이 기존 법률 지원 조약을 위반한 것이기도 하였다.

북한과 러시아 간 경제 관계는 1990년대 초반에 크게 감소했다. 무역은 1990년 23억 5,000만 달러에서 1993년 2억 2,000만 달러로 크게 줄었다. 1990년 이후 모스크바는 북한에 대한 에너지 공급에 대해 경화 상환을 요구해 사실상 대북 지원을 중단했다. 옐친 행정부는 또 평양으로의 군사 장비 및 기술 이전도 중단했고, 문화·과학적 유대를 포기했으며, 정부 간 경제·과학 협력위원회도 가동을 중단했으며, 양국 간 직항로도 취소시켰다. 이에 대해 북한은 40억 루블의 대출금 상환을 거부했다. 그 결과 파노프 외무차관은 1994년 9월 평양을 방문하여 1961년 조약 갱신에 대한 러시아의 입장을 설명하고 경제 관계를 복원하려는 시도까지 하기도 하였다.

그러나 1996년 옐친의 한반도 정책은 크게 바뀌었다. 옐친은 자신의 친 한국 정책이 북한과의 관계에 심각한 손상을 주면서도 한국과의 양국 관계를 개선하지 못했다는 사실을 발견했다. 크렘린궁은 서울과 평양의 관계 균형을 맞추기 위해 북한과의 오래된 관계를 복원하기로 결정했다. 이는 러시아가 남북한 사이에서 계책을 부리는 것을 발휘해 한반도에서의 입지를 되찾으려 하고 있었음을 명백히 시사한다. 그러나 실제로는 이것은 어려운 일이었다. 서로 적대적인 남북한 사이에서 자신의 입지를 표명해야 하는 어색한 입장에 처하게 되었기 때문이다.

옐친의 소위 남북한 균형 외교는 1996년 1월 외무장관이 안드레이 코지레프에서 예브게니 프리마코프로 바뀌면서 시작됐다. 프리마코프

가 러시아와의 남북 관계에서 균형을 회복하려고 시도하자 북·러 관계
는 개선되기 시작했다. 1996년 4월 비탈리 이그나텐코 러시아 부총리
의 평양 방문은 북한과의 관계 개선에 결정적인 기여를 했다. 이는 소
련 붕괴 이후 러시아의 최고위급 평양 방문이었다. 그의 방문으로 러
시아와 북한은 농업 협력에 관한 세 가지 협정을 체결했다. 그들은 또
한 북한 부채 문제, 시베리아와 극동러시아에서의 북한 벌목 노동자
들 문제, 그리고 북한과의 무역 균형에 관한 협정 체결에 동의했다. 양
자 및 지역 경제 관계가 복원되고, 정치적 협의가 재개되었으며, 러시
아는 1997년에 북한에 식량 지원도 개시하였다. 이고리 이바노프가 프
리마코프의 뒤를 이어 외무장관을 맡았을 때, 그는 "러시아는 남북한
에 대한 균형 잡힌 정책을 실시하여 아시아 태평양 지역에서 가장 폭발
적이고 위험한 문제를 해결하는 데 자국의 목소리에 힘이 실렸으면 했
다."고 발표했다. 이에 김영남 북한 외무상도 북한러시아 관계의 긍정
적인 발전에 만족감을 표시했다.

2.3. 푸틴의 정책

푸틴은 집권 초기부터 아예 남북한을 상대로 삼각 외교를 채택했다.
푸틴의 현실주의 추구 정치 철학이 김정일의 새로운 개방 정책과 맞물
리면서 북·러 정상화 과정은 상당한 탄력을 받았다. 그리고 푸틴과 김
정은과의 관계는 최근 몇 년 사이 김정은이 중국보다 러시아를 경제
적, 정치적, 전략적 파트너 국가로서 간주하면서 더 중요한 협력국으

로 새로이 받아들이면서 한층 더 개선되었다. 지금의 북·러 관계는 구소련 붕괴 이후 역대 최고라고 할 수 있다. 심지어 북한은 2022년 3월 러시아의 우크라이나 침공 이후에도 국제 공개석상에서 대담하게 러시아를 공개 지지하기도 하였다. 또한 북한과 러시아와의 경제 관계는 유엔의 대북 제재 하에서 특히 빛을 발하고 있는데, 이유는 러시아가 국제 제재와 상관없이 공식적 또는 비공식적으로 북한을 지원하고 있기 때문이다.

이고르 이바노프 외교부 장관은 2000년 2월 평양을 방문해 1996년에 만료된 1961년 북·러안보협정을 대체하는 새로운 '북·러 친선·선린 및 협조에 관한 조약'을 체결했다. 새 조약은 북·러 관계의 모든 측면에서 협력과 교류를 활성화하기 위한 정치적 법적 보장을 제공했다. 1961년 조약의 자동 군사 개입 조항(1조)은 러시아의 자동 군사 개입을 의무화하지 않는 다소 모호한 조항(2조)으로 대체되었다. 한 국가에 대한 침략의 위험이 대두되거나 평화와 안보를 위태롭게 하는 상황이 발생할 경우, 그리고 협의와 협력이 필요할 경우, 양측은 즉시 서로 접촉하게 된다.

러시아는 2000년 4월 북한과의 군사 협력도 재개하기로 합의했지만, 이는 구소련 시절 공급된 무기를 업그레이드 하는 데 국한됐다. 푸틴은 2000년 7월 러시아나 소련에서 북한을 방문한 최초의 지도자이자 김정일의 초청을 받은 최초의 지도자가 됐다. 그가 도쿄나 서울을 공식 방문하기 전에 평양을 방문한 것은 러시아의 새로운 외교 우선순위를 넌지시 보여주었다. 2000년과 2003년 사이 푸틴은 북한을 세 차례, 한국은 한 차례 방문했다. 2001년 4월 27일 김일철 북한 국방 장관의 모스크바 공식 국빈 방문에서 양국 정부는 러시아가 북한의 노후화된 소련 무기 체계 현대화, 정기적인 안보 협의, 노후화된 시설을 보완하고 관리하기 위한 북한군의 훈련 등을 제공한다는 2가지 군사 기술 협력 협정을 체결했다.

2001년 8월 김정일의 모스크바 방문은 새롭게 개선된 모스크바와 평양 관계의 정점을 찍었다. 은둔적인 북한 지도자의 해외 방문은 이번이 세 번째였는데 그것이 러시아 방문이었던 것이다. 비행기로 여행하는 것을 꺼린 김정일은 시베리아 횡단 철도를 통해 6천마일 여행을 했다. 두 정상은 1972년 전략방어유도탄(ABM) 조약, 새로운 세계 질서, 통일 문제, 주한미군 철수 등 국제 및 양국 현안을 논의한 뒤 2001년 8월 4일 모스크바 공동선언을 발표했다.

사무엘 킴이 언급했듯이, 그 북·러 공동선언은 "인도주의 차원에서 한 국가의 주권을 침해하는 행위와 미국의 지상미사일방어TMD 및 국가미사일방어NMD 프로그램에 대한 정곡을 찌르는 공격을 포함하고 있었다." 푸틴 대통령이 미국이 평화적인 우주 연구를 위해 다른 나라들이 미국의 로켓 부스터에 접근할 수 있게 해준다면 북한이 NMD의 핵심 요소인 대포동 미사일 프로그램을 제거하기로 약속하겠다고 발표를 했는데 이 사실은 신문 1면을 장식했다. 푸틴 대통령은 또 일본에서 열린 주요 8개국^{G8} 정상회의의 의제에 김 위원장의 '미사일과 위성 맞교환' 제안을 담는 데 성공했다.

이 회담에서 러시아와 북한은 TSR-TKR 연계 사업에 참여하기로 합의하였다. 러시아는 또 북한과의 에너지 협력을 재개하기 위해 연해주에 북한을 위해 원자로를 건설하는 것은 물론 구소련의 도움을 받아 북한에 건설된 산업공단을 현대화하는 방안도 제시했다. 그러나 모스크바 선언 5조에는 소련이 건설한 기업들에 대한 재건설 사업에 러시아가 참여하는 것은 조건이 있는데 외부의 재정 지원이 가능할 때만 참여한다는 조항이 명시되어 있었다. 북한의 40억 달러 부채 미납도 분명히 미래 러시아의 국제적 신용등급에는 부담으로 남아 있었던 것이다.

요약하자면, 푸틴의 대북 접근법은 결과적으로 남북 모두가 수용하는 새로운 개념의 남·북·러 3국 협력의 방향성을 제시했다. 그 결과 러시아는 현재 옐친 대통령 시절보다 북한에서 정치적 신임을 더 많이 받고 있다. 또한 푸틴은 2005년 5월 9일 2차 세계대전 승전 60주년 기념 행사에 평양과 서울을 모두 초대했었다. 러시아가 남북 정상회담 개최도 제안한 것으로 알려졌다. 그러나 계속되는 북한의 미사일 도발 행위와 계속되는 핵실험, 국제 사회의 대북 제재, 러시아의 우크라이나 침공 사태 속에서 남·북·러 경제 협력 사업들은 더 이상 추진되기가 현실적으로 어려웠으며, 앞으로 향후 가능성도 긍정적인 부분보다는 불확실성이 많은 것도 사실이다. 특히 푸틴의 대 한반도 접근법은 한국 내에서 절대적으로 친북, 친러 성향의 정권이 등장하고 미국과 러시아와의 관계가 원만할 때만 가능하다는 사실도 매우 중요하다.

3
러시아와 북한 핵개발 프로그램

북한의 핵무기 개발은 러시아에 큰 걸림돌이 되고 있다. 북한 핵 위기의 해결은 러시아와 한국의 양국 관계의 발전은 물론 남·북·러 경제협력의 성공, 특히 개발 잠재력이 큰 석유 및 가스관과 관련된 에너지 사업, 이미 어느 정도 진척을 보여준 철도 연결 사업 등의 성공을 위한 전제조건이다. 세계경제 국제 관계연구소의 알렉산드르 페도롭스키Alexander Fedorovsky 태평양지역 연구 책임자에 따르면 러시아는 최근까지 북한의 핵 프로그램과 관련해 6자 회담에 대한 강력한 지지와 한반도 비핵화라는 두 가지 주요 목표를 갖고 있었다. 그러나 2022년 3월 러시아의 우크라이나 침공 이후와 북한의 대륙간 탄도 미사일ICBM 발사 이후 러시아의 스탠스를 보면, 중국과 마찬가지로 거의 북한 핵무기 개발 관련 북한의 입장에 더 가까운 것이 사실이다. 어쩌면 중국처럼 러시아는 북한이 핵을 보유하는 것에는 큰 관심이 없고 오로지 미국을 방어한다는 차원에서 중국의 대북 핵무기 입장과 다를 바가 없는 것이다.

대체로 북핵 문제에 대한 러시아의 접근은 구소련 붕괴 이후부터 양면성이 존재한다. 필자는 러시아의 양면성은 푸틴이 평양과 서울 사이의 균형 잡힌 정책을 추구하면서 생겨난다고 주장한다. 러시아는 처음부터 남북한 사이 어느 한 쪽 입장을 취함으로써 남한 혹은 북한과의 관계를 위태롭게 하고 싶지 않았다. 더욱이 장기적으로는 러시아가 북한의 핵무기 제조를 막는 데 모든 관심이 쏠려 있지만, 단기적으로는 이란이나 이라크처럼 러시아 역시 핵무기 기술의 판매와 이전이 다른 자원 수출과 함께 최고의 외화벌이 수단이 되기도 한다는 점이다.

러시아 군 장성의 비밀 보고서에 근거한 것으로 알려진 일본 시사주간 슈칸 분슌의 기사에 따르면, 1987년부터 1994년까지 160명의 러시아 핵 과학자와 미사일 전문가들이 북한의 연구소와 전문 센터에서 비공식적으로 시간을 보내며 북한의 핵폭탄 제조를 도왔다. 이들 중 상당수는 이름을 바꾸고 일부는 북한 국적을 취득한 것으로 알려졌다. 이로 인해 한국은 북핵 문제에서 러시아를 상대하는 데 곤란에 빠지기도 하였다.

국제 사회의 대북 제재에 대한 러시아의 입장 역시 일관되게 양면적이다. 1994년 러시아는 이 문제를 외교를 통해 해결하기를 선호하여 한반도 안보 문제에 관한 국제회의 소집 관련 반대 입장을 표명해왔다. 북한에 대한 국제적 제재와 관련해서도 옐친은 다소 유보적인 입장을 보이며 국제 사회에 먼저 자신이 제안한 회담에 대한 결정을 기다려줄 것을 주장했다. 다만 그는 "만일 사태가 북한의 핵확산금지조약 탈퇴로 치닫는 지경에 이르면 우선 경고한 뒤 제재를 가할 것"이라고 덧붙였다. 당시 코지레프 전 러시아 외교부 장관은 북한이 핵확산금지조약NPT에서 탈퇴하는지를 지켜보며 기다리는 것을 선호했다. 그럴 경우 그는 "제재 리스트를 작성하는 동시에 우리가 제안한 한반도 문제에 대한 국제회의 준비를 해야 한다."고 주장하며 단계별 제재 도입 방안을 제시했다. 북한은 실제로 1993년에 NPT에서 탈퇴했다. 그러나 1994년 10월 핵확산금지조약NPT 복귀와 1차 위기 해결 직후 코지레프는 "러시아가 협의하지 않은 제재는 지지하지 않을 것"이라고 밝혔다. 2003년 세르게이 이바노프 러시아 국방 장관도 '북한은 주권 국가'라며 "우리는 주권 국가에 대한 어떠한 압력 행사도 거부하며, 지금은 적극적인 외교가 필요한 시점"이라고 밝혔다.

북한이 2005년 9월 19일 핵무기 프로그램을 종료하기로 합의한 이후에도 러시아의 대북 입장은 국내에서도 서로 엇갈렸다. 예를 들어 콘스탄틴 코사체프 두마 국제문제위원회 위원장은 북한의 오랜 예측 불가능한 전적을 강조하는 반면, 니콜라이 베즈보로프 두마 국방위위원회 소장은 북한의 평화적 핵 프로그램 권리를 공개적으로 지지하였다.

싱글턴^{Singleton}의 주장처럼 러시아는 북한 핵시설에 대한 국제 사찰을 둘러싼 북·미 분쟁의 '주인공'이 되는 데는 관심이 없다. 또한, 예측 불허한 남북 관계에 자신들의 정책이 인질로 잡히는 것 또한 바라지도 않는다. 반면 1993~1994년 북핵 위기 시 협상 과정에서 러시아가 배제된 사실은 동북아에서 이미 취약한 러시아의 입지가 더욱더 심각하게 훼손되었다는 것을 입증한다. 이러한 우려로 인해 러시아는 북핵 위기 관련 시종일관 다자간 회의를 제안하게 되었는데, 이런 회의에서 러시아는 주요 참가국도, 고립국도 아닌 그냥 두드러진 역할 없는 마치 공동 스폰서와 같은 역할을 하길 원했던 것이다. 러시아의 양면성은 두 차례의 북핵 위기에 대한 대응을 보다 상세히 살펴봄으로써 증명된다.

3.1. 1차 위기(1993~1994)

1993년 북한의 1차 핵 위기가 터졌을 당시 러시아는 한반도의 어떠한 핵무기 존재에도 절대적으로 강하게 반대했다. 모스크바는 이 위기를 단순히 허풍이 아니라 동북아 지역 안보에 대해 실로 심각한 잠재적 위협으로 인식했다. 그러나 미하일 콜레스니코프 러시아 참모총장은 다음과 같이 경고했다.

"북한이 자국의 안보가 전혀 위태롭다고 느끼지 않도록 해야 한다. 북한을 압박하고 궁지로 몰아넣는 정책은 오히려 역효과를 낳을 수밖에 없고, 이는 핵무기 개발을 가속화하는 것이다. 필요한 것은 북한과의 대화다. 그리고 길은 분명하다. 러시아도 논의에 함께하여 북한에

IAEA 감독 시설을 7곳 두기로 했다."

주한 대사 출신인 알렉산드르 파노프 외교부 부부장도 "위기는 제재 등 강압적 조치가 아니라 대화와 협의로 풀어야 한다."고 주장했다.

러시아는 1993년 4월 북한의 NPT 탈퇴에 대한 국제 사회의 우려가 커지자 북한에 660메가와트 급 경수로(LWR) 3기를 제공하기로 한 1991년 합의를 파기한 바 있다. 40억 달러 규모의 프로젝트 건설은 거의 완료되었고, 당시 북한이 이전 작업에 대해 러시아 기업들에 지불을 거부하면서 러시아는 상당한 재정적 손실을 입었다. 갈수록 약화되고 고립되는 북한의 핵 개발을 막는 데에 이해관계를 함께하는 한국과 미국, 러시아가 북한의 핵 확산을 막고자 협력했다. 북한은 핵 문제에 대한 미국의 입장에 러시아가 공개적으로 개방적 지지한 것에 분노하며, 러시아가 동해에 핵폐기물을 투기했다고 공개적으로 비난했다. 1994년 옐친 대통령은 김영삼 대통령과 클린턴 대통령에게 다자간 회의 제안을 했다. 그러나 이 제안은 누구에게도 좋은 반응을 얻지 못했다. 한국 외교부 관리들은 다자간 회담이 이 과정을 더 지연시키고 협상을 복잡하게 만들 뿐이라고 주장했다.

따라서 1990년대 초반부터 북핵 협상 과정에 참여하려는 끈질긴 노력에도 불구하고 러시아는 여전히 조연으로 남아 있었다. 1993~94년 위기 때는 2차 관찰자의 역할이었고, 결국 북한과 미국 사이에 양자 관계 기반으로 위기가 해결됐다. 1994년 10월 북·미 제네바 합의에 따르면, 북한은 에너지 기술과 경제 원조를 받는 대가로 핵 프로그램을 포기하기로 했다. 미국, 일본, 한국은 대북 에너지 지원을 담당하게 될 한반도에너지개발기구^{KEDO}를 함께 창설했다. 한편, 북한의 에너지 분야에 러시아가 개입했음에도 불구하고 KEDO는 남한의 경수로 2기를 평양에 보내기로 결정했다. 더욱이 1996년 4월 미국과 한국은 러시아가 아닌 중국을 포함한 북한 문제에 대한 4자 회담을 열자고 제안 했다.

러시아는 회원 가입에 수반되는 재정적 의무뿐만 아니라 과거 북한의 원자력 프로그램에 관여하지 못한 경험과 미국이 러시아를 의도적으로 이 프로젝트에서 적당한 역할을 수행하지 못하도록 배제했다는 인식 때문에 KEDO 가입을 꺼렸었다. 게다가, 스나이더^{Snyder}가 언급했듯이, 러시아인들은 특히 미국의 이중 잣대, 즉, 미국이 합의된 틀하에서 북한에 경수로를 제공하는 것은 지지해 온 반면, 이란의 경우에서는 러시아 상업 프로젝트가 핵 개발의 가능성을 촉진한다는 이유로 반대 입장을 표명한 것 에 대해 매우 예민하게 반응했다. 따라서 러시아 정부는 최종 KEDO 프로젝트에 참여하지 않기로 결정했다. 다만, 1980년대에 실시되었던 이 지역에 대한 사전 현장 조사 정보 자료는 제공하였다.

3.2. 2차 위기(2002~2005)

2차 북핵 위기는 2002년 10월 터졌다. 이번에는 러시아가 북한에 대해 비교적 부정적인 입장을 보였다. 북한의 NPT 탈퇴에 대해 러시아 외무장관은 국제 사회의 의무를 다할 것을 촉구하며 러시아의 지원 없이는 김정일이 사담 후세인과 같은 운명을 겪을 수 있다고 경고했다. 그러나 러시아는 다시 한 번 딜레마에 직면했다. 러시아 내 대북 강경 노선은 현재의 푸틴과 김정일 사이의 신뢰 관계를 훼손하는 반면, 온건 노선은 한국을 포함한 다른 관련 국가들과의 협력을 불가능하게 만들 것이었기 때문이었다.

3.3. 북한의 계속되는 핵실험(2006~2022)과 러시아의 결론

북한은 2006년 10월 9일 제1차 핵실험을 한 이후 2017년 9월 3일까지 총 여섯 차례의 핵실험을 감행했다. 그리고 2006년 이후 북한의 핵 위기는 계속 지속되어 왔다. 이때마다 러시아의 입장은 그때그때마다 약간씩 차이는 있으나 보편적으로 일관된 입장을 보여 왔다. 2016년 1월 6일 제4차 핵실험 이후 러시아는 북한의 핵실험을 명백한 국제법 위반이라고 맹비난하였다. 그러나 2016년을 제외하고는 러시아는 형식적인 비난을 하거나 다소 유보적인 행태를 취해왔다. 또한 러시아의 레토릭은 항상 비슷한데 미국과 동맹국을 먼저 비난하고 사태를 더욱 악화시켜서는 안 된다는 것이다. 더욱이 북한을 비난하는 자세는 다분히 형식적이며, 오히려 4차 핵실험 이후에는 맹비난하는 모습마저 보이지 않으며 항상 외교적인 노력을 통해 사태를 해결해야 한다고 주장을 해왔다.

또한 대북 제재에는 명확하게 반대 입장을 표명해왔다. 또한 2010년대 말 무렵부터는 러시아가 북한의 스폰서 역할을 자청하면서, 북한의 핵실험은 자국에 별다른 위협이 되지 않는다며 더욱더 북한을 감싸는 경향을 보여 왔으며, 2022년 러시아의 우크라이나 침공 이후 북한이 러시아를 공식적으로 지지함에 따라 북한을 더욱더 비호하는 방향으로 선회하고 있다. 결국 러시아는 북한의 핵실험을 용인하는 쪽으로 정책 방향을 굳힌 것으로 봐도 크게 무리가 없는 셈이다.

3.4. 러시아의 대 북핵 접근법

현재 러시아에서 북한의 핵 문제에 대해 크게 세 가지의 다른 접근법이 있다. 한 가지는 북한이 NPT에 다시 가입하도록 강요하고 무조건 핵무기 프로그램을 포기하는 데 동의하도록 압력을 행사하는 미국 주도의 캠페인에 러시아 정부가 동참해야 한다는 견해이다. 이 접근법의 옹호자들은 비확산 체제 유지의 중요성, 국제법 우선, 그리고 너무 나간 불량 국가에게 경고할 필요성을 강조한다.

두 번째 견해는, 미국 정부의 정책과 완전히 연계하여, 러시아가 북한이 다른 돌발 행동을 하지 못하게 북한을 코너에 몰아넣고, 북한이 핵 프로그램을 포기하도록 주장한다. 러시아는 한국 문제를 다루는 데에 독자적인 행보를 포기하게 될 것이고, 자국의 국가 안보나 경제적 이익을 증진시킬 수 없게 되며, 결국 미국의 제안을 받아들일 수밖에 없게 된다는 것이다. 이러한 러시아의 접근 방식은 모스크바가 한반도 위기 해소에서 소외되었던 첫 번째 북핵 위기 당시에서 찾을 수 있다. 이 두 번째 방식은 워싱턴의 진짜 목적이 북한의 정권 교체라고 의심하기도 한다.

세 번째 견해는 러시아에서 가장 보편적이고 일반적인 외교관적인 시각인데, 누가 옳고 그른가에 대한 문제에 너무 집착하지 말고 북핵 관련 당사국들이 협상을 통해 문제를 해결해야 한다고 주장한다. 러시아 외교관들은 북한이 무조건 NPT로 복귀하도록 설득하려는 어떤 시도도 성공할 가능성이 거의 없다고 보고 있다. 더욱이 그들은 러시아가 자국의 존재감을 알리기 위해 단순히 북핵 협상 테이블 내의 한 자리 이상의 영향력을 가지도록 분투해야 한다고 주장한다. 또한 6자 회담이 실질적인 타협을 이끌어내는 것이 중요하지, 김정일 체제를 무너뜨리기 위한 준비의 외교적 포석으로 변질되어서는 안 된다고 역설한다. 그들은 특히 북한의 체제 붕괴가 이웃 국가들에게 끔찍하고 예측할 수 없는 결과를 초래할 수 있다고 믿는다.

푸틴 정부는 2021년까지는 세 번째 입장을 유지했다. 러시아 정부는 북한이 핵무기를 보유하도록 허용해서는 안 되지만 이 문제는 모든 당사자의 이익에 부합하는 방식으로 해결돼야 한다고 주장하고 있다. 러시아인들은 러시아가 참여하는 6자 회담만이 북·미 간 직접 대화를 촉진시킬 수 있다고 굳게 믿고 있다. 러시아는 6자 회담에 대해 다음과 같은 구체적인 조치를 제시했다.

1) 북한의 핵 동결 복귀와 미국의 중유 공급 재개 준비에 대한 상호 간 동시 선언, 합의된 체제의 현재 상태에 대한 합의를 목표로 한 양자 협의의 지속;
2) 북한과 미국의 서로에 대한 우려와 요구사항을 나열하며 의견 조율
3) 러시아, 중국, 일본, 한국 등 나머지 4개국은 이 목록을 분석하고 북한과 미국에 어떻게 해야 할지를 조언하는 데 동참할 수 있음.

러시아의 제안에 따르면 위기 해결을 위해서는 다음과 같은 최소한의 요건들이 필수적이다. 첫째, 북한은 NPT로 복귀해야 한다. 둘째, 대량 살상 무기(WMD) 보유도 포기해야 한다. 셋째, 미국은 북한의 주권과 안보를 침해하지 않을 것임을 보장해야 한다. 미국과 북한 모두 유엔이나 국제법을 전적으로 신뢰하지 않기 때문에 나머지 4개국은 이러한 의무를 엄격히 이행하는 보증인 역할을 할 수 있다. 이를 통해 북·미 관계는 완전히 정상화되어 적대적인 태도를 종식시킬 수 있을 것이다.

2003년 초부터 푸틴 대통령과 이바노프 러시아 외무장관은 미국, 북한, 한국 및 기타 관련 세계 지도자들과 이러한 옵션과 가능성에 대해 적극적으로 논의해왔다. 예를 들어, 러시아와 한국 외교부는 2003년 1월 3일, 북한의 핵 입찰에 대한 긴장 완화를 위한 공동 노력을 약

속했다. 양측은 또, 다른 협상 카드들이 모두 소진되기 전에는 이 문제를 유엔 안전보장이사회에 제출할 필요가 없다는 데 의견을 같이했다. 2003년 1월 25일 한국의 김대중 대통령과의 전화 통화에서 푸틴 대통령은 남북 장관급 회담과 같은 남북 교류 지속의 중요성을 다시 강조했다. 2003년 1월 18일에서 21일까지 러시아 대통령의 특사 로슈코프가 직접 김정일 국방위원장에게 6자 회담 제안을 전달했다. 이 제안은 미국에도 전달되었다.

  미국은 러시아가 북핵 위기 해결에 할 역할이 있다는 것을 인식하기 시작했다. 그럼에도 불구하고 이라크 전쟁이 시작된 후 2005년 2월까지는 북핵 관련해서 거의 진전이 없었다. 북한은 미국과의 직접 대화만 추진하겠다고 주장한 반면, 조지 부시의 미국 정부는 다자 형태 대화를 주장했다. 푸틴은 이 무렵까지 러시아가 협상 절차에 포함되는 한, 건설적인 해결로 이어질 어떤 형식에라도 지지를 표명해왔다. 또한 여기서 중요한 점은 조지 부시와 푸틴의 미·러 관계가 역대 구소련 시절 포함 역대 최고였다는 점도 상기시킬 필요가 있다.

  한편 이 당시 정작 6자 회담을 세팅한 국가는 중국이었다. 중국은 2002~2003년 북·미 간 긴장이 급속히 고조되는 상황을 안정시키기 위해 2003년 4월 베이징에서 북-미-중 3국간 외교 장관 회담을 소집했다. 당시 부시 행정부가 북한과의 양자 회담을 단호히 거부하였는데 이는 북핵 위기가 걷잡을 수 없이 파국으로 치달을 수도 있다는 우려를 낳기도 하였다. 중국은 후속 협상들에 미국을 참여시키기 위해 핵 문제가 '동네 문제'라는 부시 행정부의 시각을 반영하기 위해 북한 비핵화에 이해관계를 가진 한국, 일본, 러시아 등 지역 국가들을 포함하는 회담으로 확대했다. 2003년 8월 중국은 베이징에서 제1차 6자 회담을 개최했는데, 이 회담은 러시아가 미국과 북한 사이의 잠재적 중간자 역할을 할 기회를 제공했다.

러시아는 베이징 6자 회담을 동북아에서 자국의 장기적인 경제, 정치, 안보 이익을 증진시킬 수 있는 기회로 간주했다. 러시아가 한반도 협상의 핵심 주체로 재등장한 것은 2000년 취임 이후 꾸준히 북한에 대한 관심을 높여온 블라디미르 푸틴 대통령의 노력과 대승이라고 할 수 있다. 2005년 2월 가장 최근의 북핵 위기 사건 이후 러시아는 6자 회담에 대한 강력한 지지를 거듭 강조했다. 예를 들어, 2005년 2월 10일 북한이 회담에서 철수할 것이라고 발표한 것에 대해 알렉산드르 야코벤코 러시아 외무부 대변인은 "러시아는 북한의 안보에 대한 우려를 존중하고 이해하지만, 그럼에도 불구하고 북한이 협상에 복귀하기를 원한다."고 말했다. 러시아는 2005년 2월 24일 브라티슬라바에서 열린 부시-푸틴 정상회담에서 북한의 핵 보유를 허용해서는 안 된다고 다시 한 번 단언했다.

요약하자면, 러시아는 시종일관 북핵 문제와 관련해 명확한 목표와 일관된 입장이 부족했다. 또한 중요한 점은 러시아가 한반도 문제에서 자신의 입지가 점점 좁아짐을 깨달으면서, 관련국들의 정책과 스탠스를 따를 수밖에 없다는 것을 이해하게 되었다. 이에 따라 북한의 핵무기 보유에 대한 러시아의 입장은 2022년 전까지는 국제 사회의 입장과 거의 일치한다고도 볼 수 있다. 동시에 일반적으로 러시아는 자국의 정책을 공개적으로 발표하는 데 매우 신중한 경향이 있는데, 미국과 중국이 북핵 문제에 대해 어떤 얘기를 하는지 주의 깊게 지켜보면서 '관망'하는 태도를 자주 취해왔다. 이런 소극적인 정책은 1차 위기 때 러시아가 주요 협상에서 고립되고 배제되는 결과를 가져오기도 했다.

필자의 견해로는, 북한의 핵 프로그램은 최근까지 러시아가 아닌 미국이나 일본, 한국을 겨냥한 것이며, 주로 막강한 군사력 지위를 얻으려는 욕구보다는 미국과의 협상 레버리지용 성격이 더 강하다. 다만 2022년 러시아 우크라이나 침공 사태 이후나 2017년 북·미 위기 고조 시절에는 북한의 핵보유에 대한 집착과 열망이 더 강렬해졌다고 판단된다. 2000년 중반 김정일 국방위원장과 정동영 통일부 장관의 대화에서 김 위원장은 "북한은 한반도에서 어떤 핵 능력도 원하지 않는다."고 밝혔다. 따라서 푸틴과 김정일이 비교적 좋은 관계를 유지해 왔기 때문에 북한의 핵무기 보유는 러시아에 대한 즉각적인 안보 위협은 아니다. 또한 김정은 시대에는 러시아가 거의 중국보다도 더 북한의 스폰서 국가 역할을 하였기 때문에 러시아는 북한의 핵보유에 대해서 오히려 미국 비난의 정책만 일관되게 펴고 있는 것을 알 수 있다. 어쨌든 러시아는 북한 핵에 대한 영향력이 상당히 제한적이고, 따라서 관망하고 기다리는 정책 이외에 다른 선택지는 거의 없다.

그러나 여기서 제일 중요한 점은 러시아의 반미 프레임과 무조건 중국 따라 하기 대북 핵 기조 방향은 결국 러시아의 대 한반도 영향력과 동북아시아 지역에서 입지 강화에 도움이 되지 않고, 과거 러시아의 이 지역에서 패착과 오판하고 크게 다를 바가 없으며, 아시아 국가들의 거부감만 증폭시킬 수 있다는 점이다. 동시에 2022년 러시아의 우크라이나 침공 이후의 러시아의 북한 핵과 미사일에 대한 접근 방식은 이전과는 대조적으로 반미, 대미 성격이 더 강해지게 되었기 때문에 무조건적으로 북한 편들기에 더 가까워졌다고 볼 수 있다.

4
러시아와 한반도 통일

한러 관계에서 북한 요소는 통일 문제를 빼놓고 얘기할 수 없다. 러시아는 이 지역의 다른 강대국들보다 한반도 통일에 기여하기에 더 좋은 입지에 있다. 사실상 일본은 한국의 통일을 공개적으로 표방하고 있음에도 불구하고 한국의 잠재적인 군사력과 경제력 때문에 통일을 우려하고 있다. 그리고 비록 미군이 통일 한국에도 계속해서 주둔할 가능성이 높지만, 미국은 아시아 태평양 지역의 일부 군사 기지를 잃을 수도 있다. 중국의 경우, 한반도가 분단된 상태일 때가 친미 성향의 통일 한국보다 모든 면에서 자국의 국가 이익에 부합하며, 동북아 주변 국가들 중에서 일본과 마찬가지로 내심 한반도 통일에 가장 부정적인 입지를 견지하고 있다.

반면 러시아는 남북한이 통일되면 사실상 잃을 것이 없다. 실제로,

남한과의 여러 공동 경제 프로젝트가 북한의 참여로 빠르고 효율적으로 달성될 것이라는 점을 감안할 때, 통일된 한국은 이 지역에서 러시아의 강력한 경제 파트너 국가가 될 수 있을 것이다. 더 중요한 것은, 통일된 한국이 러시아의 전략적인 관점에서 중국과 일본을 견제하는데 최적의 국가가 될 수 있다. 러시아는 중국과 일본이 이 지역의 패권국이 되는 것을 분명히 원하지 않는다. 게다가 러시아 지도자들은 현재의 주한미군을 포함해 한반도에 외국 군대가 주둔하는 것에 강력히 반대해왔다. 크렘린 리더들은 통일된 한국의 외교 정책이 미국으로부터 이전보다는 더 독립적으로 러시아와의 협력 관계를 확대하는 데 좀 더 이익이 될 것으로 보고 있다.

그리고리 카라신 대변인에 따르면 러시아의 남북한 통일에 대한 입장은 남과 북이 대화와 양자 협력을 통해 외국의 간섭 없이 남북 스스로 해결해야 한다고 주장한다. 흥미롭게도, 이러한 견해는 두 한국 지도자들의 견해와는 사뭇 다르다. 김정일 북한 국방 위원장과 전 한국의 김대중 대통령 모두 남북통일에 대한 논의의 가장 중요한 주체는 미국이라고 말했다. 그러나 러시아는 러시아를 포함한 모든 관련 당사국들이 참여하는 다자간 대화를 통해 통일 문제를 해결해야 한다고 주장하기도 한다.

4.1. 소련과 한반도 통일

한반도 통일에 대한 러시아의 지지 표명은 시기상 구소련의 해체보다

앞선다. 그러나 1950년대와 1960년대 초반, 북한의 군사적인 수단으로 든 남한의 자생적 혁명으로든 북한통일 노력에 대한 소련의 지지는 모스크바에 충성스럽게 종속된 북한 노동당^{KWP}에 의존해야 했다. 김일성 정권이 소련의 정책을 따르지 않고 점차 난색을 표하자, 소련은 오히려 남한과의 양자 협상과 타협을 통해 추진되는 통일만을 지지하게 된다. 예를 들어, 소련 지도부는 군사적 대립을 종식시키는 것이 남북한 양국 모두에 이익이라고 주장했고, 따라서 북한이 유일한 주권국이라는 북한의 주장을 간접적으로 거부했다. 더구나 소련 정부는 북한 지도부에는 유감스럽게도 키신저 전 미 국무 장관의 한국 문제 논의를 위한 4자 회담 제안을 거부하지 않았다. 또한 김일성에겐 통일에 절대적으로 필요한 남한 내 혁명 세력들에 대한 소련의 지원도 없었다.

1970년대에 이르러 한반도 통일에 대한 소련의 견해는 매우 회의적이었다. 자고리아^{Zagoria}의 주장대로 소련은 남북한 통일 전쟁에서 얻을 것이 아무것도 없었다. 북한의 패배는 다른 소련의 동맹국들과 조약 파트너 국가들 사이에 심오한 정치적, 심리적 데미지를 가져올 뿐이었던 것이다. 한편, 북한의 승리는 의도치 않은 미·소 군사 대결로 이어질 수도 있고, 데탕트 종식이나 중국의 개입을 자극할 수도 있으며, 일본의 재무장 움직임으로 이어질 수도 있었으며, 이 모든 것이 소련의 이익을 위협할 수 있었다. 따라서 러시아는 북한의 통일 노력을 지지하기는커녕, 이 과정에 전쟁 리스크 테이킹을 할 이유가 전혀 없었다.

오늘날 러시아 학계에서는 한반도 통일에 대한 세 가지 기본적인 예측이 있다. 첫 번째 견해는 남북한 정치 지도자들 모두 통일을 위한 동기가 부족하기 때문에 한반도의 통일은 결코 이루어지지 않을 것이라고 주장한다. 북한 지도자들은 정치적 권력과 사회적 지위를 잃는 것을 두려워하고, 남한 지도자들은 통일 비용이 남한 경제를 산산조각 낼 것이라고 믿고 있기 때문이다. 두 번째 견해는 비록 지난 50년 동안 남북이 달리 발전해 왔지만, 한반도의 정체성 카드가 통일을 향한 원동력이 될 것이라고 주장한다. 그들은 통일은 남한이 경제와 인적 교류를 통해 점진적으로 북한을 흡수하는 형태로 일어날 것이라고 덧붙인다. 세 번째 견해는 한국통일 문제의 핵심 변수는 김정일 또는 김정은의 사망이라고 주장한다. 김정일 이후의 북한 지도자들이 과거 정권과 조선 노동당 주도 독점에 대한 대항책으로 통일을 내세울 것이라는 것이다.

이들은 북한의 정치·사회적 미래를 보장하면서 차기 북한 지도자들의 정책을 뒷받침하는 데 미국의 역할이 중요하다고 강조한다. 그러나 러시아 정치 지도자들은 한국의 통일이 김정은 체제의 갑작스러운 붕괴나 군사력을 통해서가 아니라 평화적이고 질서 있는 남북 대화와 협력의 과정을 통해서 이루어지길 바라고 있다. 예상치 못한 북한 체제의 붕괴는 한반도에 큰 격변을 일으켜 대규모 북한 주민들의 탈북 사태 등 심각한 문제로 이어질 것이다. 또한 중국, 일본, 러시아, 미국 간의 경쟁과 대립을 유발하여 극동러시아와 시베리아 지역을 불안정하게 만들 수도 있다.

러시아는 분단된 한국에 대해 소련과 같은 지분을 갖고 있지 않다. 게다가, 남북한 각각에 대한 러시아의 개별 정책도, 서울과 평양 사이의 새로운 균형 정책도 모스크바에 실질적인 이익을 제공하지 못했다. 많은 러시아인들은 민주적이고 중립적이며 통일된 한국이 일본, 중국, 미국에 대한 정치적, 전략적 균형을 이루고 경제 대국으로서 러시아의 이익을 충족시킬 것이라고 믿는다. 경제 군사력 격차가 남한에 유리하게 벌어지고 있는 데다, 북한의 스탈린 정권은 붕괴될 수밖에 없기 때문에, 한국 주도의 통일이 성사될 가능성이 가장 높을 것으로 내다보고 있다.

그러나 러시아 정치 엘리트들은 단 한 가지 상황, 즉 러시아의 전략적, 경제적 이해관계가 반영되는 상황에서만 한반도의 통일을 옹호하는 경향이 있다. 통일된 한국이 러시아에 우호적인 한 통일을 기꺼이 지지하고, 일본이나 중국이 패권국이 되는 것을 막기 위해 통일된 한국과 협력할 것이다. 일반적으로 러시아가 한반도 통일로부터 기대하는 잠재적 이익은 다음과 같다: 러시아 국경 근처에서 전쟁의 잠재적 위협의 소멸, 남북한의 군 규모 감축, 아·태 지역 미군 철수, 평양과 서울 사이에서 눈치보고 계산하는 행위 제거, 핵 안보, 생태계 안보, 테러, 불법 이민, 마약 밀매, 인권과 같은 지역 안보 문제를 해결할 수 있는 더 많은 기회 창출, 그리고 대규모 통일 한국 경제와의 경제 협력을 추진할 수 있는 기회 등이다. 동시에 주목할 점은 러시아의 한반도 통일 지지 시나리오는 제일 중요한 변수가 미·러 관계 개선이다. 미·러 관계가 2022년처럼 최악으로 가는 상황에서는 절대로 러시아의 남북 통일 지지를 기대하기가 어렵다는 사실이다.

5
한러 관계에서 북한의 역할

  이 장에서 살펴봤듯이, 러시아와 남북한 각각의 양자 안보 관계는 직·간접적으로 서로 연결되어 있기 때문에, 북한은 한러 관계에서 중요한 역할을 한다고 볼 수 있다.

  러시아 지도자들은 고르바초프에서 옐친 초기까지는 남한에 거의 편향적으로 우호적인 정책을 펼쳤으나, 북한을 등한시하여 북한에 대한 러시아의 영향력이 줄어들었을 뿐만 아니라 한국의 관심을 끌지 못해 동북아 지역에서 러시아의 영향력만 약화시켰다는 사실을 발견했다. 러시아는 북한과의 경제, 정치, 문화 관계를 거의 10년(1987~1990년대 중반) 동안 대폭 축소해 왔고, 이는 결국 러시아가 2006년 6자 회담에서 러시아가 북핵 협상 과정으로부터 완전히 배제되는 결과를 가져왔다.

간단히 말해서, 한러 관계는 러시아가 북한에 대한 영향력을 가지고 있는 조건 하에서 더욱더 전망이 좋고 활력을 띠었다. 러시아 정치 지도자들은 이제 그들의 대 남한 정책의 효율성과 효력은 러시아가 서울과 평양 두 나라와 우호적인 관계를 유지하는 능력에 달려 있다는 것을 인지하고 있다. 또한 러시아가 북한과 불편한 관계가 지속된다면 이 책의 앞 장에서 논의한 다자간 경제 협력 사업들을, 남한 혹은 어쩌면 통일된 한국과 적극적이고 효과적으로 협력하기를 희망할 수는 없을 것이다. 그런 점에서 필자는 북한과의 관계를 정상화하려는 푸틴의 노력이 러시아-한국 관계를 증진시키는 데 기여했다고 본다.

그럼에도 불구하고, 북한은 여전히 북핵 프로그램과 같은 전통적인 안보 문제 이슈와, 북한의 한러 경제 프로젝트에 대한 장기 참여와 관련해서 이것이 한국과 러시아 양국의 경제안보에 미치는 영향 때문에 여전히 한러 관계에 장애물로 작용하고 있다. 더 중요한 것은 이 두 요소가 상호 연관되어 있다는 점이다. 즉, 경제적 측면은 정치적 측면에 달려 있다.

5.1. 정치 및 전략적 측면

2001년도 까지만 해도 한국과 러시아는 각각 서로에 대한 외교 정책의 우선순위를 세우는데 있어 북한 요소를 가장 중요한 요소로 간주했다. 이 말은 한국과 러시아 간 외교 의제에서 가장 많이 논의된 정치

이슈는 북한과 관련된 문제였다는 얘기다. 톨로라야가 지적했듯이, 한러 외교 관계의 태동은 한국이 본질적으로 제로섬 게임을 기반으로 북한과의 대결 프리즘을 통해 러시아를 바라보면서 시작되었다. 한국 정부는 북한을 1순위 정치적, 전략적 안보 위협으로 간주했다. 이는 한국이 1998년 대북 햇볕정책을 펴기 전까지 러시아와 북한의 파국 관계가 북한의 고립이 더욱더 심화되기를 희망했음을 시사한다.

한국은 두 가지 이유로 러시아와 관계 개선을 원했다. 첫째, 단기적으로 한국은 '가장 중요한 북한의 군사적 지원의 원천인 러시아로부터 멀어지게 함으로써 북한의 군사적 안보 위협'을 즉각적으로 줄이기를 원했다. 둘째, 장기적으로는 "한국 정부의 국제적 정당성을 제고하고, 결국 북한을 약화시켜 남한의 요구조건대로 협상을 강요함으로써 남한 주도의 통일을 널리 국제 사회에 알리기를 원했다." 구체적으로는 러시아가 국제원자력기구(IAEA) 사찰 문제를 둘러싸고 북한에 대해 영향력을 행사하거나 압박을 가해주기를 기대했다.

러시아의 공식적인 대응은 항상 먼저 이를 한국에 약속을 해주었다. 이 같은 행보는 어떻게 풀이될 수 있느냐 하면 러시아가 강대국임을 증명하기 위한 시도였고, 더 긴밀한 관계 구축을 위해 한국의 정치적 관심을 자극하기 위한 것이었다. 하지만 이것은 실제로 러시아로서는 그렇게 쉽고 간단한 문제가 아니었다. 주요 장애물은 1961년 북한과 맺은 우호조약이 이었는데, 이 조약은 러시아가 북한을 방어한다는 조건 하에 체결되었던 것이다. 러시아 정부는 1990년 개정안이 북한이 직접 침공을 당한 경우를 제외하고는 러시아가 북한에 대한 모든 의무 사항으로 부터 해방되었다고 주장했다. 이 조약은 1996년 9월 10일 갱신 시점에 전면 끝날 것이라고 예상되었지만, 공식적으로는 종료되지 않았다. 모스크바는 군사 원조 조항이 없는 새 조약 초안을 북한에 보냈지만, 2000년 새 조약에 대한 합의가 이뤄진 때까지 옛 조약은 그대로 효력을 유지했다.

북한에 압박을 가하는 데 두 번째 장애 요소로 작용한 것은 러시아가 사실상 평양에 대한 영향력을 잃었다는 사실이었다. 그 결과, 한국의 러시아에 대한 전반적인 이미지가 실추되었다. 러시아는 한반도에서 여러 고위급 회담에서 제외되었고, 1996년 봄, 한반도에서 진행 중인 문제들을 다루기 위해 북한과 중국에 4자 회담을 제안한다는 한·미 공동 발표는 러시아로서는 거의 모욕에 가까웠다. 러시아는 1990년 한국과의 관계 정상화에 선의로 임했는데, 6년 뒤 한국과 미국이 북한과의 관계 정상화 노력에서 러시아를 배제한 것이었다. 이는 한국에서의 러시아의 전략적 가치가 소련보다 작아졌음을 여실히 보여준다. 북한 역시 러시아가 한반도 비핵화를 추진할 능력이 없다고 주장해왔다. 부시킨Bouchkin이 지적했듯이, 현재 러시아의 한반도 안보 문제에 관여하려는 여러 시도는 오히려 역효과를 낳을 확률이 많다. 따라서 러시아와의 관계는 남북한 모두에게 우선순위가 낮아졌다. 1990년대 말까지 북한은 한반도에서 러시아의 역할에 무관심하거나 냉소적인 태도를 보였고, 미국과의 접촉을 더 선호했다. 한국 지도자들 또한 한국 문제에 대한 러시아의 역할 확대에 덜 열성적이었다.

5.2. 경제안보 측면

그럼에도 불구하고 1990년대 후반부터 북한에 대한 한국과 러시아의 인식이 점차 변화하기 시작했다. 북한 팩터의 경제적인 측면, 즉 현재 한국과 러시아가 추진하고 있는 일부 경제 프로젝트에 북한이 참여하려는 의지가 점차 중요해졌다. 한국 정부가 김대중 정권의 친북 햇볕 정책을 추진하고 있기 때문에, 북·러 관계 개선이 더 이상 한국에 부정적인 영향을 주지는 않는다는 것이었다. 한국은 안정적인 남·북·러 관계가 러시아와 한국의 경제 관계를 발전시키고 장기적으로 통일의 가속화에 기여할 것이라는 것을 깨달았다. 러시아 입장에서는 한반도 정세가 러시아의 경제·지리적 안보와 러시아 극동 지역 발전 전망에도 결정적이다. 그런 의미에서 탈 없는 북한 정권 운영이 아마도 이 지역의 발전을 위해 중요한 전제 조건인 것이다.

더군다나 러시아가 평양에 대한 정치적 영향력을 사실상 거의 다 잃었기 때문에, 특히 푸틴 대통령 임기 동안, 최근 러시아의 대북 정책은 정치적 측면보다는 경제적 측면에 초점을 맞춰왔다. 북한러시아 지역 경제 협력의 조짐은 2000년대 초중반부터 이미 나타나기 시작했는데, 예를 들어 두만강 사업, 코빅타 가스관 사업, 하산 합류 철도 건설 계획, 철도를 통한 북한 나진항 정유 공장 원유 공급 계획, 극동러시아의 러시아 목재 산업에서 북한 노동력의 사용, TSR-TKR 연결 사업 등이 그것이다. 그러나 이러한 프로젝트의 진척은 특히 한국으로부터 상당한 외부 투자를 유치하는 러시아와 북한의 능력에 달려 있다. 한마디로 한국의 자본과 기술 지원이 많이 필요하다는 것이다.

한국의 관점에서 볼 때, 값싼 북한 노동력의 사용은 분명히 경제 협력을 증진시키는 요인으로 작용한다. 러시아 극동 지역 각종 경제 사업에 북한 노동력을 활용하는 것은 러시아인들에게도 큰 호응을 얻고 있는데, 특히 이 중 일부는 북한의 대러 미지불 채무에 대한 부분 상환으로 보내지기 때문이다. 특히 2012년 블라디보스토크 APEC 정상회의를 앞두고 진행된 블라디보스토크 시 현대화 재건 사업에 투입된 3만 이상의 북한 노동력은 북한과 러시아 간 경제 협력에서 구소련 붕괴 이후 가장 활발한 사업이라고 볼 수 있다.

아마도 북한이 한러 경제 협력에 참여하도록 끌어들일 수 있는 가장 설득력 있는 주장 중 하나는 남·북·러 가스관의 건설 가능성일 것이다. 2002년과 2003년에는 이르쿠츠크에서 제안된 가스관 노선 중 하나는 중국을 경유하여 서해 항로를 이용하는 대신 북한을 거쳐 남한으로 건설하자는 제안이었다. 이 계획은 한국의 새로운 친북 정부, 러시아, 그리고 미국이 북한의 핵무기 개발을 억제하기 위한 하나의 인센티브로 제안한 것이다. 북한은 심각한 에너지 부족에 직면하고 있지만 에너지를 수입할 수 있는 외화가 부족하기 때문에, 통과료 수입을 받을 수 있는 남북 파이프라인 노선에 대한 아이디어를 환영했다. 반면, 남북 관계의 개선된 정치적 풍토에도 불구하고, 러시아, 중국, 미국은 북한을 지나는 노선이 북한에게 가스 유통에 대한 레버리지를 제공하여 다른 가스 수입국들을 위협할 수 있다고 우려해왔다. 이러한 정치적 사항 외에도, 가스관 사업의 경제성과 재원 마련 측면에서 여전히 많은 의문 부호들이 있다. 결과적으로 이 계획은 보류되었다. 또한 2022년 러시아의 우크라이나 침공 사태 이후에는 모든 것이 미지수로 남고 있으며, 오히려 극심화 되는 쌍방의 제재 속에서 글로벌 원자재 공급망은 문제가 심각해지고 있고, 양국 간 혹은 3자간 경제안보 구축 프로젝트는 사실상 현실화되기가 더욱더 어려워 보인다.

5.3. 시사점

이 장에서는 1991년 수교 이후 한국과 러시아 양국이 공유하고 있는 가장 심각한 고민 중 하나가 북한 문제라고 주장했다. 북한 문제와 관련해 한국과 러시아의 이해관계가 일치하는 것도 아니고 그렇다고 반드시 충돌하는 것도 아니다. 양국의 관점에서 볼 때, 북한 문제는 핵확산 그 이상의 의미를 가지며, 이는 한국과 러시아 모두에게 풀어야 할 다양한 정치적, 경제적 안보 의제로 남아 있다. 그러나 이 장은 특히 고르바초프와 옐친 초기 시대 한러 관계가 북·러 관계에서 아주 중대한 변수였던 만큼, 한러 관계에 있어서 북한이 중요하긴 하지만, 그렇다고 북·러 관계가 결정적인 요소는 아니라는 점을 발견했다.

1996년 이후, 특히 1999년 이후 남북한에 대한 외교 정책을 수정하고 균형 외교를 펴려는 러시아의 노력에도 불구하고, 남북한과 러시아 모두 양자 관계 발전의 결과에 만족하지 못했다. 전통적으로 한국 지도자들은 러시아를 북한에 대한 잠재적인 완충지로 여겼다. 그러나 북한 핵 위기에 대한 러시아의 애매모호한 이중적 스탠스가 보여주듯이 러시아는 솔직히 한반도를 상대로 어떤 정책을 어떤 방향으로 추진해야 할지 결정하는 데 많은 어려움을 겪어왔다. 이는 한국인들로 하여금 러시아에 대해 끊임없는 의구심을 품게 만들었다.

남·북·러 협력은 TSR-TKR 연계 사업과 가스관 연결 사업에서 그 진가를 발휘하게 될 것이다. 이 사업들은 의심할 여지없이 러시아의 경제안보뿐만 아니라 남북한 모두의 경제안보를 강화할 수 있으며, 결국 한반도 평화 안정에 기여할 수 있다. 그러나 핵확산 협상이라는 복잡한 문제와 북한의 계속되는 경제 침체가 한국과 러시아 등 동북아의 지역 정치 경제안보 위협으로 작용해 온 것이 현실이다. 이는 또, 한국과 러시아 간의 상호 경제 협력의 실현 기회를 지연시켰다. 결과적으로 북한 팩터는 현재까지 양국 및 지역 경제안보에 더 폭넓게 기여할 수 있는 잠재력을 가지고 있음에도 불구하고 아직까지 현실화시키지 못하고 있다. 더군다나 향후 러시아 우크라이나 전쟁이 장기화되고 있는 현실 속에서 남·북·러 경제 협력은 고사하고, 한러 관계 또한 미궁 속으로 빠지고 있다.

참고자료 ─────────────────────────────

1. Elizabeth Wishnick, "Russian- North Korean Relations: A New Era?" in Samuel S. Kim and Tai Hwan Lee, eds., North Korea and Northeast Asia (Oxford: Rowman & Littlefield Publishers, 2002), p. 142.
2. Gorbachev made this statement upon returning from his trip to Cheju Island, South Korea in April 1991. See "Developing Ties With Far Eastern Neighbours," Komsomolskaya Pravda, 28 April, 1991.
3. Yoke T. Soh, "Russian policy Toward the Two Koreas," in Peter Shearman, ed., Russian Foreign Policy Since 1990 (Boulder: Westview Press, 1995), p. 184.
4. Hongchan Chun, and Charles Ziegler, The Russian Federation and South Korea, prepared for presentation at the 27th National Convention of the American Association for the Advanced of Slavic Studies, Washington, D.C. 26-29 October, 1995, p. 3.
5. Suzanne Crow, "Soviet-South Korean Rapprochement," Radio Liberty Report on the USSR, Vol. 2, No. 25, 15 June, 1990, p. 5.
6. Hakjoon Kim, "The Process Leading to the Establishment of Diplomatic Relations Between South Korea and the Soviet Union" Asian Survey, Vol. 37, No. 7, July 1997, pp. 641-642.
7. Ibid.
8. Pravda, 25 October, 1986.
9. Moscow News, 10-17 July, 1988, supplement, pp. 1-13.
10. Herbert Ellison, The Soviet Union and Northeast Asia (New York: University Press of America, 1989), p. 47.
11. Ellison, p. 47.
12. Roy U. Kim, "Olympics Could Open Soviet-South Korean Relations," Christian Science Monitor, 20 September, 1988, p. 11.
13. The Olympics dramatically altered Russian official, journalistic, and popular attitudes toward South Korea. Until the Gorbachev era, very little information about South Korea had appeared in the Soviet press, and nearly all of it was negative. However, in 1988 there were 195 stories in leading Soviet newspapers and magazines, most of them firsthand accounts by Soviet correspondents. In addition to sports news, the correspondents covered Korean economic achievements, culture, and lifestyle. Remarks by Soviet reporters illustrate the overnight change in attitudes toward South Korea. Vitaly Ignatenko, who served as leader of the Soviet Press at the Seoul games and later became Gorbachev's press secretary and director general of Tass, the Soviet news agency, said his first visit to Seoul had been a shock to him. "Everything he

had read before turned out to be outdated; he arrived into the 21st century." Vitaly Umashev of Ogonyok said, "My vision of South Korea as a Third World country disappeared." Pravda, which had previously depicted South Korea mainly as a bastion of American militarism, called the sports facilities in Seoul "the best in the world." See Don Oberdorfer, The Two Koreas (Reading: Addison-Wesley, 1997), p. 200.

14. Alexander Zhebin, "Russia and North Korea: An Emerging, Uneasy Partnership," Asian Survey, Vol. 35, No. 8, August 1995, p. 737.
15. Hakjoon Kim, 1997, p. 650.
16. Oberdorfer, p. 210.
17. Evgeniy Bazhanov and Natasha Bazhanov, "The Evolution of Russian Korean Relations," Asian Survey, Vol. 34, No. 9, September 1994, p. 792.
18. Ziegler, 1993, p. 123.
19. Alvin Z. Rubinstein, Imperial Decline: Russia's Changing Role in Asia (Durham, NC: Duke University Press, 1997), p. 164.
20. Andrew A. Bouchkin, "Russia's Far Eastern Policy in the 1990s: Priorities and Prospects," in Adeed Dawisha and Karen Dawisha, eds., The Making of Foreign Policy in Russia and the New States of Eurasia (Armonk, NY: M.E. Sharpe, 1995), p. 77.
21. Gorgi Bulichev, "Russia's Korea Policy: Toward a Conceptual Framework," Far Eastern Affairs, Vol. 2, 2000, p. 7.
22. Bouchkin, p. 77.
23. The treaty had been renewed every five years since 1971. See Rubinstein, p. 165.
24. Bazhanov, E. and Bazhanov, N., p. 793.
25. Bouchkin, p. 78.
26. Vadim Tkachenko, "Russian-Korean Cooperation to Preserve the Peace," Far Eastern Affairs, Vol. 2, 1999, p. 29.
27. Seth Singleton, "Russia and Asia: The Emergence of 'Normal Relations'?," in Roger E. Kanet and Alexander V. Kozhemiakin eds., The Foreign Policy of the Russian Federation (Houndmills: Macmillan Press, 1997), p. 118.
28. Tkachenko, p. 29.
29. Rubinstein, p. 168.
30. Alexander N., Fedorovsky "Russian policy and interests on the Korean peninsula," Stockholm International Peace Research Institute (SIPRI) Conference Presentation Paper, International House of Japan, Tokyo, Japan, 19-21, February, 1999.
31. Ibid.
32. Wishnick, p. 144 and Seung-Ho Joo, "DPRK-Russian Rapprochement and Its Implications for Korean Security," International Journal of Korean Unification Studies, Vol. 9, No. 1, 2000, pp. 198-199.
33. Igor Ivanov, "la Russie et l'Asie-Pacifique," Politique Etrangere, February 1999, p. 310,

quoted in Wishnick, p. 144.

34. Choruchinsun sunlin mit hyupchoe kwanhan choyack (North Korea-Russia Treaty on Friendship, Good Neighbourliness, and Cooperation), February 2002, Pyongyang, on http://100.empas.com/dicsearch/pentry.html?i=217484, accessed on 4 January, 2006 ; and see also Samuel S. Kim, "North Korea and Northeast Asia in World Politics," in Samuel S. Kim and Tai Hwan Lee, eds., North Korea and Northeast Asia (Oxford: Rowman & Littlefield Publishers, 2002), p. 37.

35. North Korean defence officials reportedly requested new weapons systems, including fighter aircraft and reconnaissance planes, worth $500 million, but Moscow refused due to Pyongyang's inability to pay in hard currency. See NewsMax.com Wires, 28 April, 2001, on http://www.newsmax.com/archives/articles/2001/4/27/193941.shtml, accessed on 15 February, 2003.

36. See A. Torkunov, "The Korean Issue," International Affairs, Vol. 49, No. 4, 2003, p. 43.

37. Kim, S., p. 38.

38. The DPRK-Russia joint declaration signed by General Secretary Kim Jong Il and President V.V. Putin of the Russian Federation, Moscow, 4 August, 2001, on http://www1.korea-np.co.jp/pk/166th_issue/2001080701.htm, accessed on 10 January, 2006.

39. Ibid.

40. Ibid.

41. Agence France-Presse, 2 August, 2001; and "Russia to Play Active Role in Settling Korea Peninsula Problem," Xinhua, 10 October, 2000.

42. Itar Tass, 4 August, 2001.

43. The Current Digest, Vol. 55, No. 24, 16 July, 2003, p. 5.

44. South Korean government officials state that it is too early to say that a summit meeting between Kim Jong Il and Roh Moo Hyun will happen. See Dong-A Il bo, 16 January, 2005, on http://www.donga.com/fbin/output?from=email&n=200501160136, accessed on 23 January, 2005.

45. Alexander Fedorovsky, Interview during the Chatham House conference "The North Korean Nuclear Issue: Non-Proliferation, South Korean and US Policy," organized by the Asia Programme in association with the United States Discussion Group, 21 February, 2005, Chatham House, London.

46. See Sergei Agafonov, Izvestia, 27 January, 1994, pp. 1 and 4; and "Did Russia Help North Korea Build Nuclear Bomb?" The Current Digest, Vol. 46, No. 5, 1994, p. 12.

47. The Current Digest, Vol. 46, No. 22, 1994, p. 23.

48. See Andrei Kozyrev, Russia's Minister of Foreign Affairs, interviewed by Izvestiya Correspondent Leonid Mlechin, Izvestia, 18 June, 1994, pp. 1-2, quoted in "Kozyrev Explains Go-Slow Policy on North Korea," The Current Digest, Vol. 46, No. 24, 1994, p. 14.

49. Stephen Blank, "Russian Policy and the Changing Korean Question," Asian Survey,

Vol. 35, No. 8, August 1995, p. 723.

50. Sergei Blagov, "Russia's good graces with North Korea on Trial," Asia Times, 15 February, 2003, on http://www.atimes.com/atimes/Korea/EB15Dg01.html, accessed on 15 February, 2003.

51. Stephen Blank, "Russia Assesses the North Korea Six-Party Agreement," Eurasia Daily Monitor, The Jamestown Foundation, Vol. 2, No. 175, 21 September, 2005.

52. Singleton, pp. 102-124.

53. Georgii F. Kunadze (Russia's ambassador to Seoul)'s remark in 1993. See Radio Moscow, 29 December, 1993; and "Ambassador-Designate to ROK Views Korean Issues," FBIS, DR/SOV, 93-249, 30 December, 1993, p. 16.

54. Rossiskiye vesti, 6 April, 1994; and Joint Publications Research Service, Military Affairs, 94-013, 13 April, 1994, p. 45, quoted in Blank, 1995, p. 721.

55. Tokyo Shimbun, 17 April, 1994; and FBIS, DR/SOV, 94-088-A, 6 May, 1994, p. 3.

56. Joo, 2000, p. 211.

57. Ibid.

58. Evgeniy P. Bazhanov, "Russian Views of the Agreed Framework and Four Party Talks, in The North Korean Nuclear Program, eds., James Clay Moltz and Alexandre Y. Mansourov (London: Routledge, 2000), pp. 222-223.

59. "Kozyrev Explains……," The Current Digest, Vol. 46, No. 24, 1994, p. 14.

60. Joo, 2000, p. 213.

61. It was reported that Chinese reluctance to participate stems primarily from concerns that involvement in the project might negatively influence China's bilateral relationship with North Korea or that support for the project may indirectly support expanded US influence on the Korean peninsula. See Scott Snyder, The Korean Peninsula Energy Development Organization: Implications for Northeast Asian Regional Security Cooperation, North Pacific Policy Papers 3, Program on Canada-Asia Policy Studies Institute of Asian Research University of British Columbia, Vancouver, 2000, p. 16.

62. Ibid., p. 17.

63. Ibid., pp. 16-17; and James Clay Moltz and Alexandre Y. Mansourov, eds., The North Korean Nuclear Program: Security, Strategy, and New Perspectives from Russia (New York: Routledge Press, 1999).

64. The Current Digest, Vol. 55, No. 1-2, 5-12 February, 2003, p. 7.

65. Georgy Bulychev and Aleksandr Vorontsov, Kommersant, 16 January, 2003, p. 9; and The Current Digest, Vol. 55, No. 1-2, 5-12 February, 2003, p. 8.

66. Ibid.

67. Ibid.

68. Georgy Bulychev, Vremya novostei, 18 June, 2003; and The Current Digest, Vol. 55,

No. 24, 16 July, 2003, p. 5.

69. Georgi Toloraya. "President Putin's Korean Policy," The Journal of East Asian Affairs, Vol. 17, No. 1, Spring/Summer 2003, p. 49.

70. Press-statement of Russian Foreign Ministry Spokesman, N46, 1 December, 2003; Document and Materials of the Russian Ministry of Foreign Affairs, on http://www. ln.mid.ru/brp-4.nsf/english?openview=3.143, accessed on 14 February, 2005.

71. "Powell Reconfirms Commitment to South Korean Security," US Department of State Press release, 28 March, 2003.

72. "Russia, South Korea Pledge Joint Efforts over DPRK Nuclear Tension," People's Daily, 6 January, 2003, on http://english.peopledaily.com.cn/200301/06/ eng20030106_109603.shtm, accessed on 15 February, 2003

73. Blagov.

74. Toloraya, pp. 49-50.

75. Office of the Press Secretary, The White House, "President Bush Optimistic About Multilateral Talks With North Korea," Washington, D.C., 1 August, 2003, on http:// usembassy.state.gov/Seoul/wwwh41az.html, accessed on 5 January, 2006.

76. RFE/RL NEWSLINE, Vol. 9, No. 29, Part I, 11 February 2005.

77. RFE/RL Headlines, 25 February, 2005.

78. Hanns W. Maull and Sebastian Harnisch, "Embedding Korea's unification multilaterally," The Pacific Review, Vol. 15 No. 1, 2002, p. 51.

79. Kim, S., p. 39.

80. Jae-nam Ko, "Pyongyang's Opening and North-South-Russia Cooperation," Korea Focus, Vol. 9, No. 3, May-June, 2001, p. 76.

81. Grigory Karasin, former Russian Ambassador to the United Kingdom, 10 March 2004, in response to a question after a lecture at the London School of Economics and Political Science.

82. Jane P. Shapiro, "Soviet Policy Toward North Korea and Korean Unification," Pacific Affairs, Vol. 48, No. 3, Autumn 1975, p. 340.

83. Foreign Broadcast Information Service (FBIS): Trends in Communist Media, 5 November, 1975, p. 23.

84. Ibid., 1 October, 1975, p. 2; and Yomiuri Shimbun, 9 October, 1975, p. 3.

85. Donald S. Zagoria, "Korea's Future: Moscow's Perspective," Asian Survey, Vol. 17, No. 11, November, 1977, p. 1110.

86. Materials of the "Economic and Social Aspects of Korean Unification," Conference of Russia Scholars, Moscow, Institute of Far East, 11-12, December, 1996.

87. Vasily V. Mikheev, "Russian Policy towards the Korean Peninsula after Yeltsin's Re-election as President," The Journal of East Asian Affairs, Vol. 11, No. 2, Fall 1997, Seoul, The Research Institute for International Affairs.

88. Seung-Ho Joo, "Russian Policy on Korean Unification in the Post-Cold War Era," Pacific Affairs, Vol. 69, No. 1, Spring 1996, pp. 40-41.

89. Zhebin, p. 738.

90. Toloraya, p. 35.

91. Sharid M. Shuja, "Russia's Foreign Policy in Asia: Continuities, Changes and Challenges," Journal of International and Area Studies, Vol. 6, No. 1, 1999, p. 87.

92. Singleton, p. 118.

93. The DPRK Report, September-October 1996, Institute of Contemporary International Problems, Moscow, on http://cns.miis.edu, accessed on 10 March, 1998.

94. Bouchkin, p. 77.

95. Ibid., p. 76.

96. Hong Wan Suk, Geostrategiya Rossii i severo-vostochnaya Aziya (Russia's geo-strategy and Northeast Asia) (Moscow: Nauchnaya kniga, 1998), p. 137, quoted in Wishnick, p. 150.

97. Kim, S., p. 40.

98. Moltz, p. 203.

99. Interview with Keun-Wook Paik, Associate Fellow, Sustainable Development at Chatham House, the Royal Institute of International Affairs, London, UK, 25 February, 2005.

100. Wishnick, p. 155.

맺는 말

9

이 책은 지난 30년의 한러 양국 관계의 진전 상황과 현재 직면한 장애요인들을 분석하고, 양국 간 협력의 5가지 구체적인 협력 사례가 과연 한러 사이의 종합 안보 구축에 기여할 수 있는지 여부를 알아보고자 했다. 이 책은 한국과 러시아가 두 가지 전통적·비전통적 안보 협력에 모두 나섰지만, 안보 협력의 포커스가 냉전 대치, 역내 세력 균형 등 전통적인 군사 전략적 차원에서 점차 비전통적인 경제안보 측면으로 바뀌어 왔음을 보여준다. 이런 경제안보 차원의 협력은 석유 및 천연가스 파이프라인 노선 및 LNG 거래 등과 관련된 에너지 안보, 철도망 연계, 자유무역지대 구축, 어업자원 관리, 무기 거래 및 우주 기술 협력 등 5개의 협력 사업에 집중돼 있다. 한국과 러시아는 이들 5개 프로젝트 각각에서의 협력을 통해 양국 관계를 증진하고 양국 및 지역 경제안보 협력을 도모하고자 노력해왔다. 그러나 이러한 의도와 실제로 결과물 사이에는 상당한 괴리가 있는 것이 현실이다.

　첫째, 제3장에서 살펴보았듯이, 한국과 러시아는 에너지 수출입 시장을 다변화함으로써 에너지 안보를 강화하고자 했고, 이에 따라 1990년대 초부터 에너지 협력을 중점적으로 논의해왔다. 30년간 연간 총 2,000만 톤의 천연가스를 한국, 러시아, 중국에 공급할 수 있을 것으로 추정되는 초국경 러시아 코빅타 가스전에서 중국을 거쳐 한국까지 가스관 건설 사업이 1995년에 시작되기도 하였다. 그러나 현재 이 프로젝트는 중단 상태이고, 가까운 미래에 결실을 맺을 가능성도 희박해 보인다. 또, 2005년

7월에는 사할린에너지와 한국가스공사 사이에 20년간 연 150만 톤의 LNG 수급계약이 체결되었지만, 양국 간의 전반적인 LNG 가스 거래 규모는 여전히 미미하고, 한국의 정반적인 에너지 수요를 충족하기에는 턱없이 부족하다. 게다가 한국은 조만간 야말 LNG 등 러시아 천연가스보다 카타르 혹은 미국의 셰일가스 옵션으로 눈을 돌릴 가능성이 크다. 실제로 러시아는 한반도의 에너지 타이밍을 놓친 것이 현실이다. 2021년에는 한국이 카타르와 장기 계약을 체결하였다. 더욱이 최근 2022년 2월 러시아의 우크라이나 침공 사태로 인해 향후 한국과 러시아 간의 에너지 협력이 여러모로 힘들어질 수 있다는 것도 부정할 수 없는 현실이다.

둘째, 교통망 연계 관점에서 가장 현실적으로 가능성이 보이는 시베리아 횡단철도와 남북횡단철도를 연결하는 이 철도 연계 사업은 양국 모두에게 지정학적인 이점을 극대화함으로써 교통 수송 강국으로 거듭날 수 있는 절호의 기회를 분명히 제공할 것이다. 제4장에서는 본 철도 연계 사업이 국가 자원 및 서비스 이동을 개선하고 교역량을 늘림으로써 양국이 어떻게 마켓과 시장 메커니즘을 다변화할 수 있는가를 분석하였다. 또한, 이 사업은 북한 전역을 통과하는 계획을 도모하기 때문에, 한국과 러시아는 이 사업이 한반도 긴장 완화에 기여하고 남북 통일을 촉진할 수 있을 것이라고 기대했다. 지금까지 한국과 러시아는 사업 관련 여러 제안을 논의했고 타당성 조사도 이미 끝마친 상태이다. 그러나 양국과 동북아 지역에 가져올 분명한 이점에도 불구하고 이 사업은 2004년 12월 이후 사실상 진전을 보이지 않고 있다. 한국과 러시아 측에서 각각 존재하는 여러 장애물 외에도 2004년 12월 북한이 본 사업에서 철회 의사를 밝히면서, 결국 철도 연결의 성패는 결국 북한 핵 문제의 선제적 타결에 달렸다는 점 또한 더욱더 분명해졌다. 이 점은 15년이 지난 현재 북한에 호의적인 문재인 정권하에서도 마찬가지이다.

셋째, 제5장에서는 나홋카 자유무역지대(FEZ)의 성공적인 운영이 시장 네트워크를 구축하고 지역 경제 통합을 촉진함으로써 러시아와 한국은 물론 다른 참가국들의 지역 경제안보 이익도 함께 증진시킬 수 있는 잠재력을 가지고 있다고 설명했다. 1992년부터 한국과 러시아는 나홋카 FEZ 내 공단 공동 건설의 규모와 임대 조건에 대해 타당성 조사를 실시하고 여러 합의사항을 마련해왔다. 그러나 이 사업은 러시아 정부의 비준을 최종 받지 못했다. 더욱이 나홋카 FEZ는 2005년 8월 27일 러시아가 새로운 경제 특구법을 발효하면서 사실상 잠정 중단됐고, 2005년 11월 29일 러시아 경제 특구 조성 입찰에서 낙찰된 6개 지역 명단에서도 나홋카는 제외되었다. 따라서 나홋카 FEZ 사업은 경제안보에 가져다줄 수 있는 큰 잠재력에도 불구하고 이 책에서 검토한 협력 사업 사례들 중 달성 가능성이 가장 낮다고 봐야 할 것이다.

넷째, 제6장은 어업 협력이 양국의 경제안보, 식량 안보 이익에 부합할 수 있는 잠재력 때문에 한러 양국 관계의 중요한 측면 중 하나라고 강조한다. 러시아의 다양하고 풍요로운 수산물과 어류자원, 특히 명태, 오징어, 꽁치 어종은 한국의 어장 확장에 분명 매력 요소이다. 러시아와 한국 민간 어업업체 간 합작 등 수산 활동은 1990년 이후 급속히 발전했다. 하지만 양국 간 어업 교역 규모는 여전히 미미하다. 실제로 양국 간 어업 외교에서는 협력보다 갈등요소가 더 많이 존재하는 것이 현실이다. 러시아의 명태 어획 쿼터 축소, 어업권 요금과 관련한 예측 불가능한 정책, 불법 어업 활동 등이 중대한 문제로 대두되고 있다. 일부 분쟁은 임시방편으로 해결됐지만 향후 다시 불거질 가능성이 언제든지 존재한다.

이 책에서 살펴본 러시아와 한국의 협력의 다섯 번째 측면은 무기 거래이다. 제7장에서도 알 수 있듯이 양국은 1994년부터 무기 거래를 해왔다. 러시아의 대 한국 부채 상환 우려와 구소련 붕괴 이후 방위 산업의 심각한 후퇴가 양국 간 무기 거래 성사의 기폭제가 되었다. 한국 정부는 처음에는 동아시아 지역의 특수성과 미국과의 관계에 있어서 정치적 민감성 문제 때문에 러시아제 무기 구입을 망설였었다. 그럼에도 불구하고, 한국은 한러 무기 거래 사업, 일명, 두 개의 불곰 사업을 통해, 다양한 최신의 군사 장비들을 매우 경쟁력 있는 가격에 획득할 수 있었다. 실제로 양국의 무기 교역은 1994년 이후 러시아의 한국에 대한 부채를 줄임으로써 양국의 상호 이익을 충족시켰다. 그러나 양국 간 무기 이전이 급속히 진전되고 있음에도 불구하고, 제7장에서 보듯이 1994년부터 2004년까지 러시아의 대 한국 무기 수출 비중은 러시아 전체 무기 수출의 0.8%에 불과할 정도로 그 규모는 상대적으로 작다. 더구나 한국에 대한 러시아의 부채가 완전히 청산되면 두 나라가 무기 거래를 계속할지도 의문이다.

한국과 러시아가 앞서 언급된 다섯 가지의 사업을 통해 실제로 얻을 수 있는 잠재적인 이익과 그동안의 진전 상황의 미미함 사이의 간극은 비록 한러 양국의 협력 사안들이 경제안보 증진의 필요성에 의해 분명히 동기부여가 되었지만, 실제로 양국 협력 및 지역 경제안보 구축 프로세스가 현재까지 여러 난관에 봉착했음을 여실히 보여준다. 5개의 협력 사업을 소개하는 챕터에서 필자는 그 특정 분야의 협력을 방해하는 장애 요인들을 면밀히 다각도로 분석했다. 여러 서로 다른 장애 요소들을 종합하자면 다음과 같이 3가지 공통된 특징을 내포하고 있다. (1) 러시아 국내 문제, 특히 러시아 극동 지역의 과도기적인 문제점, (2) 지역 경제안보를 구축하고 동북아 지역에서 협력하는 데에 있어 양국의 경험 부족, 그리고 (3) 북핵 위기나 미국 변수 같은 외부 요인들이 그것들이다. 이 세 가지 요인은 그동안 한러 양국 간 협력의 진전이 미미했던 이유를 잘 설명해준다. 그럼 세 가지 요인들을 좀 더 구체적으로 살펴보기로 한다.

첫째, 동북아시아의 경제 발전 잠재력에도 불구하고 에너지, 교통망, 어업, FEZ 설정 등에서의 협력은 모두 러시아 극동 지역의 불안정한 정치 경제적 상황으로 제약을 받아왔다. 극동러시아의 가장 심각한 문제 중 하나는 투자를 보호하고 미래의 이익을 보장하기 위한 적절한 법적 안전장치가 부족하다는 것이다. 게다가 설령 법이 존재하더라도, 이 지역은 법의 집행이 제대로 이루어지지 않아 불법 어업, 도난 차량의 불법 거래, 무기 및 목재 밀수, 마약 밀반입, 나홋카 FEZ에서의 청부 살인 행위, 철도 화물 강도 같은 온갖 불법 행위가 급증하는 환경이 조성된다. 다른 러시아 FEZ 사례에서 보듯이, 강력한 법적 틀이 없다면 러시아 극동 지역에 FEZ를 설립하는 것은 사실상 매우 어렵다. 어업상거래의 범죄화 역시 극동러시아의 무의미하고 솜방망이 같은 법체계와 제대로 된 법 집행 체제의 부재와 몰수세 체제의 결합에서 번성하게 된 것이다. 이러한 요인들로 인해 불법 어업이 기승을 부리고 있으며, 이는 결국 남획으로 이어져 러시아는 외국 선박의 어업 쿼터를 축소하였고, 이는 다시 한국과의 어업 쿼터 분쟁으로 이어졌다.

한편, 러시아의 국내 상황은 모스크바와 극동 러시아 지역 간의 중앙-지방 정부 관계에도 영향을 미치는데, 이로 인해 한국과 러시아 간의 지역 경제안보 협력 구축에도 문제가 생긴다. 제5장, 제6장에서 살펴본 것처럼, FEZ의 지나친 정치화는 지속적으로 나홋카 프로젝트의 개발을 지연시켜 왔고, 결국 자유무역지구의 면적 규모, 재정 및 투자 규모 측면에서 협력을 축소시켰다. 그 결과, 러시아 국내적으로 새로운 법안이 채택될 무렵에는 나홋카 FEZ가 거의 존재하지 않는 수준이 되었다.

마찬가지로, 러시아 극동 지역의 고도로 정치화된 어업 할당제는 결국 불법 어업을 초래했다. 더구나 중앙 정부는 러시아 극동 개발이 국가의 장기적인 경제 번영을 위해 필수적이라고 믿고 있음에도 불구하고, 내심 지방 정부와 동북아 국가 간의 긴밀한 관계 구축을 의심과 불안의 눈초리로 인식하는 경향이 있다. 지방의 지도자들이 FEZ를 설립하거나 지역 에너지 거래를 하는 등 경제적 번영을 추구하려는 시도들은 모두 모스크바 중앙 정부로부터 지방 정부의 독립성과 자생력을 높여 국가 경제를 분산시키고 권력을 재분배할 수 있는 것으로 간주된다. 실제로 수산자원을 둘러싼 중앙 정부와 지방 정부의 권력 분쟁은 제6장에서 보듯이 부패와 불법 어업이 일어날 환경을 충분히 조성했다.

이러한 불신의 결과로, 모스크바 중앙 정부는 이 지역들이 한국을 포함한 동북아시아 국가들과의 경제 협력을 지속적으로 펴는 것을 제어하기 위해 몇 가지 방안들을 사용했다. 예를 들어, 모스크바의 높은 철도 관세, FEZ에서의 일관되지 않고 예측할 수 없는 조세 정책, 그리고 에너지 무역에 부과되는 높은 세금은 한국으로 하여금 이러한 러시아 경제 프로젝트들이 다른 옵션들에 비해 경제적으로 이득이 되는지 근본적인 의구심을 일으키게 하였다. 마지막으로, 이러한 어느 정도 예견된 투자 환경들은 잠재 투자자들 사이에서 러시아 극동 개발의 투자 가치에 대해 회의적인 견해를 만들어냈다.

두 번째, 한러 양자 관계가 더 뻗어나가지 못하는 요인은 양국의 상대적으로 지역 경제안보 협력 개념에 대한 경험 부족에서 찾을 수 있다. 이는 한국이 러시아를 상대로 장기 경제 프로젝트에 대한 투자를 꺼리게 되고, 러시아가 외국인 투자자들을 상대로 시장을 완전히 개방하는 것을 주저하게 하는 결과를 초래했다. 장기적인 경제 프로젝트에는 상당한 금융, 투자, 기술이 필요하다. 그러나 한러 양국은 세금 특혜 협상과 무기 거래에 필요한 군사 무기 시스템의 전환과 같은 민감한 문제를 다루는 데 항상 어려움을 겪어왔다. 상호 신뢰의 결여는 여전히 냉전의 유산에 뿌리를 두고 있으며, 이는 양측이 주요 프로젝트 협상 과정에서 구체적인 이니셔티브를 제시하거나 시너지를 누릴 수 있는 협조적인 마인드를 제공하는 데 발목을 붙잡았다. 예를 들어, 양측은 무기 거래 협상 과정에서 무기에 대한 상세한 정보를 제공하지 않는 것에 대해 상대방에게 대놓고 큰 불만을 제기하기도 하였다.

두 정부의 지역 경제안보 협력 미숙으로 한국의 재계가 러시아 지역에서 투자를 꺼리고 있다. 러시아 측면에서 경험 부족은 또한 러시아 정책 입안자들 사이에서 극동러시아에 대한 동북아의 영향력 증대는 결국 러시아의 안보를 위협할 것이라는 두려움을 불러일으켰다. 이는 러시아 정책 입안자들 사이에서 쇄국적이고 보호주의적인 사고방식을 불러왔다. 가령, 제5장에서 설명한 바와 같이, 나홋카에 FEZ를 설립하는 것이 러시아 극동 지역에서 엄청난 고용 효과를 창출하고 시장을 다변화할 것이라는 것을 양측이 인식했음에도 불구하고, 한국과 러시아는 장기적인 경제 프로젝트 개발에 대해 다소 신중하고 조심스러운 태도를 유지하고 있다.

한러 관계의 정체된 상황을 설명하는 데에는 외부 요인도 중요한 역할을 담당한다. 제8장은 북핵 문제가 한국과 러시아의 경제안보 협력에 부정적인 영향을 미쳤음을 보여준다. 예를 들어 북한을 경유하는 코빅타 가스관 경로는 현 단계에서는 실현 가능성이 매우 낮아 보인다. 더욱이 철도 연결 사업은 그나마 남·북·러 협력 사업 중 가장 빠르게 진전되고 가능성이 높아 보이지만, 북한이 시장과 사회를 더 개방한다면 사업은 더 빨리 진척될 것이다. 동시에 전통적인 군사 안보 관점에서 볼 때, 한국에 대한 러시아의 무기 이양에 반대하는 북한의 항의는 한국과 러시아 사이의 추가적인 군사 협력에 여전히 장애물로 남아 있다. 비록 북한의 항의가 한러 간의 무기 거래에 직접적인 영향을 미치지는 않더라도, 양국의 무기 교역은 북한이 남·북·러 경제 협력에서 언제든지 철수할 수 있는 잠재적인 빌미를 제공한다. 요컨대, 북한을 포함한 남·북·러 경제 협력은 한러 관계에 있어서 다방면적인 안보 협력의 발전을 촉진하는 가장 중요한 요소다. 실제로 한반도 통일은 러시아와 통일된 한국의 다차원적인 안보 협력을 확고히 하는 데 일등 공신이 될 것이다. 이 때문에 러시아의 한반도 통일에 대한 입장은 러시아의 동북아시아 외교 정책을 수립하는 데 있어 가장 중요한 이슈 중 하나이다.

북한 변수보다는 덜하지만, 미국 변수 역시 특히 무기 거래 및 북한 문제, 혹은 다른 경제 협력과 관련하여 한러 관계에 간접적으로 영향을 미쳤다. 미국은 무기 무역, 해상 훈련, 우주 기술의 이전과 같은 한러 사이의 국방 협력 의제에 있어서 어느 정도의 제약 요소가 되었다. 다만 미국의 영향력이 가장 컸던 부분은 북한 문제와 관련된 남·북·러 경협이다. 한마디로 한국, 북한, 러시아의 3국 관계는 미 행정부의 김정일 혹은 김정은 국방위원장에 대한 정책에 주로 영향을 받아왔다. 실제로 북한 지도자들은 모스크바보다 워싱턴과의 관계 개선에 더 관심이 많다. 즉 한러 관계는 미국 백악관의 주인이 북한에 대해 강경책을 추진하느냐, 소프트한 정책을 추진하느냐에 따라 좌우되었다고 할 수 있다.

또한 워싱턴의 정권 교체와 관계없이 미국은 한국과 러시아와의 에너지 협력에 대해서도 매우 주시하고 있다는 사실 또한 중요하다. 2010년을 기점으로 국내에서 러시아 에너지에 대한 수요와 관심도는 사실 미국의 셰일 혁명으로 인한 미국의 에너지 수출이 가능해지면서 많이 떨어진 것이 사실이다. 다소 거리의 이점이 있지만 여전히 불안하고 리스크가 큰 러시아 에너지 거래가 한미동맹에 기반을 둔 안정적이고 거래 조건이 유연한 미국과의 에너지 협력에 비해 더 이상 매력적이지는 않기 때문이다. 흥미로운 점은 미국이 한러 에너지 협력을 의식을 하고 일부러 한국과 에너지 거래를 증가시킨 것은 아니라는 점이다. 환언하면 러시아는 이번에도 미국에 타이밍을 빼앗긴듯하다. 최근 2022년 2월 러시아의 우크라이나 침공 사태에서도 볼 수 있듯이, 한미동맹은 한국 내 정권에 상관없이 더욱더 확고해졌다. 이런 상황에서 한국이 미국을 등지고 러시아와의 협력을 추진하거나 대 러시아 제재에 동참을 포기한다는 것은 사실상 불가능한 일이다.

 여기서 더욱더 흥미로운 점은 중국 변수 또한 어느 정도 한러 관계에 있어서 매우 간접적으로 영향을 주고 있다는 사실이다. 2020년 전후로 미·중 경쟁이 심화되고, 최근 중국의 한국 내 사드 배치로 인하여 대 한국 경제 보복 정책이 심화되면서 한국 사람들의 반중 정서는 한·중 수교 이후 역대 최고로 높아지기 시작했다. 이것은 곧 1950년대 이후 한국 사람들의 미국에 대한 호감도와 인식이 역대 최고이며, 결국 한러 관계에 있어서도 미국과 러시아를 두고 선택을 한다면 친러 성향이 짙은 한국의 민주당이 정권을 잡는다고 할지라도 국민적 여론에 의해서 미국을 선택할 수밖에 없다는 점을 여실히 재확인시켜주고 있다. 그만큼 한국 국민들과 정책 결정론자들에게는 러시아가 중국, 북한과 같은 부류의 진영에 포진되고 있는 것으로 인식되며, 다소 국제적 리스크가 큰 나라로 인식되고 있다는 점이다. 다시 말해 더욱더 확고해지는 한미동맹, 미국에 대한 한국인들의 호감도가 역대 최고라는 점은 향후 한러 관계에 있어서 큰 영향을 미치리라고 본다. 다만 여기서 가장 중요한 점은 미·러 관계가 개선이 된다면 또 다른 얘기라고 볼 수 있다. 가령 역대 미·러 관계 중 가장 좋았던 부시와 푸틴, 혹은 트럼프와 푸틴 같은 미·러 관계가 설정이 된다면 한러 관계 또한 급진적으로 향상될 수도 있다. 그만큼 미국 변수는 어떤 의미에서는 한러 관계에 있어서 시대에 따라서는 결정적인 변수로 작용한다는 점이다.

요약하자면, 한국의 적극적인 투자, 러시아의 지속적인 러시아 극동 개발 및 개혁 의지, 북한의 정치 경제 상황 개선, 미·러 관계 호전 등이 한국과 러시아의 종합 안보 구축 과정을 촉진할 핵심 요인들이다. 하지만, 여러 장애물들과 지연이 빈번하게 발생하면서 한러 경제 사업들은 추진이 지연되거나, 일부 사업은 아예 중단된 것이 작금의 현실이다. 본 책에서 언급된 여러 장애 요소들은 한국과 러시아가 결국 포괄적인 안보 협력 관계를 구축하는 것을 어렵게 하였으며 현재 한러 관계의 현주소를 잘 설명해주는 현실이라고 볼 수도 있다. 심지어, 양국 간의 경제안보가 구축되었다고 선언하는 것은 아마도 시기상조일수도 있으며, 향후에도 영영 가능한 시나리오인지 불확실하다.

그럼에도 불구하고 5개 협력 사업은 각각 한러 양국 경제안보에 기여할 수 있을 뿐 아니라, 동북아의 전통적, 비전통적 지역 안보 문제의 핵심 부분이기에 지역 경제안보 구축에도 기여할 수 있을 것이다. 일반적으로 동북아 지역 안보 체제는 세력 균형 유지, 시장 통합과 지역 에너지 안보 프레임워크 및 지역 어업 체계 확립을 통한 지역 경제안보 구축, 지역 교통망 구축 등을 포함한다. 그동안 한러 양국 간에 급박한 외교 현안 의제가 상대적으로 적었고, 서로의 외교 정책에서 양국의 우선순위가 낮았던 점을 감안할 때, 동북아시아의 정치적 상황이 한러 양국 관계에 미치는 영향은 꽤 크다고 볼 수 있다. 남·북·러 3자 관계에서 북한의 역할 외에도 미국, 일본, 중국의 간접적인 영향도 한국과 러시아의 지역 경제안보 구축 과정에서 기회 요소이자 제약 요인으로 작용한다. 예를 들어, 에너지 프로젝트와 FEZ의 형성은 중국, 일본, 미국의 다각적인 협력을 필요로 한다. 더욱이 제6장에서 살펴보았듯이, 어업 이슈는 어장 감소, 불법 어업, 신규 어장 확보의 어려움으로 인해 인근 어업 생산량과 심해 어업 쿼터가 지속적으로 감소함에 따라 새로운 지역 안보 의제로 떠오르기 시작했다.

따라서 한러 양자 관계의 발전을 가로막는 장애물이 역내 지역 경제 안보 구축도 명백히 방해하고 있다. 여기서 중요한 점은 양국의 협력 사업들이 지연되고 있는 이유를 단순히 사업들이 최근에야 착수했다는 사실만으로 치부하는 것은 적절치 못하다. 위의 결론 부분에서 설명한 세 가지 요인에 주의를 기울이지 않고는 근본적인 문제를 이해할 수 없다는 것이다. 구소련 붕괴 이후 여러 협력 사업들에 참가하는 국가들 간에 많은 대화와 제안이 있었지만, 협력 사업 중 실질적인 이익이나 구체적인 성과를 낸 것은 극히 소수다. 아마 중·러 간에 2014년에 극적으로 타결된 이후 추진된 실라시브리^{파워오브 시베리아} 가스관 사업과 훨씬 그 이전에 완공된 시베리아 송유관 프로젝트, 일명 ESPO^{Eastern Siberia Pacific Ocean Oil Pipeline}만이 유일하게 내세울만한 사업들이다.

그러나 한국과 러시아가 주체가 되는 그랜드 경제 협력 사업들, 특히 에너지 관련, 철도 연계, 나홋카 FEZ 사업들은 중국, 일본, 북한 등의 참여를 이끌어내지는 못했다. 참여국들 간의 신뢰 구축은 매우 어려워 보이며, 그 어떤 사업들도 지역의 번영을 도모할만한 개발 인프라를 전혀 생산해내지 못했다. 러시아 에너지가 과연 신뢰할 만하고 가격 경쟁력이 있을지는 동북아시아 국가들 사이에서 여전히 의문이고, 그 결과, 대부분의 러시아 에너지 프로젝트들은 동북아시아 국가들의 에너지 수급 문제를 해결할 수 있는 에너지 다변화에 크게 기여하지 못했다. 또한, TSR과 TKR을 연결하는 철도 연계 프로젝트도 국가들 사이에 물리적인 네트워크를 구축하지 못했다; 국경은 여전히 닫혀 있어 초국경적인 상호작용은 가능하지 않았다. 나홋카 FEZ 사업은 동북아 국가들을 포함한 외국인 투자를 유치하는 데 실패했다. 그리고 해상에서 분쟁을 통제하거나 중재할 다자협의체의 부재로 인하여 어획 쿼터, 어업권 요금, 영해수역 등을 둘러싼 동북아시아 국가들 간의 어업 갈등은 불법 어업과 마찬가지로 지속되고 있다.

또한 제7장에서 기술한 바와 같이 한국과 러시아 사이의 무기 거래는 단기적으로 혹은 임시방편으로 양국 사이의 채무 관계를 해소하는 등 양국의 경제안보 이익을 충족시킬 수 있을지는 모르지만, 이것이 지역 안보에 실질적으로 긍정적인 영향을 미치지는 못한다. 오히려 전통적인 지역 안보 관점에서 볼 때, 양국 사이의 무기 거래는 북한으로 하여금 안보 불안감을 고취시키고, 일본, 미국, 중국에 대한 지렛대 역할도 하기 때문에, 결국 이들 국가로 하여금 역시 안보 불안감을 증폭시킬 수 있다. 결과적으로 동북아시아 지역에서 힘의 균형을 불안정하게 조성할 수 있다. 요컨대, 지역 경제안보를 향상시킬 수 있는 큰 잠재력에도 불구하고, 한러 협력 프로젝트들은 아직까지는 이 지역의 경제안보를 강화하지 못했다.

한국과 러시아 간의 양자 및 지역 경제안보를 확립하고 동북아 지역 경제안보의 기반을 다지기 위해서는 과연 어떤 조치들이 필요할까? 첫째, 양자 차원에서의 협력뿐만 아니라 다자 간 협력 또한 절실하다. 이 책은 주로 한러 양국 간의 관계에만 초점을 맞추긴 했지만, 보다 더 확장된 개념의 동북아 지역 경제안보 체제 수립과 지역 통합은 중국, 일본, 북한, 몽골 등 다른 국가들의 참여와 모든 지역 주체들의 협력을 필요로 한다.

좀 더 구체적으로는 러시아의 에너지 가격은 동북아시아 국가들의 기존 에너지 수입원인 중동의 석유와 가스에 비해 가격 경쟁력이 있어야 한다. 아니 최근에는 러시아는 미국의 에너지 가격이나 유연한 계약 조건과도 비교해서 경쟁력을 갖추어야 한다. 또한, 외국인 직접 투자는 에너지 프로젝트를 개발하고, 공동 에너지 인프라 구축과 공동 에너지 정책으로 인한 효율성 때문에 지역 내 공동 번영을 가져오는 핵심 수단이다. 이 지역의 에너지 안보를 강화하기 위해서는 다자간 협력도 필수적이다. 가스관 사업과 관련해서는 향후 가즈프롬의 태도와 향보가 역내 미래 가스관 사업의 발전에 결정적인 키포인트이다. 문제는 가즈프롬이 코빅타 가스전에 자산이 전혀 없는 상태에서 러시아가 과연 동북아 국가들에 가스전을 개방하고 개발을 하겠냐는 문제이다. 사실 러시아 정부는 코빅타 가스전을 국가가 특별 관리하는 가스전으로 표방한 적이 있다. 게다가 동아시아 지역에서 가즈프롬의 입지는 다른 러시아 국내 에너지 기업들에 비해 상대적으로 약한 편이다.

철도 사업의 경우, 러시아의 핵심 과제는 TSR의 서비스 및 관리 향상을 확실하게 하는 것이다; TSR의 속도는 빨라야 하고, 신뢰할 수 있어야 하며, 철도 강도나 도둑들에 적절하게 대비할 수 있어야 한다. 한국 측에서는 TKR의 재건과^{북한과의} 연결이 필수적이다. 물론, 더욱 중요한 것은 남북 관계와 북·미 관계의 개선이 선행되어야 한다. 북핵 6자 회담의 결과가 이 사업의 속도를 결정하는 데 한때 가장 중요한 요소였으며, 문재인 정권에서 본 사업에 올인을 했더라도 결국 북·미 관계가 모든 것을 좌지우지하는 게 사실이다. 이러한 점을 감안하면 물류 수송로를 기존의 바닷길 항로에서 TSR로 완전히 전환하는 것보다는, TSR을 유럽행 화물과 러시아 천연자원을 나르는 기존의 해상 운송과 병행하거나 시베리아 지역에서 시장을 개척하는 수단으로 활용하는 것이 한국 정부로서는 더 현실적인 방안일 것이다.

에너지 파이프라인 사업이 러시아가 동북아시아 지역에서 주요 역할을 수행하는 데는 분명히 도움은 되겠지만, 석유와 가스 수출만으로 동북아시아 국가들과 관계가 보장되는 것은 아니다. 새로운 지역주의 기반에서 적극적인 역할을 하려면 러시아는 분명 이 지역에 대해 전 방위적인 전략을 제시해야 한다. 그런 맥락에서, 나홋카를 포함한 다른 FEZ 프로젝트는 매우 유용한 옵션이다. 한국 정부 역시 사업 자체의 경제적 이익을 직접적으로 추구하기보다는 양국 관계 증진이라는 큰 틀에서 접근을 하는 것이 현명하고, 나홋카 FEZ과 같은 유사한 사업에 보다 더 적극적인 정책을 펴야 한다.

종합 안보의 개념은 양국 간 어업 외교에도 분명 긍정적인 영향을 줄 수 있다. 포괄적 어업 안보라는 개념은 곧 어업 분쟁, 불법 어업과의 전쟁, 과학적인 어업 연구에 대한 협력을 포함하는 국가 간 상호 의존의 체제에 의해서 국가 안보가 달성될 수 있음을 의미한다. 해양 협력에 대한 제안은 적성 국가를 상대로 하는 것이 아니라 불법 어업과 남획이라는 지역 내 공통적인 문제를 대처하기 위해 마련되어야 한다. 실제로, 한 번이라도 성공적인 협력의 경험이 있다면 이것은 향후 더 많은 협력을 도모하는 데 국가 간에 큰 신뢰감으로 작용할 것이다. 이 때문에 모스크바와 서울의 어업 외교는 양국의 해양 당국 차원에서 공조 대응이 절실하다.

동북아 지역 차원에서 협력 메커니즘 구축도 필수적이다. 불법 어업을 줄이기 위해서는 인터폴 망 강화와 같이 한러 간 긴밀한 네트워킹 구축이 꼭 필요하다. 양국 정부는 행정형벌제도에 기초한 민간 제재 체제 도입과 같은 불법 선박에 대한 제재 조치를 만들어야 한다. 무엇보다도 러시아의 어획 쿼터 할당 과정은 현재의 불투명한 로비 절차로부터 투명한 어업권 판매 및 실행 과정으로 전환되어야 한다. 수피안Supian과 노소프Nosov가 지적한 바와 같이, 일본과 한국 당국이 러시아 어민들에게 어업과 수산물 수출 허가서를 보여 달라고 요구한다면 도움이 될 것이다.

지역 안보 측면에서 보면, 무기 거래 이슈는 다소 모순적인 면이 없지 않아 있는데, 그 이유는 한 국가의 경제안보의 목표가 항상 전통적인 지역 군사 안보의 목표와 일치하지는 않기 때문이다. 양국 간 무기 교역 규모가 증가할수록 이 지역의 군사 안보는 위태로워지기도 한다. 제7장에서 논의한 바와 같이, 한러 대규모 군사연합훈련이나 군사동맹의 체결은 실제로 일어날 가능성이 매우 낮다. 그러나 특히 공동 국방 분야 연구, 방어용 무기 하드웨어, 민·군 겸용 기술 또는 항공 우주 기술 프로젝트의 형태의 무기 거래는 적극적으로 추진할 필요가 있다. 이러한 무기 거래는 무기 거래 그 자체의 상업적 이익 때문이라기보다는 양국 간 외교 관계 증진을 위해서 꽤 바람직한 선택 품목이 되기 때문이다.

러시아의 한반도에서의 주요 전략 목표는 국가 위상을 유지하거나 향상시키고, 동북아에서 주요한 역할을 하는 것이었다. 역사적으로 크렘린 지도자들은 외교 정책에서 힘과 군사력에 중점을 둔 전통주의자여야 하는지, 국제 체제 내에서 주요 지역 및 글로벌 파워들과 조화로운 관계를 도모하는 통합순응주의자여야 하는지에 대해 늘 딜레마에 직면해왔다. 물론, 전통주의 전략도, 통합주의 전략도 러시아가 한반도에서 중요한 역할을 맡게 해주지는 않았다. 그 주된 원인은 러시아의 이 지역에서의 상대적으로 취약한 입지, 일관성 없는 정책, 정책 자원의 부재, 그리고 러시아 외교 정책에서 한국의 낮은 우선순위에서 비롯되었다고 볼 수 있다.

결과적으로, 러시아의 정책은 주로 외부 환경에 의해 좌지우지되어 왔다. 한 예로, 니콜라스 2세의 제국주의적인 한반도 침략 전략은 1905년 러일전쟁에서 일본이 승리함으로써 좌절되었고, 한반도에서 소련 세력을 확대하려는 스탈린의 야심은 미국의 봉쇄 정책으로 수포로 돌아갔다. 냉전 기간 동안 소련의 한반도 정책은 거의 마비 수준이나 다름없었다. 모스크바는 한국의 존재를 인정하지 않았으나 그렇다고 해서 중국에 정신이 팔려 북한과는 진정으로 우호적인 관계를 유지하지도 못했다. 고르바초프는 보다 평화적인 전략으로 아·태 지역과 통합하기 위해 문을 두드렸지만, 이는 소련의 쇠약한 이미지만을 남기고 실패했다. 옐친 대통령 하의 러시아도 특히 북한의 핵 위기 회담 관련해서 줄곧 중국과 미국에 의해 소외되었다. 한마디로, 지금까지 러시아의 정책은 미국의 견제를 전혀 막지 못했다.

따라서 역사를 통틀어 러시아의 정책은 반사적이고 제한적이었다. 한국에서 러시아의 위상은 힘보다는 프레스티지에 가까웠다. 또한 러시아는 종종 동북아시아 지역에서 불안한 존재감, 오염의 원천, 언제 어디로 튈지 모르는 존재감이라는 이미지 때문에 문제아로 여겨져 왔다. 고르바초프와 옐친 모두 한국에 관한 구체적인 정책 목표와 계획이 없었다. 또한 푸틴 역시 한국보다는 북한의 김정일과 김정은에 더 우호적인 존재였으며, 항상 같은 진영보다는 반대편 이미지가 더 가까웠던 것이 사실이다.

그럼에도 불구하고, 푸틴이 동북아시아 국가들에 제시한 새로운 에너지 사업들은 에너지 안보가 요즘 동북아 지역 경제안보의 주요 관심사로 떠오르면서, 에너지 그 이상의 의미를 지닌다. 러시아가 현재 이 지역에서 개발하고자 하는 다른 대규모 경제 사업들과 함께 현재 언급되고 있는 여러 에너지 사업들은 크렘린 지도자들 스스로가 지역 경제안보의 중요성을 뼈저리게 이해하고 있으며, 러시아가 동북아 지역 경제 공동체의 일원이 되고 싶어 하는 의지가 분명히 있음을 보여준다. 심지어 피터 대제가 환생해서 수도를 다시 어디에 이전하는 것이 맞느냐고 한다면 당연히 블라디보스토크이어야 한다는 얘기까지 심심치 않게 들리는 시점이 바로 지금이다.

북핵 문제와 한반도 분단 문제 때문에 동북아시아에서 전통 안보가 여전히 중요하다는 점을 고려하면, 한반도에서 러시아의 역할은 무시할 수 없다. 러시아는 한반도 통일 관련 두 가지 정책을 펼 수 있다. 하나는 '일단 기다리고 엿보는' 소극적인 정책을 추구하거나, 또 다른 하나는 서울과 평양 사이에서 딴 생각 없이 혹은 무리한 조건 없이 중요한 중재자 역할을 함으로써 통일을 적극적으로 지원할 수 있다. 아·태 지역에서 러시아가 영향력을 행사하고자 한다면, 한반도 통일과 경제협력에 관해 선제적이고 건설적이며 책임감 있고 역동적인 역할을 수행해야 할 것이다. 또한 러시아의 동아시아 지역에서의 역할은 분명히 중국의 역할과는 차별화되어야 하며, 본문에서도 여러 번 강조가 되었듯이 러시아는 한반도 통일로 인하여 서로에게 win-win할 수 있는 극히 드문 동북아시아 국가들 중 하나라는 점 또한 잊어서는 안 된다. 동시에 한국 정부도 러시아가 중국이나 일본과는 달리 한반도 문제나 문화적으로도 역사적으로도 매우 전략적으로 가까워질 수 있는 이웃국가라는 사실을 망각해서는 안 된다.

이 책을 마무리하면서 아쉬운 점은 2022년 2월 예기치 않은 러시아의 우크라이나 침공 사태가 현재의 한러 관계에 어느 정도 부정적인 영향을 미칠 거라는 것을 부인할 수 없다는 것이다. 그럼에도 불구하고, 한국은 대 러시아 제재 정책과 관련해서는 더욱더 신중할 필요가 있다. 한국의 외교 안보 책임자들도 한러 관계의 민감성과 특수성을 꼭 명심해야 하며, 일본과 같이 똑같은 수준의 대 러시아 제재를 하는 것은 절대적으로 바람직하지 않다는 사실을 알아야 한다. 이번 특수한 돌발 전쟁 상황으로 말미암아 한러 관계가 틀어지게 되면 복구하는 데는 몇 배의 시간과 노력이 필요하기 때문이다. 마지막으로 한러 관계는 최근 긴박하게 돌아가고 급변하는 동아시아 국제 정세 속에서 한국의 대중·대일 레버리지 차원에서 분명 유용하게 작용할 수 있는 중요한 외교 카드이다. 한국 국내에서도 한러 관계는 러·중 관계나 러·일 관계보다는 그래도 현재보다는 미래의 발전 가능성이 더 많고, 상대적인 비교이지만 아시아 지역에서는 서로에 대한 적대감도 비교적 다른 양자 관계보다는 거의 없다는 점 또한 꼭 인지해야 할 필요가 있다.

참고자료

1. Startseva, Moscow Times, 10 June, 2003.
2. Judith Thornton, "The Exercise of Rights to Resources in the Russian Far East," in Michael J. Bradshaw ed., The Russian Far East and Pacific Asia: unfulfilled potential (Richmond: Curzon, 2001), p. 117.
3. "Granitsa vostoka" (Eastern border), pogranichnik, March 1998, p. 15.

참고문헌

Bakshi, Gagan D., Vice President, Investment Banking, CREDIT SUISSE FIRST BOSTON, London, UK, 20 March, 2005.

Blomstrom, Asa, email interview, Project Secretary for Arms Transfers, Arms Production and Military Expenditure from the Stockholm International Peace Research Institute (SIPRI), 20 February, 2005.

Chang, Ki Wook, The Ministry of Maritime Affairs and Fishery, Seoul, Korea, 17 March, and 15 August, 2004.

Chung Yun, Special Assistant for Defence Policy, Office of Assemblyman Hwang Jin Ha, Republic of Korea National Assembly, 3 August, 2005.

Fedorovsky, Alexander, Head of section for Pacific Studies, Russian Academy of Sciences Institute of World Economy and International Relations (IMEMO), Chatham House, London, UK, 21 February, 2005.

Gunn, Trevor, Telephone Interview, Director of Business Information Service for the Newly Independent States (BISNIS) at the United States Department of Commerce International Trade Administration, Washington DC, USA, 22 April, 2004.

Hong, Jin Bae, Director at the Ministry of Information and Communication, Republic of Korea, Seoul, Korea, 16 August 2005; and London, UK, 15 December, 2005.

Itoh, Shoichi, Economic Research Institute for Northeast Asia (ERINA), Japan, London, UK, 16 November, 2005.

Karasin, Grigory, Russian Ambassador to the United Kingdom, London, UK, 10 March, 2004.

Kim, Il-soo, Minister at the Embassy of the Republic of Korea, London, UK, 21 February, 2005.

Kim, Il-soo, Telephone interview, Ambassador at the Embassy of the Republic of Korea, Kazakhstan, 17 December, 2005.

Kim, Seung-Hwan, the Centre for Strategic and International Studies in Washington, DC, USA, 20 December, 1997.

Lee, Jin Hyun, the Ministry of Foreign Affairs and Trade, 30 July, 2003, Seoul, Korea.

Lough, John, Senior Manager, International Affairs, JSC TNK-BP Management, London, UK, 25 October, 2005.

Martin, John E., Managing Director, ABN-AMRO, London, UK, 25 October, 2005.

Nazet, Natasza, Telephone interview, Project Secretary for Arms Transfers, Arms Production and Military Expenditure from the Stockholm International Peace Research Institute (SIPRI), 7 December, 2005.

McCavana, Alan, Telephone interview, Export Manager from the Sakhalin Energy Investment Corporation, 9 September, 2005.

O'Sullivan, Stephen, Head of Research, United Financial Group, London, UK, 25 October, 2005.

Paik, Keun-Wook, Associate Fellow, Sustainable Development, Chatham House, London, UK, 21 February; 12 June; 6 September; 15 November; and 30 December, 2005.

Park, Jeong Kyu, the former manager of Korean shipping insurance company, Seoul, Korea, 20 July, 2004.

Pheasant, Andrew, Managing Director, Project Finance, CALYON, Corporate and Investment Bank, 25, London UK, October, 2005.

Rousso, Alan, European Bank for Reconstruction and Development, London, UK, 17 March, 2004.

Saito, Mitsuhiro, Finance Team, Marubeni Europe plc, London, UK, 26 October, 2005.

Seo, Jong Kyu, the Korea Energy Economics Institute, Seoul, Korea, August 5, 2005.

Shim, Sang Sun, the Ministry of National Defence, Seoul, Korea, 35 July, 2004, and 3 August, 2005.

Zhiznin, Stanislav, Senior Counselor at the Ministry of Foreign Affairs of the Russian Federation, Seoul, Korea, 22 June, 2003.

1차 자료

Administrative Committee (AC) Free Economic Zone (FEZ) Nakhodka, Legal Base, on http://fez.nakhodka.ru/legal.htm, accessed on 18 May 2004.

Afanasiev, Evgeniy V., "New Leadership in Russia and Russian Internal and Foreign Policy, Asia-Pacific and Korean Peninsula Dimension," Speech by Ambassador of the Russian Federation to the Republic of Korea, Seoul, 30 September, 2000.
Agreement on the establishment of Korean Russian Industrial Park in the Nakhodka FEZ between Republic of Korea and Russia (Korean version), The Korean Ministry of Foreign Affairs and Trade, 28 May 1999.

Ahn, Byung Min, *The TSR Report*, The Korea Transport Institute Report, Korea 2004.

Annual Natural Gas Report, Ministry of Commerce, Industry and Energy, Seoul, Korea, December 2004.

APEC ENERGY DEMAND AND SUPPLY OUTLOOK 2002, Asia Pacific Energy Research Center, Tokyo, Japan 2002.

ARTICLE 3, 5, 11, and 12, Agreement between the government of the Russian Federation and the government of the Republic of Korea for the establishment of the Russia Korea Industrial Complex in the Nakhodka Free Economic Zone, 28 September, 1995, on http://fez.nakhodka.ru/RKIC.htm, accessed on 1 May, 2004.

Bernstein, Abraham, "Sakhalin II LNG Project: A Strategic Source of Natural Gas for Northeast Asia," Presentation by General Manager, Northeast Asia Sakhalin-II LNG Marketing Services for the International Conference: Sakhalin & North Asia Oil, Gas & Pipelines 2003, Seoul, Korea 12-13 November, 2003.

BP Statistical Review of World Energy 2001.

Briefing, 10 August, 2000, International Cooperation Department, Korean Ministry of Maritime Affairs and Fishery, on http://www.kmi.re.kr/daily_update/html/alim/200008/alim200008104.htm accessed on 28 July, 2004,

Choruchinsun sunlin mit hyupchoe kwanhan choyack (North Korea-Russia Treaty on Friendship, Good Neighbourliness, and Cooperation), February 2002, Pyongyang, on http://100.empas.com/dic-search/pentry.html?i=217484, accessed on 4 January, 2006.

CIA World fact book, Global oil consumption and production, www.MarkTaw.com, on http://www.marktaw.com/culture_and_media/politics/GlobalOil.html, accessed on 20 April, 2005.

Defense of Japan 1985, Japan Defense Agency, Tokyo, 1985.

Document and Materials of the Russian Ministry of Foreign Affairs, on http://www.In.mid.ru/brp-4.nsf/english?openview=3.143, accessed on 14 February, 2005.

Doulman, D., FAO Fisheries Department, in *the State of World Fisheries and Aquaculture*, FAO, Rome 2002.

DPRK-Russia joint declaration signed by General Secretary Kim Jong Il and President V.V. Putin of the Russian Federation, Moscow, 4 August, 2001, on http://www1.korea-np.co.jp/pk/166th_issue/2001080701.htm, accessed on 10 January, 2006.

Dudnik, Sergei, Speech by Chairman of the Administrative Committee, Nakhodka FEZ, from National News Service, on http://www.nns.ru/gallery/stos/nah01.html, accessed 1 May, 2004.

East Asian Analytical Unit, Department of Foreign Affairs and Trade, Australian Government, *Pacific Russia: Risks and Rewards*, Canberra, EAAU, 1996.

Embassy of Russia in Republic of Korea, Briefing on Political Cooperation, on http://www.russianembassy.org/english/political.html, accessed on 28 April, 2005.

Embassy of Russia in Republic of Korea Press Briefing, Seoul, Korea, 4 March, 2004.

Energy Information Administration, *International Energy Outlook 2002*, March 2002.

"Enterprises with Foreign Investment," AC FEZ Nakhodka, on http://fez.nakhodka.ru/enterprises.htm, accessed on 17 May, 2004.

European Bank of Reconstruction and Development (EBRD), Railway Sector Survey of Russia, Belarus, Ukraine, and Kazakhstan. London, EBRD, Summary Report, January 1993.

Federal'nyi zakon Rossiiskoi federatsii ot 22 iyuliya 2005 g. N 116-ФZ. Ob osobikh ekonomicheskikh zonakh v Rossiskoi federatsii. Opublikovano 27 Iyuliya 2005 (The Russian Federation Law on Special Economic Zones in the Russian Federation, No. 116-FZ of July 22 2005, published on 27 July, 2005), *Rossiskaya gazeta,* 27 July 2005, on http://www.rg.ru/2005/07/27/ekonom-zony-dok.html, accessed on 30 December, 2005.

Fedorov, Nikolai, "The Businessman's guide to Nakhodka and the Free Economic Zone," Report by Chairman, Administrative Committee Nakhodka Free Economic Zone (AC FEZ), on http://fez.nakhodka.ru/legal.htm, accessed on 18 May, 2004.

Foreign Trade List, on http://www.kigam.re.kr/mrc/korean/file/East/chapter9.htm, accessed on 1 May, 2004.

Free Economic Zones in Russia, The voice of Russsia (Russian Economy and Business online), on http://www.vor.ru/Russian_Economy/excl_next48_eng.html, accessed on 1 May, 2004.

"Global Liquefied Natural Gas Markets: Status and Outlook/ LNG Importers," *Energy Information Administration (EIA),* on http://www.eia.doe.gov/oiaf/analysispaper/global/importers.html, accessed on 9 September, 2005.

Gorbachev, Mikhail, *Memoirs,* New York, Doubleday, 1996.

Han-Ruh Bangsan Hyupryuk Jaryojip (Korea-Russia Military Industrial Cooperation Report: focusing on the first and the second Brown Bear project), South Korean Ministry of Defense, November 2003, Seoul, Korea.

"IEA Commends Russian Efforts on Energy Security, Calls for Full Implementation of Reforms," *Russian Energy Survey 2002,* International Energy Agency (IEA)/PRESS (02)05, Moscow, 6 March 2002, on http://www.iea.org/new/releases/2002/Russia.htm accessed on 28 September, 2003.

International Energy Agency (IEA), World Energy Outlook 2000, 2000.

International Plan of Action to Prevent, Deter and Eliminate Illegal, Unreported and Unregulated Fishing, Food and Agriculture Organization of the United Nations (FAO), Rome, 2001.

"Investment Opportunities in Primorsky Territory, Russian Federation," Tumen River Area Development Programme, 1998 Tumen Secretariat UNDP, on http://www.tradp.org/textonly/ioprim.htm, accessed on 23 November, 2001.

Kim, Jung-Gwan, "Korea-Russia Energy Cooperation," presentation material at Ministry of Commerce, Industry and Energy, South Korea, 7 October, 2003.
Korea Defense Industry Association Daily Report, 7 November, 2005.

Korea Export-Import Bank (EXIM Bank), *Russian Report, 2005*, 9 August, 2005.

Korea Gas Corporation (KOGAS), "The Irkutsk Natural Gas Project," January 2000, on http://www. kogas.or.kr/homepage/news.htm, accessed on 15 February, 2004.

Korea-Russia Joint Declaration by Kim and Putin, Seoul, 27 February, 2001, released by The Ministry of Foreign Affairs and Trade, Republic of Korea.

Korea-Russia Joint Declaration by Roh and Putin, Moscow, 21 September 2004, released by The Ministry of Foreign Affairs and Trade, Republic of Korea.

Korea Trade Investment Promotion Agency (KOTRA) Report: "The Russian Establishment of Free Economic Zone," 2000; 2001; Policies toward Russia, 2003; and Annual Report, Seoul Korea, 2003.

Korean Ministry of Commerce, Industry and Energy. Annual Report of Russian-Korean Relations, 2003

Korean Ministry of Maritime and Fishery Annual Report, Seoul, Korea, June 2004.

Korean Statistical Yearbook, Seoul, National Statistical Office, Republic of Korea, 1993.

"Korean Technopark for the Nakhodka Free Economic Zone," based on the 5th associated meeting on cooperation between Far East and Siberia, Russia, and the Korean Republic, on http://www.zrpress. ru/97/N6/REG-T-E.HTM, accessed on 1 May, 2004.

KOTRA: Siberia and Russian Far East Investment Guide, Seoul, Sekwang Moon Wha Sa, June 30, 1995.

Lee, Sang- Gon, "Welcoming Address," Speech by President of Korea Energy Economics Institute for Towards multilateral energy cooperation in Northeast Asia Workshop, Seoul, Korea, 5 September, 2003.

Munro, Gordon R., "The Management of Shared Fish Stocks," *FAO Fisheries Report*, No. 695, Report of the Norway-FAO Expert Consultation on the Management of Shared Fish Stocks, Bergen, Norway, 7-10 October, 2002.

"Nakhodka FEZ industrial park negotiations settled," The Korean Ministry of Commerce, Industry and Resources Briefing, 6 April, 1999.

"Nakhodka FEZ negotiations resumed," The Korean Ministry of Commerce, Industry and Resources Briefing, 29 March, 1999.

"Nakhodka FEZ Russian Korean industrial complex agreement finalized," the Korean Ministry of Commerce, Industry and Energy Briefing, 31 May, 1999.

Nakhodka Free Economic Zone, "Foreign Economic," (AC FEZ), 24 June, 1999, on http://fez.nakhodka.ru/foreign.htm, accessed on 18 May, 2004.

Nakhodka Free Economic Zone, "Industrial Sector Indexes in the Nakhodka FEZ," Industry, AC FEZ Nakhodka, on http://fez.nakhodka.ru/industry.htm, accessed on 17 May, 2004.

"Nakhodka, the Free Economic Zone and the Administrative Committee," National News Service, 1994, on http://www.nns.ru/gallery/stos/nah02.html, accessed on 1 May, 2004.

Office of the Press Secretary, The White House, "President Bush Optimistic about Multilateral Talks with North Korea," Washington, D.C., 1 August, 2003, on http://usembassy.state.gov/Seoul/ww-wh41az.html, accessed on 5 January, 2006.

Pautzke, Clarence G., Russian Far East Fisheries Management, North Pacific Fishery Management Council Report to Congress, 30 September, 1997, on http://www.fakr.noaa.gov/npfmc/summary_reports/rfe-all.htm, accessed on 25 July, 2004.

"Powell Reconfirms Commitment to South Korean Security," *US Department of State Press release*, 28 March, 2003.

Pravitelstvo Rossiskoi Federatsii, on http://www.government.gov.ru/data/static_text.html?he_id=1052, accessed on 10 January, 2006

Press-statement of Russian Foreign Ministry Spokesman, N46, 1 December, 2003; Document and Materials of the Russian Ministry of Foreign Affairs, on http://www.In.mid.ru/brp-4.nsf/english?openview=3.143, accessed on 14 February, 2005.

Priddle, Robert, "Russian Energy Survey 2002," Welcoming Speech by the IEA Executive Director for launching ceremony for Russian Energy Survey 2002, Moscow, 6 March, 2002, on http://www.iea.org/new/release/2002/russia.htm accessed on 28 September, 2003.

Role of Free Economic Zones in the USSR and Eastern Europe, United Nations Center of Transnational Cooperation (UNCTC) ed., 1990.

"Russia Demographic Trends Up to Year 2015," *Moskva Zdravookhraneniye Rossiskoy Federatsii*, 2 March- April 1999, pp. 27-32, translated in *Foreign Broadcasting Information Service* (FBIS), 2 January, 1999.

"Russian Energy Survey: 2002," International Energy Agency (IEA), Paris, 2002.

Russian Federation Ocean Policy, on http://www.apec-oceans.org/economy%20profile%20summaries/russia-draft.pdf, accessed on 12 January, 2006.

Russian Railways, Korea Russia Friendship Express, the Ministry of Foreign Affairs and Trade, the Ministry of Construction and Transportation, Korean National Railroad, and the Korean Railroad Research Institute, 2004.

Sakhalin Energy Investment Company (SEIC) 2002, *The Road Ahead: Sakhalin Energy Review 2002*.

Sakhalin Energy (SEIC), April 2003.

Sakhalin Energy (SEIC), Archives, Project Updates, August 2005, on http://www.sakhalinenergy.com/news/nws_updates.asp, accessed on 7 September, 2005.

South Korean Ministry of National Defense Briefings, 22 November, 2004.

South Korean President Roh's Speech from the report following the return of APEC meeting, 16 May, 2005, Ministry of Foreign Affairs and Trades, Seoul Korea.

Speech by Mikhail Gorbachev in Vladivostok, 28 July 1986, Moscow, Novosti Press Agency Publishing House, 1986.

State of World Fisheries and Aquaculture, Food and Agriculture Organization of the United Nations (FAO), Rome 2002.

Statistics, Korea Deep Sea Fisheries Association, 6 April 2004, Seoul, Korea.

The TSR, 2003 Righters Company, CEO Report, Seoul, Korea, on http://www.ceoreport.co.kr, accessed on 6 March, 2004.

Transition to Responsible Fisheries: Economic and Policy Implications, Agriculture and Food, Organization for Economic Cooperation and Development (OECD), 2000.

Treaty on Basic Relations between the Republic of Korea and the Russian Federation, 19 November, 1992, published by the Ministry of Foreign Affairs and Trade, Republic of Korea, 14 June, 1993.

United Nations Conference on Trade and Development (UNCTAD), *Consideration of Host and Home Countries Policies and Measures to Promote Foreign Direct Investment, Including Export Processing Zones and Special Economic Zones. Export Processing Zones: Role of Foreign Direct Investment and Developmental Impact*, Report by the UNCTAD Secretariat, Geneva, TD/B/WG. 1/6.

US Department of Commerce, "Free Economic Zones," Russia- Economic & Trade Overview- Part 2 (2), *Business Information Service of the Business Information Service for the Newly Independent States (BISNIS)*, 1996-98, on http://home.swipnet.se/~W-10652/BISNIS_2.html, accessed on 3 May, 2004.

US Department of Commerce, "Trade and Investment Barriers in the Russian Far East," January 2003.

US Geological Survey, World petroleum Assessment 2000, Washington, DC., 2000.

"Why manage Fishing?" *The Common Fisheries Policy*, European Commission, Directorate- General for Fisheries, Office for Official Publications of the European Communities, 1998, Luxembourg.

Yun, Yong-kwan, speech by South Korean Minister of Foreign Affairs and Trade at the opening ceremony for a new building for the South Korean Embassy in Moscow, 17 November, 2003, in Briefings of Ministry of Foreign Affairs and Trade Republic of Korea, 18 November, 2003, on http://www.mofat.go.kr/en/rel/e_rel_view.mof.

2차 자료

Agriculture, Country Profile Russia 2004, the Economist Intelligence Unit Limited 2004.

Akaha, Tsuneo, "Russia and Asia in 1995: Bold Objectives and Limited Means," *Asian Survey*, Vol. 36, No. 1, January 1996, pp. 100-108.

Akaha, Tsuneo, "US-Russian Fishery Joint Ventures: A Curse in Disguise?" conference paper, Monterey Institute of International Studies, July 1993.

Akshintsev, S., "Eksport rossiiskogo vooruzheniya: problemy i puti ikh resheniya (Russian Arms Exports: Problems and Ways to Resolve Them)," *Voprosy ekonomiki*, No. 6, 1994, pp. 92-103.

Allison, Anthony, "Sources of Crisis in the Russian Far East Fishing Industry," *Comparative Economic Studies*, Vol. 43, No. 4, Winter 2001, pp. 67-93.

Andrews-Speed, Philip, "Energy Security in East Asia: A European View," presentation material at the Symposium on Pacific Energy Cooperation 2003, Tokyo, 12-13 February, 2003.

Andrews-Speed, Philip, Xuanli Lao and Roland Dannreuther, *The Strategic Implications of China's Energy Needs*, New York, Oxford University Press, 2002.

Anthony, Ian, *Russia and the Arms Trade*, Frosunda, Sipri, Oxford University Press, 1998.

Arbatov, Alexei G., "Russia's Foreign Policy Alternatives," *International Security*, Vol. 18, No. 2, Fall 1993, pp. 5-43.

Armbruster, William, "Busan Grows Up," *Commonwealth Business Media, Journal of Commerce*, 4 July, 2005.

Atkinson, Scott, "The USSR and the Pacific Century," *Asian Survey*, Vol. 30, No. 7, July 1990, pp. 629-645.

Austin, Greg and Alexey D. Muraviev, *Red Star East: The Armed Forces of Russia in Asia*, Australia, Allen & Unwin, 2000.

Baklanov, Ya, P., *Geography of Primorsky Territory*, Ussuri, Pacific Institute of Geography, Far Eastern Branch, Russian Academy of Sciences 1997, on http://www.fegi.ru/prim/geografy/naxodka.htm.

Ball, Desmond, "Arms and Affluence: Military Acquisitions in the Asia-Pacific Region," *International Security*, Vol. 18, No. 3, Winter 1993-1994, pp. 78-112.

Ball, Desmond, *Strategic Culture in the Asia-Pacific Region (With Some Implications for Regional Security Cooperation)*, Working Paper No. 270, Canberra, April, 1993.

Ballassa, Bela, *The Theory of Economic Integration*, London, Allen & Unwin, 1961.

Baranovsky, Vladimir, "Russia and Asia: challenges and opportunities for national and international security," conference paper prepared for Russia and Asia-Pacific Security initiated by Stockholm International Peace Research Institute (SIPRI), Tokyo, 19-21 February, 1999.

Basu, Baidya Bikash, "Russian Military-Technical Cooperation: Structures and Processes," *Strategic Analysis: A Monthly Journal of the Institute for Defense Studies and Analyses (ISDA)*, June 2001, Vol. 25, No. 3, pp. 1-9, on http://www.ciaonet.org/olj/sa/sa_june01bab01.html, accessed on 21 November, 2004.

Bazhanov, Eugene and Natasha Bazhanov, "The Evolution of Russian-Korean Relations: External and Internal Factors," *Asian Survey*, Vol. 34, No. 9, September, 1994, pp. 789-798.

Bazhanov, Evgeniy P., "Russian Views of the Agreed Framework and Four Party Talks," in James Clay Moltz and Alexandre Y. Mansourov, eds., *The North Korean Nuclear Program*, London, Routledge, 2000.

Beddington, John R. and Rettig, R. Bruce, "Approaches to the Regulation of Fishing Effort," *Fisheries Technical Paper*, No. 243, Food and Agriculture Organization (FAO), Rome, 1983.

Belgrave, Robert, Charles K. Ebinger and Hideaki Okino, eds., *Energy Security to 2000*, Boulder, Westview Press, 1987.

Bell, Frederick W., *Food From the Sea: The Economics and Politics of Ocean Fisheries*, Boulder, Westview Press, 1978.

Blagov, Sergei, "North Korean, Russian ties firmly on track," on http://www.atimes.com/atimes/printN.html, accessed on 6 March, 2004.

Blank, Stephen, "Russia Assesses the North Korea Six-Party Agreement," *Eurasia Daily Monitor, The Jamestown Foundation*, Vol. 2, No. 175, 21 September, 2005.

Blank, Stephen, "Russian Policy and the Changing Korean Question," *Asian Survey*, Vol. 35, No. 8, August 1995, pp. 711-725.

Blank, Stephen, "Why Russian Policy is Failing in Asia," *The Journal of East Asian Affairs*, Vol. 11, No. 1, Winter/Spring 1997, pp. 267- 298.

Bohi, Douglas, and Micheal Toman, *The Economics of Energy Security*, Boston, Dordrecht, the Netherlands, and London, Kluwer Academic Publishers, 1996.

Boiko, Irina, Dal'nii Vostok Rossii: ekonomika, investitsii kon'yunktura 1, 1997 (Russian Far East: Economics Investment the State of the Market Quarterly), Vladivostok, on http://www.partnerregions.org/facenter/AnnotE_1_97.htm, accessed on 1 May, 2004.

Border Guard Personnel Cooperating in Smuggling, *Japan Sea Network Online*, 328, 13 October 1999.

Bouchkin, Andrew A., "Russia's Far Eastern Policy in the 1990s," in Adeed Dawisha and Karen Dawisha, eds., *The Making of Foreign Policy in Russia and the New States of Eurasia*, New York, M.E.Sharpe, 1995.

Bradshaw, Michael, "Prospects for Russian Oil and Gas Exports to Northeast Asia from East of the Urals," Presentation paper for the conference: The Regional Cooperation of Northeast Asia and Russia's Globalization for the 21st Century, Seoul, Korea 22-24 June 2003.

Bradshaw, Michael J. and N.J. Lynn, "The Russian Far East: Russia's Wild East," *Post Soviet Business Forum (PSBF) Briefing*, London, The Royal Institute of International Affairs, Russia and Eurasia Programme, No. 9, November 1996.

Breslin, Shaun and Glenn D. Hook, "Microregionalism and World Order: Concepts, Approaches and Implications," in Shaun Breslin, ed., *New regionalism in the global political economy*, London, Routledge, 2002.

Bulichev, Georgy, "Russia's Korea Policy: Toward a Conceptual Framework," *Far Eastern Affairs*, Vol. 2, 2000, pp. 3-12.

Buszynski, Leszek, "Russia and Northeast Asia: aspirations and reality," *The Pacific Review*, Vol. 13, No. 3, 2000, pp. 399-420.

Buszynski, Leszek, *Russian foreign Policy after the Cold War*, Praeger, Westport, 1996.

Buzan, Barry, *People, States and Fear*, Boulder, Lynne Rienner Publishers, 1991.

Buzan, Barry, "The Post-Cold War Asia-Pacific Security Order: Conflict or Cooperation?" in Andrew Mack and John Ravenhill, eds., *Pacific Cooperation: Building Economic and Security Regimes in the Asia-Pacific Region*, Canberra, Allen & Unwin, 1994.

Buzan, Barry and Ole Waever, *Regions and Powers: The Structure of International Security*, Cambridge: Cambridge University Press, 2003.

Buzan, Barry, Ole Waever, Jaap de Wilde, *Security: A New Framework for Analysis*, London, Boulder, 1998.

Cable, Vincent, "What is international economic security," *International Affairs*, Vol. 71, No. 2, April 1995, pp. 305-324.

Calder, Kent E., "Energy and Security in Northeast Asia's Arc of Crisis," in Michael Stankiewicz, ed., Energy and Security in Northeast Asia. Policy Paper No. 35, Berkeley, University of California Institute on Global Conflict and Cooperation, 1998.

Capineri, Cristina and Dirk-Jan F. Kamann, "Synergy in Networks: Concepts," in Kenneth Button, Peter Nijkamp, and Hugo Priemus eds., *Transport Networks in Europe: Concepts, Analysis and Policies*, Cheltenham, Edward Elgar, 1998.

Carroz, Jean E., "Institutional Aspects of Fishery Management under the New Regime of the Oceans," *San Diego Law Review*, 21, 1984, pp. 513-540.

Chang, Duckjoon, "The Russian Far East and Northeast Asia: An Emerging Cooperative Relationship and its Constraints," *Asian Perspective*, Vol. 26, No. 2, 2002, pp. 41-75.

Chun, Hongchan, and Charles Ziegler, *The Russian Federation and South Korea*, prepared for presentation at the 27th National Convention of the American Association for the Advanced of Slavic Studies, Washington, D.C. 26-29 October, 1995.

Chung, Eunsook, "Russia in a Changing International Environment," in Il Yung Chung and Eunsook Chung, eds., *Russia in the Far East and Pacific Region*, Seoul, The Sejong Institute, 1994.

Chung, Eunsook, "Russia's Foreign Policy in Transition: Policy Implications for South Korea," in Il Yung Chung, ed., *Korea and Russia Toward the 21ˢᵗ Century*, Seoul, The Sejong Institute, 1992.

Chung, Han-ku, "The Future of Russo-Korean Relations," in Il Yung Chung, ed., *Korea and Russia Toward the 21ˢᵗ Century*, Seoul, The Sejong Institute, 1992.

Cleary, Peter, "Development of East Siberian Gas for Export to China and Korea Markets," Presentation by President, BP Gas Power & Renewables Korea for Sakhalin & North Asia Oil, Gas & Pipelines 2003, Seoul, Korea, 12-13 November, 2003.

Conciliation Resources, http://www.c-r.org/accord/cam/accord5/peou.shtml, accessed on 28 December, 2005.
Conversion in Russia, Moscow, Interdepartmental Analytical Center, 1993, quoted in Igor Khripunov, "Russia's Arms Trade in the Post-Cold War Period," *The Washington Quarterly*, Vol. 17, No. 4, Autumn 1994, pp. 79-98.

Corvers, Fabienne and Maria Giaoutzi, "Borders and Barriers and Changing Opportunities for Border Regional Development," in Kenneth Button, Peter Nijkamp, and Hugo Priemus eds., *Transport Networks in Europe: Concepts, Analysis and Policies,* Cheltenham, Edward Elgar, 1998.

Cossa, Ralph A. and Jane Khanna, "East Asia: Economic Interdependence and Regional Security," *International Affairs*, Vol. 73, No. 2, April, 1997, pp. 219-234.

Crane, George T., *The Political Economy of China's Special Economic Zones*, New York, Armonk, 1990.

Crow, Suzanne, "Soviet-South Korean Rapprochement," *Radio Liberty Report on the USSR*, Vol. 2, No. 25, 15 June, 1990.

Davidov, Oleg, "Soviet Policy Toward the Korean Peninsula in the 1990s," paper presented at the 10th international conference on "New Changes in International Order and the Roles of South and North Korea," organized by the Korean Association of International Relations, Seoul, August 1990.

Deese, David, "Energy: Economics, Politics, and Security," *International Security*, Vol. 4, No. 3, Winter 1979/80, pp. 140-153.

Deese, David A., and Joseph S. Nye, eds., *Energy and Security*, Cambridge, Mass. Ballinger, 1981.

"Defense Production and R& D, Korea, South," *Jane's Sentinel Security Assessment, China & Northeast Asia*, 26 May, 2004.

Denezhkina, Elena, "Russian defense firms and the external market," in Ian Anthony, ed., *Russia and the Arms Trade*, Frosunda, Sipri, Oxford University Press, 1998.

Doh, Hyun Jae, *Perspectives and Measures for Energy Security in the 21st Century*, Abstract, published article for Korea Energy Economics Institute, December 2003.

Donaldson, Robert H. and John A. Donaldson, "The Arms Trade in Russian-Chinese Relations: Identity, Domestic Politics, and Geopolitical Positioning," *International Studies Quarterly*, Vol. 47, No. 4, 2003, pp. 709-732.

Doulman, David J., "In Pursuit of Fisheries Cooperation: The South Pacific Forum Fisheries Agency," *University of Hawaii Law Review*, 10, 1988, pp. 137-150.

DPRK Report, September-October 1996, Institute of Contemporary International Problems, Moscow, on http://cns.miis.edu, accessed on 10 March, 1998.

Duncan, Peter J.S., *The Soviet Union and India*, London, Routledge for the Royal Institute of International Affairs, 1988.

Duncan, Peter J.S., "Conclusion," in Alex Pravda and Peter J. S. Duncan, eds., *Soviet-British Relations Since the 1970s*, Cambridge, Cambridge University Press, 1990.

Dupont, Alan, "New Dimensions of Security," in Denny Roy, ed., *The New Security Agenda in the Asia-Pacific Region*, London, Macmillan Press, 1997.

Dupont, Alan, *The Environment and Security in Pacific Asia*, New York, Oxford University Press, 1998, Adelphi Paper 319.

Dynkin, Boris, "Comments on the Regional Railroad Network and Power Grid Interconnection," Presentation by Professor at Far Eastern State Transport University, Khabarovsk, Russia, for Second Workshop on Power Grid Interconnection in Northeast Asia, Shenzhen, China, 6-8 May, 2002, on http://www.nautilus.org/energy/grid/2002Workshop/materials/Dynkin.pdf, accessed on 6 March, 2004.

East West Institute, *Russian Regional Report*, 7, 13, and 3 April, 2002.

Economist Intelligence Unit Business Asia, 4 October, 2004.

Ellison, Herbert, *The Soviet Union and Northeast Asia*, New York, University Press of America, 1989.

Ellman, Michael, "China's Development Zones—Learning From Their Success," *Transition*, The World Bank/ The William Davidson Institute, Vol. 9, No. 6, December 1998.

Encarta Encyclopedia, 1993-2003, Microsoft Corporation, 2004.

Faltin, Dirk, *Regional Transition in Russia: a study of the free economic zone policy in the Kalinigrad region*, Ph. D thesis, London, the London School of Economics and Political Science, 2000.

Fedorovsky, Alexander N., "Russian Policy and interests on the Korean Peninsula," Stockholm International Peace Research Institute (SIPRI) Conference presentation paper for "Russia and Asia-Pacific Security," International House of Japan, Tokyo, Japan, 19-21 February 1999.

Feng Yujun, Ding Xiaoxing and Li Dong, "Russia's New Energy Diplomacy and Its Impact," *Contemporary International Relations*, Vol. 12, No. 10, October 2002, pp.1-17.

Ferdinand, Peter, "South Korea," in Peter Burnell and Vicky Randall, eds., *Politics in the Developing World*, Oxford, Oxford University Press, 2004.

Fesharaki, Fereidun, "Energy and the Asian Security Nexus," *Journal of International Affairs*, Vol. 53, No. 1, Fall 1999, pp. 85-99.

Field, Frederick V., *An Economic Survey of the Pacific Area: Part II Transportation* by Katherine R.C. Greene International Secretariat, Institute of Pacific Relations, 1941 Shanghai.

Frank, Lewis A., *The Arms Trade in International Relations*, New York, Frederick A Praeger, 1969.

"Free Economic Zones in Russia," *the Voice of Russia*, 14, October, 1999 (Russian Economy and Business Online), on http://www.vor.ru/Russian_Economy/excl_next48_eng.html, accessed on 1 May, 2004.

Friedberg, Aaron L., "Ripe for Rivalry: Prospects for Peace in a Multi-polar Asia, in Michael E. Brown, Sean M. Lynn-Jones and Steven E. Miller, eds., *East Asian Security*, Cambridge, The MIT Press, 1996.

Frybourg, Michael and Peter Nijkamp, "Assessing Changes in Integrated European Transport Network Operations," in Kenneth Button, Peter Nijkamp, and Hugo Priemus eds., *Transport Networks in Europe: Concepts, Analysis and Policies*, Cheltenham, Edward Elgar, 1998.

Gerasev, Mikhail I. and Viktor M. Surikov, "The Crisis in the Russian Defense Industry: Implications for Arms Exports," in Andrew J. Pierre and Dmitri V. Trenin eds., *Russia in the World Arms Trade*, Washington, DC, Carnegie Endowment For International Peace, 1997.

Gilpin, Robert, *US Power and the Multinational Corporation*, New York, Basic Books, 1975.

Gnezdilov, Victor Semenovich, Interview by Mayor of Nakhodka City, 30, October 2002, "Where Russia meets Asia," *World Investment News, Multimedia Information Company 2004*, on http://www.winne.com/vladivostok/vi006.html, accessed on 5 May, 2004.

Goldman, Amy Rauenhorst, "The Dynamics of a New Asia: The Politics of Russian-Korean Relations," in Tsuyoshi Hasegawa, Jonathan Haslam, and Andrew Kuchins, eds., *Russia and Japan: an unresolved dilemma between distant neighbors*, International and Area Studies, University of California at Berkeley, 1993.

"Granitsa vostoka" (Eastern border), *Pogranichnik*, March 1998.

Gray, John, "No Nation is Indivisible," *New York Times Book Review*, 27 December, 1992.

Gray, Tim S., *The Politics of Fishing*, New York, St. Martin's Press, 1998.

Gurushina, Natalia, "Nakhodka Free Economic Zone Gets State Support," RFE/RL, on http://www/rferl.org/newsline/1996/03/260396.asp, accessed on 3 May, 2004.

Haftendorn, Helga, "The Security Puzzle: Theory-Building and Discipline-Building in International Security," *International Studies Quarterly*, Vol. 35, No. 1, March 1991, pp. 3-17.

Halliday, Fred, "International Relations: Is There a New Agenda?" *Millennium Journal of International Studies*, Vol. 20, No. 1, Spring 1991, pp. 57-72.

Harada, Chikahito, *Russia and Northeast Asia*, New York, Oxford University Press, 1997.

Harris, Stuart, "Conclusion: The Theory and Practice of Regional Cooperation," in Andrew Mack and John Ravenhill, eds., *Pacific Cooperation: Building Economic and Security Regimes in the Asia-Pacific Region*, Canberra, Allen & Unwin, 1994.

Harris, Stuart and Andrew Mack, "Security and Economics in East Asia," in Stuart Harris and Andrew Mack, eds., *Asia-Pacific Security: The Economics-Politics Nexus*, Canberra: Allen & Unwin Australia Pty Ltd, 1997.

Hazari, Bharat R. and Pasquale M. Sgro, "Free Trade Zones, Tariffs and the Real Exchange Rate," *Open Economics Review*, 7, 1996, Kluwer Academy Publisher, pp. 199-217.

Helicon Publishing Research Machines 2004, on http://www.tiscali.co.uk/reference/encyclopedia/hutchinson/m0031861.html, accessed on 21 November, 2004.

History of Nakhodka, on http://www.geocities.com/WallStreet/1242/nakhhistory.html, accessed on 2 May, 2004.

Honneland, Geir B, "Autonomy and regionalization in the fisheries management of northwestern Russia," *Marine Policy*, Vol. 22, No. 1, 1998, pp. 57-65.

Honneland, Geir B, "Fisheries Management in Post-Soviet Russia: Legislation, Principles, and Structure," *Ocean Development & International Law*, Vol. 36, No. 2, April-June 2005, pp. 179-194.

Hong, Seoung-Yong, "Marine Policy in the Republic of Korea," *Marine Policy*, Vol. 19, No. 2, 1995, pp. 97-113.

Hongskul, Veravat, "Overview of Fishery Cooperatives in Asia," *Fishery Cooperatives in Asia*, Asian Production Organization (APO), Report of an APO Seminar 8th-16th March, 1994, Tokyo, Japan.

"How Korea's New Railroad Will Change Northeast Asia," *Stratfor.com,* 1 August, 2000, on http://www2.gol.com/users/coynerhm/whyinterKorea_rail.htm, accessed on 6 March, 2004.

Huntington, Samuel, "Why international primacy matters," *International Security*, Vol. 17, No. 4, Spring 1993, pp. 68-83.

International Center for Information on Natural Gas (Paris-base gas industry information agency) (CEDIGAZ), Natural Gas in the World, 2001 Survey.

Ishaev, V.I., *International Economic Cooperation: Regional Aspect*, Vladivostok, Dal'nauka, 1999.

Iudicello, Suzanne, Michael Weber, and Robert Wieland, *Fish, markets and Fishermen: The Economics of Overfishing*, Washington, D.C., Center for Marine Conservation Island Press, 1999.

Ivanov, Vladimir I., *The Energy Sector in Northeast Asia New Projects, Delivery Systems, and Prospects for Co-operation,* North Pacific Policy Papers 2, Vancouver, Program on Canada-Asia Policy Studies, Institute of Asian Research, University of British Columbia, 2000.

Ivanov, Vladimir I. and Mitsuru Hamada, *Energy Security and Sustainable Development in Northeast Asia: Prospects for U.S.-Japan Coordination*, Article for Economic Research Institute for Northeast Asia, Niigata, Japan, p. 2, on http://gsti.miis.edu/CEAS-PUB/200013Ivanov-Hamada.pdf, accessed on 4 December, 2004.

Jaffe, Amy Myers and Robert A. Manning, "Russia, Energy and the West," *Survival*, Vol. 43, No. 2, Summer 2001, pp. 133-152.

Jane's Defense Weekly, 13 May, 1995.

Jeon, Hong Shik, "Review of Gas Industry in Korea and requirements from future LNG contracts," Speech by Vice President for LNG Purchase Division, Korea Gas Corporation, for International Seminar on Policies and Strategies toward Korea- Russia Energy Cooperation at Vladivostok, 7 October, 2003.

Johnston, Douglas M., and Valencia, Mark J., "Fisheries," in Mark J. Valencia ed., *The Russian Far East in Transition: opportunities for regional cooperation*, Boulder, Westview Press, 1995.

Johnston, Douglas M., and Valencia, Mark J., *Pacific Ocean Boundary Problems: Status and Solutions*, Dordrecht, Martinus Nijhoff, 1991.

Joo, Seung-Ho, "DPRK-Russian Rapprochement and its Implications for Korean Security," *International Journal of Korean Unification Studies*, Vol. 9, No. 1, 2000, pp. 193-223.

Joo, Seung-Ho, "ROK-Russian Economic Relations, 1992-2001," *Korea and World Affairs,* Vol. 25, No. 3, Fall 2001, pp. 366-393.

Joo, Seung-Ho, "Russia and Korea: The Summit and After," *The Korean Journal of Defense Analysis* Vol. 13, No. 1, Autumn 2001, pp. 103-127.

Joo, Seung-Ho, "Russian Policy on Korean Unification in the Post-Cold War Era," *Pacific Affairs*, Vol. 69, No. 1, Spring 1996, pp. 32-48.

JSC Russian Railways, on http://www.eng.rzd.ru/static/index.html?he_id=353, accessed on 1 January, 2006.

Judith Thornton, "The Exercise of Rights to Resources in the Russian Far East," in Michael J. Bradshaw ed., *The Russian Far East and Pacific Asia: unfulfilled potential*, Richmond, Curzon, 2001.

Jung, Ok-Kyung, "Economic Cooperation between South Korea and Russia's Far East," *Journal of Economic Policy*, Vol. 2, No. 4, 2000.

Kemp, Geoffrey and Robert E. Harkavy, *Strategic Geography and the Changing Middle East*, Washington, DC, Brookings Institution Press, 1997.

Kerr, Pauline, Andrew Mack and Paul Evans, "The Evolving Security Discourse in the Asia-Pacific," in Andrew Mack and John Ravenhill, eds., *Pacific Cooperation: Building Economic and Security Regimes in the Asia-Pacific Region*, Canberra, Allen & Unwin, 1994.

"Keubbusanghanun Russia Sijangkwa Wuriui Daeeung Chunryak (Rising Russian Market and Our Strategy)" Report by Oh Young Il, April, 2005, LG Economic Institute.

Keyuan, Zou, "Sino- Japanese joint fishery management in the East China Sea," *Marine Policy*, Vol. 27, Issue 2, March 2003, pp. 125-142.

Khartukov, Eugene M., "Russia," in Paul B Stares, ed., *Rethinking Energy Security in East Asia*, Tokyo, Japan Center for International Exchange, 2000.

Khripunov, Igor, "Russia's Arms Trade in the Post-Cold War Period," *The Washington Quarterly*, Vol. 17, No. 4, Autumn 1994, pp. 79-98.

Kim, Hak Joon, "Emerging Relations Between South Korea and the Soviet Union," *Far Eastern Affairs*, No. 4, 1991, pp. 68-84.

Kim, Hak Joon, "The Process Leading to the Establishment of Diplomatic Relations Between South Korea and the Soviet Union" *Asian Survey*, Vol. 37, No. 7, July 1997, pp. 637-651.

Kim, Roy U., "Olympics Could Open Soviet-South Korean Relations," *Christian Science Monitor*, 20 September, 1988.

Kim, Samuel S., "North Korea and Northeast Asia in World Politics," in Samuel S. Kim and Tai Hwan Lee, eds., *North Korea and Northeast Asia*, Oxford, Rowman & Littlefield Publishers, 2002.

Kim, Yu Nam, "Changing Relations between Moscow and Pyongyang: Odd Man Out," in Robert A. Scalapino and Hong Koo Lee, eds., *North Korea in a Regional and Global Context*, Berkely, Institute of East Asian Studies, 1986.

Ko, Jae-nam, "Pyongyang's Opening and North-South-Russia Cooperation," *Korea Focus*, Vol. 9, No. 3, May-June 2001, pp. 63-81.

Koers, Albert W., *International Regulation of Marine Fisheries: A Study of Regional Fisheries Organization*, Surrey, Fishing News Books, 1973.

Komastu, Nakaoka, and Kawai M., "Development of evaluation method of impacts by heavy-oil pollution on inter-tidal ecosystem using geographical information system (GIS)," *Bulletin of Coastal Oceanography*, 1999.

Konstantinova, Irina, "Pacific Rim Countries Transit Cargo Attraction to the Primorsky Krai Ports and the Trans-Siberian Railroad," Vladivostok, 17 December, 1999, U.S. & Foreign Commercial Service and the U.S. Department of State, 2000, on http://www.bisnis.doc.gov/bisnis/country/000118route.htm, accessed on 6 March, 2004.

Kontorovich, Vladimir, "Economic Crisis in the Russian Far East: Overdevelopment or Colonial Exploitation?" *Post-Soviet Geography and Economics*, Vol. 42, No. 6, 2001, pp. 391-415.

Kontorovich, Vladimir, *Will the Far East Remain Part of Russia? Long-Run Economic Factors*, Plainsboro, NJ, Commands Economies Research, Inc., July 1999.

Korea at the Crossroads: Implications for American Policy, New York, Council on Foreign Relations/ The Asia Society, 1987.

Kozyrev, Andrei, Interview by Leonid Mlechin, *Izvestiya*, 18 June, 1994, pp. 1-2.

Krause, Keith, *Arms and the State: Patterns of Military Production and Trade*, New York, Cambridge University Press, 1995.

Krause, Keith and Michael C. Williams, "Broadening the Agenda of Security Studies: Politics and Methods," *Mershon International Studies Review*, Vol. 40, No. 2, October 1996, pp. 229-254.

Kuzmichenko, Svetlana, *Commercial News Update From the RFE- June 2003*, July 2003, on http://www.bisnis.doc.gov/bisnis/bisdoc/0307newsvlad.htm, accessed on 1 May, 2004.

Kuzmichenko, Svetlana, Vladivostok, The Business Information Services for the Newly Independent States (BISNIS), US Department of Commerce Representative, Survey on Railroad Projects in the Russian Far East, on http://www.bisnis.doc.gov/bisnis/isa/010921rail.htm, accessed on 6 March, 2004.

Kuznetsov, Andrei, "Promotion of Foreign Investment in Russia: An Evaluation of Free Economic Zones as a Policy Instrument, joint ventures and free economic zones in the USSR and Russia," *Russian and East European Finance and Trade*, Vol. 29, No. 4, Winter 1993/1994, pp. 43-65.

Kwon, Hee-Young, "The Soviet Union and Divided Korea," in Il Yung Chung, ed., *Korea and Russia Toward the 21st Century*, Seoul, The Sejong Institute, 1992.

Lahn, Glada and Keun-Wook Paik, "Russia's Oil and Gas Exports to North-East Asia," Report from Sustainable Development Programme, Chatham House, April 2005.

Larin, Victor, "'Yellow Peril' Again? The Chinese and the Russian Far East," in *Rediscovering Russia in Asia: Siberia and the Russian Far East*, ed. Stephen Kotkin and David Wolff, Armond, NY, M.E.Sharpe, 1995.

Laurance, Edward J., *The International Arms Trade*, New York, Lexington Books, 1992.

Lee, Chongbae and Michael J. Bradshaw, "South Korean Economic Relations with Russia," *Post-Soviet Geography and Economics,* Vol. 38, No. 8, 1997, pp. 461-477.

Lee, Suck-ho, "Korea and Russian Security Cooperation: Incentives and Obstacles," in Il Yung Chung, ed., *Korea and Russia Toward the 21st Century,* Seoul, The Sejong Institute, 1992.

Li, Vladimir, Rossiya i Koreya v geopolitike Evrazeiskogo Vostoka *(Russia and Korea in the Geopolitics of the Eurasian East),* Moscow, Nauchnaya Kniga, 2000.

Lieber, Robert J., "Energy, Economics and Security in Alliance Perspective," *International Security,* Vol. 4, No. 4, Spring 1980, pp. 139-163.

Light, Margot, "Anglo-Soviet relations: political and diplomatic," in Alex Pravda and Peter J. S. Duncan, eds., *Soviet-British Relations Since the 1970s,* Cambridge, Cambridge University Press, 1990.

Light, Margot, *Troubled friendships: Moscow's Third World ventures,* London, British Academic Press in association with the Royal Institute of International Affairs, 1993.

Light, Margot, and A.J.R.Groom, *Contemporary international relations: a guide to theory,* London, Pinter, 1994.

Light, Margot, Neil Malcom, Alex Pravda, and Roy Allison, *Internal factors in Russian foreign policy,* Oxford, Oxford University Press, 1996.

Lo, Bobo, *Vladimir Putin and the Evolution of Russian Foreign Policy,* London, Blackwell, 2003.

Mack, Andrew and John Ravenhill, "Economic and Security Regimes in the Asia-Pacific Region," in Andrew Mack and John Ravenhill, eds., *Pacific Cooperation: Building Economic and Security Regimes in the Asia-Pacific Region,* Canberra, Allen & Unwin, 1994.

Malik, J. Mohan, "Conflict Patterns and Security Environment in the Asia Pacific Region—The Post-Cold War Era," in Kevin Clements, ed., *Peace and Security in the Asia Pacific Region,* Tokyo, United Nations University Press, 1993.

Manezhev, S.A., "Free Economic Zones and the Economic Transition in the Chinese People's Republic and Russia," *Russian and East European Finance and Trade,* March- Vol. 31, No. 2, April 1995, pp. 76-87.

Manezhev, Sergei, "Free Economic Zones in the Context of Economic Changes in Russia," *Europe-Asia Studies,* Vol. 45, No. 4, 1993, pp. 609-625.

Manezhev, Sergei, *Post-Soviet Business Forum, the Russian Far East,* London, Royal Institute of International Affairs, 1993.

Manezhev, Sergei, "The Russian Far East," in David Dyker, ed., *Investment Opportunity in Russia and the CIS,* Washington, D.C., The Brookings Institution, 1995.

Manning, Robert A.," The Asian Paradox: Toward a New Architecture," *World Policy Journal,* Vol. 10,

No. 3, 1993, p. 55-64.

Mansourov, Alexandre Y., "Russian President Putin's Policy Towards East Asia," *The Journal of East Asian Affairs*, Vol. 15, No. 1, Spring/Summer 2001, pp. 42-71.

Marks, Steven G., *Road to Power: The Trans Siberian Railroad and the Colonization of Asian Russia 1850-1917*, London, I.B. Tauris & Co Ltd Publishers, 1991.

Martin,William F., Ryukichi Imai, and Helga Steeg, *Maintaining Energy Security in a Global Context*, Report to the Trilateral Commission, The Triangle Papers 48, New York, The trilateral Commission, 1996.

Mastanduno, Michael, "Economics and Security in Statecraft and Scholarship," *International Organization*, Vol. 52, No. 4, Autumn 1998, pp. 825-854.

Mastepanov, Alexey M., "O perspektivakh osvoeniya gazovykh resursov Vostochnoi Sibiri i Dal'nego Vostoka," Presentation by the Deputy Head of Gazprom for International Seminar on Policies and Strategies toward Korea-Russia Energy Cooperation, Vladivostok, 7 October 2003.

Materials for the "Economic and Social Aspects of Korean Unification," Conference of Russia Scholars, Moscow, Institute of Far East, 11-12, December, 1996.

Maull, Hanns W. and Sebastian Harnisch, "Embedding Korea's unification multilaterally," *The Pacific Review*, Vol. 15, No. 1, 2002, pp. 29-61.

McCann, Joseph, "Russian thieves target airports, railways for cable, rail tracks," *American Metal Market*, Vol. 108, No. 125, 29 June, 2000, p. 7.

Metzer, Jacob, "Railroads and Efficiency of Internal Markets: Some Conceptual and Practical Considerations," *Economic Development & Cultural Change*, University of Chicago, Vol. 33, No. 1, October 1984, pp. 61-70.

Meyer, Peggy Falkenheim, "Russia's Post-Cold War Security Policy in Northeast Asia," *Pacific Affairs*, Vol. 67, No. 4, Winter 1994-1995, pp. 495-512.

Mikheev, Vasily V. "Russian Policy Towards Korean Peninsula After Yeltsin's Re-election As President," *The Journal of East Asian Affairs*, Vol. 11, No. 2, Fall 1997, Seoul, The Research Institute for International Affairs, pp. 348-377.

Miles, Edward L., "Concept, approaches, and applications in sea use planning and management," *Ocean Development and International Law*, Vol. 20, No. 3, 1989, pp. 213-238.

Miller, Elisa and Karp, Alexander, *The Russian Far East: A Business Reference Guide, Fourth Edition, 1999-2000*, Washington, Russian Far East Advisory Group, 1999.

Minakir, Pavel, et al., eds., *The Russian Far East: An Economic Handbook*, New York, Sharpe, 1994.

Mirovitskaya, Natalia S., and Haney, J. Christopher, "Fisheries Exploitation as a Threat to Environmental Security," *Marine Policy*, Vol. 16, No. 4, 1992, pp. 243-258.

Mitchell, John V., *The New Geopolitics of Energy*, London, Royal Institute for International Affairs, 1996.

Moltz, James Clay, "Core and Periphery in the Evolving Russian Economy: Integration or Isolation of the Far East?" *Post-Soviet Geography and Economics*, Vol. 37, No. 3, 1996, pp. 175-194.

Moltz, James Clay, "Russia in Asia in 1996: Renewed Engagement," *Asian Survey*, Vol. 37, No. 1, January 1997, pp. 88-94.

Molts, James Clay, "Russia in Asia in 1997," *Asian Survey*, Vol. 38, No. 1, January 1998, pp. 91-98.

Moltz, James Clay, "The Renewal of Russian-North Korean Relations," in James Moltz and Alexandre Mansourov, eds., *The North Korean Nuclear Program*, New York, Routledge, 1999.

Moltz, James Clay and Alexandre Y. Mansourov, eds., *The North Korean Nuclear Program: Security, Strategy, and New Perspectives from Russia*, New York, Routledge Press, 1999.

Mote, Victor L., "Containerization and the Trans-Siberian Land Bridge," *Geographical Review*, Vol. 74, No. 3 July 1984, pp. 304-314.

Nakhodka- Encyclopedia article about Nakhodka, on http://encyclopedia.thefreedictionary.com/Nakhodka, accessed on 1 May, 2004.

Nederveen, A.A.J. J.W.Konings and J.A. Stoop, "Globalization, International Transport and the Global Environment: Technological Innovation, Policy Making and the Reduction of Transportation Emission," *Transportation Planning and Technology*, Vol. 26, No. 1, February 2003, pp. 41-67.

Newell, Josh and Wilson, Emma, *The Russian Far East: Forests, Biodiversity Hotspots, and Industrial Developments*, Tokyo, Friends of the Earth-Japan, 1996.

Newspaper Briefing, National Fishery Scientific Institute, 2001, on http://www.nfrda.re.kr/news/scrab/scrab_read.php?cod=2&idx=2728, accessed on 28 July, 2004.

Nijkamp, Peter, "Globalization, International Transport and the Global Environment: A Research and Policy Challenge," *Transportation Planning & Technology*, Vol. 26, No. 1, February 2003, pp. 1-8.

Nijikamp, Peter, Sytze A. Rienstra and Jaap M. Vleugel, "Design and Assessment of Long Term Sustainable Transport System Scenarios," in Kenneth Button, Peter Nijkamp, and Hugo Priemus eds., *Transport Networks in Europe: Concepts, Analysis and Policies*, Cheltenham, Edward Elgar, 1998.

Nilssen, Frode and Honneland, Geir, "Institutional Change and the Problems of Restructuring the Russian Fishing Industry," *Post-Communist Economies*, Vol. 13, No. 3, 2001, pp. 313-330.

North, Robert N., "The Far Eastern Transport system," in Allan Rodgers ed., *The Soviet Far East: Geographical perspectives on development*, London, Routledge, 1990.

North, Robert, *Russian Transport: Problems and Prospects*, London, The Royal Institute of International Affairs, 1996.

Oberdorfer, Don, *The Two Koreas*, Reading, Addison-Wesley, 1997.

Olsen, Edward A., "An American Perspective on Evolving Russo-Korean Rapprochement," in Il Yung Chung, ed., *Korea and Russia: Toward the 21st Century*, Seoul, The Sejong Institute, 1992.

Oyama, Kosuke, "Japanese Energy Security and Changing Global Energy Markets: An Analysis of Northeast Asian Energy Cooperation and Japan's Evolving Leadership Role in the Region," prepared in conjunction with an energy study sponsored by The Center for International Political Economy and The Petroleum Energy Center and The James A. Baker III Institute for Public Policy, Rice University, May 2000.

Paik, Keun-Wook, "Energy Cooperation in Sino-Russian Relations: The Importance of Oil and Gas," *The Pacific Review*, Vol. 9, No. 1, 1996, p. 77-95.

Paik, Keun-Wook, "Natural Gas Expansion in Korea," in Ian Wybrew-bond and Jonathan Stern, eds., *Natural Gas in Asia: The Challenges of Growth in China, India, Japan and Korea*, Oxford, Oxford University Press, 2002.

Paik, Keun-Wook, "Pipeline Gas Introduction to the Korean Peninsula," Report Submitted to Korea Foundation, Korea Foundation Project 'Energy and Environmental Cooperation in the Korean Peninsula, January 2005.

Paik, Keun-Wook, and Jae-Yong Choi, *Pipeline Gas in Northeast Asia: Recent Development and Regional Perspective* Briefing No. 39, London, Royal Institute of International Affairs, 1998.

Paik, Keu-Wook, and Jae-Yong Choi, "Pipeline Gas Trade between Asian Russia, Northeast Asia Gets Fresh look," *Oil and Gas Journal*, August 18, 1997.

Pak, Myong Sop, and Joo, Moon Bae, "Korea's fisheries industry and government financial transfers," *Marine Policy*, Vol. 26, No. 6, November 2002, pp. 429-435.

Park, Jeongdae and Jaeyoung Lee, "Industrial Cooperation between Korea and Russia: Current Situation and Prospects," *Journal of Asia Pacific Affairs* Vol. 3, No. 2, pp. 47-71, Asia-Pacific Research Center, Hanyang University February 2002.

Park, Jin Sun, "Bulgomsaupul tonghan Kunsagishul hwakbo" (Military technology acquisition through Brown Bear Projects), on http://www.military.co.kr, accessed on 15 December, 2004.

Parker, John "Alternate Route: Russia wants Trans- Siberian Railway to be Europe's intermodal link with Japan," *Traffic World*, Vol. 265, No. 33, August 13, 2001, p. 29.

Pierre, Andrew J. and Dmitri V. Trenin, *Russia in the World Arms Trade*, Washington, D.C., Carnegie Endowment for International Peace, 1997.

Pollack, Jonathan D., "The Evolving Security Environment in Asia: Its Impact on Russia," Stockholm

International Peace Research Institute (SIPRI) Conference presentation paper for "Russia and Asia-Pacific Security," International House of Japan, Tokyo, Japan, 19-21 February 1999.

Porter, Gareth, "The Role of Subsidies in the Global Fisheries Crisis," *Fisheries Subsidies Overfishing and Trade*, United Nations Environment Program (UNEP), Switzerland, August 1998.

Priemus, Hugo, Kenneth Button and Peter Nijkamp "European Transport Networks: A Strategic View, in Kenneth Button, Peter Nijkamp and Hugo Priemus eds., *Transport Networks in Europe: Concepts, Analysis, and Policies*, Cheltenham, UK, Edward Elgar, 1998.

Radio Free Europe/ Radio Liberty (RFE/RL) Russian Federation Report, 2 June, 1999, on http://www-wrferl.org/reports/russianreport/1999/06/15-090699.html, accessed on 2 May 2004.

Ravenhill, John, eds., *Pacific Cooperation: Building Economic and Security Regimes in the Asia-Pacific Region*, Canberra, Allen & Unwin, 1994.

Razov, Sergey S., "Some Aspects of the Soviet Foreign Policy in the Asia-Pacific," in Kim Yu Nam, ed., *Soviet Russia, North Korea, and South Korea in the 1990s*, Seoul, Dankook University Press, 1992.

Reese, David, *The prospects for North Korea's Survival*, Oxford, Oxford University Press, 1998.

Report on Analysis of Economic Situation in the Russian Far East and Siberia and Russian-Korean Cooperation, Seoul, The Research Project for the Globalization in Russia's Regions at Hankuk University of Foreign Studies, December 2003.

Ross, John F. L. *Linking Europe: Transport Policies and Politics in the European Union*, London: Praeger, 1998.

Ross, Peter, "Gas Pricing," Workshop by Director, Wimbledon Energy for 11th Annual Seminar on Gas Pricing at Kuala Lumpur, 8-10, December 2003.

Rozman, Gilbert, "The Crisis of the Russian Far East: Who Is to Blame?" *Problems of Post- Communism*, Vol. 44, No. 5, September/October 1997, pp. 3-12.

Rozman, Gilbert, "When Will Russia Really Enter Northeast Asia?" in Wolfgang Danspeckgruber and Stephen Kotkin, eds., *The Future of the Russian State: A Sourcebook*, New York, Columbia International Affairs Online, 2003.

Rozman, Gilbert, Mikhail G. Nosov, and Koji Watanabe, *Russia and East Asia: the 21st Century Security Environment*, London, M.E. Sharpe, 1999.

Rubchenko, Maxim, Ekaterina Shokhina, and Sergei Shoshkin, "Incubators for Change or Black Holes?," *Economics and Finance*, #28 (335), 22 July, 2002, on http://eng.expert.ru/economics/28incuba.htm, accessed on 1 May, 2004.

Rubinstein, Alvin Z., *Imperial Decline: Russia's Changing Role in Asia*, Durham, N.C., Duke University Press, 1997.

"Russia: Business: Industry overview, Russia: Energy provision," Economist Intelligence Unit (EIU) Views Wire, 20 April, 2005, on http://www.viewswire.com/index.asp?layout=display_article&doc_id=488217648, accessed on 10 September, 2005.

"Russia Economy: Far East's prospects improve a little, but not enough," *Economist Intelligence Unit (EIU) Viewswire*, 14 May, 1999, on http://www.viewswire.com/index.asp?layout=display_print&doc_id=1064679706, accessed on 11 September, 2005.

"Russia's Arms Bazaar," *Jane's Intelligence Review*, April, 2001.

"Russia's fish trade has gone to the dogs," *Business Report*, 24 June, 2004, on http://www.businessreport.coza/index.php?fArticleId=2124630, accessed on 17 August, 2004.

Russian Far East Update, August 1993; June 1995; and February, 1998.

Russian Fish Report, Monthly Fisheries News From Russia, Vol. 76, No. 1, January 2003.

Sadotomo, Tetsu, "Cooperation for Peace and Development in Northeast Asia: Functionalist Approaches," *The International Journal of Peace Studies*, Vol. 15, No. 1, 1994, on http://www.gmu.edu/academic/jips/vol1_2/Sadotomo.htm, accessed on 15 May, 2004.

Saneev, Boris, "Kovykta, Yakutiya and Sakhalin Energy Project: Barriers and Solutions," Speech at International Seminar on Policies and Strategies toward Korea-Russia Energy Cooperation, Vladivostok, 7 October 2003.

Sato, Tsuneaki, Chun-Sheng Tian, and Il-Dong Koh, "Homemade Risks": The Economic Security of Russia in East Asia," in Gilbert Rozman, Mikhail G. Nosov, and Koji Watanabe, eds., *Russia and East Asia: the 21st Century Security Environment*, London, M.E. Sharpe, 1999.

Scott, James Wesley, "European and North American Contexts for Cross-border Regionalism," *Regional Studies*, Vol. 33, No. 7, May 1998, pp. 605-617.

Sectors of Industry: Fishing, on http://www/kigam.re.kr/mrc/korean/file/East/fishing.htm, accessed on 29 June, 2004.

Segal, Gerald, "How insecure is Pacific Asia?," *International Affairs*, Vol. 73, No. 2, 1997, pp. 235-249.

Segal, Gerald, "Keeping East Asia Pacific," *Korean Journal of Defense Analysis*, Vol. 5, No. 1, Summer 1993.

Segal, Gerald, *Rethinking the Pacific*, New York, Oxford University Press, 1991.

Sergounin, Alexander A. and Sergey V. Subbotin, "Sino-Russian military-technical cooperation: a Russian view, in Ian Anthony, ed., *Russia and the Arms Trade*, Frosunda, Sipri, Oxford University Press, 1998.

Sergounin, Alexander A. and Sergey V. Subbotin, *Russian Arms Transfers to East Asia in the 1990s*, SIPRI Research Report No. 15, New York, Oxford University Press, 1999.

Shapiro, Jane P., "Soviet Policy Toward North Korea and Korean Unification," *Pacific Affairs*, Vol. 48, No. 3, Autumn 1975, pp. 335-352.

Shearman, Peter, "Personality, Politics and Power: Foreign Policy under Putin," in Vladimir Tik-homirov, ed., *Russia After Yeltsin*, Aldershot, Ashgate, 2001.

Shevardnadze, Eduard, *The Future Belongs to Freedom*, London, Sinclair-Stevenson, 1991.

Shim, Jae Hoon, "Cheju Honeymoon," *Far Eastern Economic Review*, 2 May, 1991.

Shipayev, Viktor I., "A New Russian Perception of South Korea," in Il Yung Chung, ed., *Korea and Russia Toward the 21st Century*, Seoul, The Sejong Institute, 1992.

Shuja, Sharid M., "Russia's Foreign Policy in Asia: Continuities, Changes and Challenges," *Journal of International and Area Studies*, Vol. 6, No. 1, 1999, pp. 85-96.

Sigachyov, Sergey, "How Trans-Siberian Railroad Was Built," *Trans Siberian Railroad- Historical Review*, 31 January, 1999, on http://www.geocities.com/MotorCity/Speedway/4283/dates.htm, accessed on 25 March, 2004.

Simonia, Nodari "Russian Energy Policy in East Siberia and the Far East," *The Energy Dimension in Russian Global Strategy*, Report Paper, The James A. Baker III Institute for Public Policy, Rice University, October 2004.

Simonia, Nodari A., "TKR-TSR Linkage and its impact on ROK-DPRK-Russia Relationship," *Journal of East Asian Affairs*, Vol. 15, No. 2, 2001, pp. 180-202.

Simonov, Konstantin V., "Projects of Eastern Siberia Development," Speeches by Deputy Director, The Center for Current Politics in Russia for International Seminar on Policies and Strategies toward Korea-Russia Energy Cooperation, Vladivostok, 7 October, 2003.

Singleton, Seth, "Russia and Asia: The Emergence of 'Normal Relations'?" in Roger E. Kanet and Alexander V. Kozhemiakin, eds., *The Foreign Policy of the Russian Federation*, Houndmills, Macmillan Press, 1997.

Sloan, Stanley, US Congressional Research Service, *Book reviews of Andrew J. Pierre and Dmitri V. Trenin eds., Russia in the world arms trade*, Washington, DC, Carnegie Endowment For International Peace, 1997.

Smart, Ian, "Energy and Power of Nation," in Daniel Yergin and Martin Hillenbrand, eds., *Global Insecurity: A Strategy for Energy and Economic Renewal*, Boston, Houghton Mifflin, 1982.

Snyder, Scott, *The Korean Peninsula Energy Development Organization: Implications for Northeast Asian Regional Security Cooperation*, North Pacific Policy Papers 3, Program on Canada-Asia Policy Studies Institute of Asian Research University of British Columbia, Vancouver, 2000.

Soh, Yoke T., "Russian Policy toward the Two Koreas," in Peter Shearman, ed., *Russian Foreign Policy Since 1990*, Boulder, Westernview Press, 1995.

Song, Young-sun, "Prospects for U.S.-Japan Security Cooperation," *Asian Survey*, Vol. 35, No. 12, December 1995, pp. 1087-1101.

Stares, Paul B., "Introduction and Overview," in Paul B. Stares, ed., *Rethinking Energy Security in East Asia*, Tokyo, Japan Center for International Exchange, 2000.

Starr, Richard F., *The New Military in Russia: Ten Myths that Shape the Image*, Annapolis, Naval Institute Press, 1996.

Stephan, John J., *The Russian Far East: A History*, Stanford, Stanford University Press, 1994.

Suk, Hong Wan, *Geostrategiya Rossii i severo-vostochnaya Aziya* (Russia's geo-strategy and Northeast Asia), Moscow, Nauchnaya kniga, 1998, p. 137, quoted in Wishnick, p. 150.

Sung, Won Yong, "Nodaetongryongui Bang Ruh Uuiwa Han-Ruh Kyotong hyupryukui Kwaje (The Implications of President Roh's visit to Russia and what is to be done for transport cooperation?)" Report material from seminar, Center for Logistics, Transport economics & Northeast Asian Studies, The Korea Transport Institute, 11 October, 2004.

Susanmul suchul chugan jungbo (Marine Products Export Weekly Information), 1 August, 2004, Kyungsang Namdo Fishery Production Department, on http://www.provin.gyeongam.kr/-Agr-fish/export/sea.htm, accessed on 28 July, 2004.

Supian, Viktor B. and Mikhail G. Nosov, "Reintegration of an Abandoned Fortress: Economic Security of the Russian Far East," in Gilbert Rozman, Mikhail G. Nosov, and Koji Watanabe, eds., *Russia and East Asia: the 21ʳᵗ Century Security Environment*, London, M.E. Sharpe, 1999.

Sutherland, William, and Tsamenyi, B. Martin, *Law and Politics in Regional Cooperation: A Case Study of Fisheries Cooperation in the South Pacific*, Taroona, Australia: Pacific Law Press, 1992.

Svobodnye ekonomicheskie zony i zony svobodnogo predprinimatel'stva v RSFSR. Sbornik dokumentov. Moscow, 1991, MEMO (Mirovaya ekonomika i mezhdunarodnye otnosheniya) (World Economics and International Relations).

Tarrant, Elena, "The Russian Far East Fishing Industry," *The Business Information Service for the Newly Independent States (BISNIS)Report*, US Department of Commerce, on http://bisnis.doc.gov/bisnis/country/9902fis2.htm, accessed on 24 July, 2004.

The Current Digest of the Post-Soviet Press, Vol. 46-55, 1994-2003.

"The DPRK Report," September-October 1996, Institute of Contemporary International Problems, Moscow, on http://cns.miis.edu, accessed on 10 March, 1998.

"The Ramifications of Energy Demand and Supply for International Cooperation in Northeast Asia," *Economic Development and Environment on the Sakhalin Offshore Oil and Gas Fields II* (Slavic Research Center, Hokkaido University, 1999), on http://src-h.slav.hokudai.ac.jp/sakhalin/eng/71/kalashnikov2.html accessed on 23 November 2001.

Thornton, Judith and Nadezhda N. Mikheeva, "The Strategic of Foreign and Foreign Assisted Firms in the Russian Far East: Alternatives to Missing Infrastructure," *Comparative Economic Studies*, Vol. 38, No. 4, 1996, pp. 85-119.

Tikhomirov, Vladimir, ed., *Russia After Yeltsin*, Aldershot, Ashgate, 2001.

Tkachenko, Vadim, "Russian-Korean Cooperation to Preserve the Peace," *Far Eastern Affairs*, Vol. 2, 1999, pp. 23-35.

Toichi, Tsutomu, "Energy Security in Asia and Japanese Policy," *Asia-Pacific Review*, Vol. 10, No. 1, May 2003, pp. 44-51.

Toloraya, Georgi, "President Putin's Korean Policy," *The Journal of East Asian Affairs*, Vol. 17, No. 1, Spring/Summer 2003, pp. 33-51.

Torkunov, A., "The Korean Issue," *International Affairs* (Moscow), Vol. 49, No. 4, 2003, pp. 37-47.

"Top World Oil Producers, Exporters, and Importers 2004" *Infoplease* on, http://www.infoplease.com/ipa/A0922041.html, accessed on 8 September, 2005

"Trans-Siberian Railroad," *The Columbia Electronic Encyclopedia*, 6th ed. 2003, Columbia University Press, accessed on 17 March, 2004.

Trans-Siberian Railroad Map, *Atlas Aziatskoi* Rossii, SPb, 1914, on http://images.google.com/imgres?imgurl=http://frontiers.loc.gov/intldl/mtfhtml/mfdev/trans_sib.jpg&imgrefurl=http://frontiers.loc.gov/intldl/mtfhtml/mfdev/map_TrSib.html&h=431&w=600&sz=85&tbnid=TAAUe_eoyKI-J:&tbnh=95&tbnw=133&hl=en&start=3&prev=/images%3Fq%3Dtrans%2Bsiberian%2Brailroad%26svnum%3D10%26hl%3Den%26lr%3D%26sa%3DG, accessed on 3 December, 2005.

"Trans-Siberian Railroad now Electrified," *United Transportation Union, The Voice of Transportation Labor*, 26 December, 2002, on http://www.utu.org/worksite/detail_news.cfm?ArticleID=4941.

Treverton, Gregory, ed., *Energy and Security*, London, Gower, for International Institute of Strategic Studies, 1980.

Trigubenko, Marina E., "The Role of the USSR in Liberating and Partitioning Korea," in Il Yung Chung and Eunsook Chung, eds., *Russia in the Far East and Pacific Region*, Seoul, The Sejong Institute, 1994.

Ullman, Richard H., "Redefining Security," *International Security*, Vol. 8, No. 1, 1983, pp. 129-153.

Underdal, Arild, *The Politics of International Fisheries Management: the case of the Northeast Atlantic*, Universitetsforlaget, Oslo, 1980.

"USA urges S. Korea to buy Patriot over S-300V," *Jane's Defense Weekly*, 16 April, 1997.

Valencia, Mark, "Regional Maritime Regime Building: Prospects in Northeast and Southeast Asia," *Ocean Development & International Law*, Vol. 31, No. 3, 2000, pp. 223-247.

Valencia, Mark J., and James p. Dorian, "Multilateral Cooperation in Northeast Asia's Energy Sector: Possibilities and Problems," *Energy and Security in Northeast Asia: Supply and Demand; Conflict and Cooperation*, Integrated Gasification Combined Cycle (IGCC) Policy Paper 3, February 1998.

Valencia, Mark J., and James P. Dorian, "Multilateral Cooperation in Northeast Asia's Energy Sector: Possibilities and Problems," in Michael Stankiewicz, ed., *Energy and Security in Northeast Asia*, Policy paper No. 36., Berkley, University of California Institute on Global Conflict and Cooperation, 1998.

Valencia, Mark J., and Lee, Young Hee, "The South Korea- Russia-Japan fisheries imbroglio," *Marine Policy*, Vol. 26, No. 5, September 2002, pp. 337-343.

Vikhoreva, Svetlana J., "The Development of Free Economic Zones in Russia," *The Economic Research Institute for Northeast Asia (ERINA) REPORT*, Vol. 38, February 2001, Niigata, Japan.

Villa, Suarez, L., M. Giaoutzi and A. Stratigea, "Territorial and border barriers in information and communication networks: a conceptual exploration," *Tijdschrift voor Economische en Sociale Geografie* (Journal of Economic and Social Geography), 1 XXXIII 2. Amsterdam, 1992.

Vinokurov, Petr, "Problems of Energy Cooperation and Energy Security in North-East Asia," The report for a seminar Problems of Energy Cooperation and Energy Security in North-East Asia by the Carnegie Moscow Center, 19 February, 2004.

Vitkovskaia, Galina S., "Lawlessness, Environmental Damage, and Other New Threats in the Russian Far East," in Gilbert Rozman, Mikhail G. Nosov, and Koji Watanabe eds., *Russia and East Asia*, London, M.E. Sharpe, 1999.

Voigt, Bonn F., "Transport and Regional Policy: Some General Aspects," in W.A.G. Blonk, ed., *Transport and Regional Development*, Westmead, England, Saxon House, 1979.

Wan, Ming, "Wealth and power," *Harvard International Review*, Vol. 18, No. 2, Spring 1996, pp. 20-23.

Wanandi, Jusuf, "Security Issues in the ASEAN Region," in Karl Jackson and M. Haidi Soesatro, eds., *ASEAN Security and Economic Development*, Berkeley, Institute of East Asian Studies, University of Berkeley, 1984.

White, Colin M., "The Concept of Social Saving in Theory and Practice," *Economic History Review*, Vol. 29, No. 1, February 1976, pp. 82-100.

White, Stephen, "Is Russia a Country in the Globalization Era? (With special reference to the Far East)," Presentation prepared for a conference: The Regional Cooperation of Northeast Asia and Russia's Globalization for the 21st Century, Seoul, Korea 22-24 June 2003.

Williams, Brad, "Criminalization of Russo- Japanese Border Trade," *Europe-Asia Studies*, Vol. 55, No. 5, 2003, pp. 711-728.

Willrich, Mason, *Energy and World Politics*, New York, The Free Press, 1975.

Wishnick, Elizabeth, "Russian- North Korean Relations: A New Era?" in Samuel S. Kim and Tai

Hwan Lee, eds., *North Korea and Northeast Asia*, Oxford, Rowman & Littlefield Publishers, 2002.

Wood, Allan, "Road to Power," *Business History*, Vol. 34, No. 4, November 1992, p. 111-113.

Worthington, B.A., president of the Chicago and Alton Railroad Company, Address before the Central Manufacturing District Club of Chicago, Tuesday, September Twenty-third nineteen hundred thirteen "Increased Transportation Rates and Facilities Essential to continued national prosperity." Rand Mcnally & Co., Printers, Chicago.

Wuchte, Tom, "Northeast Asia's Forgotten Worry: Russia's Far East," *Pacific Focus*, Vol. 16, No. 2, Fall 2001, pp. 43-56.

Yamamoto, Tomoko, Masahiro Nakaoka, Teruhisa Komatsu, Hiroshi Kawai, Marine Life Research Group of Takeno, Kouichi Ohwada, "Impacts by heavy-oil spill from the Russian tanker Nakhodka on intertidal ecosystems: recovery of animal community," *Marine Pollution Bulletin*, Vol. 47, 2003, pp. 91-98.

Yergin, Daniel, "Energy Security in the 1990s," *Foreign Affairs*, Vol. 67, No. 1, 1988, pp. 110-132.

Zagoria, Donald S., "Korea's Future: Moscow's Perspective," *Asian Survey*, Vol. 17, No. 11, November 1977, pp. 1103-1112.

Zhebin, Alexander, "Russia and North Korea: An Emerging, Uneasy Partnership," *Asian Survey*, Vol. 35, No. 8, August 1995, pp. 726-739.

Ziegler, Charles E., *Foreign Policy and East Asia: Learning and Adaptation in the Gorbachev Era*, Cambridge, Cambridge University Press, 1993.

Ziegler, Charles E., "Russia and the Emerging Asian-Pacific Economic Order," in Ramesh Thakur and Carlyle A. Thayer, eds., *Reshaping Regional Relations: Asia-Pacific and the Former Soviet Union*, Boulder, Westview Press, 1993.

Ziegler, Charles E., "Russia in the Asia-Pacific: A Major Power or Minor Participant?" *Asian Survey*, Vol. 34, No. 6, June 1994, pp. 529-543.

신문 및 통신사

Aerospace Daily and Defense Report
Agence France Presse
Alexander's Gas and Oil Connections
Asia Pulse
Asia Times
Associated Press
Aviation Week & Space Technology
BBC Summary of World Broadcasts

Busan Ilbo
Business Custom Wire
Cargo News
Christian Science Monitor
Chosun Chungang Tongshin
Chosun Il bo
Chungang Ilbo
Current Digest
Defense News, Seou,lKorea
DiaLine- BizEkon News
Digital Times, 21 April, 2005.
Dong-A Il bo
Dow Jones Newswires
Ekspert
Financial Times
Foreign Broadcasting Information Service (FBIS):1975-2005
Gubernskie vedemosti
Hanguk Ilbo
Hankuk Economics Newspaper
Hankyore
Helicopter News, 2000 Phillips Business Information, Inc
Hokkaido Shimbun
Interfax Business Report
Interfax News Agency
Interfax News Agency Diplomatic Panorama
Interfax Russian News
International Herald Tribune
International Oil Daily
Inter Press Service (IPS)/ Global Information Network
Itar Tass
Izvestiya
Japan Times
Jinju I news
Kommersant Daily
Komsomolskaya Pravda
Kookmin Il bo
Korea Financial News
Korea Herald
Korea Times
Korean Defense News
Krasnaya zvezda
Kukche Sinmun
Kyonghyang Shinmun
Lenin Kichi (Ethnic Korean newspaper in Central Asia)
Maeil Kyongje Shinmun
Moonwha Ilbo
Moscow News
Moscow Times

New York Times
NewsMax.com Wires
Nezavisimaya Gazeta
Nezavisimoe Voyennoe Obozrenie
Nihon Keizai Report
North Korea Central News Agency (KCNA)
People's Daily Online
Pravda
Pressian
Prime-Tass Business News Agency
Reed Business Information
Reuter Textline Lloyds List
Reuters
RFE/RL Daily Report Newsline
RIA Novosti
Rossiiskiye vesti
Rossiskaya gazeta
RusData
Russian Oil and Gas Report
Russky Telegraf
Rybak Sakhalin
Sakhalin Times
Segodnya
Segye Il bo
Seoul Economics Newspaper
Sovetskii Sakhalin
Susan jun moon kookne news (Fishery Chain News)
St. Petersburg Times
Tokyo Shimbun,
United Press International (UPI)
Vedemosti
Vladivostok News
Vremya novostei
Wall Street Journal
Wall Street Journal Europe
Washington Post
Washington Times
Xinhua News Agency
Yomiuri Shimbun
Yuzhno-Sakhalinskaya gazeta
Zolotoy Rog(Golden Horn) (Business newspaper in Vladivostok)